宗教社会学丛书
高师宁 黄剑波 / 主编

火舌：
拉美新教的剧变

[英] 大卫·马丁 (David Martin) / 著

梁欣欣 / 译

Tongues of Fire :
The Explosion of Protestantism in Latin America

中国社会科学出版社

图书在版编目(CIP)数据

火舌：拉美新教的剧变／（英）大卫·马丁（David Martin）著；梁欣欣译.
—北京：中国社会科学出版社，2020.6
（宗教社会学丛书）
书名原文：Tongues of Fire：The Explosion of Protestantism in Latin America
ISBN 978-7-5203-0908-0

Ⅰ.①火… Ⅱ.①大…②梁… Ⅲ.①新教—研究—拉丁美洲 Ⅳ.①B976.3

中国版本图书馆 CIP 数据核字（2017）第 232826 号

出 版 人	赵剑英
责任编辑	朱华彬
责任校对	韩天炜
责任印制	张雪娇

出　　版	中国社会科学出版社
社　　址	北京鼓楼西大街甲 158 号
邮　　编	100720
网　　址	http：//www.csspw.cn
发 行 部	010-84083685
门 市 部	010-84029450
经　　销	新华书店及其他书店
印刷装订	北京市十月印刷有限公司
版　　次	2020 年 6 月第 1 版
印　　次	2020 年 6 月第 1 次印刷
开　　本	710×1000　1/16
印　　张	22
插　　页	2
字　　数	372 千字
定　　价	108.00 元

凡购买中国社会科学出版社图书，如有质量问题请与本社营销中心联系调换
电话：010-84083683
版权所有　侵权必究

献给柏妮思

目　　录

代序 ……………………………………………………………… (1)
致谢 ……………………………………………………………… (1)
引言 ……………………………………………………………… (1)

第一部分　历史谱系和理论背景

第一章　盎格鲁和拉丁：相互竞争的文明，并行模式 ………… (9)
第二章　循道会模式：盎格鲁—美国文化在拉美的再生 ……… (25)

第二部分　拉美：历史和现状

第三章　拉美福音化进程简介 …………………………………… (45)
第四章　巴西：最大的社会和最具戏剧性的例子 ……………… (55)
第五章　南部锥形区：智利和阿根廷对比 ……………………… (66)
第六章　较小社会对比
　　　　——厄瓜多尔、萨尔瓦多、危地马拉和墨西哥 ……… (79)

第三部分　对比与并行

第七章　加勒比地区的对比：牙买加与特立尼达岛；波多黎各
　　　　与海地 ……………………………………………… (101)
第八章　具启发性的并行：韩国和南非 ………………………… (120)

第四部分 重塑

第九章　新型的属灵交往：医治与方言；诗歌与故事 ………… (145)
第十章　信仰转变：转型与转折点 ………………………………… (164)
第十一章　新教与经济文化：论据回顾 ………………………… (182)
第十二章　国家与圣灵：论据回顾 ………………………………… (206)

第五部分 结语

第十三章　论述总结及展望 ………………………………………… (239)

注释 ………………………………………………………………… (260)
术语汇编 …………………………………………………………… (290)
关于神召会的统计数据 …………………………………………… (292)
参考书目 …………………………………………………………… (293)
人名索引 …………………………………………………………… (327)
主题索引 …………………………………………………………… (333)

代　序

　　本书论及现今世界上最超乎寻常的进程之一——基督教新教在广大欠发达地区（尤其是拉美）的快速传播。离奇的是，在欧洲和北美甚至很少有人注意到这一进程。然而，以国际视野看今天的宗教格局，有两个真正全球化的运动具有巨大的生命力。一为保守派伊斯兰，另一为基督教新教保守派。前者因伊朗伊斯兰革命在西方赢得了不少的关注。然而，甚至对于西方有识之士，基督教新教保守派在世界范围的扩增都是未识之域。是时候让人们对此有所了解了。因为这一宗教现象有可能带来非常实在而深远的影响。

　　拉丁美洲向来被人们认为具有坚固的罗马天主教背景。基督教新教福音派在这块大陆上的增长是一个极具戏剧性的案例。并且，从全球的背景来看待这一案例也很重要。新教主要在韩国以及中国大陆以外的华人社团社区和菲律宾这些广大东南亚地区快速增长（日本是这一地区的例外）。南太平洋也是一个快速扩张的地区。虽然在撒哈拉以南非洲，新教经常会与土著的宗教传统有奇异的联合，但它也在整个地区扩展。也就是在这一区域，它直接与伊斯兰激进分子竞争。最后但同样重要的是，在美国，福音社团在数量和社会显著性上都有成长，并且它的成员对他们在这一全世界范围内的运动中所起的重要角色有良好的认识。毋庸置疑，这一现象在宗教特性和社会后果上虽因国家而异，但他们有着惊人的相似性：这是一个**真正的**全球化运动。

　　很难找出一个比大卫·马丁（David Martin）更有资历的学者来概观这一现象。作为当代最杰出的宗教社会学家之一，马丁已经细致地研究了新教在它"老家"英国和北美的情况，并且将他的关注点拓展到了世界的其他地方。他早前的著作《世俗化通论》（*A General Theory of Secularization*）已经成为宗教社会学重要的参考书。在此他以极富创造性的热情和令人惊讶的能力,将数量庞大的细节编织成迷人的戏剧维度的描绘,阐述了他在过去的著作中论及的多方面的观点。

这个关于改变世界的新教的戏剧性事件从英格兰开始。事件发生于此绝非偶然。马丁引用克劳迪欧·威利兹(Claudio Vélis)的观点,我们都住在"一个带着英国烙印的世界"(a world made in England),从议会民主制到英式足球,从批量生产到海魂衫,还有最重要的是,英语那不可被挑战的主导地位。这应该并不令人感到惊讶,别忘了,英语是伴随工业革命出现的伟大的现代机构的起点。本书所论现象的起源也在英格兰,在所有那些在圣公会建制边缘成长的、不属于圣公会的小教派和非法聚会中。当然,在这种环境下形成的特有的宗教和获得的经验教训也随英国殖民者成功输出,对北美的殖民地影响最大。第一个改变世界的新教的"英特纳雄耐尔"("国际")(Internationale),如果不介意我使用这个词汇的话,大多来源于盎格鲁—撒克逊。我们现在正处于第二个新教的"英特纳雄耐尔",可以自由地穿越任何语言的屏障。这样,危地马拉和南墨西哥新的新教徒正在唱着被翻译为玛雅语的古老圣诗。马克斯·韦伯(Max Weber)和艾利·哈勒维(Elie Halévy)已经分析了前一次使世界得以改观的新教徒增加的方式。马丁的书清楚地为我们说明第二波将带来的成就。

事实上,马丁区分了三波,而非两波新教文化变革——清教徒的、卫理公会的和五旬节派的。第二波并没有完全代替第一波,并且第三波与前两波共存。尽管如此,今天横扫第三世界的新教文化变革主要为五旬节派。所以,马丁以"火舌"来命名本书。五旬节派的宗教和社会特征——一种白热化的感性热情,是需要重点理解的。马丁给我们生动地阐释了这种格式化的宗教体验在一般信徒生活中意味着什么。它与卫理公会教徒的经历不同,也显然不同于清教徒的。不过五旬节派的变革在社会层面和道德层面的后果依然与清教徒和卫理公会的变革惊人地相似。相似点是,长久以来韦伯所谓的"新教伦理"的要素,还有,新教的社会思潮表现出新教对于那些处于现代化和现代经济"起飞"阶段阵痛中的人的显著帮助。这一思潮也标示出新教与"资本主义精神"、个人主义、对教育的渴求和(最后但同样重要)对民主政治的偏好有历史悠久的密切关系。现在的情况和原来相同,这些密切性,总的来说,不是刻意的。它们不是被阐述的教义的结果,却是教义和宗教经历引致的出人意料的行为后果。

依照韦伯和哈勒维的洞见,我们可以预料新的新教"英特纳雄耐尔"将会产生和前一个"英特纳雄耐尔"相似的结果,确切地说,一个可靠的有利于民主资本主义发展的中产阶级的兴起。显然,这无论对于拉美还是第三世界都是极大的事件。马丁强调,这一事件在这一阶段并没有完全发挥出它的功用。这个正在形成的变革还处于生成的时刻。它从贫苦人群中开始,而这一人群的关注点还在基本的生存问题。引用马克思主义的专门用语,拉美的新教依然处于"革命前"阶段(马丁使用"潜伏期"这一术语)。但是这一变革的规模,可以从新教社团自己开拓的"自由社会空间"(马丁的另一个专用语)中觉察到。马丁是一个严谨的分析者。他规避过多的预测。至少,他的书使读者无法不严谨。就此而论,这也是一本极具重要性的书。所有对美洲现状和未来感兴趣的人,并且,所有关注宗教和当代世界社会变化之间关系的人都应该阅读此书。

此书的写作起因于大卫·马丁在波士顿大学经济文化研究所(the Institute for the Study of Economic Culture at Boston University)大约四年前开始的项目之一。该研究所在许多国家作了文化(包括宗教)和社会经济进程相关关系的研究。我个人以作为这一研究所的董事为荣。而我们也为能助马丁一臂之力达成如此圆满的研究成果感到欣慰。

彼得·L. 伯格(Peter L. Berger)
1990年于波士顿

致 谢

本书耗时三年，我向在写作过程中给我帮助的所有人致以感谢！

首先，最重要的是要感谢彼得·L. 伯格和波士顿大学经济文化研究所在时间和经济上的支持。在离伦敦奥尔德斯盖特街（Aldersgate St.）很近的地方，彼得·L. 伯格首先建议由我来着手这个题目。而这个地方也可以说就是大概二百五十年前这个故事开始的地方。从那次见面后，他一直鼓励我，并且将经济文化研究所的资源给我使用。在那之前，我也经常间断性地写作。这方面的研究亟须这些资源。能够使用到这样的资源极为宝贵。为着这种精神上的支持，为着这种免费的给予，为着这些资料资源，我满含感激！

彼得·L. 伯格和研究所的工作人员还在波士顿大学组织了一个研讨会。他们邀请了对这个题目感兴趣的学者，集思广益。与会学者有：大卫·道彻蒂博士（Dr. David Docherty）、史蒂夫·布鲁斯博士（Dr. Steve Bruce）、安德鲁·沃克尔博士（Dr. Andrew Walker）和詹姆士·戴维森·亨特博士（Dr. James Davison Hunter）。我非常感谢他们到会并提出极好的建议。彼得·L. 伯格是我们的主持人，他才思敏捷。克雷格·盖伊（Craig Gay）记录了会议情况。那真是一次愉快充实的盛会！

同样地，我也相当地感激德克萨斯州达拉斯的南卫理公会大学（Southern Methodist University）和伊丽莎白斯卡洛克教席（Elizabeth Scurlock Chair）的推荐人：休斯敦的劳拉·李·布兰登太太（Mrs. Laura Lee Blandon）。成为担任这个教席的第一个牧师并享有与布兰登夫妇的友谊是我极大的荣幸。我希望这本书能使他们觉得不枉费他们一番苦心。我在南卫理公会大学的时光极其愉快。承蒙美国一流大学的厚待，我让所有设施物尽所用。其中有丰德伦图书馆和布瑞得威尔图书馆（Fondren and Bridwell libraries）。这些图书馆的工作人员对我的需求大力支持。事实证明，南卫理公会大学氛围轻松，是一个很容易发展友谊的地方。

我要感谢的人不胜枚举。很多人在文献研究方面给予了我帮助，包括在韩国进行资料分类的郑辰韩（Chung Chin Hong）和金焕（Hwan Kim）。梅尔·豪斯太太（Mrs. Maire Howes）给我提供了大量拉美的背景资料，并且挖掘出很有意思的秘鲁人的资料。只是很遗憾，因为经费的限制，我不能够将很多她所发现的纳入到本书中。塞西莉亚·玛里斯（Cecilia Mariz）为我研究了拉美文学，特别是第一手的葡萄牙语的文献。她也帮助了我在里约热内卢（Rio De Janeiro）的生活。我极其感谢她宝贵的协助。

其他的感谢献给那些由研究所和南公理会大学促成的研究之旅中给予我帮助的人们。按照时间顺序依次为：墨西哥尤卡坦大学（University of the Yucatan, Mexico）的拉斐尔·寇博思博士（Dr. Rafael Cobos）和他的同事们、梅里达长老会（the Presbyterian Church, Merida）牧师、里约热内卢宗教研究所（ISER）的全体人员和鲁本·费尔南德斯博士（Dr. Rubem Fernandez）、牙买加莫纳西印度群岛大学（University of the West Indies, Mona, Jamaica）的麦肯齐教授（Professor Mackenzie）和巴里·舍瓦纳博士（Dr. Barry Chavannes）、菲利普·波特博士（Dr. Philip Potter）和乔治·马瑞安博士（Dr. George Mulrain）、危地马拉安提瓜岛研究图书馆（Research Library in Antigua, Guatemala）的管理者们、危地马拉市新教大学（the Protestant University, Guatemala City）校长维尔吉利奥·萨帕塔·阿尔扎育兹博士（Dr. Virgilio Zapata Arzeyuz）、墨西哥城高等研究所（the Institute of Advanced Studies, Mexico City）和墨西哥学院（College of Mexico）的杰·皮埃尔·巴斯琴博士（Dr. Jean Pierre Bastian）以及卡洛斯·伽马·纳瓦罗博士（Dr. Carlos Garma Navarro）。杰·皮埃尔·巴斯琴博士的研究对我有特别的价值，他的友谊也鼓舞我心。

非常感激南公理会大学的朱迪·查尔韦（Judy Charvat）将首先成稿的第四章和第一份参考书目录入电脑。伦敦经济学院（London School of Economics）的伊万·布朗太太（Mrs. Yvonne Brown）以其一贯的忠诚、努力和效率录入了大部分的手稿。我深切感谢她多年来的工作。谢利尔·巴德利（Cheryl Badley）见证了这本书最后的完成，经历了无数次的修订，不厌其烦地阅读篇幅很长的第二部分，并且完成参考书目的最后定稿。这是极需要技巧、学识、辛勤和耐性的艰巨工作。

最后还要感谢两个与众不同的人。一位是帕金斯神学院（Perkins

School of Theology）的威廉·亚伯拉罕博士（Dr. William Abraham）。我们有众多相同的兴趣。他给我很多有用的评论、建议和资料，告诉我应读的资料。他是一个研究上的伙伴。我总能和他探讨研究中的问题。

另一位是我的妻子。她阅读我的每一份手稿。在我所有的研究中一直鼓励我。在我所有研究的旅途中陪伴我（除了里约热内卢）。像以前一样，我们一起讨论书中所有的内容。这些与他们在一起的时光是美好充实的。谨以此书和永久的感谢献给他们和其他所有帮助过我的人！

大卫·马丁

南卫理公会大学；伦敦经济学院

1988 年圣诞

引　　言

　　在我进行激烈的论证和阐明此书所要表达的想法之前,我想对写下这超乎寻常而又鲜为人知的进程所采用的特定的理念做一些说明。

　　首先,我试图简明。即使有的话,普通读者不能理解的社会学问题也是极少的。我已经得出这样一个结论,社会学专业的表述几乎可以在不经意间被转化为普通语言。除此之外,我认为大量的专业学术表述滤除了在社会历史大剧中角色的人性,轻率地对他们对于自己所做事情的认识打折扣。他们被贬低为被社会力量和进程所驱使的梦游者。而我又该遵照什么来呈现无数的角色和进程呢?

　　另外,我也想要避免"框定"拉美人所生活的这些世界。他们贫于改变政治敌意的表达,而将它们包裹在社会演化的主要或正确道路的重大主张中。这是我们知识分子文化的奇怪反常的状态。通常,我们喜欢把人或者变革都框在这种方式之下来帮助我们知道他们是否在政治上是正确的。我们现在此时就需要现世的"最后的审判"。而我不会也不能给出这样的"审判"。不同于这样非人性的恐怖定义,我们发现这个世界并不明朗,那些特定的世界比以往更加难以捉摸。社会学语言的表述不是政治的或者文化的认证和标注。然而,它确实包括人道的同情和同理。我满含感情地写作,却不给这剧目加上公认的态度。

　　因为我想写得简单直接,所以避免了对特定种类的社会学专业术语的讨论。例如,"现代化"是比较有争议的用语,还有"发展"这个词也一样。很难有词语可以逃过批判这个的筛子的过滤。但是,我们还是得用词语表达我们的想法,并相信读者会有他们自己明智的保留意见。

　　相似却不尽相同的问题发生在宗教学和神学专业用语上。我为什么不时地使用"新教徒""福音派""基督徒"或者"信徒"不是这里所要讨论的,我也不会讨论存在于这么多描述里面或之间的神学意义上的差别。

当我的论述变得复杂，就如福音再兴的复杂问题与卫理宗和五旬节运动在谱系上的联系时，我会指出为了理解这些部分所必须阅读的资料书籍。

有一个关于神学词汇的关键问题对于社会学分析依然很重要。它关系到我们如何使用这个词："灵恩的"（charismatic）。我认为天主教中的神恩派（charismatic Catholicism）与五旬节运动灵恩派是不同的。它被列在天主教中，是因为它的的确确产生于罗马天主教教会中。我认为它的来源和背景与新教五旬节运动灵恩派的背景大相径庭。我承认我并没有偏离我的论述来充分说明这一状况。当然，相比而言，天主教灵恩运动并没有形成很大规模。

一个一直缠绕我们的技术性问题是统计学方面的问题。通常我们主要的统计数据来源于大卫·巴雷特（David Barrett）的里程碑式的著作《世界基督教百科全书》（*World Christian Encyclopedia*）。而该书的数据已经滞后了十年，并且其中由美洲宣教研究院（Imdela）的中美洲社会宗教研究项目（Procades）所提供的数据至今仍未全部开放。我不得不使用各样的数据来源。它们带有明显不同的倾向。一个适用的统计学调查和全备的防止误解的说明又需要占用至少像现在这样一卷的篇幅。同样的情况发生在地图的运用方面。一次又一次再版的包括巴西、阿根廷、智利和中美洲的地图，是十年，甚至二十年前绘制的。依然滞后！于是大费周章地请英格兰的约翰·盖伊（John Gay）、法国的弗朗索瓦·伊桑贝尔（Francois Isambert）、西班牙的奥雷里奥·奥伦桑斯（Aurelio Orensanz）制图。他们辛勤的工作提供了一些适合标准的，应该被囊括的具有严肃意义的当代信息。

至少有两章，十一章和十二章，做了文献综述。这些分析并不总是那么容易用我期望的不生涩的方式表达。但就目前我所建立的案例而言，引用累积的论据来综述文献是很重要的。这一类的书基于众多小的研究。详细地对每一个研究进行个别说明并感谢，在知识层面和道德层面上都是应当的。这样的书也基于一些前人的研究分析。在此我特别向这些已有的研究致谢：沃尔特·霍伦韦格（Walter Hollenweger）、艾米丽·莱昂纳多（Emlie Leonard）、克里斯蒂安·拉利韦·迪埃皮奈（Christian Lalive D'Epinay）、埃米利奥·威廉姆斯（Emilio Willems）和布莱恩·威尔逊（Bryan Wilson）。

除了尝试简明的表达之外，还有一些理论上重要的关注我要加以阐述。一是拉丁裔和所谓"盎格鲁"在过去四百年间的文明的冲突，这成为整个故事的戏剧背景。另一个就是为什么新教教义在（比方说）巴西和危地马拉有影响而不是（比方说）在乌拉圭有影响的比较研究。如要完全研究则需要作更多关于两国和两种文化的探讨，就如杰·皮埃尔·巴斯琴对墨西哥所做的研究一样。我所能够做到的只是指出，我认为在这个或那个大背景中那些起促进作用的、占主要位置的小环境。

从这个理论观点来看，问题主要集中在由哈勒维提出的有关循道会的出现和影响以及关于世俗化的讨论的议题上。谈到循道会，我会关注在英格兰和威尔士自发式信仰的出现和它在美国的羽翼渐丰，以及如何从本地和国家的层面成为系统联盟削弱力量的一部分。一旦那些联盟分崩离析，新教为确保新理念在自我发展、群体运动、地域文化适应性和个人主动性方面互相支持和有效传播所形成的网络中扮演了什么样的社会角色？这些至关重要的问题现在从英格兰的亨伯河（Humber）转移到了地球另一边的美国与墨西哥之间的格兰德河（Rio Grande）。

关于世俗化的讨论在两方面是相关的。首先是因为就如在我的著作《世俗化通论》（*A General Theory of Secularization*）[1] 中所试图描述的，直至1960年天主教社群和新教社群经由差异较大的路径进入现代。没有人意料到由哈勒维研究的问题会在天主教主导的拉美再现。事实上，它的确再现了。"盎格鲁"文明不仅遭遇了拉丁世界，而且典型的新教路径在拉美的变体与天主教的路径交错。从1789年到1950年天主教固有的、独特的发展模式开始妥协。这是现代历史上一个崭新的时刻。这一时刻不能被简单地解读为从北美到南美的文化扩张转移。我们所看到的是，土生土长的新教蓬勃发展，并且承载着数以百万计的拉美贫苦人的希望。

虽然如此，但从更广的范围来看，这个新的变革只是更大范围、全面的世俗化的一个部分。到现在，全面世俗化的支持者看到，以法国为代表的天主教社群和以瑞士为代表的新教社群预示着全面世俗化的成功。但是也许欧洲并没有提供普遍化的模式。也许在欧洲发生的只说明，当社会变革发生在宗教与政治和老的精英阶层有所联系的国家时所发生的。在美国，这种联系已被破坏。宗教与政体和权力没有任何的瓜葛。或许现在发生在南美洲的是一个复杂的舞步。那里的天主教和新教都与政治分离，并且也断开了与前面所提的两个国家原有的联系。所以不仅仅是由1588年所致的盎格鲁—西班牙裔的巨大鸿沟被填满，而且由1789年引发的特定的历史轨迹也慢慢消失。由于宗教社会变革的北美模式与南美模式相结合，所以伴随所有拉丁文化的对宗教螺旋式上升的敌意也显露出终结的迹象。

我是如何组织我的主题和布局我的书的呢？首先我展示了存在于西班牙裔和盎格鲁美国人世界中 4 个世纪的戏剧化冲突。为了支撑这一论述，克劳迪欧·威利兹（Claudio Vélis）提出了一些卓越的观点。"我们曾经"，他说，"出生在一个带有英国烙印的世界。我们的子孙们将在这个令人敬佩的老时代中成长成熟。这个时代之于英国，就像希腊时代之于希腊，或者更甚，雅典"。[2] 如此断言等于将一个帝国的陨落和与其相关的文化在世界大部分地区的复制严格分开。威利兹接着如此论述：

> 在差不多过去的两代人中，当然得从 1947 年开始，当英国帝国开始瓦解，世界跨越了一个很难察觉却真实存在的门槛，进入了一个半希腊时代。这个时代中，由说英语的人群开始的文化形式，特别是在他们非凡的具有开拓性的工业革命和他们帝国的鼎盛时期，就如文明的质素和存在所依赖的知识、习惯、做法和信念所组成的纤维中一根主线，毫不费力地被巩固。[3]

这一文化的最早传播，当然，是在从英国开始的一系列的文化移植，尤其是对美国的文化移植中。威利兹补充道，美国以一种直接平行于自我展览的方式将其从英国移植而来的进行了扩展。虽然这样，但是当然，"远远超过了一个有效率的英国意义兜售者"。

威利兹接着比较这个盎格鲁—撒克逊文化的动力和无可辩驳的继罗马帝国之后最强大的西班牙帝国的影响。他认为，在它主要的领域之外，它的文化意义和其他重要含义并无证据表明是可传播的。斗牛和卡斯蒂利亚语（Castilian，即西班牙语）依然留存于其内部。美式橄榄球和美式英语却不是这样。一个是集中的、独一的，并且被局限于它自己的政治统治区内；而另一个是松散的、共存的自由主义者，并且可以对外传播。

本书第二章主要讲述宗教方面的"对外传播可操作性"。考察英国宗教怎样形成一种自愿的、可倍增的和参与性较强的方式，它对外如何传到北美洲并且如何发展成为美国的核心文化。有三个连续性的文化复制模式：标志一，可以说，是清教徒的；标志二，是卫理公会的；第三个标志，是五旬节派的。（在标志二和标志三的背后是北欧的虔诚主义，但是它没有消失，因为它存在于国教系统的独占限制之中。）除了在拉丁式的教会阵营和无神论阵营之间的争战中微弱地增援反教权主义，标志一和标志二被证实很难从北美传播到南美。标志一和标志二获得了文化影响力，但是所获的权力微乎其微。

然而，标志三却有效地、成功地跨越了格兰德河，并且被证明大规模地倍增复制。那是因为它具有本地适应性，很容易本地化。通过一系列的渠道，标志三以不断增强的态势传播：通过特定的手艺、土地或者以熟练工人和看守人的工作得到某种自由的小民；因资本家农场发展而搬迁并且急于保护或者安置自己的人；那些有不满情绪的小部落和大量在国家边缘的次民族，如：玛雅人（Maya）和盖丘亚人（Quechua），尤其那些被从庄园带到特大城市周围并为浩大运动所吸引的缺乏判断力的人们。第二部分描述了在西班牙世界这种宗教泛滥中多变的事件，尤其发生于巴西东南部，但是几乎同样明显地发生在智利和危地马拉。

然而以五旬节信仰和以保守派新教的其他形式为代表的宗教泛滥并不仅限于拉丁美洲的世界。它也在多样化环境中的加勒比地区扩展。这一地区的文化兼具盎格鲁美洲人、法裔美洲人和西班牙美洲人的文化渊源。所以第七章会考察特立尼达岛（Trinidad）和牙买加，海地，还有波多黎各。新教也传播于更广阔的地域：环西太平洋的中国、菲律宾、新几内亚、印度尼西亚，还有很重要的韩国。第八章考察韩国为什么那么接纳新教保守派，首先是循道会和长老会，现在是五旬节运动。

新教保守派的进步包括一些特定的过程和转变。其中很多带有五旬节运动的印记：在身体圣化中所产生的，从罪和疾病里的释放和各样改善中所得着的能力。这些释放和得着会在第九章进行分析。它们怎样通过诗歌、见证、个人人际和家庭联系被宣扬。它们融合了黑人灵性传统和白人的宗教热情传统，连接了未开化的极远古世界和最近的后文明世界。

这些转变如何在微观进程的方面和在个人私密的经历方面达成会在第十章进行分析。我选取了来自波多黎各的传记和见证，用以说明在盎格鲁世界和西班牙世界之间架设桥梁和建立联系的过渡和转折点，展现它们如何与来回反复的肉眼可见的移民潮之间的联系。

最后的转变发生在政治经济领域。在这里我主要呈现为什么关于参与、自愿、自治和个人进取的文化逻辑潜在地存在于其中。起初，宗教推动力集合了一个为了安全而促成的人际网络。起初，他们大多数的精力在于建立一个安全阀，建立能互助交流和有用连接的兄弟姊妹之情。那些带领这个安全阀的人在政治上比较谨慎和保守。他们严格地避免由于政治争论和分歧所带来的灾难性的动荡。这个问题演变为：在这种保守形式下潜在的政治经济趋向是什么？紧接着出现很多问题。在这种宗教团体的自由空间里所孕育的演讲才能和组织能力会在什么时候扩展到更广阔的世界？在忠信之人陪伴中所生成并被保护的个人人性的理念什么时候成为经济方面的进取心，成为新的优先权和新的志向？第十一、十二章就试图回答这些问题。

第一部分

历史谱系和理论背景

第 一 章

盎格鲁和拉丁：相互竞争的文明，并行模式

有一些战争旷日持久，但实际的战事却断断续续。英、法百年战争成就了两个国家，也给予了双方民族身份。从1914年到1945年在协约国和同盟国之间三十年的战争削弱了最初的参与者，并且赋予了俄国和美国无可争议的世界霸权地位。所有战争当中耗时最久的是西班牙帝国和盎格鲁—撒克逊帝国长达四百年的冲突。其中一方为伊比利亚半岛的所有继承国；而另一方是英格兰及其最强大的继承国——美利坚合众国。

英国最近将1988年7月下旬定为打败西班牙无敌舰队四百年周年纪念。笔者四十多年前阅读过的教科书非常清晰地提到这些事件，它们非常关键，对世界具有重要的影响。J. A. 弗劳德在其《16世纪的英国水兵》（*English Seamen in the Sixteenth Century*）中写道："如果不认识到双方都有深刻的信念，认为他们都在为上帝而战，我们将不能明白这很具叙事性的故事的意义。自由和权力，这两个信念争夺着引导人类。"[1]当然，弗劳德有些夸张。然而，一边是确定的独裁，另一边是通向自由的可能性。如果当时西班牙无敌舰队赢了，我们将不能看到美利坚，甚至不能看到联邦共和立宪制国家。

要找到关于现在拉美新教福音大爆炸的准确洞见，我们不得不一开始就将自己放在一定的学术高度上，就像托马斯·哈迪在《统治者》（*The Dynasts*）中所做的，将他的关注从宏观转移到事件的地理细节，甚至是个人传记的交织。他曾精确地说，一个人必须"关闭时间"和"穿越空间"以"联系被级别和年份切断了的脉络"，并"在摇篮和棺材间建立联系"。

以便于那些紧跟着早已逝去的起因的后果遥现……[2]

这个高度可以被大概地明确阐述。现在以文化突变的方式发生在波多黎各，或者巴西，或者菲律宾的一切，特别在宗教觉醒的方面，发生于西班牙（或者葡萄牙）文明和盎格鲁文化长期冲突而建立的框架下。通过为了自身民族身份和宗教身份的斗争，双方固化形成这样的框架。在与伊斯兰长达800年的战争中，西班牙一方形成了一个强大的国家和宗教的联盟。而在与罗马的抗争中，英国人（和德国与荷兰一起）一方形成了一个信仰和民族的联盟。布洛代尔精辟地将这一抗争概括为北欧殖民地对抗罗马天主教，或者说南西班牙帝国的一个独立宣言。[3]西班牙文明与盎格鲁文化的争斗在美洲被西班牙收复失地运动的继承者和虔诚的英国宗教改革左翼人士的继承者延续。幸存的西班牙收复失地运动的受益者显然就是西班牙和葡萄牙帝国的继承国。英国宗教改革左翼人士幸存的受益者，或者更确切地说，真正的继承者成为美国的建国者。

首先，拉丁文明对于美洲依然有影响。它们真实的存在和伟大的探索深深地延展到北美。今天宣教士们在得克萨斯州、新墨西哥州和加利福尼亚州依然可以感知到这些。对于英国、荷兰（当然还有法国）来说，他们在东北美洲的起步时间相对较晚，影响也较小。

然而，渐渐地，重心转离拉丁。首先，英国除掉了它的竞争对手法国。法国从五大湖到新奥尔良的包围中本可以极大地限制英国。接着法国（包括西班牙和荷兰），帮助美国殖民者从英国获得了独立。从此，拉丁文明最有力的挑战者出现了。被击败的英国紧紧抓住他们在加勒比的主要前沿不放。（当时，这些前沿比美洲殖民地远重要得多。）接着他们协助南美殖民地相继从西班牙和葡萄牙手中独立。有趣的是，无论在南美洲还是北美洲，大部分殖民地的独立与其说是争取到的，不如说是被强加的。

现在旷日持久、影响巨大的盎格鲁文化和西班牙文明之间的冲突重心越来越多被转移至美国。美国人与墨西哥人之间的战争导致了得克萨斯州的建立，美国吞并了墨西哥三分之一的领土。这场冲突发展完结于1898年的美西战争（Spanish-American War）。在这场战争中，西班牙失去了古巴、波多黎各和菲律宾群岛。从那之后，美国维持了其无可非议的经济和地缘政治的霸权，并以袭击和占领中美洲南延至巴拿马（Panama）来巩固这一霸权。[4]

在尼加拉瓜和古巴的革命既是抗美民族独立宣言，毫无疑问的也是左翼的运动。如果只将其看作政治矛盾的表达,加勒比的独立运动也极有可能是左翼的。他们加入了这些先后的独立运动:北欧从罗马独立、北美从北欧独立、拉美从南欧独立,现在,拉美从北美独立。也许也应当把最近英国和危地马拉为英属洪都拉斯伯利兹(Belize)而起的冲突、英国和阿根廷因马尔维纳斯群岛(the Falkland Islands)而起的冲突加入。它们虽然微小,却是更大冲突的有趣补充。而这个更大冲突的主角,毫无疑问,就是美国。

当然这个冲突是文化性的,事实上(ipso facto)也关乎宗教。它发生于文化这个载体,却经常用宗教的语言来表述。对于一些拉丁美洲的人来说,北美的文化和新教的信仰就像蛮族的入侵。这一观点直到今日仍由文化民族主义者附和着,并适当地加上了文化帝国主义和文化依附的冠誉。对于其他的拉丁美洲人来说,特别是那些反对教权主义的开明者,他们认为应该效法美国文化。美国文化被赋予一些先进的特定理念,其中就有新教教义。一些拉美开明人士和大多数北美开明者看待盎格鲁—西班牙冲突就如弗劳德看待西班牙无敌舰队一样。他们所面对的问题,同样是,自由对抗权威、平等对抗等级、个人良心对抗有机组织、进步对抗反对、和易性与沟通对抗徒劳的军国主义。这是一个可以用来阐明赫伯特·斯宾塞(Herbert Spencer)有名的对比案例研究。这项对比是由他在《教会体系》(*Ecclesiastical Institutions*)中提出的,其比较了温和高效的牧师与徒劳专制的神父。它甚至可以被看作辉格党(Whig)对历史诠释更广泛应用的一个案例研究。

温和的新教式沟通与徒劳的教权专制的对比带有讽刺性的口气。因为对于自由—新教徒的事业来说,一个温和的文化和一个温顺的性格的产生确是重要的。整本书的论题具有一种张力,存在于由一些特定新教教义所推动的个人及文化进步中的温和典范与专制及大男子主义的势力之间。盎格鲁与西班牙文化的冲突的一部分就体现在这个层面。然而,事实上这一冲突"体现"于此也指明了讽刺性的所在。对于很多拉丁裔美国人来说,由新教共和帝国(La Republique Imperiale)所绘制的温和的自我肖像是一种极简的讽刺。看一看美国城市古怪的犯罪。对于他们来说,它只是一种假冒伪善。但是问题更加复杂。

有一个简单的观察。在英国和美国,作为一个信条的和平主义和作为个人典范的和平性,比起世界任何其他地方,更广泛地播散。这与由海洋所赋予的相对的安全感相关,也更得益于激进的阿米念新教教义（Arminian Protestantism）作为独立于政体、权力和存在目的（raison d'etre）的急切需求的一种志愿式宗教的宣传。天主教已经被结构性地捆绑于这些压力的联系当中。而阿米念新教教义已经脱离了它们。[5]

这不是说盎格鲁—撒克逊新教文化没有暴力传统,或者没有特定教义和军事的联系。事实上,在英国的背景下有引人注目的福音化军事专制领导传统,特别在苏格兰和厄尔斯特的长老会中。换句话说,和平演进与反对征兵从来没有像在盎格鲁—撒克逊文化中这样兴盛,并且特定温顺的性格的产生对政治上的军事和个人的暴力完全相斥。和平演进有各样的根源：宗教改革（Reformation）左翼的半世俗化的愿景、"神格唯一论者"（Unitarianism）并福音派（Evangelicalism）的主日学和社会拯救运动。也许这些温和的模式在福音派和19世纪自由贸易的温和典范相重叠和彼此巩固时最兴盛。但也不难观察到,没有其他文化像盎格鲁—撒克逊文化这样,孕育了如此多的军事方面的罪恶和帝国的扩张。

讽刺性始于美国和英国这两个爱好和平的温和的擅长贸易的国度却乐于、得益于并且自豪于武力的英勇,特别是以西班牙帝国作为代价。虽然个人的和易性与新教教义有相当程度上的关联,但新教教义也在地理政治学和意识形态层面与主要权力和世俗化成功相关。以至于每当温和的解放者投入到对"倒退的"军国主义国家的战争中时,他们视自己为带来进步的十字军将士。美国人在这方面做得比英国人好,但英国人也不甘落后。所以,当麦金利总统（President McKinley）为美国扩张占领菲律宾寻找理由时,他以"修直主的道路",并且使福音能够进入菲律宾为理由。一个有厄尔斯特清教徒血统的美国总统的视界将在菲律宾的战争以如此高尚的辞藻圣化。这让人品味出在整个盎格鲁和西班牙文化关系中一种可被仿效的讽刺。

和平和在鼓励一种温和性情中唯意志论的阿米念新教教义所扮演的特定角色的主题引入了下一个更广的进程,建构了目前新教在拉美的传播。那就是唯意志论自身的兴起、教会和政体联合的破裂、人民与信仰联系的隔断以及本地社区与本地教会关系的隔绝。在拉美,基督教福音派的扩展取决于宗教信仰的总体自由化,以及民族身份和特定宗教有机联合的衰弱。这个衰弱表现为宗教活动范围的社会学分化（就如医疗、教育和社会立法相继被世俗化）,也在新教和天主教文化中分化方式的戏剧性对比中表现出来。我们首先看新教模式，它被划分为三类：北欧模式、英国模式和美国模式。其中每一个模式都经历了政教合一到政教分离，宗教限制到宗教自由的过程。并且每一个也都是发生在接二连三的刚独立的国家之中。我们从北欧大陆前殖民地时代占主导的新教政教关系的特定模式开始。

因为从历史角度看，北欧模式非常复杂，所以这个进程被彻底简化，只集中于解释两个有启发性的例子：挪威西部的基要主义（Haugeanism）和德国的敬虔主义（Pietism）。接下来，什么是北欧模式呢？[6]

新教模式一：北欧模式

广义来说，在北欧，宗教方面公开的异议极少，至少在机构上极少分开。政教合一与信仰和民族的合一被延续下来。"皇冠"与"祭坛"关系亲近。除非与信仰相悖，"祭坛"总体服从"皇冠"。宗教变革最主要发生于灵修态度的改变、哲学侧重的变化或者亚群体和压力群体的出现，而没有出现由异议和反抗引致的大规模运动。当后者出现时，就如在19世纪中叶的瑞士，他们经历的反制措施激烈到镇压的地步。以致很多瑞士浸信会信徒更愿意移民离开。通常宗教方面的异议会发展为反宗教和反教权。结果，当社会民主掌权，并且大得人心的时候，瑞士几乎没有宗教方面异议的传统可以被鼓励。而这种情况发生在每一个北欧的新教国家。在19世纪中后叶的德国有很多迹象表明，通过激进的政见对待反宗教言论的方法影响了部分中产阶级和工薪阶层，[7]并成就了教会与贵族阶层的联合。这里关于宗教的政治分歧没有大多数天主教国家那么大。但是，在英国和美国的政治分歧要比天主教国家大。长远来说，信仰与人民的合一趋向于突变为围绕一个新的社会民主共识的某种程度的意识形态上的同质。至少在斯堪的纳维亚是这样的。在一段时间的社会放逐之后，教会渐渐接受了这个共识，并且有时，就像在芬兰那样，积极地服从。那些社会民主主义者，从他们的角度，也温和了下来，就像在当代芬兰发生的那样，甚至可以将"基督教"作为他们公认的共识之一。

这个北欧模式也许显得与发生在拉美的问题相距很远，但是从逻辑上、社会学角度和历史角度来说，它是重要的，也是不得不在此加以讨论的。最后，当然，北欧模式极为重要，因为路德和敬虔主义丰富的遗产，同样传承给循道会和不墨守成规的五旬节运动。因此，走进危地马拉新教大学，你马上会在门廊处看到一个追溯到路德和维滕堡（Wittenberg）的宗谱。但是，将北欧模式纳入的最主要的原因是它的政教合一成功避免了从五旬节运动中产生的唯意志论宗派主义，同时却形成了五旬节运动最后的敬虔方式。五旬节运动最早的起源是施本尔（Spener）和德国敬虔聚会（German Collegia Pietatis）。我们通过巴赫（J. S. Bach）的宗教文献而熟知的，在敬虔主义中的基督化效应是通过循道会被扩大的。而这是五旬节运动系谱中的一部分。不仅仅是敬虔主义感性的部分重要，与政治相抽离和与此相关的次于权威的敬虔的传统也同样重要。当代对五旬节运动的批评主要持续集中在所谓的"非政治的虔敬"上。这是对"敬虔主义"一个广义，并且较为容易引起争端的引用。但是它却正确地追溯了在北欧的敬虔主义传统。

然而，全面地来看待敬虔主义的特性，它并不一定是与政治无关的。本书会论证这种虔信经过很多时期被传承，有时政治意图被隐藏，有时却很活跃。此外，本书还会讨论，当政治活动真的兴起时，虽然由于敬虔主义的文化逻辑而使它们恰似兄弟，却不尽相同。根据不同的环境，敬虔主义在政治方面的表达也不一。现在我列举一些例子。他们在德国被称为敬虔主义，而在挪威西部被称为基要虔诚主义。第一个例子主要关于敬虔派对现状支持的问题。第二个例子主要说明，当敬虔主义面对一个争论会接踵而至的长久的中心主题时，会自我调适到一个主要的地区性的和文化性的边缘地带。基要主义也说明了新教敬虔的类别和与之相互支撑的经济网络的建立之间关系的中心主题。

这样，在这两个例子里，此书主要探讨的三个要素大致如下：伴随着兄弟般各式敬虔主义的形形色色的政治态度；特定宗教与中心和边缘张力的关系；以及宗教对互相支撑的经济网络和个人提升的贡献。

为了讨论德国敬虔主义，我引用了玛丽·富布卢克（Mary Fulbrook）的著作。她论述了这种宗教在17、18世纪德国的各个不同地区中呈现出令人惊奇的丰富的政治性表达能力。她的分析处理了以敬虔运动而著名的两个地区：符腾堡（Württemberg）和普鲁士（Brandenburg-Prussia）。在一个地区，敬虔主义在专制政体支持者并没有过激政治化时，帮助反抗专制政体的建立。在另一个地区，敬虔主义成为实际意义上的国教和专制国体的一支。[8]

当时，由于连年的战争毁坏，加上自然灾害，还有埃贝哈德·路德维希公爵（Duke Eberhard Ludwig）的专制野心，符腾堡的敬虔主义在1680年到1720年开始传播。敬虔派将各样的灾祸解释为神的警告，就像今天五旬节运动所做的一样，并且加入猛烈抨击、反对宫廷奢华的力量。然而，随着相对的繁荣和平的到来，敬虔派对政治的态度变得冷漠，并且（就像约翰·卫斯理）对本格尔（Johann Albrecht Bengel）的千禧年预言表现出相当的兴趣。作为中产阶级，他们倾向于支持财产申诉，寻求原先权利和优先权的保留，但是认为君权神授，将灾祸视为千禧年之前不可避免的敌基督的出现。

普鲁士的敬虔主义很大程度上应归功于弗兰克（Francke）的影响。他将这场运动构思为轰轰烈烈的善举、改革、符合圣经的翻译和全球范围的宣教以及对生产和贸易关注的综合体。然而，虽有这个活动家的推动，它还是转变成了一个专制国体的分支。部分的原因是敬虔派乐于以其他地方的逼迫交换在普鲁士国家的支持。还有部分的原因是，敬虔派的机构有助于军事（正如今天在拉美的五旬节运动机构），并且敬虔派可以帮助国家与正统路德宗的等级制度及其在地方封建制度的支持者抗争。但是，随着腓特烈大帝（Frederick the Great）在1740年即位，这个中央集权国家不再需要敬虔主义来调试它的官僚机构。就此而论，敬虔主义内里强烈的热情干涸枯绝了。

玛丽·富布卢克评价了符腾堡和普鲁士的敬虔派的社会位置。关于后者，她引用了权威的说法，认为敬虔派只有在拥有一个自信且有力的中产阶级的基础上，才能独立地、不依靠君主政体，与封建贵族和正统路德派的联盟抗争。所以，它真实的政治性的推动因着与中央集权的君主政体混合而变得迟钝。相比之下，在符腾堡，国教与中产阶级紧密相连。敬虔主义被统治阶级视为大规模的可控的运动。它几乎不具有威胁性，也可以被统治阶级所忍受。还有，符腾堡具有悠久的民主中产阶级传统，而敬虔派自己不是独立的中产阶级者，就是小型贸易或者技术手工业从事者。在这样的情况下，敬虔派只会在初期不良条件下抗争。但是只要事情缓和，他们大多数更愿意祷告而不是行动。

现在，让我们将话题转到基要主义。有一个运动是很多至关重要的变化和创见的核心。它将虔敬带入了挪威西部边陲，促进了在对抗瑞士统治时的挪威的爱国主义和本地语言的形成。它为挪威政治中所谓的"老左派"提供了社会基础，1920年，挪威差点儿踏入共产主义的道路的时候，它在掌握政治中心过程中很有影响力。当时正是在经济革新精神的刺激下，它也同样建立了人际网络。

比起卫斯理在英格兰所遭受的，虽然挪威的基要主义从教会和政府权威那里得到的更多是压制的回应，它就如后来的"内在使命"一样，只限于国教的内部。基要主义者，更宽泛一点，和敬虔主义者认为正统教会是温文尔雅的殖民地居民精英的膀臂，被错误的"启蒙"潜移默化地影响。基要主义运动之于挪威边陲就如循道会之于威尔士（Wales）和康沃尔（Cornwall）。拿循道会为例，它建立了一个交流沟通的网络。循道会的跟随者善于经济上的冒险投资，也互相支持。他们带动当地，并且唤起本地的语言自觉。他们的运动正式宣告了唯意志主义、自由权利和多元主义。基要主义的追随者和承继者是本地普通民主觉醒的先驱者。并且这种觉醒，向世人展示了其迁移的意愿：移民美国的挪威人中很大比例都是基要主义者。

此外，这些基要主义者最终成功了。他们在1830—1833年和1884年的情绪动员中很活跃，最终打破了在乡镇都拥有影响的官僚政治的权威。由于这些城镇的和国家东部的角色，地方反文化的抗争就与最终在东部出现的分歧很大程度地分开和交错。保守党从未获得地方的宗教方面的支持：它与都市化的、活跃的欢宴以及外来统治的渠道相联合。这一宗教复兴倾向于支持那些现在成为中心的所谓"老左派"的党派。在南边和西边，他们是文化防御系统的中心，他们抗拒在挪威东部和部分北部地区的阶级极化。他们现在为基督教政党提供了支持的中心。在美国郊野小镇的文化防御系统中，对他们来说，禁令事件成为一个重要的、集中的标志，并且为当代的威尔士当地语言长期提供了又一个关于身份的焦点。

在18世纪90年代，挪威的其他地区，阶级间剧烈的极化快速发展。特别是第一次世界大战之后，当社会主义者短暂加入第二国际的那段时间，挪威的工业化进程无计划地极速进行，并且受到了相当大的共产主义的影响。但是对更大的选举区的需要和相对不极化的南部和西部的存在，意味着工党必须更加靠近政治权力中心。文化分裂和阶层断裂的叠加减轻了政治角逐的残酷性。然而，在挪威社会中的中央集权因素再度重申其社会民主的统治地位，于1935年建立，建立即永恒。那个短语"从丹麦的官僚制到一党制国家"描述的就是这种连续性。[9]

这个主要的运动，将政治经济的革新和爱国主义意识的高涨在一个地理上的"边缘地带"结合。相比较而言，斯堪的纳维亚（欧洲）的其他国家之间比较具有同一性。它们只经历了一些自由教会的小型运动，就如在瑞士的西博滕（Västerbotten），或者丹麦的北日德兰半岛（North Jutland）的运动，或者像发生在芬兰乡村的地方性复兴。电影《芭贝特的盛宴》（Babettes Feast）体现了这种乡野式的斯堪的纳维亚虔敬。所以，基要主义（和它所派生的）出现在北欧模式中，代表了与循道会最接近的相似体。但是，它规模较小，并且从未摆脱建立初始襁褓的束缚。但提及对束缚的突破，我们将不得不转入英国模式及其在美国的最终实现。（荷兰本可以承担这些世界性的历史任务。它拥有宗教的自由和不同寻常的分权化。但是，从长期的角度来看，不能与英格兰相比较。）

在我们转到英国和美国之前，引证这些例子的要点值得更进一步的强调。就如前面所提到的，它们之所以被列举，是作为在根源上相近的敬虔主义，但在盎格鲁—美国文化中发生突破之前，却依旧是与政教合一的框架绑定的案例。它们说明了敬虔主义在政治方面的延伸是如何不同，在一个情况中可能被不良的环境钝化，或者成为反政治式的回避，或者其他作为一个社会阶层或者地区的激进的觉醒。所以它们对敬虔派的虔诚和政治性抗议以及暴力革命的避免之间的关系整体有影响。基要主义能部分避免挪威的暴力革命，并且表明敬虔主义与新的经济风气以及支持网络的建立可能的联合方式。所以这些案例将介绍整个论证在经济和政治方面的问题。

新教模式 B_1 和 B_2：英国和美国

就其分别展示了信仰与人民联合的部分的和全部的崩溃，英国模式和美国模式可以被同时讨论。这是因为美国借势英国部分的实现，将其带入一个合乎逻辑的结论。英格兰自己抱有一些贵族等级制度和其政教关系的因素。而与此同时，其在威尔士、苏格兰和阿尔斯特（Ulster）的新教边缘，以及其海外扩展的加拿大、澳大利亚和新西兰，各自向更与美国模式相近的方向发展。正如在斯堪的纳维亚借道英格兰到美国有一个政教连续区，所以在英格兰借道威尔士、阿尔斯特和苏格兰，以及加拿大、澳大利亚和新西兰到美国有一个次连续区。

所有英国的外围地区都比英格兰自身都更具新教特色和平等精神,并且它们对"白色"英联邦的文化和美国的建立,以及或许通过美国新教对拉丁美洲的溢出式拓展做出了很大的贡献。我们不禁想到在派往拉丁美洲的美国宣教士中高比率的苏格兰式的名字。

事实上,很值得指出的是,美国在17世纪复兴中觉醒的根源就在于全国性自发觉醒阶段的英国小岛这样的边缘地带。大觉醒自身是一个具有多重社会根源和发生在不同的时间地点的复杂现象,但是它的确在移民到英属北美洲的苏格兰人和苏格兰—爱尔兰人中找到了肥沃的土壤。玛丽莲·韦斯特凯普(Marilyn Westerkamp)最近研究了一个大规模、持续的情感汇合点的谱系。她将其追溯到了17世纪30年代阿尔斯特和苏格兰东南部低地。[10]这个宗教的谱系不仅仅满含感性,也极具个性。在18世纪美国,它可以运作于各式各样的教会和种族渠道,从改良的加尔文主义到阿米念主义,并且它在处理心灵与感情、圣灵至关重要的活动和强调平信徒的参与上都很有成效。

如果除去中间的事物,我们只考虑英格兰和美国,那么兴趣的中心就会转移到三波主要的宗教变化:清教徒运动、卫斯理循道主义运动和五旬节运动,以及它们对两种文化不同程度的影响。一般来说,这个背景下的"卫斯理循道主义运动"代表了福音派的复兴。而这一复兴的根源在于前面已经提及的改良的加尔文主义,而且复兴的方式最终进入了一部分的浸信会、保守派长老会和圣洁会。五旬节运动传统是下面讨论的一部分。

在英国,更具体一点,在英格兰,宗教改革之后政教的合一马上岌岌可危。[11]大量清教徒的异议造就了一个宗教政治复合变革的渠道,也为循道会的发展腾出了社会空间。起初,清教主义无论在英格兰还是美国都不是唯意志主义。无论在旧英格兰还是在新英格兰,它一直致力于宗教和政治的融合,在一定程度上,希望建立神权政治的国家。但是它也包含唯意志论和宗教民主的种子,引致众多抗争,以致神权统治不能被维持。无论如何,1660年在旧英格兰,君主政体和国教被复兴,因此,这个有自我意识的部分构成了一个不过是反主流文化的少数群体。我们可以合理地将1688年光荣革命视为在那个君主专制下的清教运动的延续,天主教被阻止走回头路,而国会成功主张了其最高的权力。

然而,在美国,这些核心文化遭受了比在英格兰更沉重的异议。虽然曾经颇为强大也极具野心,英格兰教会只能获得它英式统治的一点点儿余威。罗得岛州、宾夕法尼亚州、新泽西州、特拉华州和（起初的）马里兰州都营造了宗教宽容的文化，并且为独立战争时国体与所有教会的最终分开预备了道路。独立战争后，盎格鲁教会不过成为文化精英的碎片。1776年美国独立战争是1642—1649年和1688年两场英国革命的延续的最后总结，是约翰·密尔顿（John Milton）和约翰·洛克（John Locke）成熟的果实。当然，它在很大程度也归功于英格兰和欧洲18世纪的启蒙运动以及英国的"乡村党"，但是它的社会基础是清教主义和宗教热情的形式、情操、实践和残留所构建的。[12]

志愿式宗教浪潮中的循道会和五旬节运动也不同地影响了英国和美国。在英国，循道会及其旁支推进了旧异议者的宗教式反主流文化，并在19世纪中期加强其至特立独行和已有建制不相上下、互相对立的程度。更不用说，稳固的英格兰教会也复兴了，并且维持一个包罗万象的框架。它主要紧紧抓住文化和权力的制高点。美国的情况则很不相同——这一点我们将会在下一章论述——循道主义和阿米念福音派新教主义的强大威力通常（例如：浸信会）会削弱所有建制，包括旧的清教教会和盎格鲁教会（新教圣公会）。美国宗教文化精神特质的与众不同很大来源于阿米念福音派新教主义。而这一方面赋予、造就以及表达出来的英美的不同在于，对于真挚率真的美式执着，而非形式化和自我封闭。整个美式方式曾经是，现在依然是鲜明的"循道会"方式；而在英国，在文化方面有威信的依然是英国圣公会。各式各样的"狂热"，宗教性的，文化性的和个人性的，在美国都变得具有地方化；而在英格兰则呈间歇状，并成为一些温和好奇派感兴趣的对象。从这个方面来说，这两种文化取道不同。

为什么福音派的信仰能立足于美国而非英国或北欧？这是一个太大的问题，以至于无法在此被适当地追索。只是观察到这一事实就已经很重要了。然而，有一两个有用的重点可以被点出。首先，英格兰甚至北欧贵族统治阶级旳维持成就了宗教及精英文化和权力的联合。而宗教和精英文化逐渐使大众，特别是工薪阶层和大城市市民，变得消极漠然。信仰变得消极，也漠然于观察。然而，在美国，高层文化太虚弱，不足以禁止或限制满富热情、大众化的宗教狂热。这些信仰者变得积极，也敏于观察。大城市也没有陷入宗教冷淡。[13]

其次，北欧国家，包括英国，大多数都是相对较小的中央集权国家，并且他们的核心建制，包括最近的媒体，都承载了福音文化。因此，在与奥斯陆形成对比的西挪威，与哥本哈根形成对比的日德兰半岛、威尔士、阿尔斯特和与伦敦形成对比的苏格兰高地及其他岛屿，福音化信仰在文化与地理的边缘地带迅速发展。然而，美国幅员辽阔，国家权力分散，虽然如詹姆斯·D.亨特（James D. Hunter）和乔治·马斯登（George Marsden）最近分析的，福音文化在削弱，但仍能够自立。[14]福音派信仰的确在某些勉强可算为边缘地带的地方、美国南部（和部分的西南部）有最牢固的根基，但是那个边缘地带比其他大多数地方，更大、更具影响力。它是一个自存自在的世界，能够用巨大的再生及宣教力量支撑福音文化的独立生成。

总体来说，在这里引出的是边缘地带和区域性最后阵地的重要性。这些会在我关于墨西哥东南部福音拓展的叙述中说明。在英美对比的背景中特别被引出的是由史蒂夫·布鲁斯（Steve Bruce）[15]力推的一个观点。建立在以得克萨斯州达拉斯为代表的"边缘地带"的福音派信仰很有前途，而在苏格兰西部岛屿（Western Isles of Scotland）建立的似乎更具历史性。事实上，很多对美国宣教热情最有力的推动既起源于达拉斯，也起源于这个"老"南部。

然而，英美除了这些主要的不同之外，还有一些共同的趋势值得关注。其一就是宗教从植根于统治集团、权力和暴力的社会核心结构中进入到了文化领域。循道会和五旬节运动在文化的宗教领地上相似地构建了平等、友爱及和平性的模式，却没有从一致的政治世俗观点中概括出来。换言之，它们建立了社团。即使这些社团只能在有力的权威结构中才能存在，其政治性的定义是友爱的、参与性的以及平等的。循道会和五旬节运动与民主政体在社会学的角度是一致的，并且提供了这类政体所需要的大众文化基础。但是它们自身从根本上说不是政治性的，举例来说，即使一个卫斯理（Wesley），也足够发动社群主义改革的项目。[16]它们在大规模户外聚集中所显示的大量的能量只局限于政治和长期的文化动力中。这样，你是否严肃地认为它们的影响能达到整个社会，取决于你对文化能量的估计。

由此及彼。一个拥有循道会或五旬节运动的文化并不产生一个"基督教"的政党，除非在一些无关紧要的边缘中。它可能发动会影响政治的道德更新，但是那与一个羽翼丰满的政党相距甚远。美国和英国确实缺少"基督教"政党。

不仅仅没有相当于循道会和五旬节运动大规模文化运动的基督教政党，而且这些运动都足够远离政权、暴力，致力于建立一个和易性态度的存在目的。和易已经被论及，在这个稍微不同的背景下再次出现。将其与赤裸裸的权力中心和政治组织的腐败全然分开，会导致对政治领域的半和平主义理解，就如现代典型的循道会，或者导致政治中立的逃避以及反政治的道德准则和天真期盼，就如现代典型的五旬节运动。循道会和五旬节运动就其对社会变革的不同说法互相指责，但是它们的态度均源于对权力及其腐败的不满。

就如我们稍后将要看到的，五旬节运动选择政治中立与逃避，一旦从一个如美国那样高度差异性的国家转移到像拉美那样政治、暴力和宗教紧密缠结在一起的国家，就会遭遇问题。所以与北大西洋世界的社会相比，拉美社会保有相当的一致性，也不允许任何大规模运动独立地在文化层面上进行。在美国，做到和易和政治中立并不是什么问题，但是在拉美很容易就会出现五旬节运动影响支撑权力的情况。

但是，这不仅仅因为拉美社会相对缺少差异性，还因为其面对现代和变革的时候戏剧性的、与众不同的天主教历史轨迹。用最总括性的术语来说，在面对变革和抵挡启蒙运动的时候，天主教维持了一个有组织的、富有战斗性的前沿位置；而新教社会则出现内部瓦解，发明出基督教的启蒙版本。现在我们不得不转向那个完全不同的天主教模式。

天主教模式/南拉丁模式

1789年法国大革命之后，欧洲出现的天主教模式似乎存在于以所有天主教为主要信仰的社会中，并且与国家紧密相连。唯一的例外发生在由非天主教的外国统治的天主教国家，如爱尔兰和波兰的案例，或者发生在有内部领地和民族分化而导致复杂化的地方，如弗兰德斯（Flanders）和瓦隆尼亚（Wallonia）之间的地区以及捷克（Czech Lands）/摩拉维亚（Moravia）和斯洛伐克（Slovakia）之间的地区。在后面两个案例里，一个民族团体具有很强的天主教背景，而另一个则明显地反教权。

西班牙和葡萄牙世界的社会极化严重，并且宗教或者更加具体来说教会是极化中核心的组成部分。社会动摇于革命与反革命之间，并且在一个保守军事政权统治和一个大多数为军人的激进派统治之间举棋不定。矛盾在关于教权、教会财产（特别是土地）、教会教育以及天主教关于堕胎和离婚的规范在公共法律中的比重的争论中全面展现出来。从历史上来说，主张激进改革的人将教会定义为迷信、社会钝态以及社会和政治制度结构的大堡垒，天主教教会用革出教籍、扫除错误来回应，并且将虔诚者集中在聚集区。争论最集中的焦点在于改变天主教教会对于教育，特别是精英教育的控制。这成为智利在阿连德（Allende）和教会之间主要的冲突。这种冲突现在甚至在欧洲、意大利、马耳他、西班牙和法国仍有存留。

欧洲，冲突在西班牙内战时达到其血腥的最高峰。内战中宗教问题无可救药地与所有其他联盟交织在一起。[17]在拉美，它在长期的墨西哥和哥伦比亚内战中达到了一样凶残的最高峰。一些冲突使教会非常虚弱，所以它在乌拉圭、委内瑞拉和危地马拉的影响甚微。偶尔，冲突在一个区域尤为激烈，比如在墨西哥塔巴斯科（Tabasco）。就如稍后会被强调的，针对天主教教会和由国家主导的世俗化的冲突事件影响了新教可传播的程度。新教还没有，至少至今没有对世俗化程度比较高的委内瑞拉和乌拉圭产生太大影响。

但是在哥伦比亚，暴力相当残忍，问题和各种同盟混杂不清，教会幸存了下来，并且以某种方式重建。它拥有很多权力，甚至在贸易联盟中都有涉足，并且长期将哥伦比亚定义为天主教的。[18]也许新教拓展最适宜的条件就是教会严重虚弱，同时文化没有被世俗化，就像巴西、危地马拉和智利。但是为了研究它，我们必须预见现在论述的后续扩展。

总之，在教会和激进世俗化之间的战争不分胜负。双方都意识到对抗的损耗，基督教的精英脱离拥有土地和军队的精英。根据本地情况和为新教福音提供的机会，教会采纳了很多策略。教会可能与过去的有产阶级和军队保持或恢复同盟关系。然而，这包括了在一定程度上承认从属于国家，以及对伤害教会，并激起很多天主教徒反对的暴行的默许。无论如何，与国家安全局势相连的军队已经进入了一个更有效的官僚阶层，并不经常视教会在本质上与他们利益关系密切。部分的原因是信教的一些群体愿意填补空缺。[19]

教会使用的另一个策略就是重整聚居区的组织性支持，就如公教进行会（Catholic Action）和短期培信班（Cursillos）。然而公教会经常发展出激进倾向，特别在其青年、学生和工人的组织中。这些造成了很多困境。

与这个策略相联系,经常有一个与对教会怀有好感的政党的私下联盟。他们通常是基督徒的民主人士,但是有相当时间也被认为是平民政党,如庇隆派(Peronistas)。但是,这些政党会逐步向不太友善的方向演化,就像庇隆派所做的那样,或者执行将教会推向不得人心方向的政策。智利费赖(Frei)的政府有时就是令教会尴尬的同盟者。[20]

另一个策略基于解放理论(liberation theory)和基层社团。基层社团是五旬节运动的主要竞争者,也是一条绳上的蚂蚱。但是他们经常面临着累积极化和成为马克思主义者而非基督徒的危险。他们也威胁着教会等级制度和合一。面对福音派基督徒,一个分裂的教会可能会失去优势地位。天主教会发现很难在追求外界广阔世界中的平等的同时,保有教会围墙内的等级制度。

也许教会会选择一个更加"平信徒化"的模式,不具有解放理论式的革命暗示。根据这个模式,在等级制度的框架中,在对于极化中特定清晰界限的激烈的争执评论中,特别在教职人员当中,参与性民主的要素能够被温和地鼓励。这个选择经常包括更加尊重相关玛利亚教义的教条、主教角色,以及在发展策略、现代大众传媒、平信徒互动和公教神恩方面五旬节运动先发制人的诉求要素。

随着论述的深入,这些可选方式对五旬节运动和新教福音派传播的影响会渐渐清晰。它们显然影响了福音进程的方式和速度。在一些地区,教会内寻求温和改革的群体,他们的社会角色、起源、功能和命运与五旬节运动的一致;而在其他地区,天主教中解放派也寻求一些五旬节运动寻求的东西,但是呈现了一种激进的政治倾向。在各个不同的层面**原教旨主义**和五旬节运动互相竞争。就如五旬节运动一样,**原教旨主义**将自己定义为政治冷漠,但是它们的哲学却与一种政教合一的观念相联合。而对于这种观念来说,五旬节信仰人士就是不和谐的局外人。

分析至此并没有建立起新教福音——尤其五旬节运动进程——应该被置的广义框架。那些框架一直是西班牙世界与盎格鲁世界的碰撞,是天主教文化与新教文化进入到我们所谓现代化的决然不同路径。五旬节运动被认为是第三个,也是最近一个具有连续性的宗教社会范畴的动态。它影响了特别是美国的"盎格鲁"世界,但是却在北欧敬虔主义中拥有可辨的根源。五旬节运动也是第一个大范围跨越了盎格鲁和西班牙世界的潮流。

现在可能应该更靠近一点儿实质，并且将焦点集中于第二波卫斯理循道运动与第三波五旬节运动之间根源上的关系，以及第三波波及西班牙文化的方式。下文会论及循道会产生其接班者五旬节运动适用的模式和面对的问题。那个模式和问题中的特定要素已经被预见。它们是：福音虔敬在不同环境所扮演的各式不同的政治角色；所有政治权力结构问题重重时，其兄弟般和易的外在；其通过提供双方支持网络和经济增长而进入特定动态层面的能力；及其甚至在区域文化或次民族文化复兴中文化壁垒的角色。

第二章

循道会模式：盎格鲁—美国文化在拉美的再生

在展开这一重要论述时，我会将论题转到有关社会变革的新教模式的一个中心要素。因它使自己成功落脚于盎格鲁—撒克逊文化中。那就是循道会。我已经确切指出循道会是三波在盎格鲁—撒克逊新教敬虔运动中的第二波。我现在想讨论三方面的内容。第一，我想要建构作为新教第二波运动的循道会和第三波的五旬节运动之间在根源上密切的联系。这只是宗教观点发展历史方面的一个系谱问题。第二，我希望建构循道会和英国社会之间，以及循道会和威尔士之间的结构性关系。这提供了看待今日五旬节运动与拉美关系的结构型模式。在这一联系中，我会强调循道会如何于"盎格鲁"教会试图在英国社会中维护的"神圣的帷幕"中扩展；循道会如何帮助清除神圣帷幕在美国的残留；以及现在五旬节运动对于拉美天主教所扮演的相似的角色。[1]第三，我会展现循道会的问题，特别是由哈勒维提出的，它怎样在拉美五旬节运动的研究方面为我们造成了一个难题。[2]

新教运动第二和第三波：循道会和五旬节运动的联系

建构循道会和五旬节运动之间在根源上的联系并不困难。然而，这对于一些循道会成员，可能有些尴尬。对于他们来说，循道会"狂热的"过去从情感和历史的角度看都很遥远。在英格兰和美国的早期的循道会与现在循道会的情况极其相似。有成百上千的对循道会聚会的描述与现在的五旬节运动聚会相似。约瑟夫·巴克（Joseph Barker）在描述大概1835年在谢菲尔德（Sheffield）的一场复兴时，提及了极度兴奋、尖叫、"刺耳的歌"、高呼"荣耀"以及人们扑倒在地或者做不寻常之事。这样的聚会通常持续数小时，就如他们的后继者五旬节运动所做的那样。而且他们产生相似的热情，偶尔还会有暴力。[3]

循道会和五旬节运动明显的共同特征是都强调所有人可触及的恩典，一个千禧的盼望和经历"灵里圣洁"之后的深刻鉴察。

虽然早期循道会的确斥责邪灵和污鬼，也到家中拜访病人，但赶鬼、神圣医治以及方言这些五旬节运动因素在循道会中并不明显。

在所有五旬节运动和循道会联系中最强烈的环节就是圣化后的鉴察。文森特·赛南（Vincent Synan）在他的《美国的圣洁五旬节运动》（*Holiness Pentecostal Movement in the United State*）中明确说到美国五旬节运动的历史和教义承袭于卫理公会的传统。相似的论点也出现在唐纳德·代顿（Donald Dayton）的《五旬节运动的神学源头》（*Theological Roots of Pentecostalism*）一书中。[4] 循道会在美国的第一场布道由多马·威伯上尉（Captain Thomas Webb）于1766年在纽约市举行。布道直接讲述由信而接受圣灵，因信成圣的信息。从1773年到1776年在弗吉尼亚州的复兴是"全国范围内像五旬节运动宗教复兴的首例"。[5] 它从弗吉尼亚州传播到新英格兰州，并且到达肯塔基州的边远乡村。肯塔基的营会充满了圣化的情绪失控、灵舞和大笑。从1800年到1810年，在佐治亚大学的一场奋兴会中，学生甚至会说方言。

赛南强调南部五旬节运动群体注重圣洁的重要性，同时也指出循道会被一种忽视宗派界限的循道会教会内部的神圣宗教的复兴所困扰。20世纪初叶，大多数主要的圣洁群体已经形成。特别在南方有上帝教会（the Church of God）、基督上帝教会（the Church of God in Christ）、火洗圣洁教会（the Fire-Baptized Holiness Church）和五旬节圣洁教会（Pentecostal Holiness Church）。虽然对于著名的1906年阿苏撒街复兴（Azusa St Revival）最重要的个人催化剂是一位名为W. J. 西摩（W. J. Seymour）的浸信会黑人牧师，但这些只成为这场复兴背景的一部分。这场复兴经常被算为现代五旬节运动的开端。就像伦敦奥尔德斯盖特街（Aldersgate St.）之于循道会，洛杉矶对五旬节运动也具有一样的意义。

循道会与五旬节运动的交织，即使在一个世纪前分道扬镳的时候，仍可以由现在依然活跃在拉美的一些群体早期的历史来说明。例如，拿撒勒教会（the Church of the Nazarene）溯其根源与1908年在得克萨斯州派勒角（Pilot Point）的基督圣洁教会（the Holiness Church of Christ）及拿撒勒五旬教会（the Pentecostal Church of the Nazarene）联合会有关系。所有融入联合教会的群体都被全国圣洁运动（National Holiness Movement）所影响，并且"都拥有大量过去循道会的成员"。[6]拿撒勒教会"狂热地辩称整个圣化是恩典的又一个工作"，却否认方言与圣灵的洗之间有任何关系。[7]这就是为什么它将"五旬"从其原来名字中除掉的原因。最有意思的是，在社会学角度最具意义的是在智利出现的循道会里的五旬节信仰教会（the Methodist Pentecostal Church in Chile）背后的故事。这个故事被沃尔特·霍伦韦格（Walter Hollenweger）在其《当今五旬节运动中的循道会影子》（*Methodism's Past in Pentecostalism's Present*）[8]中概括，也在喀斯乐（Kessler）的标准史中提及。[9]神学系谱的连续性，以及不连续的社会学角度，特别是在拉美，在霍伦韦格的解释中被完美地呈现。它展现了在一个教会变得真正本地化的过程中分裂如何成为通病，以及分歧如何改变受教育者的"冷漠"和没受过教育者的热情。

霍伦韦格把焦点放在威利斯·胡佛（Willis Hoover）领导下的复兴。它既是循道会和智利通俗文化的融合，又体现智利新教教徒与美国宣教士之间的冲突，也建立了随后第三世界第一个在神学和经济方面自立的新教教会。[10]那发生在19世纪最后几年，智利试图建立一个以国家为后盾的本土的、自立的循道会教会。这并没有很快实现，于是派往智利的宣教士们差派自美国文化不发达的、复兴主义者的循道会。其中最有名的是威利斯·胡佛。一些循道会信徒太缺乏教育，以至于邀请的一个长老会女士评论他们充满生命和爱，却缺乏世俗的智慧。智利循道会的事工很兴盛。但是接着，在20世纪后半叶，受过更好教育的传教士开始不认同胡佛的奋兴主义，不赞同他与智利人之间的友谊，不同意他在居民的背后对经济问题提出抗议。胡佛自己开始开拓新的领域，包括五旬节复兴运动和巴勒（T. B. Barratt）的事工。巴勒曾是奥斯陆一位循道会传道人，后成为欧洲的"五旬节运动使徒"。

就在那时，智利人开始担负起敬拜的职责，因为他们已经开始管理他们教会的建筑。这样的转变带来了复兴，但同时也给美国的传教士带来难题。一个英国女孩，内莉·莱德劳（Nellie Laidlaw），归信基督，并且开始在"圣灵的带领下"干涉教会聚会礼拜。最终于1909年9月12日，她和她的支持者被警察监禁。而这一天被当作"智利五旬节运动改革日"（the Reformation Day of Chilean Pentecostalism）予以纪念。那之后，胡佛也很快因错谬的教导被控告。一个教会委员会通过了谴责神迹、医治以及受圣灵的洗后必定痛哭和见异象的决议。智利人意识到这是一个对他们自身复兴不光明正大的审判,并将其作为与传教士决裂的标志。他们宣告他们的独立,但是这一宣告马上变得一文不值。结果,官方循道会的拓展全面减缓,以致接下来70年间,会众数才增加了一倍,而同期,新伊格来希亚卫理公会五旬节运动(new Iglesia Metodista Pentecostal)会众数增长到了将近一百万人。

在这场危机中,宣道会(the Christian and Missionary Alliance)甚至觉得有必要将这场复兴描述为一个具有"怪诞手势"(gesticulaciones grotescas)的狂热物种。看起来,一些信众像公鸡一样啼叫,而其他人则认为他们在演奏弦乐;还有另一些人则失去意识。然而这些在复兴中的人坚守循道会教义所有的要素,甚至是纪律,只是加入了革新循道会早期历史的一些表现。这些意义很明显。循道会只能通过独立的渠道来恢复其早期的热忱,并且只有在智利人自己管理的新组织中,它才能在拉丁文化中拓展。简言之,循道会的"电力"只能在另一个"电流回路"——本土化的五旬节运动中才能被恢复。

结构性类比:盎格鲁—美国循道会,拉美五旬节运动

在指出循道会对已经建立的五旬节运动在系谱上的贡献之后,我们接着要勾勒出英格兰循道会与美国循道会,以及拉美五旬节运动之间的类比。这些类比在丰其血肉之前,会在一个框架的范围内,甚至不惜以重复前章论述的代价予以展现。整部戏剧的背景就是民族与信仰、政府与教会、本地社区与教会的统一。这些都是英格兰教会在英国宗教改革之后试图维系的,也是在共和政体统治和宗教志愿主义的一个重要时期后于1660年部分重建的。它们的建立和重建为这一论述提供了重要的历史标志,而且对于理解英格兰随后的社会与宗教发展至关重要。简而言之,英格兰的宗教自愿性在1660年之后被约束到一个地步,以至于它无法在北美殖民地被复制。

尽管如此,随着循道会的崛起,这一志愿性的宗教居然在英格兰戏剧性地扩展,经过一段时间之后,成长成为一个反文化,特别是在英格兰北部工业区的较底层阶级中颇有影响力。[11]在威尔士,它虽然理所当然地不是在旧模式中的一个有建制的教会,但它实际上成为一个复兴了的民族文

化中的核心要素。然而，在北美，英格兰的反文化变成了一个新民族社会的决定性的核心文化，为借由或多或少与英格兰、法国和北美相似的哲学性的启蒙运动而崛起的美国，提供了社会和宗教方面的母体。总体来说，循道主义和阿米念新教主义接着完成了政教旧联盟的瓦解。这一瓦解与在清教徒保护之下的殖民地历史进化并行（pari passu）。**在英格兰内隐的，反文化的，在美国变得显明而确切**，并成为一个世界性历史性转折的重要因素。在那个转折中，美利坚合众国于1776年宣告其独立，美国循道会公理教会也于1784年宣告独立。

一个半世纪之后，在北美和南美之间，虽然有一些显著的区别，但是同样的进程又再次重复。这一次，拉美的受体文化保留了政教合一以及本地教会与社区联盟中充满活力的因素。这一次输出文化在宗教和社会、教会和国体方面都真正地在实际意义上极其不同。第一次的修改很有效。[12] 美国的优越文化带给拉美的是，首先，它自身具有混合形式的宗教发展：阿米念福音新教主义（循道会和浸信会）中多有保守的变体，加尔文新教主义（长老会）中也有比较保守的变体。这引起了与激进解放主义者发起的对天主教教会的攻击相联系的拉美宗教一致性原则的一个小突破。两三代人后，五旬节运动成为拉美宗教一致性原则大突破的代理，就如循道会（和主要是阿米念新教主义）在英国和美国所做的那样。并且它也在1909年开始的一系列自治本土教会的建立中宣告独立。较老的新教教会也以更缓慢，有时更不让人察觉的方式宣告了它们的自治。

这个框架现在需要在一两个重要的点上略添皮肉，不是为了铺陈另一个故事，而是为了引出存在于这个模式中的社会学基本要素。首先，我们考虑循道主义成功成为英格兰的一个反文化过程中的重要因素，接着，它成功成为美国核心文化过程中的因素。

循道会将其在英格兰成功的部分功劳归功于古代与现代的结合，也归功于强有力的潜在两可性。卫斯理自己就如约翰·沃尔什（John Walsh）所阐述的那样，很接近于希望"共同分享一切东西"，却在穷人头上放置了一个神圣的光环。[13] 他们拥有特别的属灵恩赐和真实的基督徒良善。卫斯理甚至开办了第一个老百姓的药房。然而循道会孕育了一些个体。对他们来说，穷人就是懒惰而不值得帮助的。根据环境的不同，循道会在其广阔、含糊的遗产中选用不同的要素。它推进高端优越的文化，同时也采用通俗文化中的一些要素。循道会最大的模糊在于它的组织。在组织方式上，它是独裁的；但是在其个人方式上，却是参与性的。这使它有足够的支柱去生存，也能够在神和人的面前表达其所有对于平等的回应。

1738年之后英格兰的循道会曾是一个**运动**，也被证明是那个时候第一批可称之为现代意义上的运动之一。它发展出一个流动的系统，因为它的人员就是流动的。因此它增加了一个地区和另一个地区的物理性交流，同时也强化了灵里的交通。循道会通过巡回牧师和平信徒传道人直接向大众布道。

它也打破了当地居民核心之间的统一。一些联系太紧的被分开，而更多的则预备好了接受循道会式的重建。在社会等级制度空隙中的很多人发现等级优越感在教区教堂里大肆滋生。加入循道会，可以宣示他们的自治，却又不直接挑衅整个政治秩序。特别是在法国大革命之后极力镇压的那些年，直接挑战本地和国家的权力堡垒，会带来严重的逼迫，甚至也许像瑞士那样以法律控制来压制异议。人们也可以在教堂礼拜或大规模户外敬拜中，通过对他们感受、焦虑和希望的自由表达来表示他们内在的自主。在那里，反抗停止了，至少停止了一段时间，但是在这个由信仰所支撑起来的自由空间里，新型的更加平等的关系可以被探索建立，新的积极自主与权威的作用被发挥。人们不仅仅宣示着他们刚获得的自治，也锻炼了组织、责任和公共演讲方面的技能。他们成为"发言人"，更有甚者从某种程度来说，女性发言人认识到自己是具有良心的个体。对良心的个人意识和自觉联合的能力拥有远超过循道会惯常前沿的影响力和效用。

同时，他们互相依赖、互相帮助。受复兴影响的循道会教会和其他宗派教会，积攒了可能建立图书馆的，或者给彼此提供经济支持的，或者维护农场工人权益的，或者维护某一行业执业者的人际网络。同样的网络也可能成为一起练唱或者参加成年人学校的基础。有时这样的活动会形成极大的组织机构：伦敦圣音协会（the Sacred Harmonic Society of London）或者斯多克博特主日学校（the Stockport Sunday School）。[14] 即使这些人际网络和活动自身并不涉及政治，它们被认为是一种新的社会兴趣的具体表达形式。最终，这些人际网络和活动被应用于地方自由主义组织的政治运作中。所以在1870年至1920年，对保守党还是自由党的政治忠诚可以从圣公会主日学校与新教徒主日学校各自的出勤率来预测。[15]

循道会信徒聚集在特定的地方。你可能会在新米尔斯（New Mills）这样的工业乡村，或者在东兰开夏郡（east Lacashire）和约克郡（Yorkshire）

那样产羊毛和棉花的小镇，或者在邓纳姆（Dunham）和康韦尔，或者在南威尔士，或者在博尔顿（the Potteries）的渔业矿业社区中找到他们。他们也集中在一些特定的自主职业中，他们是工匠、工头或者小店主。因为他们的资源非常有限，没有受过适当的教育，社会流动性也受局限。福音事工给他们提供了发展的最好渠道。追求圣洁和认真寻求信仰某种程度上增加了社会流动性。小部分人在一个更加戏剧化的范围内取得成功，成为像在面粉生产和果酱制造，甚至矿业这些行业领域的企业家。即使他们没有在社会上更加兴盛，但是他们吃得饱足，并且是营养补给品的率先使用者。[16]

这幅简洁的素描被当作记录当代五旬节运动在发展中国家的特性的模板。首先，被卷入福音运动的人展现了两种与五旬节运动极相关的、崭新的节奏。第一种是在工厂工作的节奏。从这一点来说，循道会信徒时刻强调"规矩"。另一种就是从任何有吸引力的资源，从复兴的诗歌的韵律中挑选出来的"灵歌"的节奏。第一个节奏是有序的，而第二个节奏是不受约束的，但它们是互补的。[17]这个在工作范围的有序性和在恩典范围的活泼性将循道会和五旬节运动联结在一起。

这种新型的宗教节奏特别是在英格兰的边缘——在康韦尔和南威尔士的凯尔特（Celtic）社群中很有力。[18]在这些边缘和空隙中，相对自主的和/或边缘的人的新文化成为整个社会的核心文化。但是与此相关的是，它通过与众不同、有时相互分离的复兴运动的分支来表达国家的特性，并且讲它的语言。所以威尔士的复兴从其自身的加尔文资源之中取得供给，然而在英格兰模式下的循道会只影响了少数。

在威尔士，福音性信仰以各种形式展开——浸信会、公理会、卫斯理循道会和加尔文循道会——并且形成了异议。[19]然而，在英格兰，它依然在盎格鲁的、具有等级制度的框架下运作，在威尔士，阶级分化的棱角被进一步瓦解，主要的区别在于受人尊敬的上教堂者和声名狼藉的酗酒者。这些社会宗教范畴的变化进入并且表达了英国所有"边缘"文化——在威尔士和苏格兰——比在英格兰表面上更加平等，并且更加倾向激进派政治的方式。虽然威尔士的很多教会扎根于温和的自由主义，但是它们提供了工党和自由党很多骨干以及之后威尔士民族主义一些领袖生活的文化背景。[20]最明显的外部特征就是福音风格的演讲术充满威尔士政治家的演说，就如自由党总理劳埃德·乔治（Lloyd George），或者现在的工党领袖尼尔·基诺克（Neil Kinnock），或者长期担任众议院发言人的乔治·托马斯（George Thomas）。

当然，从18世纪30年代到1904年最终爆发的复兴运动，究竟对复兴威尔士的传统和自主文化有多大帮助，这个尚无定论。一些论者将各式各样的福音运动看为对人们风俗娱乐的清教徒式压抑。另一些则认为它们将威尔士人笼罩在群体性的吟诗弄曲的一个独特的氛围里。这与那些旨在重拾这个国家古代吟游诗人的传统、恢复当地语言和威尔士政治尊严的运动相似。当然，圣经威尔士语的经典译本对威尔士文化有重要的影响。尼尔·桑德伯格（Neil Sandberg）曾论述了通过民众学习阅读威尔士语的圣经，宗教对这一语言的保存做出了怎样的贡献。他评论道："在说威尔士语的地区，90%的住户都参加了主日学……并且在神学的讨论和论证中，威尔士语的使用被看为极合宜。"[21]关于福音信仰和语言、风俗以及初期的民族主义之间的关系的讨论将会在牙买加以及尤卡坦和危地马拉的玛雅人部分重现。

现在讨论跳转至英国的福音性反文化与美国较为中心的福音性文化之间的关系。英国的边缘文化和互持异议的信仰以及那些主张平等的信仰和文化的混合体有力地帮助了美国的发展进程。在文化上，比起英格兰来，威尔士、阿尔斯特和苏格兰更接近美国。美国宣布独立时，1/6的美国人口是来自阿尔斯特和苏格兰的移民。他们中的很多人为美国独立战争的胜利做出了极大的贡献。[22]

他们也为加拿大、澳大利亚和新西兰做出了卓越贡献，帮助将这些社会置于英格兰和美国社会进程的中间。卡尔加里（Calgary）、巴拉瑞特（Ballarat）和但尼丁（Dunedin）是地名，这些名字标示出来自英国边缘地带的新教极大的移民社群。盎格鲁的主体地位在一个重要的连续区内不断减弱：从英国，经威尔士和阿尔斯特，到澳大利亚、加拿大和新西兰，直到它仅仅成为美国一个模糊的精英碎片。这个连续区中的每一点定义了一套伴随逐渐减少的系统性的等级制度和渐渐渗入的自主主义的文化相关物。

现在并不是讨论英国清教徒的异议对于美国建成的贡献的时候。但是必须说1776年的领袖们是英国从1642年至1649年英国共和革命的继承者。一条线连接着那次动乱到1688年至1689年的光荣革命一直到1776年的美国独立战争。如果您想要知道关于宗教热情对于美国独立的贡献以及

18世纪40年代的大觉醒如何为美国文化和政治的变革铺平道路的最新阐述,您应该参考大卫·拉乌卓(David Lovejoy)的《新世界的宗教狂热:从异端到革命》(*Religious Enthusiasm in the New World: Heresy to Revolution*)和(在更加区域化的层面)理查德·伯恩特(Richard Pointer)的《新教多元主义和纽约经验》(*Protestant Pluralism and the New York Experience*)。[23] 伯恩特指出,宗教的多样性和福音主义如何逐渐破坏那个英国国教试图在殖民地部分地区维系和加强的虚无的顶层。最近的一些史学著作都强调宗教潜流对于革命的影响,而不仅仅将其当作美国崛起的意识形态钥匙的哲学化的镀金。

这里所要讨论的是循道会怎样清除对盎格鲁权力和地位的残余支持,它和阿米念新教主义一起,怎样构筑早期美国的社会和宗教建制的核心要素。我将以三个来源展开论述。第一个来源是西摩·马丁·利普塞特(Seymour Martin Lipset),美国最优秀的政治科学家之一。他坚持美国例外论与阿米念福音信仰的强调相关。他认为美国文化可能是**唯一**一个在新教主义中孕育并得到滋养的文化。另一个来源是威廉·威廉姆斯(William Williams)关于从1769年到1802年德玛瓦半岛(the Delmarva Peninsula)循道会对本地影响的研究。第三个来源是罗德尼·斯塔克(Rodney Stark)和罗杰尔·芬奇(Roger Finke)关于《教派新秀如何赢得美国:1776—1850年》(*How the Upstart Sects won America: 1776—1850*)的研究。这些足够勾勒出英国的不同政见者如何帮助建立早期美国的核心文化。

利普塞特已经在他的《革命与反革命》(*Revolution and Counter revolution*)和数量惊人的文章中——例如,由麦克·诺瓦克(Michael Novak)[25]主编的《资本主义与社会主义》(*Capitalism and Socialism*)文集——推进他的论证。利普塞特认为,阿米念主义强调白白的普世的恩典,就如循道会、浸信会,甚至一些温和加尔文主义者所讲的那样。这与免费普遍地享有美国公民权相似。此外,自主的信仰团体,就如循道会和浸信会,在调动会众支持的方面面对持续的压力。利普塞特说:"从个人与上帝的关系、个体与社会的关系和强调个体的良知方面,他们是所有宗派中最真实的新教信徒。"[26]然而,宗教社团可以具有合作性、亲密性。在这些社团中个人的良知被培育,这也特别扩展到行善、慈善事工、社会净化运动、对待妇女和家庭责任的变化、对个人暴力和战争的谴责上。利普塞特补充道,这个新教背景不仅仅造就了循道会和浸信会的态度,也造就了美国天主教和犹太教的态度。循道会和浸信会不一定必须是多数;然而,它们的确提供了差异化。

威廉姆斯描述了循道会如何通过向德玛瓦半岛的圣公会教徒提供又一个"英式"的教会来渐渐瓦解他们。循道会切合很多岛民的需要,因为循道会已于1784年获得了独立,并且与美国的民族精神步调一致。这个半岛上的循道会,就如其他地方经常发生的一样,"在原有英国人后代和英格兰教会的领地获得了它最大的成功"。[27]这就是为什么循道会的敌对方试图怀疑循道会的英国印记。他们将一些循道会的讲道人称为"不过是一群为了逃避绞刑离开自己国家的爱尔兰人"。[28]这背后的真相是美国循道会特别得到爱尔兰循道会的滋养;更广义的社会学上的真相是那些宗教上的异议者比英国国教徒更具有移民的倾向。他们对北美新大陆拉力的回应更多,面对英格兰制度的推力也受苦更多。

循道会的扩展呈现了与后期牙买加五旬节运动相似的社会生态。循道会在乡村,在那些质疑城镇生活的人中取得成功,并且他们巡回布道的系统看起来对触及与外隔绝的农民以及在切斯皮克(Chesapeake)平原和特拉华州(Delaware)海湾工作的人们是极理想的。在城镇,他们敬拜的地方通常在郊区。另外一个在现在五旬节运动传播中类似的特点是,在十几个圣公会牧师和循道会传道人的"大机构"之间的人力不均。循道会传道人中有200个平信徒。

威廉姆斯还提到圣公会牧师懒怠,而且酒精影响了他们的表现,以致在19世纪早期,总人口的1/5是循道会信徒。他用一些话总结了导致这样的原因。这些原因对于今天的五旬节运动也同样适用。它们强调了社区的支持性和男性个性的改变。

> 循道会的方案需要在价值上的革命。为了从人的方式转变为上帝的方式,循道会的讲道信息需要代替物:以严谨代替轻浮,合作代替竞争,同情代替残暴,以及平等代替依附。

对那些寻找比肤浅友情,在卡牌游戏、赛马或者节日派对周围的酗酒酒友更深层的人际关系的人来说,循道会的社群提供了帮助和支持。对于一群终日面对漫长严酷的日子,青春和激情消没,未老先衰的人,卫斯理公会的社群提供的不仅仅限于打发农场枯燥孤独的生活。他们通过循道会兄弟姊妹经济和体力的帮助，或者在苦难中极富同情的聆听来提供真正意义上的心理安全感。此外，循道会的聚会除了让它的成员在成圣的路上直奔，也同时鼓励每一个成员敞开他（她）灵魂的最深隐秘处。这是多好的精神疏导！这样的活动不可能在由上层阶级竞争和独断专行主导的外面的世界举行。那样会将这样的自我表露，特别针对男性来说，作为软弱的标志。[29]

另一个趋势，在之后拉美福音事工的成功中并不陌生，就是只有当领导他们的人做出表率，他们才会变得忠诚。因为当地的历史原因，一些循道会里的上层阶级是英格兰教会仅存的继承者，所以就鼓励很多中产阶级承其衣钵。专业人士和商人发现他们自己与循道会意气相投，因为它"加强了那个想法，就是有野心的年轻人认为改变他们自身的社会经济状况最重要"。[30]循道会提供给他们工作的伦理标准，生活中温和的举止，平和的性情和上帝恩宠的确据。

此外，循道会的"原则"告诫信徒不要互相依赖，不要雇用循道会手艺人和律师，这与韦伯对在美国忠诚的新教信徒中的信用可靠性运作的分析完全一致。[31]同时，贫穷的雇用农民特别容易接受一个真实的宗教，尽管，成功，就如卫斯理自己伤心地预测的，让一些人忘记他们是循道会信徒。对于贫困的白种人来说，归属一个循道会的聚会会成为一个极其重要的经济预防，并且聚会也成为一个可以抒发自己失意、希望和更深感受的论坛。那里即使更好的人会成为领袖，他也可以听到各种不同的人称自己为弟兄。毫无疑问，就是遍及美国的关于领袖的张力刺激教会分立和分离。

最重要的是，循道会有关妇女的强烈呼吁也动员人们参与到五旬节运动中的相关活动中。对此有各样的解释。循道会为女性提供了聚在一起的机会。她们在接受作为妻子和母亲的培训中受到灵里的帮助，而且，循道会提供了女性能够拥有独立、自尊和自主的唯一的地方。女性经常独立于丈夫，单独出席循道会的社团，她们会遭到男性的阻止，因为他们对这种由一个全女性的聚会而产生的凝聚力怀有疑虑。循道会的教导"将女性的品质理想化为耐心、友爱、温和、体贴、谦逊和顺从，并且排斥在商业、政治和体育方面男性主导领域的相抗衡的价值取向"。[32]在这一点上，在由当代哥伦比亚福音派所培育的个性和由循道会专职人员所流露出的迁移性上，伊丽莎白·布鲁斯科（Elizabeth Brusco）与我们有所共鸣。1880

年的德玛瓦半岛和1980年的哥伦比亚的相似性非常令人震惊。[33]

黑人也被循道会吸引，因为除贵格会（the Quakers）以外没有其他的宗教团体对他们更好。他们欣赏纯循道会的感性。走廊或聚会的后排经常站满了黑人。这些都是上帝赐给讲道人，而在没精打采的白人身上无法看到的。循道会式的讲道唤起了对非裔过去历史的回应，同时对抗奴隶制。虽然这方面的委身在1810年后减弱，而且循道会最终在奴隶解放的问题上出现分歧。[34]

这个分歧的故事带我们越过合法的考量，却带来了会众自治和在几乎所有宗派中独立的黑人教会全国性的复兴。黑人，例如黑人中的女性，完全无法获得权力，只能通过成功的分离获得他们自己的自由空间。威尔·B. 格雷夫利（Will B. Graveley）对这些变化总结道，"黑人宗教独立发生于群体的主动性和合作的民族意识。它们表达了一个前理论化的，但是具有实际性和制度性的'民族主义的强烈愿望'"。[35]福音化的经历，无论在早期的循道会还是在当代南非的灵恩派中，经常打破民族的壁垒，但是这些也趋向于在后期的宗教分裂主义中再度涌现。

对循道会与英国国教"神圣帷幕"（sacred canopy）残余的关系由"猪猡战争"（Great Pig Issue）很好地进行了阐述。1791年，乔治城成为苏萨克斯郡（Sussex County）的郡府所在地。法官、律师和郡府工作人员中的部分美国圣公会成员希望这个新的区域变得具有外在的吸引力，并且具有适度的精致性。而在乡野和乡镇周围从事农业的乔治城的循道会成员的主要关注点是能够在街上放牧他们的牲口。接着循道会成员的猪踩塌了圣公会成员的花园。整件事情成为一个比喻的描绘。

对于更多瓦解任何形式神圣帷幕的继续形成的宗教建制方面的建议，甚至对于特定的族裔群体，由斯塔克和芬克在《教派新秀如何赢得美国：1776—1850年》（*How the Upstart Sects Won America*：*1776—1850*）[36]中戏剧化地进行了阐述。他们简明扼要地概述了他们的论题：

> 我们必须阐明所谓"主流"新教团体的时运在19世纪末20世纪初，而非20世纪五六十年代，急转直下……我们应该阐明，在美国独立战争的初始，公理会、圣公会和长老会的确主导了当时的宗教局面。不到80年，至1850年，他们的人数大幅下跌至无关紧要的地步，而循道会和浸信会风靡全国。[37]

新教阿米念派在英格兰没有达到的，在美国有足够的机会达到。他们改变并且表达一个改变中的社会突然出现的社会风气。我们没有注意到这一点，斯塔克和芬克认为，新教自由派在权力的方面，包括在著写历史的大学教席中，被过度代表。

独立战争后的美国从宗教容忍转至不受管控的宗教市场经济。这使得那些更具进取野心的团体更能生存。不幸的是，在那些过去已经部分建制的教会中受过高等教育、受人尊敬的牧师不屑于在这种庸俗的环境中竞争。于是，新兴的福音派增加了他们的市场份额。那些较老的派别衰弱至一个地步：他们放松道德要求，拥抱世界，接受相对主义，并且不再关心宣教。1776年殖民地人口数量的17%参与教会。但是在福音派进入市场后，到1850年数量就翻倍了。甚至在新英格兰，浸信会和循道会取代了公理会。至于在南大西洋区域曾经最具影响力的圣公会，他们的追随者在灵魂市场的份额也由27%降至仅有的4%。经历急速增长的信仰派别就是循道会。（虽然这种宗派的规律甚至侵蚀了它们，但是那些特定族裔教会的问题也是相当不同的）

新晋获得成功的团体是民主的，在风格上具有参与性，在气质上具有平民性。"不像公理会、长老会和圣公会的教职人员，他们通常拥有上流社会的背景，经过极好的培训和教育。浸信会和循道会的牧师们很具有人民性"——反映出他们的偏见。那就是宗教化民主的代价。"他们几乎没有受过教育，也几乎不领取报酬，说地方话，并且从内心深处来布道。"[38]这一点用在今天的五旬节运动身上也极其正确。受训练的事工管理的兴起意味着神职人员与会众日益增加的社会距离感。特别在宣教前沿和南方，那里的人们依然拥有对于教权优越的苦痛记忆。而且循道会的巡回牧师无论会众迁移到哪里都可以跟随。循道会，就像前面提及的，是一个"运动"。

然而循道会的急速崛起是短命的。到下一个世纪的转角时，循道会被更为保守派及福音派的浸信会所超越。虽然它们也赶上了公理会，知道它们在赢得灵魂的方面正被浸信会赶超。当代的情景是：浸信会就像五旬节运动神召会（Pentecostal Assemblies of God）那样，保持了信众人数或者有所扩大。

现在这个模式已经遍布全球。虽然在历史上的各种宗派中，保守派和福音派更想在拉美赢得灵魂，但是五旬节运动已经发展到每三个新教徒中至少有两个是五旬节信仰的地步。除了智利的循道会五旬节教会，循道会成了最不成功的宣教群体。现在从北美到南美蜂拥而出的福音派宗教主要是五旬节信仰。

相同的波纹也泛回到福音派信息的源点：当今世俗的英格兰。在英格兰教会内部，福音派是最成功的，而英格兰教会外部，最具潜能的教会存在于五旬节运动和独立成长的福音派中。同样的情境也出现在美国和英格兰中间的国家：加拿大、澳大利亚，甚至新西兰。这些国家在宗教参与性上都显著地呈现总体衰退，但在福音派和五旬节运动的比重中有所增长。[39]

就如韦德·克拉克·鲁夫（Wade Clark Roof）曾经详细阐述的，就像发生在美国、英格兰、英联邦甚至欧洲的那样，保守福音派和自由派的权力和比重正在被重新分配。[40]此外，宗教影响的流程图模仿了文化势力的流程图。1725—1750年从英格兰传到美洲海滨的，在20世纪最后25年又传回到英格兰。循道会在各地都遇到了困难，至少在发达国家世界和拉美，而与此同时，五旬节运动几乎遍地开花。

循道会和五旬节运动共同面对的课题

刚才所勾画的很显然引出了一个课题，一个已经被广泛讨论过的课题。这个课题在哈勒维讨论英格兰的循道会时开始，又由一些其他学者进行了各层面的讨论，例如约翰·肯特（John Kent）、伯纳德·塞梅尔（Bernard Semmel）、大卫·汉普顿（David Hempton）、E. P. 汤普森（E. P. Thompson）和艾瑞克·霍布斯鲍姆（Eric Hobsbawm）。一个相似的课题也由克里斯蒂安·拉利韦·迪埃皮奈（Christian Lalive D'Epinay）、埃米利奥·威廉姆斯（Emilio Willems）和杰·皮埃尔·巴斯琴（Jean-Pierre Bastian）在论及五旬节运动时着手讨论，虽然这两个系统课题之间的连续性并没有被足够认识。这里并没必要将每一位著者的观点详述。这里有很多可争辩的主要叙述，连同书目。一为迈克尔·希尔（Michael Hill）在他的《宗教社会学》（*Sociology of Religion*）第九章中的论述；另一为肯尼思·汤普森（Kenneth Thompson）在与罗伯特·鲍柯克（Robert Bocock）合编的《宗教与意识形态》（*Religion and Ideology*）中的论述。[41]这里需要的是对所产生的问题的陈述。在我们的考察中有一个调查表反对稍后引用的关于当代五旬节运动,更具体来说是拉美和韩国的五旬节运动的论据。

　　广义来说,循道会造成的课题是一个特定宗教和国家之间垄断关系的部分瓦解。它也是宗教动员机制与政治动员机制分化过程的一部分。在天主教的社会中,政治领域和宗教领域的关系更加紧密,因为宗教包裹在政治方面保守派的格局中,而戏剧化的是,无宗教人士被囊括在自由派和社会主义者的格局中。但是,就如前面所论述的,在盎格鲁—撒克逊文化中政治和宗教的因素分离开来,只遗留一个宗教运动、政治相似体和部分人员重叠之间象征性的共鸣。无论如何,如果受他们跟随者的利益支配,这些宗教运动甚至会与他们相对应的政治情况具有不同的态势。

　　这需要一些例子来说明。在盎格鲁—撒克逊文化中政教合一的最后一个联盟就是清教主义。在那之后,随着循道会的兴起,宗教不再与一个整套的政治观点捆绑。一些循道会信徒根据他们的政治区位,可能在一种情形下一时保守,而在另一种情形下很自由。循道会的政治因素降至文化政治的层次,所以它变成了一个公民权运动,用以消除其跟随者们经历的宗教劣势,之后建立相关政党,开始实现那些跟随者们的社会上的和政治上的强烈愿望。循道会成了一个促成与特定政治哲学和党派正面回应的反应机制运动,就如平等主义和参与。然而,它的跟随者中只有一些人会真正地支持那些党派。循道会的社会区位会在理论上与它回应模式的天然共鸣相冲突,就像在盎格鲁—撒克逊文化中的天主教的区位引导很多天主教徒去支持非等级化的政治哲学和党派。[42]这样循道会可以被认为:它偏好的回应方式和它构建的文化桥梁与自由派项目的逻辑具有共鸣。这将循道会的问题集中在其文化、政治的共鸣和影响上。

　　五旬节运动代表宗教和政治范围一个更进一步的分化。虽然近年来五旬节运动与道德多数派(Moral Majority)有关联是显而易见的,但五旬节运动的动员机制没有太多和一个特定的政治动员机制重叠。五旬节运动有激进特征的共鸣,但是它是以一种漠视政治的保守派的形式出现的。事实上,它运作于一个足够隔离的社会范围来复兴基督徒对于权力的疑忌,所以趋向于不鼓励信徒参与公开的政治活动。同时,在发展中国家,政治和宗教依然互相纠缠,五旬节运动被迫在盎格鲁—撒克逊文化中承担陌生的政治角色。这使得它对政治和腐败的疑虑被视为委身于"自由"的保守的回弹。

这样，循道会和五旬节运动引发一个基本问题。这个问题关乎它们非暴力和反政治的沉默对现状的影响，并且关乎它们从革命性的或者进行中的政治任务中获得的能量爆发到怎样的程度。这就是哈勒维争论的问题，并且与像 E. P. 汤普森和艾瑞克·霍布斯鲍姆这样的马克思主义历史学家，或者约翰·沃尔什（John Walsh）和约翰·肯特这样的循道会历史学家对此有不同的解答。当人们提到转移的能量时，在敬拜中力量激烈地宣泄，在演唱中和声的达至都包括在内。所以在这里，哈勒维关于逃避革命的论题延伸至音乐和直观的宗教性人群。罗杰·艾尔伯尼（Roger Elbouene）在他的《1750—1840 年兰开夏郡工业时期早期的音乐和传统》(*Music and Tradition in Early Industrial Lancashire 1750—1840*) 一书中提供了宗教变迁和社会和谐在音乐方面的体现的丰富论述。[43]

问题不仅仅集中在有时加强至政治狂热，有时转移到"安全"渠道的宗教狂热，也发生于宗教中蓄势待发的引致文化变迁的潜在能力。这些能力会在有利的环境中，或者在人们可以安全而又开放地表达他们政治诉求的时候被激活。于是将美国独立战争看为沿着文化途径步入大觉醒运动的后尘，并且将 20 世纪中叶黑人民权运动看为由黑人教会象征性建立起来的"自由空间"的拓展，是完全合理的。[44] 所以循道会和五旬节运动都可以被理解为参与解放者。一开始自由在宗教的领域被意识到，并保存在这一领域，直到文化基础削弱了结构壁垒，或者抗议由一种文化的形式转至结构性的表达。

这些文化转化不仅仅使得自由平等的象征性的肯定和实现在宗教领域被关注，也使得特定阶层流动并意识到他们改变自己社会地位的方式。他们可能通过建立互相支持的网络，甚至从医疗、休闲和教育机构的框架建立来达到。基督再临会成员所办的医院和学校：欧洛·罗伯茨大学和医院（Oral Roberts University and Hospital）正是这一个框架中的一部分。[45] 它实际上是自主建立的，从零开始推进福利和教育进步的系统。马克斯·韦伯在他的《新教伦理与资本主义精神》(*The Protestant Sects and the Spirit of Capitalism*) 中看到这些网络并将之纳入到福音化信仰所遭遇的课题中。[46] 这些网络在精神上与经历敬拜中的释放及工作中的约束或好方法相似。循道会周日处理恩典，周一处理工作。E. P. 汤普森特别强调循道会信徒建立从内部自律的劳动力部门的能力。[47] 不仅如此，他们里面从上帝而来的自律和外面的干净整洁互相配合。那些被羔羊的血洗净的人也坚持清洁耳后。那些寻求圣洁的人也追求干净卫生的食品和他们对将来大有裨益的消费习惯的优先权。

这样循道会的课题就成为关注社会和经济流动性的课题，并且这也自动地成为五旬节运动的课题。这个问题就是一个有意义的宗教框架对在从经济援助到社区医疗，从休闲设施到保险计划的所有事情中自主意识到的社会和经济秩序囊括到什么程度。人们也在询问在信仰社团当中涌现并且习得的公共演讲、写作和组织能力有多少转移到世俗化的抱负、商业管理和政治运动当中去。

一个更进一步的要素在于尝试抑制个人自我中的暴力和避免政治领域的暴力。这反过来被与在国内、国际政治中公开放弃暴力的男性心态和立场的女性化联系起来。循道会拒绝荣辱的文化，而力图建立一个和平性的文化影响。和平主义运动（Pacifist movement）和非暴力的、恰当的抗议都植根于福音派信仰以及清教主义中贵格会和神格唯一论的残余特性中。[48]

和平文化影响的最后一个要素在于黑人和女性。循道会在其宗教热情高涨的早期对于女性诉求的解决及提供给她们的机会是毋庸置疑的。对于宗教能够暂时冲破种族的墙垣也鲜有人质疑，但是循道会所证明的是这些成果会随着时间，因着习惯和固有的差异而慢慢消逝。考虑到五旬节运动的黑人渊源和大多数五旬节信仰人士为女性的事实，这个问题明显从循道会延续到了它的五旬节运动承袭者。

在所有这些之上必须加一个限制条件。循道会的课题呈现了其作为在国家和本地社区层面宗教社会破碎整体的一个完整部分，以及其作为一个将宗教领域从政治领域中分别出来的社会区化。然而，在一些情景下，或者总体来说，福音派信仰会渗入一个在地理边缘或者某种程度上隔绝或者衰落的国家或次国家文化中。当然，循道会没有建立一个新的全国性教会，但是它确实提供了一个有特色的社会思潮和表示差异性的明显标志。并且因为它驱动了一整个次国家文化，所以它也给出了特定的性质，就如平等主义、自律与自发。这些特性被局限于一个特定阶层的群体之中。这种次国家文化的驱动由在西挪威的福音派敬虔主义以及在威尔士和斐济的循道主义实现。五旬节运动，在某种程度上，也在玛雅、牙买加和韩国扮演了相似的角色。

如果将这个课题浓缩在一个取材于循道会，却问之于五旬节运动的问卷中，那么问卷问题将会如下：五旬节运动在这样或那样背景中的兴起是否与一个宗教涉足的综合系统的瓦解有关？五旬节运动能够为一个次国家文化或边缘文化提供清晰的标记吗？五旬节运动从政治角度表达其关乎宗教的激进的社会性区划达到什么样的程度？五旬节运动从政治中退出到何等地步？五旬节运动是否帮助建立了互助的网络，以及建立起至今都否认它们的资源群体（例如通过医疗和教育设施）？它是否主张一些能够从经济和社会角度促进个人发展的原则？它是否提供了一个讲演和组织能力的练习舞台，而这些能力之后被用于个人发展、经济推进和政治变革？它是否在人的精神上给予平静，在工作关系和国际关系中制造和易？以及它为黑人和妇女都做出了怎样的贡献？

第二部分

拉美：历史和现状

第三章

拉美福音化进程简介

福音派新教主义从墨西哥到阿根廷席卷全拉美的进程始于19世纪中叶一些小的萌动，在20世纪30年代急剧加速，并于20世纪60年代达至飓风般席卷的态势。它是一个全球现象的一部分。此现象影响了西太平洋边缘的一些区域，特别是韩国，还影响了非洲的一些国家，包括尼日利亚和南非。[1]甚至在一些基督教已经停滞不前或日渐衰落的国家，如澳大利亚和新西兰，最有活力的也是福音派，特别是五旬节运动。在美国这个新教力量不断扩展的中心，相对于自由派的宗派，保守福音派和五旬节信仰教会的人数都在增长。[2]虽然伊斯兰经常与民族主义热情纠缠在一起，五旬节运动却不经常这样。这个非同寻常的全球性的变化，被证明挑战着与其形成比较的伊斯兰极端主义的扩张。

这一章的目标是：首先叙述当代的变化，特别是五旬节运动的极速扩张，接着指明天主教统治地位被打破。这些从19世纪中叶开始发生，并在过去的三十年间急剧加速。

当代境况

这次变化的广泛维度和特征很容易表明。在1916年，对于整个拉美世界来说，清教徒只是极少数的少数派。而且他们中的许多是英国人、德国人或北美人。[3]宣教的工作大多数由北美主导，特别是浸信会和长老会。但是在接下来的二十年，事情发生了变化。新教教会人数增长至250万，并且大多数是拉丁裔。那时，他们的教堂依然很小，至少在一些国家，信徒的主要群体来自于边缘或者贫困人口。[4]巴西是其中一个例外，拥有固定的中产阶级新教徒。在像阿根廷和智利这样的国家，社会流动性的影响，特别是牧师的流动，将新教带入中低阶层。

在艰难地进入拉美的第一个百年中，新教徒被保守人士认为是外界的入侵者，并成为他们敌对的目标。有时当地人的敌视和国家的限制使他们举步维艰。他们天生就是政教合一的反对者，也是在公立学校实行天主教教导的反对者。自由党政府和反教权者将其视为进步的同盟和福利的共享者。如果他们没有因为他们的信仰被看作有价值，至少他们也因着他们所开办的医院和学校被视为有价值。从结构上来说，他们是拉美当今变革的一部分，并且应当算入解放者的那一栏。事实上，在墨西哥革命中，很多新教徒是先驱者。[5]

转机在60年代末来到。在这一时期开始前，新教福音派人数包括孩子达至500万人左右，并且他们的支持者达到1500万人。二十年之后，他们的拥护者达到4000万人。即使考虑到总人口的快速增长，这个数字依然引人注目。在拉美的一些地方，经常参加敬拜和团契的新教人数甚至超过了天主教的人数。

新教的延伸模式

新教延伸的深度及其不定的影响范围可以被大概地说明。最深的延伸发生在巴西和智利，在尼加拉瓜和危地马拉，并且（在严格意义上的拉美之外）在海地、牙买加和波多黎各。在巴西，1.5亿总人口的20%是新教徒。根据1987年10月25日的《纽约日报》，从1980年以后，巴西福音派人数翻了一番，增加了大概1200万，而另外1200万人规律地参加礼拜。在1985年，巴西拥有15000名全职牧师，而神父的人数为13176人。在智利，很多增长与本世纪（20世纪）初五旬节运动和循道会的分离相关。从1930年到1960年智利教会就从54000人增长到425000人。虽然从1960年到1970年十年间因为激进的政治改革，增速下滑，从1930年开始，智利新教总体人数急速拓展。智利最近新教人数一定超过了100万，多方估计，其所占比率在总人口的15%到20%之间。[6]

最戏剧化的变化发生在中美洲的危地马拉。危地马拉现在超过30%的人口是新教徒，可能在一些危言耸听的评论者眼里，它已经卷入了一场激烈的，同时也是一场冷酷的宗教之战。尼加拉瓜现在20%的人口是新教徒，哥斯达黎加相差不多，达到了16%。[7]波多黎各五旬节运动和其他新教教派的拓展是在一个新教入侵的长期的背景之下，伴随着美西战争中美国战胜所带来的美国化发生的。在牙买加，新教主义拥有高至人口比率30%的拥护者，并且明显挑战着所有旧建制的教会。五旬节运动和各式各样的新教传教机构在海地有着相似的成功。

稍欠戏剧化的延伸在西班牙世界的两个极端阿根廷和墨西哥发生。新教在阿根廷的发展一直迟缓，直到最近才有起色，在 1980 年，只有总人口的 3% 是新教徒，并且他们中的很多是在族裔聚集区。然而，最近由神召会（the Assemblies of God）发布的数据针对五旬节运动对阿根廷的再访给出了预警。[8]相似的事情也发生在墨西哥。直到最近，以巴西为标准比对，墨西哥新教的发展相对温和，人数不超过总人口的 4%。但是最近的研究者，库尔特·鲍文（Kurt Bowen）怀疑这个数据现在已经接近 6% 或者 7% 了。这意味着大概有 400 万人或者 500 万人的拥护者。[9]

在那些非常传统忠诚的天主教国家，就像哥伦比亚，新教的传播开始时慢，却在大概 1930 年至 1946 年加速，甚至在内战（La Violencia）的艰险岁月中也达到并保持了一定势头。在 20 世纪 60 年代，新教猛增，现在有 100 万人，或者说总人口的 4%。[10]在玻利维亚，新教的群体数量成百上千。在秘鲁，2%—3% 的人口是新教徒。新教成效最微的地方是高度世俗化和城市化的委内瑞拉和乌拉圭。

转化为五旬节运动

在这几十年的快速增长中，拉美新教主义的特质在根本上有一些特定的转变。以人数数值代表的权力的天平现在已经毫不含糊地从老的教派倾向保守福音派，并且最终倾向五旬节运动。较老的宗派在神学上非常保守，在形式上也相当古板。新的宗派，如果有什么区别的话，更加保守，并且在温约翰（John Wimber）的"葡萄园基督徒团契"的方式出现后，大部分为灵恩。事实上，独立的基督徒团契在当代情形下发展快速，如在阿根廷。

其实有两个关于基督徒信仰和事工经历的不同的系谱：一为在信仰中强调正确理解文法的保守福音派，另一为强调属灵恩赐的五旬节运动。在下文中，并没有试图区分保守福音派和灵恩派的种种，但是至少，很重要的一点是保持了这两个谱系的分离。同样重要的是，我们也要记得另外有两个谱系在拉美快速增殖：与福音派家族有紧密关系的复临安息日会，以及隶属于非常不同的谱系的摩门教和耶和华见证人派。

五旬节运动有多大的冲击力，从以下事实中可见一斑：1936年中美洲五旬节信仰人士的人数在所有新教徒人数中占2.3%，而到60年代超过了1/3，到80年代远超过一半。[12] 在一些国家，比如智利，他们占了80%，不过在智利的这种主导地位比在其他地方历史更悠久。

其他的变化趋向于自治和分裂。论及自治，重点是福音派和五旬节运动的本地化和自我管理的特征。北美的人员也许还在场，但是他们很大程度上不再是主导。谈到分裂，在基督教福音派中存在一个不同形式互相竞争的自由市场。当然，"市场"的大部分由一些主要的机构占据，特别是神召会，不过其他宗派的数目也上百了。

还有其他重要的改变。较老的宗派吸收了新教道德的优点，并设法进入了中下层和专业人士阶层。对于牧师的孩子尤为如此。就如巴勃罗·狄若斯（Pablo Deiros）在他关于阿根廷浸信会的研究中表明的，新教信仰"形成一个自律勤奋的道德导向，以至于到第二或第三代，他们大部分都融入了中产或中下阶层"。[13] 然而，五旬节运动与贫苦人建构了一个更广泛的衔接，这是五旬节运动受欢迎的第一次宣告。有趣的是，分裂带来的灵活性和多样化使他们继续受到欢迎（从他们接触大众的角度来说），并且为那些准备流动的人或者已经身处中产阶层的人提供了新的发展空间。

五旬节运动广泛的吸引力和有中产阶级特征的群体的兴起具体反映到不同的新建筑上。一类很庞大，并且包含了一些世界上最大的厅堂。圣地亚哥的佐大培大教堂（The Jotabeche Cathedral in Santiago）能够容纳18000人，巴西基督殿（the Temple of Brasil para Cristo）能容纳更多。[14] 另一类是多功能社区教堂，拥有便利设施、空调和漂亮的陈设，就像在任何一个北美城市可以找到的那样。这些你都可以在墨西哥城、利马和里约找到。

最后一个转变是关于传媒的现代方式，就是电视、广播、卡带和电影。也许，在这个领域里，北美的控制还是很明显。特别是电视需要广泛的资源，在很大的能够容纳十万人或者更多的场地举行的大规模布道会也是这样。结果，很多电视素材成为电子化教会整体输出的一部分，并且大量、大规模布道会是由北美宣教者举办的。[15] 但是在更小的范围内，本地的新教信徒也会使用现代科技，特别是广播。在这个方面，他们至少在现代的先驱者中。

五旬节运动，和最近保守福音派的浪潮，总体来说，与共产主义背道而驰，特别是在古巴的经历之后。他们经常接收和发送冷战张力的信号，并且经常趋向于对美国友好的观点。这意味着，过去保守派和极端主义对新教的敌视现在由一种激进和民族主义的敌视所补充。无论在哪里，新教都被激进的知识分子称为反对世俗的，和天主教相似，也被大多数政治派别的记者那么说。他们被视为美国文化阴险秘密的爪牙，甚至被看作由美国中情局 CIA 资助的低强度运作。[16] 就自由主义神学家和解放主义神学家而言，这个末后福音主义是一个强劲的复原趋势，一方面回到宗教二元论和千禧年说，另一方面回到在这些权力和国家动态之前的典型的路德宗形态。[17]

　　诚然，新的福音派对于政治变革的结构性分析多半是生疏的。并且，如果他们想过对世俗的改进，也是建基于有品德的人们个人化的影响。然而，在政治领域他们是悲观的。[18]

　　而当这样的天主教与这样的新教之间长期的争斗渐渐淡去，在天主教左、右翼之间以及自由派新教和保守派新教之间的新怨又出现了。只有自由派新教和左翼天主教彼此花时间，并且建立了促进基督教各教派联合运动的核心。其余，特别是新福音派和五旬节运动，都反对联合。

　　不是所有新五旬节运动和保守福音派浪潮的要素都在政治上保守。在大多数国家都有政治方向与美国的"旅居者"("Sojourners")相似的群体。在第十二章关于政治立场方面的讨论会记录有这样委身的人是怎样看待他们的世界，以及从巴勃罗·狄若斯最近编撰的《福音派在拉美的政治权力》(Los Évangelicos y el poder politico en América Latina) 收集到的政治行动的各种可能性。[19] 在草根阶层，在墨西哥郊野，在尼加拉瓜，在"基督在巴西"(Brasil para Cristo) 的运动中，并且在阿连德 (Allende) 时代一些智利的五旬节运动中，虽然他们很少支持暴力，但是他们却同情、支持激进的变革。

　　从大方面来看，这些是主要的发展变化：保守福音派信仰的激增、向五旬节运动的转变、对教派间联合的反对以及在很多当事者中将现代科技和政治保守主义联合起来的福音能力。

　　如此大规模的变革需要与过去一个半世纪发生在拉美的重要历史变革相比较。这其中一些关乎国会和军事制度的波动、不平衡的商业和工业的发展、通货膨胀和赤字的影响、人口和超大型城市的发展的变革，将会成为按国别——分析的一部分。[20]但是还有一些其他的历史变迁和背景条件，与新教主义的成长和传播有特殊关联。它们依次是：由非西班牙裔殖民统治遗留下的宗教积淀；在西班牙规则下生存的本地民众；拉美内部或从亚洲，尤其是从欧洲而来的移民；以及最后罗马天主教会的状况，特别是考虑到其如今与拉美国家和与拉美的竞争对手精英之间的关系。

对西班牙统治地位的第一波冲击

对西班牙统治地位的冲击都出自于美国人和英国人之手，所以也是长期文化冲突的一部分。英国的殖民统治在一些国家和地区造就了国教或新教的领地，一些占主导地位，另一些占次要地位。例如，巴巴多斯和牙买加，和程度较低的特立尼达岛，反映了英国宗教传统的长期影响。还有，洪都拉斯的北部、伯利兹和尼加拉瓜的大西洋海岸线、圭亚那，都有那些相同传统的迹象。这些后来成为新教信仰长期积累的宝库。一种相似的影响随着"共和帝国"势力增强和美国公民的分散而变强，而且可以在巴拿马、海地、哥斯达黎加和波多黎各找到。根据影响在经济、军事或政治方面的不同切入点和它们持续受影响的时间，美国影响变化较多。当美国在美、西战争中取得胜利之后，古巴和波多黎各都直接进入美国影响的范畴。在波多黎各的案例中，这使得一些波多黎各人真实地进入并融入美国，同时也使得新教在波多黎各累积了广泛的基础；而在古巴的案例中，它引发了一个成功的抵抗，大多数美国新教事工几十年的成果都付之一炬。

对于西班牙统治地位的另一个冲击由移民引起。这些移民有几种不同的类型。有亚洲人、非洲人和美国非裔为了找工作而作为劳工移民。这样移民的结果就是在圭亚那、特立尼达岛和苏里南（Surinam）出现了穆斯林和印度教徒。对于新教来说，这会意味着，比如，黑人移民将他们的新教带到巴拿马。另一类的移民因着特殊的宗教原因，代表着过去移民到北美的一支南美人。他们有时是新教徒，因为自己祖国的逼迫，或者由于对新世界的乌托邦希望，或者单纯因为欧洲在其已有建制教会的模式下太固守程式以至于不能给持不同宗教观点的人以机会的一种感觉而移民。无论如何，立陶宛（Lithuanian）浸信会信徒移民至巴西，俄国门诺会信徒移民巴拉圭（Paraguay），意大利新教韦尔多派（Waldensians）信徒移民至阿根廷，德国罗马天主教徒移居乌拉圭。[21]

还有另一种移民是基于寻求新机遇，从欧洲（和中东）移民到南美。这些移民包括对少数族裔教会的转移，其中一部分为新教教会。所以在巴西、智利、阿根廷和其他地方有大的德国教会和较小的斯堪的纳维亚、盎格鲁、苏格兰长老会以及法国改革宗教会。您可以在智利南部找到一个苏格兰长老会社团，或者在墨西哥或巴塔哥里亚（Patagonia）找到一个威尔士循道会/长老会社团。提到天主教移民，我们可以说在特定的环境中，天主教徒发现他们在新的国家在教规方面无法像他们在家乡一样。所以，在巴西的意大利社团为五旬节运动——基督在巴西——的统治地位提供了肥沃的土壤。（相反地，从日本移民到巴西的非天主教移民现在大部分都是天主教徒）[22]

一个更具有宗教意义的移民（如果移民是一个正确的词汇），是奴隶从非洲被迫移居到美洲，尤其是加勒比地区，美国南方各州以及巴西。它具有重要意义有两个原因。一为非洲人延续着部分非洲的宗教，并且这些在牙买加、海地、巴西和其他地方以各样的方式表露。在巴西，巫班达（Umbanda）是五旬节运动主要的竞争对手。另一个原因是，五旬节运动在某种程度上发起于黑人文化——由约翰·卫斯理在非洲之外的地方——今天的五旬节运动从具有非洲根源的巫师异端中承接衣钵。

对西班牙裔（和克里奥尔人）统治地位的最后一个冲击被置于拉美土著居民的复兴上。其中影响最大的是盖丘亚人（Quechua）和玛雅人，他们有时对新教的渗入持开放态度。事实上，墨西哥东南和危地马拉的玛雅人具有反抗其征服者的历史传统，并且他们的反抗最终成为文化和宗教层面的。当然，也有很多比较小的群体，其中一些从未被基督教化。新教向"印第安"部落传福音拥有悠久历史，在英国势力的保护下，由摩拉维亚教会（Moravian）曾向在尼加拉瓜大西洋海岸线米斯基托人（Miskito Indians）传福音。无论如何，今天您可以在全拉美找到被这样或那样的差会或者教派福音化的小印第安群体。其中最为活跃的就是威克里夫圣经翻译会（Wycliffe Bible Translators）。他们的事工最近成为人类学家们争论的话题。[23] 随便举几个例子，在安第斯山脉的艾马拉人（Aymara）中有很多复临安息日会信徒；在阿根廷的托巴人（Toba）中有很多门诺会信徒；在玻利维亚有新部落使团（the New Tribes Mission）的皈依者；在厄瓜多尔有福音差传联盟（Gospel Missionary Union）的皈依者。对这一活动所有指责性的评价都基于其外部和内在的殖民主义，但是它代表了一个承接在 18 世纪中期被终止的危地马拉耶稣会事工的史诗性的事业。

天主教的状况：过去与现在

背景中最后一个要素无疑是罗马天主教教会的历史与当代现状。关于历史，最重要的、唯一的事实就是由天主教提供给拉美统治者，并在独立后由继承国继续主张的以支持而博得的施惠（patronato）。而有以支持而博得的施惠使教会让步于世俗的国家，就如在斯堪的纳维亚、德国和英国的改革中卓有成效的那样。在启蒙运动中的一些国家，就如巴西，教会被瓦解，并且几乎没有恢复。虽然巴西教会在 20 世纪终究又一次罗马化，但是多年的消耗使它极其衰弱。在其他国家，教会与国家及国家资助的联盟以及正规神职人员获得的财富，意味着当革命到来时，革命者无情地残害教会。1871 年的危地马拉革命特别具有破坏性。[24] 这样，罗马天主教会在其建立和瓦解上都遭遇苦难。

令人好奇的是，在对拉美典型的观念中，它是确定无疑忠心的天主教国家，但那里的人们却很反对天主教的教导。在那些国家，被统治者对统治阶层的宗教持有一种私下的抵制，是非常可以理解的。但是，很显然，在西班牙人和克里奥尔人看来，教士的禁欲是非常不明智的，也只有很小的孩子、老人和妇女才需要真正出席教会的活动。且不谈抗拒，特别在巴西，有超过我们意识到的、更多的异议和宗教运动。[25] 那些相对偏远的地区，就如阿根廷的卡塔马卡（Catamarca）和哥伦比亚的安蒂奥基亚（Antioquia），小群的聚会是典型的方式。墨西哥西南是遵从普世天主教模式的另一个地区。

这样，天主教的覆盖率在各地非常不同。也许不到 20% 的拉美人经常参加教会。而这个整体的数字包括广泛的大多数信徒所在的乡野，还包括都市近郊的贫民窟（棚户区），这里经常参加教会者的比例低至 2% 或 3%。从历史角度来说，天主教并不依附于其中心教义，而是更依赖于文化和民族的身份。当天主教领袖们将新教主义的成功归功于传统天主教的惰性时，他们自己提到这一点。

关于当代天主教的一个相关事实就是,神职人员小幅增加,并由外国人担任。在独立前的一段时期,这些外国人是半岛居民,有西班牙的渊源,也忠于西班牙;在 20 世纪,这些外国人可能是荷兰人或者美国人。我们不能说主要是神职人员在民众中的低比率,或者一个从其他地方被挑选出来的神职导致的疏离感削弱了天主教教会。它全取决于周边环境的状态。但无论如何都显而易见的是,当其他负面因素可操作时,人员的缺少和他们外国人的身份事实上会将事情弄得更糟。

同样的考虑也适用于解放神学的采用或者对保守联盟的维护。我们不能大体说一种激进或者一种保守立场的采用促进了新教主义扩展或者天主教疏离感的发展。它取决于环境。例如,解放神学与新教主义在智利和巴西同样强大,同时它们两者都是对那些国家特定环境的回应。

在天主教教会里由于政治观点造成的分野似乎促进了新教的发展。貌似可信的是,当天主教教会被证明不能作为一个社会或是一个政府可信赖的柱石,那么右翼统治者和军界可能欢迎新教的发展,以作为获得支持的另一个来源。五旬节运动的牧师们经常在公开场合回应这种提议,将其视为被当局接纳的一种形式,而这种接纳到现在已经完全被否认。

总体来说,提及天主教会与社会和政府的关系,最适宜新教存在的机遇就是罗马教会被彻底地削弱,但是文化还是普遍具有宗教性,就如发生在巴西、智利和危地马拉的那样。然而如果文化被广泛地世俗化,那么新教几乎不能取得进展。例如,当代的乌拉圭和委内瑞拉普遍存在着对宗教的怀疑,以致对任何形式的信仰改变都是一种妨碍。

这样大致的探讨给我们提供了一个解释新教在当代激增的最初视角,并且它们自然引致专注于特定国家的更加具体的考察。这些从不同方面说明了最近发生在拉美的政治、经济巨变。当然,这个考察不可能囊括所有国家。部分因为一些国家的信息不完全;部分因为危地马拉和尼加拉瓜的轨迹将会在第十二章于新教主义与政治的题下予以处理,而加勒比将会在第七章被单独讨论。

我的安排是在第四章首先将巴西作为最重要和复杂的案例进行处理。之后紧接着,在第五章进行一个关于"南锥体"(southern cone)的分析,开启阿根廷与智利的对比;作为安第斯山脉最重要的两个共和国,哥伦比亚和秘鲁也会被论述。接着三个相对较小的社会:厄瓜多尔、萨尔瓦多(El Savador)和危地马拉;最后一个被论及的国家,在第六章,是墨西哥。它就像巴西一样，很重要且复杂。除了巴西和墨西哥，每一个案例都会处理其显著特征，因为每一次都处理全部情况明显是不可能的。墨西哥被用于提供一个暂时的总结，来注解它所显示出来的特定特征在已经讨论过的这个或那个国家中可以被找到。在最后整体的总结之前，有一段关于部落的简短的题外话。

第四章

巴西：最大的社会和最具戏剧性的例子

巴西，占了南美洲一半的面积，并且区域性明显。大概一半的拉美新教信徒居住在巴西。在早期，巴西是一个新教取得温和性成功的国家。当今它囊括了两个对五旬节运动极其重要的大型运动——基层社团运动和巫班达。事实上，我们可以说，五旬节运动自身是基层社团加上在医治角度依赖巫班达找到的灵的一种形式。

现代巴西历史经常被划分为1930年之前和1930年之后。并且后者又被在1964年军事独裁导致的危机而细分。从大概19世纪中期到1930年，虽然有转向现代化的一些重要变化，但优势权力的结构依然。权力结构依然是寡头政治的；经济依然主要依赖农产品出口，极易受到外界变动的冲击。

很多中产阶级开始出现，尤其是参与到商业、手工业和小型制造业中的温和资产阶级，为政府和大规模工业代言的官僚阶级，一些自由专业人士，还有一些小的独立土地所有者。因为企业阶层的存在和数百万移民——特别是德国移民，也有很多意大利移民——的到来，社会停滞基本被避免。原有经济重心由东北偏向东南，从糖业转向咖啡业。并且随着工业化、移民潮和来自乡村、过去做奴隶的人的到来，现代城市中心快速发展。也许有一点需要强调，无论工业化是否发生，城市都会发展到一定的程度，并且它们也不是欧式意义上的城市。这里的重点是，它们对改变、包含着共和主义、实证主义和共济主义的理想化的新奇事物以及新教持开放的态度。

这些理想化的新奇事物在一个不协调的公共文化中互相叠加。这种文化与墨西哥在世纪之交波菲力奥（porfiriato）较晚的高压统治阶段相似。它们大致相继反映了法国、英国和美国的影响。顺带说一句，如果说法国后继影响不足,那是因为它没有直接影响到新教。根据大卫·盖罗斯·比埃拉(David Gueiros Vieira)的说法,解放主义、共和主义、共济主义和新教共同象征着进步。他提及1878年自由内阁(Liberal Cabinet)与由一系列解放改革,如婚姻登记、宗教信仰完全自由、政教分离和奴隶制的废止为特色的君主政治结束之间那十一年。[1]这一系列事件是当时进步人士讨论问题的主旨,就如在墨西哥那样,并且被扩展到包括科学和经济的进步、一项偏向德国和盎格鲁—撒克逊的移民政策以及新教。

共和党精英在新城市与巴拉圭战争中的军队联手推翻了君主制。天主教会也没有特别原因要支持一个给它提供民事宽容而非正面支持的君主制。但是,教会依然被困于社会的陷阱中,一方面暴露于民权和暂时的赞助支持(patronato),另一方面受牵制于殖民系统。它同时也被差劲的协调和沟通拉后腿,这在拉丁教会中很常见。天主教事实上已经退化为民间实践和朝圣经历的杂糅。[2]这懦弱的纪录迫使教会与任何可能保护其利益的政治力量合作。而这反过来引致与政治党派及其支持者利益的纠葛。

政教分离开始于1891年,处于共和国早期。在从蓬巴尔(Pombal)时代开始经受长达一个世纪的屈辱之后,它终于有了改变的契机。重构开始,新的教区建立,并且罗马规范被试图恢复,特别是在一些修道院职分的严肃的复兴中。这些变化被经常以"再罗马化"提及。

不幸的是,恢复并不那么容易。巴西人,与很多其他拉美人相同,对神职和禁欲并没有太多好感,也不寻求神职授任。这意味着教会不得不从海外引进神父。典型巴西神父的形象,甚至到今天,都是带有外国口音,并且完全不能沟通的。民族主义者经常被这些外国人和一些难于将天主教信仰与民族身份相关的天主教护教人士激怒。这意味着,相比较拉美的很多其他地区,在巴西天主教信仰和成为一个爱国公民之间的平衡已经变得越来越无力和失败。采用其他理念,如在19世纪推动实证主义发展的或今天推动非裔巴西人宗教的理念,也并非不可理喻。

新教又是如何参与这场竞争,来提供一种可存信仰呢?它期望沿着怎样的社会渠道前行?早期,当巴西有识之士首先期盼现代主义的推进时,新教是由它的英美伙伴扶持的。接着,因为人们对新教的敬佩中混合着怨恨,新教徒试图借着宣称比天主教徒更具民族主义来改变这种复杂感情。如此看起来难以置信的策略,因着保守天主教徒对于共和的初始态度而得以实行。因为新教徒是向前看的人,所以他们是共和主义者,理所当然也是热诚的爱国者的同盟。就如在其他拉美国家一样，他们在巴西最大的问题就是他们的共和主义者同盟仅仅将其当作一种所谓基督教的、落后迷信的、最不具攻击性的版本。拉丁社会对教会的极端观点太激烈，导致了对所有宗教的抵制，而这成为一个新教不可逾越的不合理的堡垒。

即使新教的确一步一步地越过这个界限，它也必须以一种类似精神分裂的方式，虽然是外来的，却非常爱国，并且既具有现代感，又适应于巴西古老的价值和文化。这样，新教在普遍标准上就不得不让步于裙带关系，在强调个人主义的同时就不得不承认家庭高于个人的权威。[3]

起初，作为经典改革纯正严谨的代表，长老会最具影响力。从神学上来讲，他们趋向于来自长老会中的保守派，部分是因为神学上的保守派看到更多去宣教的原因；另一部分是因为在美国南北战争之后，有保守思想的南方人汇入。为回应和表达兴起的民族主义浪潮，巴西长老会在1888年从美国教会获得组织意义上的独立，但就像巴西人民一样，他们发现经济上的独立较不容易做到。他们发现对于民族主义的问题不容易取得一致意见。他们因为教育与宣教的适度平衡、牧者培训和对共济会合宜的态度而产生分歧。即使长老会是成功的，一些个人成功跻身巴西的上层社会，但他们往往还是比较中产阶级和独立的一类。长老会在东部的米拉斯吉拉斯（Minas Gerais）和圣艾斯皮里图（Espirito Santo）的农村地区使一些人归信，并且同时在城市中产阶层中聚集了一小群的跟随者。

长老会主要的竞争者是浸信会。像他们一样，浸信会在神学上保守，并且从美国南部各地来到巴西。浸信会发现他们自己在教育和宣教平衡等问题上，像长老会一样分裂，但是，结果他们将天平微倾向于宣教。就如在美国那样，在巴西，这个倾斜从各方面都被证明是受欢迎的。浸信会更平民化、更具参与性，他们已准备好并且/或者能够接触到一些穷人和有色人群。此外，相较长老会来说，分歧在浸信会中造成的分裂似乎比较小。他们本来就是分散的，分歧无非就是对分散化的公开宣布。

浸信会相对于长老会的持续成功预示着五旬节运动未来的成功。五旬节运动在很多方面像浸信会，这些方面只会比我们所描述的还要多。就如浸信会在人数上超过长老会，五旬节运动也超过那些主要关注于教义文法的福音派。循道会的相对失败在于——无论以前还是现在——缺乏应变能力。他们本当是因他们的传统理所应当地在丰收时聚拢收获的人。但是他们太过集权，拒绝本地性的独立，并且他们倾向于教育而非宣教。智利循道五旬节运动的扩张可以预示循道会可能做的事情。它本是在循道会内部由组织僵化及对此极度的厌恶而催生的一个充满热情的运动。循道会对拉美的教育和福利都做出了标志性的贡献，更不用提它对教会的贡献了。

我非常有幸用到了罗纳尔德·弗雷泽（Ronald Frase）在其关于巴西五旬节运动的论文中提出的可以推进五旬节运动的数个途径。[4] 它们数量惊人。例如，在内部，这犹如救世主一样的运动至少已经建立起异议的传统。兄弟之情引入了平信徒主动性的概念，在西塞罗（Padre Cicero）周边兴起的超乎寻常的小教派已经在行为上提出了禁欲的要求。所以，火热的五旬节运动成功的要素都已齐备。一些外国移民所拥有的思想开放性，以及住在边界的人们，或者在圣保罗（São Paulo）省赶上了咖啡业有力增长的人们对灵的寻求铺就了其他的道路。

五旬节运动一条更本土化的进路是由乡村中产阶级提供的，前面在论及长老会所达致的渗入时已经提到。这样的人并不像那些比他们阶层低的人那样感激地主们，并且会利用自身经济独立的余裕。在其关于米纳斯吉拉斯（Minas Gerais）的研究中，埃米利奥·威廉姆斯（Emilio Willems）发现新教徒经常出现于县区（municipios），那里土地拥有的规模为中等规模。这样我们看到，新教可以在有流动性的地方，比如在边界，或者在有温和独立性的地方找到缺口。[5]

在渗入的早期，新教徒无论在哪里都一直是一群被标注为不喜爱饮酒、放荡和跳舞，却专注工作，具有社会流动性的古怪的人。他们的牧师们主要来自于乡村中产阶级，以其积极进取的精神闻名，并且他们的后代通常向上层流动，并进入专业人士领域。就像在其他地方一样，牧师职位提供了一个可以踏上的电梯，下一代达至电梯顶端而下。在新教小而有力的次文化中，牧师是具有适当巴西风格的权力掮客和保护人。新教理所当然地养育了个人主义，但是经过巴西生活论证的设想，确保了牧师在他们的教会和家庭中保有权力主义者的姿态。所以，新教派系纷争、隔代对抗和导致其于20世纪分崩离析的政治异议产生的时机已成熟。

1930年标注了巴西——也是新教——一个时代的结束。瓦尔加斯（Vargas）在政变中获权，农业出口者的利益不再主导巴西的政策。这个国家开始工业化，到20世纪50年代，这一进程推进非常迅速，特别是在东南部。人口剧增，广大的城市地区因为住宅区、贫民窟和露宿地的同时存在而显得不太像城市。

第四章 巴西：最大的社会和最具戏剧性的例子

　　1945 年之后巴西政治的重要事实就是在这些巨大的城市群里普通人兴起成为政治角色，能够为瓦尔加斯和巴西工党（Brazilian Labour Party）提供一个基础。这不是说没有了因支持政治派别而获得的好处，而是这些好处从中产阶级延伸到了工人阶级，而这一切从 20 世纪 30 年代就开始发生了。很自然，这一延伸引发了中产阶级相当大的恐慌。也正是这个恐慌，随着通货膨胀的加剧，促成了 1964 年的军事接管。

　　就在这个人口增长、运动兴起和间歇的平民主义时期，五旬节运动急速扩展。五旬节运动是完全本土化的，而且能够为边缘人群，特别是在为东南部和圣保罗的广大城市群中的人们提供一种包罗万象的世界观。五旬节运动是一种正在崛起的意识，更直白地说，是一种正在发声的宗教形式。它使人们与更广阔的社会隔绝，为的是在一个新的宗教框架中养育他们。他们为了与众不同而"特异"。

　　他们的不同点在于一方面接受教规，另一方面向所有人提供可参与性。可参与性不仅仅被提供，更是被要求的。所有渴望得到重生，并且在重生时展现出属灵恩赐的参与者都能够并且必须演唱、弹奏乐器、组织、分享、彼此帮助、赞美，并且传道。被属灵恩赐装备，任何人都有可能升至这一群体的顶层，并且如果那些恩赐没有在一间五旬节运动教会中寻到空间，那么这些有恩赐的人会迅速建立另一个教会。

　　弗雷泽以此总结，五旬节运动结出了诚实、节俭和替代家庭的果实，也提供了参与的机会以及有价值、有意义和有权力的感受。

　　所以，一个在 1930 年新教徒中只占十分之一的群体，在 1964 年升至十分之七八，其中并不包括德国路德宗的少数族裔教会。仅神召会就有超过一百万人，同时"基督在巴西"（Brasil para Cristo）和基督会堂（the Christian Congregation）各自拥有大概 30 万信徒。并且与之相匹配的属灵恩赐的传播确保了其他几十间这样的教会，所有都坚持本土自治和全员参与。

　　随着运动的发展，特定的变化发生了。"基督在巴西"因其对现代通信方式的运用、在世俗政治中的参与和壮观的总部会殿而闻名。有如此宏大的殿宇，并拥有广大的集会增加了权力感和（具体来说）在社会中举足轻重的感受。那些在后的居前，至少在他们自己独立营造的环境中。"基督在巴西"也开始为吸引中产阶级而特别设计和提供礼拜和其他服务。因此，五旬节运动在不丧失穷人的基础和权力的同时，总体来说扩大了其支持面。特定群体增加了他们的奉献或者特别兴起的与中产阶级对话。例如，由罗伯特·麦克艾力斯特（Robert McAlister）于1960年创建，以里约为总部的新生命教会（the Church of New Life）就与巴西中产阶级对话。他们定期放送广播，并且它在博塔弗戈（Botafogo）的建筑是一个带有画廊和空调的美观的大厦。[7]

伴随着刚才指出的那些变化的潜在变化之一是神学教育方面的一个动向。这已经被谨慎地小规模地推进。五旬节信仰人士对一件事情着迷，而那不关乎伽达默尔（Gadamer）和释经问题的知识。他们也意识到神学教育，究其本质来说，是将那些原本植根于普通人民的人从语言和经历上与普通民众分离开。它同时限制了传道人，并且在神职团体的周围画了一条警戒线。五旬节信仰人士认识到他们的生存命脉在于打破——无论是新教还是天主教的——神职警戒线。从宗教层面而言，那是他们的存在理由（raison d'être），从象征的层面，它将他们从巴西社会的阶层屏障中的迁出戏剧化。如果你喜欢，可以这样表述。他们在巴西的世界中正建立起他们自己独特的王国，并且对于他们来说，它的名字和头衔是神的国度。

如此声势浩大的一场运动——现在六分之一的巴西人都被包括在内——显然具有政治潜力。避开世俗化（包括政治方面）的羁绊，五旬节运动的成功和其追随者造就他们自己自由空间的可能性是可预测的。五旬节信仰人士是被盼望和他们所关心的"权能"所感染的一群人，但是他们对通过政治实现权力却不抱太大希望。迄今为止，政治经验给他们带来最好的东西就是他们成了平民主义时代政治集团施惠以获支持的相关受益者。他们对于政治行动的有效性大致悲观，并毫不犹豫地将公共论坛作为通向个人尊严和公民参与的大道。他们的确，毕竟来自于那些沉默的或者几个世纪以来都被压制的声音。他们也知道政治行为是危险的，并且希望幸免于难。

很可能，大多数的五旬节信仰人士，至少他们大多数的领袖，心照不宣地给予了1964年军事接管以支持。从起始（或者民主的开端）或之后更加紧密地民主化实施，他们的投票显示了对于权力和中心的谨慎支持。联邦议员的三十三个新教徒中，大多数属于自由阵线党（Liberal PFL），或者巴西民运党（the PMDB），或者社民党（PDS）。但是新教徒也经常参与反对党派，特别是那些新的议员。在这些人当中，有一位黑人妇女。她属于神召会，并在政治上代表劳工党（the Workers' Party）。罗林姆（Rolim）指出，过去一些五旬节信仰人士活跃于农民联盟（the Peasant

Leagues），他们调动自己的能力来发展有凝聚力的小组，并在面对棘手问题时展示出他们坚固的兄弟之情。[8]然而，他们与这样联盟的关系有时会淡化。总而言之，我们可以说，五旬节运动在政治上所表现的兴趣对于整个巴西的政治生活来说仅为一部分，只是受益人为回馈施惠人所提供服务给予的选票。

自从五旬节运动从社会中抽离，建立起一个没有压倒性权力和被伤害阶级的空间后，他们与黑人的关系就很重要了。巴西有时被表述为最不可能"色盲"的社会，在宗教范围里，任何对种族界限的突破都是极具意义的。五旬节运动似乎已经做出了这些突破。至少，维勒鲁瓦（Villeroy）指出，在五旬节运动中能找到比其他宗派更多的黑人：在巴伊亚（Bahia）有70%为黑人，在伯南布哥（Pernambuco）有45%。[9]

事实上，我们不能得到五旬节信仰和种族的数据，但是一个有趣的区别出现于五旬节运动影响黑人的方式和其他宗派影响的方式。过去的新教温和地吸引黑人与白人的混血儿以及黑人精英。部分因为新教反对奴隶制度，并且禁止在学校因种族而进行歧视。现在，那些属于历史悠久的宗派的黑人对待其白人教友的态度是一致的。他们具有，并且一直都具有清教徒特点，节俭而有修养，致力于双边支持和社会进步，强烈反对迷信。

而五旬节运动则不同。巴斯提德（Bastide）认为，控制已经让步于入迷，信仰意志发挥着主要作用，就如你可以想象到的。然而巴斯提德依然在黑人五旬节运动中觉察到个人提升和西化的主题。他论述到，就在黑人看起来与非洲最亲近——摇动和颤抖，说方言，被圣灵充满——的那一刻，他其实离非洲最远，比原来任何时候都更加西化。[10]虽然这样的论述明显属于视五旬节运动为现代的介绍者和美国文化的隐性导入者，但我们很难对它作出评价。

然而，巴斯提德接下来对这个议题的论述却是极其中肯的。

> 对于黑人来说，参加任何一个新教宗派都是一个进步，是一个文化方面的进步，因为新教是关乎那本圣书的宗教，所以也是有文化的人的宗教；它是美国的宗教，是世界权力的宗教，是一个社会进步，因为在每一个层面，新教徒都在兴起并进入中产阶级；最后是一个宗教进步。[11]

就如将在其他地方论述的一样,就五旬节运动而言,社会进步的结论具有争议,但是巴斯提德的观点的确在事实上总结了很多当代研究。

另外关于巴西宗教的视角需要简单地触及,因为他们对五旬节运动是补充,或者是竞争的关系——巫班达(Umbanda)和基层社团。巫班达是一种提供信仰的疗法,是一种精神发泄,借用灵的医治。它与五旬节运动在几乎相同的时期一起扩展。虽然基层社团与公教进行会(Catholic Action)激进派和基督化讲习班(the Cursillos de Christianidad)有连续性,但它其实是在解放主义理论刺激下于20世纪60年代在天主教内部出现的。

巫班达和其他类似起源的小教派运动唯一且最大地挑战了五旬节运动。事实上,在20世纪70年代末,盖瑞·豪(Gary Howe)在对比中将五旬节运动的发展视为平凡。[12]显然,要对巫班达有适当的处理,必须从历史上追溯,也必须分析它与招魂说和非裔巴西宗教之间的复杂联系,同时还需考虑地区变种以及"白化"和非洲化的进程。想要寻索这些问题的人应该参阅彼得·弗莱(Peter Fry)、盖瑞·豪和戴安娜·德·G. 布朗(Diana de G. Brown)的著作。[13]

随着兄弟会(irmandades/brotherhood)的衰落,第一个非裔巴西教会于19世纪出现。如其他地方一样,这些兄弟会在天主教形式之内及周边保持了非洲因素。他们的衰落向巴西社会释放了一种古老的宗教性的暗流。巫班达起源于非裔巴西宗教、通灵术和从法国传来的灵魂进化的一个版本中共同的灵附身的实践,并且在富裕的和受过教育的巴西人中也流行过一段时间。然而,巫班达不仅仅是折中主义。戴安娜·德·G. 布朗评论道:"这一宗教的新意在于它早期的领袖组织了里约的非裔巴西教会,并且通过授课建立了其他城市的教会。通过宗教,予其新的价值、意识形态和组织形式。"[14]戴安娜·德·G. 布朗接着将这一新信仰的成员描述得与历史悠久的新教早期新成员惊人相似。他们是小商人、官僚、军方官员、记者、教师、律师和一些移民。有趣的是,这些人致力于"白化"和净化巫班达。这"白化"后来变成相反的"黑人文化认同",而被更正面地评估。巫班达对于黑人的矛盾情绪掩饰和保存了种族偏见。

从1930年到1945年,巫班达有受压制的倾向,但在1945年之后,通过自我辩护,它逐渐获得了接纳,浮出水面,并且获得了政治代表权。它沿阶级层次往下扩展,并且建立了一个适应于接下来瓦尔加斯时代平民政治的支持体系。事实上，它的整个宇宙观就是为获支持的施惠、默想和非集权化的反象。在盖瑞·豪看来，它以其对默想强烈的否定和"集中的"一神论代表了五旬节运动的对立面。盖瑞·豪认为巫班达和五旬节运动是互为竞争的关系，但是精确地折射出了巴西的双本质或者两重性：一方面是去集权化的，另一方面又是集权的。巫班达事实上提供了政治家可以借由将其施惠以博支持的触手延伸至城市贫困人口的主要途径之一。[15]

当独裁主义在1964年继起时，巫班达和五旬节运动都没有因此发生太多变化。巫班达被视为一种保守的影响。其关于巴西的宇宙观假定了种族民主制，其跨阶层的感染力补足了政府的民族主义。再一次在与五旬节运动惊人的共存时，巫班达从天主教会和国家关系恶化中得到了一些暂时的国家支持。从开端（或者政治事件的开始）到缓慢回到民主，除了为政治家赢得追随者的作用外，巫班达并没有太多改变。

在描绘巫班达和五旬节运动的共存时，有两点值得强调。首先，"西方的"医疗在巴西从来没有替代其他可选择的方式被完整建立起来。五旬节运动和巫班达都为健康提供了可选来源，一个通过圣灵，而另一个通过各种灵。第二，就如先前指出的，巴西的天主教长期以来没有能够强势地推行任何形式的领袖权。过去，巴西有很多人对天主教不满，而现在则有很多竞争者与天主教会竞争主要位置和表达社会核心价值的主导角色。

当然另一个与五旬节运动形成竞争的就是天主教会对于其对自身主导权形形色色挑战的回应，以及1964年之后对国家政策取向的回应：基层社团。这些代表了在天主教会内部一种自愿主义、参与性和平信徒组织形式的兴起。在这些方面来说，他们是新教信徒的雏形，所以对等级制度及其工具来说也是危险的。但同时他们也在教会中表现出强势主导的态度，而这也威胁着教会的结构。

如果详尽地分析基层社团，会偏离这个分析的重点太远。能做的就是找出其与五旬节运动的相似点和不同点。最主要的不同就是，基层社团致力于提高整个社区的政治和社会觉悟。它们并不自闭，对于社会问题的本质有着结构性的观点。另一个相异就是，它们的新成员更多来自于直接的生产者。这个，至少是罗林姆（Rolim）的观点，虽然其他观察者相信基层社团所吸引的社会支持者与五旬节运动所吸引的相一致。[16]

从两个方面来讲五旬节信仰人士与基层社团的成员是相似的。一是，他们显然大致都以相同的方式投票。如果这样的话，这是很有趣且令人惊奇的。因为基层社团支持的政治领袖当然比五旬节信仰牧师倾向左翼。[17] 我们甚至可以推测，五旬节运动和基层社团的领袖们各自右倾、"左"倾，而他们的追随者却基本待在原地。另一个相似点是对于中产阶级的吸引不断增加。W. E. 休伊特（W. E. Hewitt）在对圣保罗教区基层社团的研究中表明，中产阶级的加入正往前推进，并进一步评论说，这包括了"直接参与巴西社会改革运动有政治影响力的中产阶层"。[18]

直到现在，我们的关注点都在于超大型城市，但是变化也正在内陆地区发生。斯科特·威廉·赫夫（Scott William Hoefle）在塞陶（Sertão）作了很有用的研究，并提供了一个巴西内部区域的简要概况。[19] 塞陶是块不毛之地，人烟稀少，但依然具有非常明显的阶级色彩。改变同时在那里急剧发生。经济变革从巴西较发达的经济中心开始。宗教小教派较古老的形式，特别是千禧年运动，让步于非裔巴西通灵术和新教福音派。

当然，天主教与个人和社区的生态周期结合，依然主导这一区域。但是规律参与的天主教徒60%—85%都是女性，且多为寡妇和年长者。男性通常将对教会的参与视为怯懦，将神职职业视为不可思议。对于他们中的一些人来说，寻花问柳和赌博才是一个正常男性的特质。

这样，天主教会既强也弱：传统和组织的连续性强，而制度和教义理解上弱。新教徒以坚决反对天主教信仰和行为来定义自己。他们强调自愿参与敬拜、对圣经个人化的解释和为维持教会个人在经济和生命实践中的参与。他们认为教父（教父母）的设立不合圣经，故将自己从主要的教派连接中剔除。他们也因反对饮酒和放荡，将自己隔绝，不与喝酒和放荡的人来往。赫夫（Hoefle）评论道，这样有节制的生活方式帮助他们建立了一个有责任感的工作伦理，但因贫穷，他们没有能够成为企业家。对于他们来说，兄弟般的帮助和互相支持比个人在经济上的成功更加重要。在强调节制和互相支持的过程中，赫夫使诺瓦埃斯（Novaes）在伯南布哥乡野的发现更有说服力。虽然诺瓦埃斯刚好没有看到这一区域新教徒在工作态度方面的转变。[20]

塞陶新教徒的依附与群体的大小是呈正比关系的，新教徒占最小群体的0.2%；占一个海滨城市中小群体的4.6%；在大累西腓（Greater Recife）占8.6%，并且拥有200万人。但是，这个清晰的关系，从某种程度来说，被布兰道（Brandão）所引述的其他论据模糊了。布兰道发现天主教在极欠发达地区虚弱，而在城市区域强势。[21]这样的差异也存在于墨西哥的数据中。为了很好地补充总体趋势，需要作出更加区域化的解释。当然，如果新教徒比天主徒更加可能从乡村迁徙到城镇，就使得这个画面更加复杂。一些评论者将新教难以在乡村成功维持归咎于新教徒更乐意迁移至城镇区的情况。

赫夫也论述了20世纪30年代以来活跃于塞陶的非裔巴西与巫术异端。他谈到，从将灵界与人的世界分开的角度来说，桑哥（xangô）教派的领袖并不将自己视为两界之间的媒介。领袖和他们的追随者都视自己为好的天主教徒，并且他们参加弥撒。只有新教徒不将自己的信仰与这些非裔巴西仪式掺杂。虽然赫夫提出的数据因人口流动性而很可能产生低估的情况，但根据这些数据，非裔巴西宗教在乡村的追随者相对少些。

我们以对塞陶情况的讨论结束对巴西的概览。它是世界最大的天主教国家，同时也是最大巫术运动的发生地和拥有拉美大概一半福音派信徒的国家。

第五章

南部锥形区：智利和阿根廷对比

当转向南美的"锥形区"——智利和阿根廷时，目的不是更多描述五旬节运动的发展，而是强调安第斯山脉东西侧的惊人差异。关于随着1°海拔变化发生的法理学方面的变化没有比帕斯卡尔（Pascal）的评论更合适的了。至少到最近为止，五旬节运动在山脉一侧繁荣，而另一侧衰落。

智利和阿根廷在19世纪的独立预示着这一大陆特别在商业方面的整体开放，及对英裔美国人和德国人的总体接纳。智利精英和阿根廷人想参与北大西洋地区国家的命运和发展进程。这意味着解放主义和一些宗教容忍。天主教已经无法通过西班牙人对上层神职人员的同情和教皇的政治言论获得声望。

然而，新独立国家的精英们最初仅想控制天主教教会，不像原来那样严格挑剔。他们不想放弃教会，希望教会能够成为民族团结的一根柱石，也不考虑皈依新教。正如其他地方，新教成了解放主义的附属品，并带来了学校和现代教育观点之类的益处。新教徒也许是解放主义者最温和的同盟，而他们试图控制教会的政治权力。最重要的是，新教作为一种外来者信仰存在，始于英国商务人士和具有盎格鲁背景的英国工程师，由来自北美、德国或者苏格兰其他历史悠久的宗派的成员承袭。

克里斯蒂安·拉利韦·迪埃皮奈（Christian Lalive D'Epinay）说明了，除了一些印第安人的事工，这两个国家在1880年到1920年的大部分宣教工作是怎样与移民联系在一起的。[1]他还论到，相比较更北的地区，此时的文化影响更欧式，北美的影响少些。从欧洲到北美的转换，一直到第一次世界大战才完成。

直到大概世纪之交，智利新教和阿根廷新教开始分化。一方面，阿根廷人口的增长在1930年随着数百万移民的到来爆发。一些移民为新教徒。

故此，阿根廷的新教主义主要关乎少数族裔教会，并且（同样重要的是）也被这样**定义**。另一方面，智利吸收的移民较少，这意味着更少的少数族裔新教徒。智利新教的传播必须依靠个体的改教皈依，而这主要发生在1930年经济革命开始之后。改教伴随着迁离农村，局部工业化和进口替代而发生。这样，阿根廷新教主要的增长是由1930年之前的移民所致，而智利新教的增长是由1930年之后的改教所致。

这一基本区别反过来影响了这两个国家新教徒的地域分布。阿根廷大量人口的迁移使人口比重严重及迅速地倾向海滨区域和城市地区。新教徒的分布反映了这一倾斜，并且，不同宗派的密度自然取决于相应族裔所去的相应地区。最高的相对密度出现在米西奥内斯省（Missiones）和恩特里奥斯省（Entre Rios）。

即使那些最初计划去农村的移民，倾向于改变初衷，涌入城市的无产阶级中。那些落脚在农村的人们经常流向为他们留出的地方，如巴塔哥尼亚地区（Patagonia）。至于那些长期在内陆的人们，无论从地理区域还是从宗教来说，他们趋向于待在原地。例如，在偏远的西班牙裔省卡塔马卡（Catamarca）就很难找到新教的身影。

关于移民重要的事实是，它主要吸引意大利人和西班牙人。当然，虽然意大利人中有一定数量新教韦尔多教派的信徒（Protestant Waldensians），但他们主要信仰天主教。这些移民中不可避免地包含了很多反对所有宗教的反教权主义者。那些在他们之后的移民多为信仰与身份相关联的人们，还有那些可能为了获得政治安全感而移民的人们，如犹太人、俄国人、波兰人和乌克兰人。这样的群体不会轻易放弃在政治威胁下形成的民族性与信仰的联合而皈依新教，特别是当这一联合从起初就与苏格兰人、威尔士人、英国人、斯堪的纳维亚人和德国人的民族身份相连的时候。

另一个相关的考量是，一旦从（就如）意大利来的移民达到了一定数量，就不需要将具有悠久历史的阿根廷人信仰天主教视为不可接受和不受欢迎的怪事了。当移民多到他们可以待在自己熟悉的天主教环境中，意大利人与阿根廷人之间的文化差异不再重要。这与在巴西的意大利人形成对比。那里的天主教信仰不仅衰弱，并且对他们来说也是陌生的。太多意裔巴西人充分感到自己是外乡人，不仅需要从社会性的角度，也需要从宗教的角度改变自己——皈依新教。这一转变不得不说会有意大利不同地域的宗教和反教权传统的影响。

这样，阿根廷的信仰具有天主教阿根廷人、天主教移民或新教移民或者犹太和东正教移民的民族特色。阿根廷的信仰需要很长时间的信仰冲击才有改变的可能性，而这一改变最终于20世纪80年代初开始。

虽然如此，诸如发生在阿根廷的这类变化依旧有趣。一种福音化形式发生在内乌肯省（Neuquén）和里奥内格罗省（Rio Negro）。在这些省中，十分之一的人原籍为智利。他们将活泼的福音信仰带到那里。然而，它仅限于智利人。另一种福音化形式发生于这个国家亚热带北部的印第安群落中，例如：在托巴人（Toba）中的门诺派（Mennonites）和五旬节运动的事工。

那么阿根廷社会主流人群的改教情况呢？从1947年到1960年，2%—2.6%的新教人口数量增长率中大多数增长归功于宣教，它在很大程度与在拉美其他地方所发现的宣教情况一样，即，发生在从乡村迁移到城镇的工薪阶层中，特别是在大布宜诺斯艾利斯（Greater Buenos Aires）。最成功的例子是普利茅斯兄弟会（Plymouth Brethren）、浸信会（the Baptists）和安息日复临会（the Adventists）。安息日复临会组织得特别好。他们为新信者奉献、建学校；他们采用广播；并且作为一个对健康和合理饮食更广义的强调的一部分，他们开展反对吸烟的运动。[2]

有关阿根廷各种新教群体的相对成功，一些评论也许很有用。这方面其他研究没有太多提及不同新教教会的不同诉求。正如已经提到的那样，阿根廷过去最成功的群体是兄弟会、浸信会和安息日复临会。虽然那比起其他拉美国家的不是那么令人吃惊，阿诺·W. 恩斯（Arno W. Enns）依然认为阿根廷五旬节信仰教会的崛起是令人惊讶的。[3]新一波独立灵恩教会的影响是可见的，特别是未来愿景运动，拥有15万成员。恩斯一针见血地指出重点在于——比起教义的正确表述和社会参与——宗教热情对保持持续动力有重要作用。那些以牺牲属灵动力和自由为代价，只干巴巴强调教义的教会相对无力。那些强调解放理论、忍耐、泛基督教主义和社会改造的教会也同样无力。

恩斯单独列出循道派作为一个承受淡化定罪、神学解放主义和过载组织机构的缺乏活力的主体。[4]循道派很早到达阿根廷，坚守其"老大哥"的姿态，从这个方面来说，再次和他们的英裔来源相似。他们有各样事工，并且表现出一种真实的社会关注。这种关注在次中产阶层中特别明显。循道派信徒中有很优秀的神学家，就如若泽·米戈斯·博尼诺（José Míguez Bonino）。他们向欧洲神学潮流开放，并且早期关注在于世俗教育，而这样的教育多指向有影响力的中产阶级家庭。五旬节派没有这些，他们只是自我壮大。

现在提到智利，只是为了强调其与阿根廷的对比。阿根廷的新教是由移民从新教国家带来的；而在智利，新教是由工薪阶层中聚集在大城市周边的那些人进行宣教的成果。它由本地 W. C. 胡佛（W. C. Hoover）兴起的一个令人震惊的小火花开始，但是与几乎同一时间发生在洛杉矶、亚美尼亚、威尔士、韩国和南非的一整系列火花并驾齐驱。在智利，就如拉利韦·迪埃皮奈所言，"les critiques assaillent les egritud, singulièrement semblables à celles don't, cent soixante-dix ans plus tôt, la hiérarchie anglicane accablait les freres Wesley."[5] 这星星之火产生于循道派，但通过五旬节派造成了燎原之势。

最早进入智利的事工，就如拉利韦·迪埃皮奈所言，几乎"静如草木"。英国国教将自己局限于盎格鲁—撒克逊人或者阿劳士—印第安人当中。路德派只活跃于德国移民中。然而，浸信会温和推进，很像他们在阿根廷的弟兄们所做的那样。循道会痛苦地看着五旬节信仰人士分离出去，不得不看着他们误入歧途的孩子们不断扩大，直至1960年智利福音派中五分之四的信徒为五旬节信仰。从1940年到1952年，新教扩展到康塞普西翁（Concepión）和阿劳科（Arauco），尤其是由庄园主导的中央山谷（the Central Valley）。这一扩展和以农村大迁移为标志的一个智利社会断裂同时（pari passu）发生。这更多由以农业和采掘业的僵化为主引起的乡村危机，而非由城市的吸引和机遇造成。与北欧不同，如此人口的流动不是由工业发展引起的，它们更多是由第三产业的机遇激发的。这些机遇与官僚的快速发展、"单一生产"（'monoproduction'）的商业出口、生活消费品和设施进口有关。从1940年到1960年，在服务业工作的人员翻了三倍，而制造业仅仅增加了一半。很多人失业，只能作为小手艺人或巡回的销售员，聊以为生。正是在这些环境中，新教获得了最大的成功。

克里斯蒂安·拉利韦·迪埃皮奈论述到，来自庄园的移民至少巩固了权威的安全。庄园其实就是在老板保护下的多个家庭的集合。在他看来，五旬节运动重构了社会统一、大庄园的安全和权威，同时也在新教支持性的团体里提供了一定的人性尊严。[6]每一个成员都可以参与并在传福音的共同工作中感到愉快。五旬节信仰人士以人性化的语言讲道,并且为象征性的抗议提供渠道。

他们也共享一个广义的民族情感。他们沉浸于信仰中,甚至可以说沉浸在神奇的思想中。如巴西那样,智利曾是,现在也是一个弥漫着宗教性,或者至少说充满制度实践的社会。一方面宗教衰弱,另一方面文化依旧很宗教化。在这样一个情况下,拉利韦·迪埃皮奈对两个基本回应并不感到惊奇。它们两个都是外来思想在拉美的突变:一个反政治的宗教信条和一个无神论的政治宣言。[7]

拉利韦·迪埃皮奈在其对智利五旬节运动的研究中提供了最近五旬节信仰传播的社会地理学方面最详尽的分析,所以对他的论述进行总结非常重要。他重申一个独立经济体系中的经济危机和五旬节运动发展的巧合。从这个前提出发,他致力于揭示,受"重构"影响最大的地区和群体同时也是五旬节运动影响最大的地方,并且说明其所受影响有多深远。[8]

首先以智利最北端和最南端为例。五旬节运动在这些地区还没有开始。它们与其他地区在产品**类型**(type)上的区别不大,却在生产**方式**(mode)上有别。它们面向世界市场,并且受海外控制。它们是边界地带,远离中心地带,并且有相当多的外国少数民族居住。

尤其北部,因矿山的关闭而受创。很多地方像威尔士的一些山谷一样被遗弃。太多人离开那一地区,以致就如循道会也不得不关闭很多教堂。至于彭塔阿雷纳斯(Punta Arenas),巴拿马运河(the Panama Canal)保证了它拥有与利物浦(Liverpool)相似的命运。并且就如在威尔士和利物浦一样,人们变得具有高度的政治性,并且好斗。简言之,萧条、人们的离开和政治化的综合使得五旬节运动几乎没有取得进展。无论如何,在像智利这样一个狭长的国家里,这些边界地区都很偏远封闭。

拉利韦·迪埃皮奈调查的第二个地区从奴不列(Ñumble)延伸至兰奇胡亚(Llanquihue),包含了五旬节运动拓展最好的九个省。这一地区包括"前沿地带"。"前沿地带"曾是边疆之地,没有大庄园,却有很多小农场。这里还包括一些抵制任何形式的基督教的印第安保护区,并且是早期的前殖民时期人们的核心地带。整体来说,这个地区没有一贯的所有模式和社会组织形式,并且事实上,它于一个世纪以前刚融入智利的社会。在这一地区的一些省中,天主教教会也是星星点点,支离破碎地分布。

要看清五旬节运动在具有如此丰富特性的地区开始的原因似乎很难。拉利韦·迪埃皮奈，不像威廉姆斯（Willems），并没有寻找相关的切入口，如考廷（Cautin）一样拥有小规模农业和危险的地方。这样的农场的存在也许扮演了一定的角色，如它先前在巴西所扮演的那样，但是迪埃皮奈更强调整个地区社会秩序的整体性脆弱。这一地区边疆的特质及其最近在智利社会的融入都加剧了这种脆弱。通过显著对比，那些在殖民时期融入智利的省份对五旬节运动较少回应。

第三个地区是中央山谷（the Central Valley）。它与其他地区的不同是拥有大大小小的庄园。五旬节运动较晚来到这里并且推进缓慢，直至1940年。但是紧接着，它非常快速地扩展，在乡村开展起来，甚至渗入了大庄园这样封闭的社会构造中。当马克思主义（Marxism）和工团主义（syndicalism）被激烈拒绝的时候，五旬节运动进入，提供了属于整个被剥削阶层的一种组织形式。它是他们的自由空间，正如黑人教会之于美国南部的奴隶。有时看起来好似天主教神父是大家族的专职神职人员，而五旬节运动的牧师是工人的专职神职人员。它的这个角色几乎被人接纳了，也许因为象征性抗议的因素和文化变革并没有立即威胁到已建秩序的结构。

提到"省份—城市"（*provinces-villes*），那里的人们同样对五旬节运动作出了回应。然而，在五旬节运动诞生的瓦尔伯莱索（Valparaiso）和圣地亚哥（Santiago），新教人数的比例并无增加。相反，五旬节运动辐射到了一部分乡村，并且由乡村再影响城市。五旬节运动成为一个城镇化（rus in urbe）的实例。拉利韦·迪埃皮奈在这里转向60年代对圣地亚哥两个地区的研究。这些研究表明，百分之八十的五旬节信仰人士全无寸土。他们也不包括很多来自稳定工薪阶层的个人，而更多的是短工与巡回的推销员、看守人与门房，以及一些中低阶层人群。

足够有趣的是，无论那些职业多不稳定，无论那些职业有多取决于周期性的就业不足，五旬节信仰人士是那些在社会缝隙中拥有某种合适个人职业的人。正是这样的人，组成了无产者基督徒会众的大部分——那就是说，人们部分置于从上而下的权力压力之外，并且部分地从横向团结中得到释解。拉利韦·迪埃皮奈对于五旬节运动社会区位的清晰结论与巴西罗林姆的观点相契合："国家的次无产阶级。"（the under-proletariat from the country）他的最清晰的描述是，智利的五旬节运动代表了经济和政治独立的文化向度。

安第斯山脉的共和国：哥伦比亚和秘鲁

哥伦比亚之所以重要，是因为它是拉美主要国家中最具天主教传统的国家。它站在乌拉圭和委内瑞拉连续体的相反一端。后二者抑制新教传播，因为它们被全面世俗化，而哥伦比亚抑制新教传播，是因为它被全面天主教化。在哥伦比亚，直到最近都有一个西班牙模式的教会，坚定有力、教条而有优越感地准备用民族来定义这个教会。无论在过去的保守框架中，还是在今天相对有争议的框架中，哥伦比亚的教会寻求并巩固着霸权。甚至刚从开始于暴力时期（La Violencia）血腥杀戮的政党偏向中抽离，天主教教会依然自诩哥伦比亚之母，并以哥伦比亚的道德向导和良师益友自居。它包容新教，却是谨慎地包容。[9]

也许正因为这些宣称和假设，反教权主义在哥伦比亚，比在除了墨西哥的任何其他地方更火热。然而，反教权主义现在已主要是一个过去的事物。它曾两度达至其高点，一次于自由党（the Liberals）执政中的19世纪50年代；另一次于1930年开始的，以暴力时期（La Violencia），或更准确地说内战作为结束的动乱中。

重点是，在19世纪中期，天主教教会最终取得胜利，在20世纪中期，它与对手打成平局，并完整保存了它大部分的权力和影响力。这样，根据1887年协定，教会获得了教育的控制权。今天它依然通过其学校保持着很大的影响力。三分之二的初中是天主教学校。它们比与它们竞争的国立学校更具优势。在20世纪40年代，教会的确通过公教进行会（Catholic Action）成功发展了贸易联合会、成人教育课程和社区项目。

哥伦比亚教会的神职人员不仅仅在过去宣扬了西班牙主义（Hispanidad），而且他们大多数是哥伦比亚本土人。他们同时具有数量巨大和人员本土的特色。另一个优点是，从某种程度来说，他们为穷苦人提供了社会阶层流动的渠道，并且以比较模糊不清的方式，立于穷人和上层阶级潜在的热情之间。虽然他们总体上支持集约的右翼思想，但是在需要保卫其教区堡垒时，也战略性地退到联邦党的观点之上。

这意味着，这个国家的特定区域，如安蒂奥基亚（the Antioquia），是坚决且火热的天主教地区，并且抗拒其他宗教选择。正如何塞·桑切斯（José Sanchez）所言，"20世纪60年代哥伦比亚神职人员依然是一个有权力的团体。农村地区原始的社会和教育层次给他们提供了一个连续稳固的支持"[10]。新教进入晚，并且开始只对自由党控制的地区有影响，也就不足为怪。第一个正式进入的宣教团体是于1923年从厄瓜多尔进入的宣道会（the Christian and Missionary Alliance）。

天主教的主要宣称及其对西班牙主义的强调造成的另一个结果是，新教、解放主义者和共产党在一种名义下面联合起来。相似的事曾发生在1954年危地马拉的反革命运动中，虽然产生于不同的原因，但同样的联合也发生在今天的秘鲁。无论如何，那些在30、40年代最被弗朗哥主义的哥伦比亚版本所吸引的牧师们倾向于将新教信徒与共产主义者结合在一起。接着，在暴力时期（La Violencia）初期的混乱骚动中，同样的联合再次产生。当时成百上千被杀者中有很多新教信徒，新教信徒被迫转入地下形成家庭教会。他们有270所学校被迫关闭，60所教堂被毁。这结果造成了手拿圣经的人们的一种独特的骄傲。圣经成了一个独立的人自己决定其信仰的标志和长久的护身符。至少在新教信徒看来，教会的宣称使得新教信徒的运动不顾信条，自然地寻求民权。这从结婚和离婚的法案中可以看出。

从20世纪60年代开始，教会从政党偏向中抽离，循着少数牧师的观点，提倡摆脱政治牵连，或者对社会进行批判。这一新的中立立场与激进的社会批判相结合，虽然这种批判完全不接受解放神学。所有的摆脱牵连和社会批判都建基于全国统一于天主教的基础之上。正如丹尼尔·莱文（Daniel Levine）所述，"很容易想象哥伦比亚教会对更公平收入分配、土地改革和其他类似事物的偏爱；但是很难预想它的领袖们将……道德权威移交给其他人以致建立起没有教会参与的道德规范"[11]。就如我在其他地方提到的，即使解放神学自己，如果不能在政治权力实体中，至少也会在各种规范的领域，在这样一个主导型构造中留有一席之地。

哥伦比亚所形成的天主教道德神学（moral theology）有一个非常有趣的特点，就是它很靠近通常所谓的新教伦理（Protestant Ethic）。事实上，教会所教导的，有别于其老底嘉教会的现实（对信仰不热心的人），更类似于那些最激烈反对它的新教所教导的内容。它鼓励勤奋工作、规律储蓄、个人自律并描述小独立业主的社会理想。似乎看起来，新教信徒需要忠诚于这样的道德教导。当然,他们抗议的另一面是对所有仲裁调停和所有神职等级团体因素的拒绝,以及从自古就与一种压抑和包罗万象的社会环境相契合的教会中分离开。总之,天主教与新教在道德和社会愿望问题上很接近一致,这很有趣,并且对依然限于教会内部的所有激进禁欲主义运动是一个提醒。天主教信徒可以在道德上非常新教化,这一点在最天主教化的国家尤其如此,如爱尔兰共和国、西班牙和哥伦比亚。

上述,当然,只是简单概括了哥伦比亚发展的教会层面。现在我们需要追溯总体社会和经济的发展及其为新教提供的机遇。这方面主要的资料是科妮莉亚·巴特勒·弗洛拉(Cornelia Butler Flora)出版于1976的《哥伦比亚的五旬节运动:火与灵的洗礼》(*Pentecostalism in Colombia: Baptism by Fire and Spirit*)一书。[12]有趣的是,弗洛拉对于经济和文化渗入的并行性以及五旬节运动的动态的论述与拉利韦·迪埃皮奈的论述类似。首先,她从经济独立的宗教方面入手,然后将对其经济方面的分析与宗教方面的分析紧密并行。稍微隐晦地,她认为,外国资本给这片土地带来的商业化和劳动力的无产化,连续的混乱和运动为五旬节运动的进入提供了条件。

起初,哥伦比亚试图孤立地发展。农村的土地所有者自己转化成为城市资本家,并且继续着一场毫无阻力的伟大与"纯粹"之间的寡头政治轮换。当时哥伦比亚在经济上和宗教上都未受其他影响。接着,外国资本进入基层部门的空隙并产生影响,美国宣教士们也出现在这个空隙中,特别值得一提的是,一些长老会成员建立了一些声誉很好的学校。接着,终于,外国资本于50—60年代广泛进入哥伦比亚,并且由此引致了土地快速的商业化、劳动力极化和本土的五旬节运动。同时,巨大的城市群发展了起来,尤其是超大型城市波哥大。人们移入波哥大在某种程度上只是工业化的一个结果。就像其他拉美的大城市群,它所提供的不稳定的就业,一半来自于国内和服务部门。移民是对暴力和游击队暗杀小分队的逃离,也是一次对工业化就业的现实探索。

现在过渡的困难在波哥大(如在圣保罗、里约、利马、危地马拉市和墨西哥城一样)被戏剧化地表现出来。它们需要一个简要的记叙。波哥大贫民区的人居住在完全被不可实现的愿望围困的挫败中。有保障的街区近在咫尺;但很近的地方就可见妇女牵着负有柴火的驴、无家可归的顽童纠缠过路人和黑帮火拼争吵。失业是周期性的。以时薪结算的劳动力过剩以致所得甚少。如果你想得到一个工作，能力只需达到资历要求的一半，剩下的取决于你的人脉和家庭的人脉。哥伦比亚城市居民对被丈夫抛弃的女人和支离破碎的童年时光并不陌生。绝望的女人以卖淫为生。由于噪声、困惑和持续不确定性导致的焦虑，城市居民长期受到失眠、易怒甚至听力不好的困扰。这样的梦魇导致不适、不安和不幸，其中身体和精神的状况交错混合、相互影响。[13]

在这个光鲜都市生活的过渡区中，在异常快速经济发展的背景下，五旬节运动的新信息出现了。五旬节信仰人士，或者通过大的活动，或者通过亲朋好友亲切的邀请，以人性化的语言沟通。他们开始重建伤痕累累、支离破碎的关系；反对腐败；节制个人生活；肯定个人价值；消除罪恶；给人话语和参与的权利；给人在病中和健康时互相支持的弟兄姊妹之情；教导一种达到神圣健康（Sanidad Divina）的方式。神圣健康正好解决欠佳的身体与精神状况密切捆绑的情况。五旬节运动给古老的宗教活动赋予活泼的敬拜，给过去恍惚的精神赋予灵里的欣喜，给过去的人际关系赋予兄弟之情。也许，如唐纳德·帕尔默（Donald Palmer）在其哥伦比亚研究《福音大爆炸》(*Explosion of People Evangelism*)中所提，正是这种自治、自养、活泼、释放和参与，加上一种拥有别人所没有的自豪感，才是五旬节信仰所珍视的。[14]就五旬节信仰人士自身而言，他们的改变关乎一种真实的震动，并展示了内心全方位的再定位和加入终极宗教敬拜的决心："我们的喜乐耶稣，我们想要与你同在天上……"('Estamos de fiesta con Jesus; al cielo yo quiero ir…')

这样关于混乱的人的城市和有序的上帝之城的对比，已经被戏剧化、充满感情的语言描画出来，甚至暗示那样的情境：人们可以从过去被包裹的世界中出来，承载这一社会和宗教方面的过渡。但是（回到社会学该有的冷静），科妮莉亚·巴特勒·弗洛拉指出了五旬节信仰人士真正关注的问题是什么。[15]他们想挪去那些真实的使他们痛苦的事物，并且缓解他们的忧伤和疾病。他们在自己和外界之间设立界限，以保护他们的空间，他们可以以平等的姿态在其中生存，并且宣告："那首先的必要在后。"在她看来，对于他们所得到的一种更好的生活来说，设立的界线并不能阻止他们将上层阶级看为腐败、不配和敌对的。他们反政治的立场也不阻挡他们为平民参选者投票，而非自由党和保守党之间老旧的轮换。他们与同样社会情景下的其他人一起参与到斗争中。然而，令她感到怀疑的是他们是否有效地实现自己的商业梦想。那梦想对英国工业化早期的循道会信徒来说是现实的，但是，在她看来，在今天哥伦比亚资本主义条件下，却依然生不逢时。

追溯新教在哥伦比亚的总体轨迹时，值得简要提起前面提及的高度世俗化的委内瑞拉。这里的重点是，在委内瑞拉，自由党，而非保守党赢得了争斗，并且教会的财产和社会功能都完全地缩减了。（确实，委内瑞拉是否曾经成功地转为天主教一直被质疑。）

另一个重点是，委内瑞拉因为石油、强大国家的活动和有广大群众基础的政党的出现而被全部改变。它们之间复杂的联系就不在此赘述。要点是，哥伦比亚还在保守闭锁时，委内瑞拉已经关注新创造了。在这些条件下，委内瑞拉的教会从其早期的右翼身份转移出来，于1958年回归民主，并且接纳了民主行动党（Democratic Action Party）的存在。从那时起，天主教教会就寻求保持一个有争议性的中立立场。[16]

现代都市化的委内瑞拉是继乌拉圭之后拉美最世俗化的国家。现行教育的主要模式是灌输对这个世界的世俗观点。根据大卫·巴雷特（David Barrett）在《世界基督教百科全书（1982版）》[*The World Christian Encyclopedia* (1982)]中的记录，委内瑞拉新教信徒仅占总人口的0.5%。[17]

秘鲁，就像邻国玻利维亚一样，人口中有一半是印第安人，并且西班牙族裔对印第安人身份的压抑是经过一系列征服和镇压之后的结果。今天这个国家已经半工业化，三分之一的人口住在城市地区。随着政治委托人平民化、草根运动出现以及教会中出现改革家，相关的社会变革从20世纪50年代以来明显走上轨道。作为一个组织，因为积极参与较少，神职人员欠缺，教会并没有在社会变革中很好地承担一个主要角色，从本地招募的神父寥寥无几，而且读写能力也一般。

1968年十月的政变使一个革新的军政府掌权。那时，很多天主教徒，特别是主教和修女，都准备支持这样的一个政府。很多激进派，如著名的解放神学家古斯塔沃·古铁雷斯（Gustavo Guttierez）和与国家社会信息办公室（the National Office for Social Information）有联系的城市年轻神父为左翼提供了重要的支持。天主教的组织现在与世人的机构一同工作，而且教会为帮助社会重构提供了训练有素的人员。然而，在70年代晚期，军队中出现了更深刻的转化，这次主要是右倾，并且在一些争议后，教会自身似乎分裂了，选择了不同的立场——解放神学、灵恩运动和类似与天主事工会（Opus Dei）相关的新保守派潮流。无论如何，等级制度对发生在古巴的恐怖事例心有余悸。随着变革和混乱的加剧，教会开始意识到新教在秘鲁也取得进展，并在1986年赞助了一个关于新教扩展类型和程度的报告。

这一调查的总体策略主要关注秘鲁新教的两个显著方面：新教教育的角色和在本土人群中的宣教工作。

在教育方面，对秘鲁影响最大的是美国循道会美以美会（American Methodist Episcopal Church）。循道会，就像在拉丁其他地区的长老会一样，在提供新展望、新技能领域和自律自我的新概念方面扮演了一个令人惊异的重要角色。他们以影响力和对社会变革的贡献来弥补人数不足的缺憾。

当循道会最初于1889年在秘鲁展开工作时，这个国家正处于与智利灾难性战争之后的重建之中。天主教教会依然与封建因素联合，极力坚持一个从实际操控方面一直维持到1915年，而从组织结构层面维持到1979年的宗教独霸。同时，影响秘鲁的海外经济势力从英国转向了北美。所以美国循道会的到来与美国资本的到来同期，并且两者都同时经历了接纳与敌意的交错。

对接下来的两代人，秘鲁的循道会致力于社会转型。就像在墨西哥那样，循道会学校提供了一个社会可选项，并且包容了关于道德和知识革新的相当具有野心的观点。《新民主期刊》（La Nueva Democracia）为自由党和激进派领袖，包括传奇人物阿亚·德·拉·托雷（Haya de la Torre）和其他美洲人民革命联盟（秘鲁人民党，又称阿普拉党）[Alianza Popular Revolucionaria（APRA）]的政治家提供了一个论坛。循道会学校主要面向新兴具有影响力的中产阶级，但也同时为工薪阶层提供教育。他们教授的是商业贸易能力，很强调守时、纪律、诚实和英语语言能力。他们也为妇女们提供高等教育学和进阶课程。20世纪30年代以后，循道会学校遇到了反帝情绪方面的问题，并且发现他们温和的激进主义被更加极端的拉美政治文化代替了。但是他们在发展关键节点上对秘鲁国家现代化和独立自由的推动是清晰可见的，并在例如罗斯·德尔·卡门·布鲁诺—乔菲瑞（Rose del Carmen Bruno-Jofre）的著作中被以文字的方式全部记录了下来。[18]

基督复临安息日会（Adventist）的学校也相当艰难，但具有影响力。

它们最早被作为基督复临安息日会的前期招牌在盖丘亚人（Quechua）和艾马拉人（Aymara）中建立。这些部落通过个人选择而产生的转变不如其通过集体决策过程而产生的转变大。基督复临安息日会给他们提供的是一个新的集体信仰和医疗健康与教育的基础设施。在这样的一种情况下，教育与宣教不可避免地被捆绑在一起。后来基督复临安息日会成为秘鲁最大的新教教会，在玻利维亚亦然。

最近新教的进展随着大量人口移向城市而出现。包括五旬节运动大规模的发展和其他很多群体的扩展，如摩门教和耶和华见证人。起初新教在格兰利马（Gran Lima）最显而易见的存在就是宣道会（the Christian and Missionary Alliance），现在是神召会（the Assemblies of God）。1940年，格兰利马的新教人数占人口总数的1%以下，但是到1961年，他们的比率占到了1.44%；1987年为3.54%。最近由曼纽尔·马萨尔（Manuel Marzal）在利马的阿古斯蒂诺（Agustino）区进行的研究表明12%的族长声称自己是新教信徒。如惯常的那样，生机勃勃的五旬节运动也给新教整体带来了活力。[19]

然而，秘鲁新教的扩展也有一些不寻常的方面。一个方面是，新教信徒依然有时被认为是政治危险分子，会被游击队或军队射杀。这是当代秘鲁正在发展的无政府状态的一部分。另一个方面就是，非福音派信仰传播的程度，特别是摩门教和耶和华见证人。巴哈伊教（Bahai）的宣教士们一直很活跃，在邻邦玻利维亚，有16万印第安人成为巴哈伊教信徒。公谊会（教友派，又名贵格会）（The Society of Friends）也有一些影响力。并且最令人好奇的是，两个"以色列人"（Israelites）群体打破了基督复临安息日会的包围。也许非福音派信仰相关的成功与秘鲁从早期直到现在的教派分裂的方式有关。无论如何，教派分裂一直是有活力的迹象，但它在秘鲁实际上耗干了竞争主体们的精力和可信度。[20]

第六章

较小社会对比

——厄瓜多尔、萨尔瓦多、危地马拉和墨西哥

现在接着进行新教在三个比较小的社会——厄瓜多尔、萨尔瓦多和危地马拉——中传播轨迹和当代情况的简要分析。厄瓜多尔的情况展示了一个温和的扩展,但那时却反映了新教在大部分拉美地区的一般模式。[1]

如果除去英国和美国圣经公会(British and American Bible Societies)个别成员断断续续的活动,新教在厄瓜多尔有组织的工作只能在1895年自由主义革命(liberal revolution)之后才有可能进行。在那之前,教会与有产精英阶层捆绑,控制了教育和审查制度的机构。当新教最终站稳脚跟,1916年的友好协定确保了它主要是福音派和基要主义的,并且由平信徒差会(mission board)进行宣教。这些具有历史意义的教会直到20世纪30年代才有严肃的影响。然而,虽然保守新教侧重传福音,但是从1909年至1949年新教信徒人数仅从10人增长至1030人,仅占总人口的0.03%。1973年占0.5%,今天可能只有2%。

新教最初的影响更多在海岸地区,而非山地地区。直至最近的1973年,三分之一的新教信徒住在山地,而其总人口的一半都住在山地。这与民族风气、政治和经济的影响很有关系。海岸地区拥有主要的自由主义群众基础。这一群众基础更多是克里奥尔人(Creole)而非西班牙裔(Hispanic)。它更加支持种植园而非大庄园,并且其对土地的拥有模式比较不极端。海岸地区更易获得土地和更快速的工业化为乡村人口的流动提供了可能性。另外,天主教教会对这一地区的控制从1895年就被打破。

同时在说盖丘亚语(Quechua)的人群中出现了一个以福音派为主流的运动,并且教会在高地于西班牙裔人群中发展起来。60年代中期很多五旬节信仰团体来到,接着,在1970年美南浸信会(Southern Baptists)

和基督之教会（the Church of Christ）来到。现在一半的新教社区是五旬节信仰的，而另外一半是保守福音派信仰。大卫·普勒斯顿（David Preston）对钦博拉索山（Chimborazo）宣教事工的评论很有趣。他认为那些信徒生活水平提高，最有可能移民。[2]

今天大多数新教信徒属于中下或中上阶层。从特征来说，他们是手艺精湛的手工业者、小商店所有者和白领，也会有一些体力劳动者和一些专业人士，特别是教师。专业人士的存在与新教对教育的强调，包括夜校的开办联系在一起。[3]

萨尔瓦多的图画更加生机勃勃。萨尔瓦多的条件更适合五旬节信仰者。从19世纪80年代以来，连续更迭的政府废除了共有的印第安人的土地，并强迫只能糊口的农民种植咖啡。土地渐渐落入到少数人手中，农村人口不能享受城镇人口所能享受的便利。大多数人患有疾病，并且没有接受过教育。很久以来，情况都没有变化，1979年的军事政变最终也没有带来什么改变，却在痛苦之中更加上了血腥。现在很多萨尔瓦多人加入了游击队或者移民离开。

在过去这个昏暗的世纪，新教并没有像在其他中美洲共和国中那样提供选项。甚至在1940年，新教信徒人数只占总人口的0.17%。这样的失败也许更应归咎于上层阶级传统的反教权主义。E. 埃弗雷特·威尔逊（E. Everett Wilson）认为，虽然福音派教会通过教育方面的努力创造了一个有利的氛围，但他们组成城市教会时眼光并不高远。而城市教会的组织机构甚至早在1940年就已经高度冗繁。[4]

五旬节运动于1915年作为南美州宣教机构的分支到达萨尔瓦多。大多数团体以成员或支持者的角度融入，将很多喧闹狂喜的场面带入了五旬节运动的初期。有时所有人聚在一起参加一个类似五旬节信仰活动的庆典。这些活动的出现与萨尔瓦多人的社团活动——如自主自救团体、丧葬社团和贸易联合会——的总体增加并行。

然而，五旬节运动精神早期的表现是无纪律性，而缺乏纪律对于一个以共存为规范的社会来说是危险的。1929年一名叫拉尔夫·威廉姆斯（Ralph Williams）的威尔士移民开始了一个组织，衍生出两个优越的主要的五旬节信仰教会：神召会（the Assemblies of God）和克利夫兰上帝教会[the Church of God（Cleveland）]。这个组织的另一个显著的成果就是"瑞哥拉门托"（*the Reglamento*）。它为拉美提供了一个可被广泛采用的规章制度，并规定所有宣示遵守这一规章的人都应尊重当局，避免陷入政治。它使会众可以选举他们的长老，并设立一个由男性和女性共同组成的管理董事会。[5]"瑞哥拉门托"成就了一个有力的合一手段。成员必须调整他们的婚姻、厘清他们的各样事物并且从收入中抽出一成奉献。这里，我们看到对政治活动的限制如何直接从威胁教会存在的特定历史危机中产生。

虽然被怀疑参与了1932年的农民暴动，也有很多成员在可怕的余波中被处决，小小的五旬节信仰教会却繁荣起来。它们与外界鲜有联系，成为福音本土化的范例。神召会在1935年拥有2000名信徒，到1981年就增加到7.5万人。很多比较小的群体也参与到传福音中，如危地马拉的和平之君教会（Prince of Peace）。其主要领袖是一名女性，卡门·米纳·富恩特斯（Carmen Mena Fuentes）。她去世后，这项运动吸引了很多对一些五旬节运动（在社会阶层中）向上流动的世俗化做法感到失望的农村人。很显然，约翰·卫斯理（John Wesley）关于成功和领袖衰弱之间关系的警告在20世纪中叶的萨尔瓦多被验证，如其在19世纪的英国被验证的那样。

20世纪50年代的萨尔瓦多，和其他很多国家一样，经历了一个奋兴家活动的时期。很多变革由北美宣教士带动产生。五旬节运动不仅吸引了边缘的城市人口，还开始通过组织一些可能会吸引专业人士参加的活动来吸引中产阶层。他们使用现代科技，甚至组建了一个综合的学校体系。五旬节信仰会众约三分之二真实有产，五旬节信仰人士在教育和社会服务方面得到认可。埃弗雷特·A. 威尔逊（Everett A. Wilson）指出，五旬节运动的力量，大概90%的五旬节信仰人士，活在"受人欢迎、分散的制度性权威"中。而这一权威也同时适应着社会变革。[6]

虽然在其他地方，特别是在第十二章，会有详细论述，但危地马拉应该包含在这里，因为其新教信徒的比例在整个拉美最高。接着，本书会重点关注新教适应危地马拉政治中互相残杀的在野党之复杂的方式。

1871年，危地马拉获得胜利的解放革命者严厉对待教会，甚至剥夺其法人资格（legal personality）。[7]但是正如很多其他社会一样，其文化并没有被世俗化。占人口大多数的玛雅人想出一种融合的宗教实践，用兄弟情谊作为保留其前哥伦比亚时期传统的工具。虽然自由主义者将新教信徒作为进步的代理人和服务的提供者引进，但收效甚微。他们被看为外来者，并且种植园主（就如那些牙买加早期的种植园主一样），无论如何不愿意其便利的用工系统被打扰。

在20世纪20年代的一段时间里，新教信徒似乎被具有民族主义情结的政府看作外来文化的代表而颇受压力，但是在罗斯福（Roosevelt）的"睦邻"（Good Neighbour）政策影响下，环境变得轻松起来。随着一个由阿本兹（Arbenz）领导，有意于土地改革的政府的出现，新教信徒因其回应不同而分别开来。一些美国宣教士反映出冷战时期强烈的反共产党立场；而另一些本土新教信徒却参与了土地改革和农民组织。

接着，1954年发生了一场由美国中央情报局（CIA）支持的军事暴动，恐怖开始间歇性地盛行。由于美国政府认为天主教是共产主义的一个障碍，在其帮助下，天主教教会的地位被部分恢复。新教信徒发现自己在被怀疑之中，并且偶尔还被惩戒。

此时，更多的美国宣教士到来，他们中有许多来自哥斯达黎加（Costa Rica）的拉美使团［Latin American Mission（LAM）］。他们思想很保守，当然帮助新教信徒脱离了他们共产主义的危险污名。拉美使团的宣教士们强调共有的宗教情感而非有分歧的教理信条。他们用策划、营销和沟通的新技巧使当地的宗教风格现代化。这非常成功，并且提供了令人信服的美式模式，但它依然被贬低为一种外来引进。一个独立的长老会教会产生在玛雅高地，并且一个独立的拿撒勒人教会也出现了。还有从神召会分裂出来的零碎的教会，如和平之君之类的群体。像在巴西和智利那样，这种分离出现于一个高速独立的扩展之前。快速的发展得益于圣经被翻译为玛雅语言中大量方言的译本，尤其是中美洲使团［Central American Mission（CAM）］成员的翻译。人们对此并没有足够的认识，即通过圣经的翻译，有多少濒临灭绝的文化被复兴。

同时，委内瑞拉经历着极快的城市化进程。现在总人口的三分之一都居住在委内瑞拉市。然而，每3万人中才有一个神父。1976年发生了大地震，救援和人员从北美倾入，一个主要的社会景观变化开始发生。新教团体的铺开，特别是五旬节信仰团体，将人们从酗酒、小型犯罪和腐败中拉出来。转变也发生在对暴力和由大男子主义引致的家庭失和的抗议中。新信仰鼓励储蓄，不赞同吸烟，并且总体孕育出适合于遵循"从地到天"口号的某一温和经济进步的社会习惯。部分福利机构现在与新教教会联合，特别是诊所。对于玛雅人来说，诊所和五旬节运动神医一样，散发神奇的力量。甚至一些中产阶级也皈依了福音派宗教，如里奥·蒙特将军

(General Rio Montt）就属于众所周知的福音派教会话语教会（Verbo）。蒙特作为总统的那段主要的、有争议的时期，联合对抗暴力和腐败的力量对游击队进行了一场残酷有效的袭击。然而这场暂时的联合看起来并没有对福音派造成很大伤害。他们中的一些，当然，站在反对派一边，大多数与天主教左翼一起逃离了这个国家。也许大多数新教信徒都支持蒙特的统治。

五旬节运动和保守福音派非常快速的扩展也许意味着，玛雅文化正在被以新教的形式重组，玛雅的公共组织已经在从危地马拉市的贫民区到北危地马拉（El Petén）的丛林遍地可见的成千上万的教堂中更新。在危地马拉案例中，最值得提及的是，五旬节运动反政治的特性被拖入了拉美社会的极化识别中。

墨西哥：例证所有趋势的案例

终于转入对墨西哥的论述，我们要讨论的是一个拥有大概 8000 万人口，拉美第二大人口大国的国家。墨西哥文化惊人的丰富使它可以将在前面讨论过的国家的所有方面都集中起来。它展示了出现在巴西的共济会和新教的并行性，以及在秘鲁新教教育的影响。它提供了一个政教冲突的戏剧化案例，正如饱经磨难的哥伦比亚、委内瑞拉、危地马拉——以及事实上大部分其他以这种或那种形式存在的天主教国家所经历的一样。它拥有巨大的印第安人人口，在一些地方通常开放接受福音渗入。同时，它也经历着人口向超大型城市的移入，以至于墨西哥城现在成为世界上最大的城区。

让我们依次讨论这些并行事物。一个新时代由 1857 年宪法赋予宗教信仰自由和两年后罗马天主教教会的瓦解而开启。然而，作为波尔菲力奥·迪亚兹（Porfirio Diaz）建立的合作主义国家，它渐渐成为与天主教会口吻一致的大型保守势力。那时，反对从三个重叠的非正统见解中出现：通灵主义、共济会和新教。回想 1789 年法国大革命之前，在智识和社会的酝酿中，会社、互助社团、巫师团体、爱国解放主义组织以及自由思想者协会的急速增加。在一个主要的历史文献著作中，让·皮埃尔·巴斯琴（Jean Pierre Bastian）描述了新教如何在这样划时代的环境中找到其生存的小生态的。

共济会和新教这样的联合让人想起在法兰西第三共和国（the Third Republic）中新教与共济会站在同一政治战线的方式。那些特别地吸引新教社团，包括贝尼托华雷斯市（Benito Juarez）的退伍军人、一些前神父们，以及矿业工人、纺织工人和学校校长。这样的人追寻某种公民宗教，来替代对于他们来说包罗万象的合作体系。合作双方一边是政治，另一边是教会。这样，"思想社团"（societies of ideas）和新教学校开始庆祝一些非宗教的日期：2月5日（行宪纪念日）、7月18日（华雷斯祭日）、5月5日［在普埃布拉（Puebla）战胜法国］以及9月16日（国庆）。他们还创造了一套民主语言，在直接民主的基础上修改了管理模式。让·皮埃尔·巴斯琴（Jean Pierre Bastian）将这一时期的新教教会描绘为反对所有种类合作主义的"前政治群体"。

在另外一本最近的书，《新教与墨西哥社会》（Protestantism y Sociedad en México）的论述中，巴斯琴将循道会及其开办的学校作为当时存在于宗教异议与激进自由主义之间的一个和音予以特别指出。[9] 他叙述了循道会信徒为了接近墨西哥工人而设计的异常丰富的创始工作。大多数循道会的传道工作伴随着英国工程、矿业和铁路公司的运作。事实上，循道会在瓦哈卡（Oaxaca）的巡回路线与铁路线路是一致的。墨西哥城循道会聚会是一整个教育社区的中心。除了拥有6283个成员的53个"殿宇"，50个小学和初中阶段的学校被建立起来。

对于循道会来说，这一工作的确是他们越过格兰德河（Rio Grande）后"新的前沿阵地"，也是从"基督异教主义"（Christo-paganism）根深蒂固的力量而出的暴力和反对的所在之处。他们将他们的事工视为需要以极端乐观主义和一点儿必胜主义来实施的，既是对抗邪恶和愚昧的战争，也是文明的实践。他们的武器是节制与教育、报刊、图书馆、周日休息、兄弟之爱和品格的改变。

巴斯琴认为那时的循道会展现了丰富的层面。它在追求教育的方面展现了盎格鲁—美国式（美国白人式）的理想主义，同时试图控制美国军方的介入。它是一个将世界非神秘化，并废除了默想的民主宗教。它传播一种普遍道德和坚决反对腐化生活的个人信仰，而非宗教节日及其在图书馆和学校里所建立的铺张炫耀（potlatch）。循道会作为一种内部协调的互助社会存在着，同时与其他受人欢迎的组织互相支持。如此，它帮助与他们同路线的工人们从乡村走入工厂或者制造厂。循道会是进步自由主义者的宗教面目和反寡头政治情绪的潜在根源，以及反对波菲力奥压抑的等级化社会秩序的一个重要的力量。墨西哥的循道会所扮演的角色显然与其在秘鲁所扮演的角色相同。

虽然他们是革命先锋，但革命的路径对于墨西哥新教信徒来说是艰难的。随着战争暴力和血腥逐渐升级，新教教会发现自己被拖入了宗教对抗激进世俗主义的旋涡中。1917年的新宪法拉开了所有宗教群体自由的序幕。1926年所有外国神职人员都被敕令必须离开墨西哥，但是在这一事件中，新教并没有像天主教那样被严厉对待。当接下来的克里斯特罗叛乱（Cristero rebellion）爆发时，新教再一次发现自己身处麻烦之中，这一次的麻烦来自于墨西哥中南部天主教地区的另一派（反政府派）。他们夹在反教权主义和"彼得这一坚固的磐石"中。1934年，当所有的教育都被宣称是"社会主义者的"的时候，新教发现甚至连他们的教育事业都面对压力。

幸运的是，对所有宗教的激烈的攻击在20世纪30年代后期减弱，新教开始急速扩展。从1940年至1950年，整体人口增长了31%，而新教信徒增加了86%。即使在1960年至1970年这十年间增速变缓，到1970年新教信徒数量也达到了大概一百万，占墨西哥总人口的2%。他们开办了酒店、书店，运作精密复杂的广播事工。他们还以更广阔的社会诉求来建立大教会，提供音乐事工，甚至作关于工商管理方面的教导。

20世纪中叶是具有悠久历史的教会表现很好的一段时期。循道会、南部浸信会和基督复临安息日会进展迅速。从1935年到1960年，全国长老会人数增长了八倍，特别在恰帕斯（Chiapas）和塔巴斯科（Tabasco）取得了显著的成功。

然而，60年代，巴斯琴所认为的墨西哥新教历史中的断层开始了。到那时，新教信徒主要是拉丁与印第安混血儿，并且已经包括了温和的知识分子。这些知识分子中很多是没有获得认证的医生。他们看重他们的学校，从学校教育、勤奋工作和自律中寻求进深。但是60年代的运动缺少这种非书面的文化，渐渐吸引了半文盲和印第安人。全国新教的分布也有所改变。最初，他们集中在靠近美国的北部省份，现在则集中在东南部。

巴斯琴区分了在大城市发展的全国性新教和在乡村出现的本土性新教。他认为前者官僚，先进精密，通常在神学和政治上保守，倾向于传输美国文化影响。而后者是从本地权力结构激进地退出，特别是在被资本主义农业发展边缘化了的那一部分。然而，这些区别对于现在已经成为激烈对立的双方并不透明。天主教作家和记者已经取用人类学家对新教的批评，将其简单地（tout court）当作造成分裂和不快的唯利是图的美国主义不予理会。

卡洛斯·伽马·纳瓦罗（Carlos Garma Vavarro）对当代新教在城市和乡村的形式都做了调查。[10]他叙述了墨西哥城的新教教徒如何聚集在边缘的区划。他们中很多来自于乡村。在那里，他们形成了逐渐可见的少数派，特别集中于很少考量独立和其工作氛围的私密空间的人群中。靠着他们的自律和节制，他们经常能够取得某种很小的社会进步。

不像在乡村，城市福音派，更大程度上，由于其他活跃的持不同意见的群体而复兴，如耶和华见证人和摩门教，而后者至少在一些乡村地区取得了显著成功。城市福音派还要面对更具攻击性的，有时以基层社团为形式的天主教反宗教改革运动，但是更常见的是套用五旬节运动路线的天主教神恩运动的形式。

在乡村地区，五旬节运动通常成为对抗本土掌权者和神职人员联合力量的力量核心。（这些本土掌权者和神职人员是拉丁与印第安的混血儿）。正如在拉美几乎所有地方那样，旧秩序象征性的核心表现于宗教节日，而五旬节信仰人士在这些宗教节日的缺席摆脱了社会控制系统的控制，更不用说减少了对酒精的依赖。

就卡洛斯·伽马·纳瓦罗所提供的很多这类对抗例子的其中之一来说，一群在普埃布拉（Puebla）的托托纳克印第安人（Totonac Indian）主要以刚可糊口的农业生产为生，直至20世纪50年代墨西哥咖啡研究所（the Mexican Institute of Coffee）开始实施商业化种植。在那个过渡时期，混血少数族裔充当了中间人，首先在印第安人和市场之间，接着在印第安人和主要的政党之间。同时，一个夏季语言训练学校（威克里夫圣经翻译会）（the Summer Institute of Linguistics）的成员来到这一地区工作，各种各样的教会——包括一个循道会"会堂"——出现了。在当地很多反对和教会内部各样分裂之后，一个最生机勃勃、最大的教会出现了，那就是活水五旬节信仰教会（the Pentecostal Church of the Living Water）。

在天主教咖啡种植者的帮助和他们牧师的带领下，五旬节运动首先形成了一个咖啡种植者联合会和一个合作商店。他们接着以反对官方党派的混血儿来保护自己。在那失败以后，他们攻占了市政大楼——并且加入了墨西哥统一社会党（the Partido Socialista Unificado de México）。由牧师掌握当地政治领导权只是很多可以列举的事例中的一个。这一幕如何结束并不确定，因为这一地区现在被军队掌控。

最有异议的地区之一在恰帕斯的大山中。新教和一些进步的天主教信徒试图为国家和本土土著人口建立他们自己的沟通渠道。根据加布里埃拉·帕特里夏·罗夫莱多·赫尔南德斯（Gabiela Patricia Robledo Hernanderz）的发现，对于这一企图的回应很激烈。[11]事实上，1974年大选中代表执政者的竞选人就宣称应该把所有福音派信仰者驱除出政府。因此，信徒被迫成为"传统"和"习俗"的仇敌离开，在圣克里斯托瓦尔·德拉斯卡萨斯（San Cristobal de las Casas）建立新的社区。

巴斯琴很好地总结了这一对抗各样的论据。他描述了村庄怎样分为互相竞争的地区，以及一整群新教农业工人如何建立起他们自己的村庄。巴斯琴坚定地反对这样的论调，与其称这样从主要权力组织中重要的、实体的退出只是北美影响和渗透的表现，不如说，"新教派别的兴起，特别是五旬节运动的兴起，好像不完全是为很多次要派别表达他们社会和政治的抗议。"[12]相反，执政者却以部署其对天主教象征性机构的控制作为回应。

在印第安人中福音化渗入的主要阻碍是数量庞大的印第安语言。在这一领域，威克里夫圣经翻译会做出了重要的努力。本书观点中最有趣的阐述是关于奥托米人（Otomi）的。奥托米人大部分皈依了五旬节运动本土化的形式。这是由一个在帕丘卡（Pachuca）的矿工于1923年引入的，现在隶属于福音派教会联合会（the Union of Evangelical Churches）。一半的奥托米人不会说西班牙语，并且三分之一都是文盲。传福音初期，五旬节运动经历了天主教相当激烈的敌对。然而，那样的敌对，就如在墨西哥的其他地方一样，现在已成过眼烟云。在由大卫·巴雷特（David Barrett）编辑的《世界基督教百科全书》（World Christian Encyclopedia）中宣称，"所有（教会）都是自养的，并且存在五旬节信仰的合作社、大集体农场和纺织工厂，结果成员们体验了显著的社会流动性"。[13]这给出了一个完全适合关于拉美新教具有历史意义的当代调查的结论的完美断言。

题外话：小一些的部落

以本书这样的论述方式无法将新教福音派拓展的一个方面恰当的涵

盖，那就是在部落中的宣教工作。各个部落、各个国家的情形都不同，宣教工作的结果也各不相同。本书所能做的，就是尝试从特征的角度简要概括，再辅以民族志角度的评论。然而，大量关于部落的其他资料在本书不同的部分，特别是那些处理经济和政治话题的章节，都有使用。因为危地马拉和墨西哥玛雅人在其他地方略作了讨论，这里的分析就主要限制在小一些的部落群体中。

对这一问题的概观最容易通过检视一个有关主要的新教福音派机构的论争实现：威克里夫圣经翻译会或者夏季语言训练学校（the Summer Institute of Linguistics，简称为：WBT/SIL）。大卫·斯托尔（David Stoll）的《得人者抑或帝国建立者？》（Fishers of Men or Builders of Empire？）与《美洲土著》（América Indígena）对这一论证作出了同等重要的贡献。[14] 对这些资料的选用不是完全没有问题，因为一些资料，特别是由斯托尔提供的资料带有争论性的语气。大量有趣的分析嵌入了带有强烈色彩的修辞中，试图引致敌对的道德判断，特别是关于 WBT/SIL 的创建人金纶汤逊（Cameron Townsend）。为了获得一个不一样的视角，争论的重点被宣教人类学家们在得克萨斯达拉斯的 WBT/SIL 中心进行了讨论。一些宣教士的讲述很有用，例如詹姆斯·赫夫利（James Hefley）与马蒂·赫夫利（Marti Hefley）的《卡姆叔叔》（Uncle Cam）和劳伦斯·戴姆（Lawrence Dame）的《玛雅事工》（Maya Mission）。对 WBT/SIL 的简短辩护可以在《另一边》（The Other Side）中找到，更深入的讨论在卡尔·富兰克林（Karl Franklin）编辑的《人类学家和宣教士当前关注的问题》（Current Concerns of Anthropologists and Missionaries）一书中。[15] 就本书所关注的，这些问题与美国化、"现代化"以及基督教福音派与政治文化自卫有关系。

WBT/SIL 是在新教宣教事工难以进入拉美一些地区的时候形成的。WBT/SIL 发现了一个进入该地区的更容易被接受的方式，通过与政府联系，参与和当地语言相关的语言类工作，包括圣经翻译的工作。所以，所播下的种子，并不来自于宗派，也不会被施与太多的灌溉。然而，它可能会与医疗、教育、技术支持，特别是 WBT/SIL 自己的空中通信和广播相伴。有时，它会使部落组织中发生一些有意义的变化。流动分散的群体被鼓励聚居，变得安定下来。值得一提的是，这样的聚居并不仅仅是宣教活动的结果，也几乎是有效政治文化自卫的刚性要求（a sine qua non）。对于这样的部落来说，文化自卫本身就意味着大规模文化变革。也就是说，与宗教或者文化变革的原始隔离不是一个好的选择。

在一段时间里，虽有来自天主教教权、文化民族主义者和一些人类学家的压力，政府依然对与 WBT/SIL 的接触有好感。语言教育宣教士们倾向于不关心政局，相反，甚至谨慎于他们一些危险的联络关系，在意其作为长期访问者的志愿姿态。政府尚可接受由美国人自掏腰包进行的具有发展性的工作，特别是，并没有很多其他人员在那一地区工作。而且，美国人也会被看作或者作为内部殖民的私下参与者。无论他们私人的意愿如何，宣教士们双语的策略不仅仅为了挽救本土语言，还将更广阔的国内文化介绍给了土著居民。

最终，对 WBT/SIL 宣教士/语言工作者的反对变得相当激烈。他们被怀疑为 CIA（美国中央情报局，简称中情局）间谍，因其宣扬新奇的生活方式和北美文化而被诟病。无论 WBT/SIL 如何宣称其对于现代技术文化的特别关注，讽刺的是，他们依然被认为在这些方面迟钝。反对者认为，他们正在破坏土著生活的生态系统，并且将分裂带入。甚至，WBT/SIL 被攻击为"两头怪"。斯托尔认为，当其在美国想要掩盖其科研目的时，它是威克里夫圣经翻译会；而当其在拉美想掩盖其传教目的时，它是夏季语言训练学校。

当然，当部落人体验了一个主要的世界宗教时，他们被分为接受新信仰者和不接受者。这是事实。当很多不同的宣教机构，从罗马天主教到耶和华见证人，都在工作时，这样的分裂加剧了。部落里会出现怀疑所有信仰的人。同时，一个宣教的信仰有时会重建一个承受极重压力的社会，这些压力来自于一个更广阔的世界，一些政治的，还有一些经济和商业的。埃尔默·米勒（Elmer Miller）在阿根廷多巴（Toba）所做的众所周知的五旬节运动的研究，提出五旬节运动至少在一段时间内带来了复兴和重建。[16] 基要主义的宣教机构可能更易适应当地文化，因为他们经常认同关于灵界的一些本土信念。特德·卢埃林（Ted Lewellen）在秘鲁艾马拉人（Aymara）基督复临派的研究中，反驳这一观点，即新教信徒是"一群失去目的、沉沦的边缘人。他们一边不高兴地拒绝他们的传统，另一方面无耻地贪婪着西方的利好"。[17]

政治问题同样复杂。WBT/SIL 的成员否认他们是中央政府的奴隶或者美国化和资本主义的代言人。他们宣称他们通过现有渠道，运用和平的手段寻求公平、部落权力和合一。他们认为，批判的论调可能浪费精力，这对本土人几乎没有益处。他们也提出，在文化层面的精神转变是社会变革一个基本的，从根本上有效的形式。人类学家更倾向于认为，很多宣教士事实上试图强行压制本土反抗，但是本土新教从中汲取了那些有利于他们存活下来的因素。有很多的例子可以说明本土新教**能够**（can）热情地融入本土反抗中。而这些中的一些将在第12章讨论。下面引用的一项研究说明了那是怎样产生的。我不想试图进入关于基督徒千禧年派的期望与文化英雄再现神话融合程度，以及马克思主义者将宗教性反叛归为"前政治"分类的长期辩论。这是一个广阔的领域，那些对学术化讨论感兴趣的，可以参考布莱恩·威尔逊（Bryan Wilson）的《魔法与千禧年》(Magic and the Millennium)。[18]

我现在会引用三个本地化研究：第一，大卫·斯托尔（David Stoll）关于在秘鲁部落中的 WBT/SIL 的评论；第二，乔安妮·拉帕波特（Joanne Rappaport）在哥伦比亚南部高地所做的研究；第三，布兰卡·穆拉托利奥（Blanca Muratorio）对厄瓜多尔乡村高地的福音化的分析。[19]

斯托尔以一个简明的概要，开始其关于夏季语言培训学校（SIL）在秘鲁部落中工作的两个很长的章节。他指出，在亚马逊，没有其他基督教福音机构可以与 SIL 的网络媲美。"这里，基地——飞机——双语学校的福音机器成为其他远至菲律宾分支机构的一个模板……"[20] SIL 在政府的支持下运作已久，并且已经获得相当的权威和在本地社区的任免权。斯托尔强调，SIL 缩短了居住在比已被征服的盖丘亚农民更远的很多部落和由美国经济支持的国内扩张的浪潮之间的距离。

WBT/SIL 面对的是从大概世纪之交的"橡胶热"（rubber boom）开始的开发系统。印第安人最终欠混血资助人的债，而混血资助人欠市镇高利贷者的债。他们要么赶走入侵者，要么就逃到福音机构庇护下的地区。接着，道路的修筑、国家官僚的扩张和企业投资将大多数印第安人带入与现代文化的接触之中。他们到大河流域边上的通常由福音机构运作的固定村庄居住。他们依靠各种各样的中间人——贸易者、工头、商人、职业官僚和宣教士。那是一个充满民权运动、资助人之战和为保留印第安难民而起的斗争的时代。

宣教士们既在他们商业竞争者之前，也在其之后工作。他们将半游牧群体带到固定的地区，给他们提供教堂。在斯托尔看来，宣教士工作的成效就是简单的改善。真的，他们减轻了压抑，带来了医药和学校。而且，他们同时也减轻了对秘鲁的抵抗,教导本地人他们现在属于秘鲁或者厄瓜多尔,并教授新式的领导方式和经济类型。简言之,这些工作成为政治和经济社会化的最人性化的版本。

这个环境为乔安妮·拉帕波特对哥伦比亚高地福音事工的细致研究提供了背景。现在帕兹(Paez)和关比亚诺(Guambiano)所有村庄都由新教福音派信徒和五旬节信仰人士组成。在她看来,他们将其新信仰与传统的思维结合,以使目的在于民族自治的政治行动显得正确。

帕兹和关比亚诺分别拥有大概 8 万和 1.8 万人口。他们占据着考卡(Cauca)省东部,在他们的自然保护区里享受着一定的自治。五旬节运动首先随宣道会(the Christian and Missionary Alliance)于 1929 年到达,但是真正有规模的福音化人口伴随着 WBT/SIL 出现在 20 世纪 60 年代。然而,在那之后,土地之争导致宣教士离开,工作由本地的牧师接手。帕兹人,特别是新教中有远见的人,携带着信仰者认为对他们道德福利意义重大的图画,开始从一个社区走到另一个社区。新的新教村庄也被一个临近省来的五旬节信仰人士,以及由从属于学园传道会(Campus Crusade for Christ)的阿拉法和俄梅戛机构(Alpha and Omega)建立起来。

乔安妮·拉帕波特将帕兹人和关比亚诺人描述为高度政治化的。[21] 20 世纪较早时候,他们为非本土人(或前土著)的骚动提供了基础,为隶属于共产党的农民联盟提供了总部。在 1948 年之后的内战中,这一地区遭到毁坏。本地社会和政治组织遭到破坏,很多帕兹人以迁居到科迪勒拉(Cordilera)或者考卡山谷(Cauca Valley)的西部山丘为最佳选择。帕兹人现在依然记得天主教神父对保守党的支持,以及宪兵队的残酷掠夺。

除了这些不幸,帕兹人还不得不面对农工业的侵犯和当地市场因新路开通而产生的影响。从 1945 年至 1970 年,五个帕兹警卫队(*resguardos*)被消灭,为自由市场给出了公共土地,使一些社区失去了保护自己权利的地域基础。同时关比亚诺人在人数上得到很大增长,很多人更愿意离开他们的家园,剩余的人就发展工程和本地管理有极大的内部分歧。

在这些环境下,本土的对抗再次通过建立合作社,并且创建了一个区域组织 CRIC 重得被夺土地,于 20 世纪 60 年代和 70 年代复兴。然而有些人对这个组织不满意,又另建一个建基于警卫队(*resguardos*)传统架构的也叫 CRIC 的组织。似乎,在这个节点上,作为一个对危机发声并且没有受天主教名声玷污的信仰,新教看起来越来越受欢迎。无论如何,一些内战时候的游击队员是新教信徒，并且与部落民保持着良好的关系。新教鼓励无须非印第安人中保就可参与的敬拜，这意味着本地有异象的人可以承袭其自身古老的弥赛亚式传统，与人直接交谈。宣教士们将语言简化为书面形式，帕兹信徒很享受自己读圣经和其他书籍的能力。他们也非常乐意拥有学校、医疗设施，并接受农业技术辅导。

这里有趣的是，帕兹福音派和五旬节运动将自己与印第安运动联盟，更具体一点说，当夏季语言培训学校（SIL）的宣教士不在的时候，印第安牧师和福音派忠心的信徒将他们的新信仰与古代神话相结合。这些神话曾经策动他们为土地进行斗争。有一天会再来的基督，也是一度在欧洲入侵者面前保护他们的神话式英雄。一些规划版图的节日庆典被以新教的形式复兴，所以诗歌的交流代替了酒精的交易。宗教观点融合的更多细节并不重要，中心点在于拉帕波特的结论：高地人民已经将新教作为他们斗争的一部分，只将服从应当服从的政权这一"外族"因素摒弃。结论与杰·皮埃尔·巴斯琴关于墨西哥乡村新教的论述非常契合。[22]

第三个研究是由布兰卡·穆拉托利奥在厄瓜多尔乡村高地所作并发表在《农民研究期刊》（the Journal for Peasant Studies）上。[23]这是一个对一群说盖丘亚语［Quichua（或者 Quechua）］的住在钦博拉索省（Chimborazo）蔻塔（Colta）的印第安人的马克思主义分析。穆拉托利奥的兴趣点是与前资本主义形式相关的资本主义形式，及后者甚至如何发展为资本主义的。他关心这些回溯至远古的复杂层面怎样存留至今，以及最近一代的变化如何开启了新宗教选项的实践。

当穆拉托利奥于 20 世纪 70 年代末在蔻塔印第安人中进行研究的时候，他们已经从土地改革中获益，并且拥有了自己的土地。这为他们提供了一个实践的私人空间。他们再也不受个人控制，不受大庄园主资助牵制，也不再需要主教的调停了。当代的调停人为律师、官员而非主教。印第安人需要获得自信来面对这些新职分。所以，除了要有私有空间，还要有适应个人、集体要求或需求的公共性表达的新自我。这样的一个必然结果是不再参与包括在节日庆典中的旧角色的仪式化制定。节日庆典自身就是一个媒介的形式，通过整个社会系统自古就明确下来的代表，来寻求圣徒和区域圣母的帮助。它包含了花费和酒精。新教使他们可以从社会等级制度的压力、花费、无用的消耗和神圣合法化中脱离出来。

土地微小的差别没有在印第安农民中鼓励一种成熟的阶级意识。然而他们强烈地意识到张力和他们社会区位的困境。从背景来说，是社会定义将其固定为地地道道的下层人。并且拥有很少土地的人越来越多。这与商人或者金钱借贷者有关。所以，印第安人不得不建立一种他们自我团结的新形式，但这即使在马克思主义概念中都并非阶级意识。家庭中的一些成员不得不找到不同的谋生方法，成为小商人，去海滨种植园或以全职或者兼职的形式就职于城市岗位。这种新的团结会将那些离开的和那些被留在后面的联系起来。它需要有一个互相信任并支持的人之间联络的网络。这种团结和网络就是由新教所提供的。新教是一个提供了"自我"定义的信仰。这一定义包括选择私人空间的观念，并且象征性地和事实上地反对所有包括在天主教中古老的定义和限定。新教提供了弟兄姐妹（hermanos）的关系，并且是一个代替了老式朋友（compadres）之间团结的一种"在基督里"的弟兄姊妹的合一。它给人新的感觉。它将老身份定义的瓦解、离开古老附加物的愿望和对调停者的需要戏剧化。

它也提供了一个直接说盖丘亚语的上帝，和自己读懂上帝所说话语的能力。一个拉丁印第安混血儿抱怨那些野蛮人现在以那种粗陋的语言自以为是地与上帝交谈，这表达了她的惶恐。就像其他地方那样，这种语言的新力量帮助推进了民族尊严。印第安人开始不带西班牙因素地正确使用盖丘亚语。但是他们也在学习西班牙语。这很容易意味着同化。这里我们清晰地看到与在关于 WBT/SIL 论争中发现的相同的因素。

拥有了新的民族存在感和自信，盖丘亚新教信徒着手于对更好道路、更多医药和排污、电力的需要。通过他们当地的福音派农民协会（Association of Evangelical Peasants），他们能够协同面对国家和其他机构。国家，从其自身的角度，愿意与对现代化如此感兴趣的农民合作，特别是因为他们尊重当局，谴责一些因劳资补发和土地纠纷将土地所有者告上法庭的同胞，国家就更愿意与他们合作了。毕竟，圣保罗（St Paul）严禁信徒之间出现法律纠纷。然而，穆拉托利奥认为这些谴责并不都是成功的。而且当罢工发生时，福音派印第安人也被牵涉其中。

然而，他们"恭敬的态度"，与新的民族存在感、语言尊严和新有的企业社会责任，的确看起来与国家权力机关是合拍的。新教印第安人也展现了一种"民族传统"态度。这一态度获得国家认可，也增加了旅游业的收入。

所有这些并不意味着福音派印第安人比他们天主教的邻居更富裕。无论如何，新教的进入时间不长，不能抱有太多奢望。穆拉托利奥强调的是消费的新模式和新的优先权：酒精、烟草或者铺张的仪式化责任没有了，可见的是录音机、医疗、自行车和教育。这使新教徒更多与现代市场接触。新教徒的自我意识通过使他们的身体成为符合上帝怜悯和适宜上帝居住的殿宇而表达。穆拉托利奥的基本观点与由互相联络的弟兄姊妹所赋予的优势和相关性有关：去城市时免费（或较便宜）的房间或床位；有人替你出谋划策；更诚实和勤奋的朋友；孩子们读中学时，有人提供住宿。

这个马克思主义的分析有趣的一点是，其实证的观察与非马克思主义人类学家的观察极其一致。它当然着重于一个受压迫的意识怎样没有形成一个拥有复杂变革理论的阶级意识。这个分析假设了一个发展的进程，因而它没有任何对于较旧关系的人类学哀叹，甚至也没有"田园式"的家长作风。所有研究说明的就是一个新身份的自我创造和相互交换与团结的新形式的发明或采用。因其分裂了社区，它可能被看作与古老的联系悲剧性的断裂，或者被看作社会区化、变革和私人空间开启的一部分。

小　　结

接下来，将在小结中——在所有第二部分所调研的本地变化之外——讨论"盎格鲁—美国人"和西班牙文化邂逅的主要特征。显然，在过去的几个世纪，自从西班牙统治了旧世界和新世界，"盎格鲁"文化首先以其英国形式，接着以其美国形式，获得了主导地位。这个主导权在政治、经济以及文化宗教的领域表达出来。有时，就像在牙买加和英属洪都拉斯（伯利兹）［British Honduras（Belize）］这样的英国殖民地发生的那样，或者像在美国控制之下的波多黎各所发生的那样，政治的征服为宗教的传播铺就了道路。这并不是说新教信仰经常扮演新教殖民力量的帮手的角色。它并没有，不过它的确寻找到了政治管控松懈的切入点。

新教的主要渠道是由经济文化变革而非直接的政治管制建立的。中南美洲的国家将自己向英国、美国以及德国的经济势力和一些文化形式开放。希望能够分享看似进步的运动。这些国家激进的精英，想让南部的拉丁国家享受现在北部的盎格鲁—撒克逊国家所享受的优势。新教是这个对北大西洋发达社会模拟中一个小主题。它不是因自己本身，而是因其联盟有价值；不是因其福利的分割，而是因其对基督教政教的分割而有意义。

在这一初期阶段所发生的经由此方式表明出来，即阿根廷兄弟会群体是沿着英国人所修筑的铁路线路形成的。[24]

但是这个大部分与文化模拟相关的宗教渗入是微小的。它经常被法律限制，有时被民族主义抵制，并且仅仅总是因为其本身是外来的这一事实而被抵消。新教被很多拉美人看作就像在巴西和阿根廷的德国人一样的迁入民族的奇怪特性，或者是由热情的美国宣教士带来的一种古怪并几乎没有市场的引进物，而一笔勾销。只有在巴西看到了对这种新信仰的接受。

然而，20世纪30年代，拉美发生了一场波及面更广的经济变革，将其拖入了世界范围的工业化城市化进程的尾声。从政治的角度来看，这意味着大规模参与的开始，主要通过平民的人际网络。这也引起了由控制国家安全局势的新军队运作的激烈的反变革。从宗教的角度来说，它意味着福音派，尤其是五旬节运动的大规模参与的开始。随着人们从农村迁移出来，从资助人的世界走到一个不断扩大、道德沦丧的贫民区世界，他们被新教福音派赋予了新的取向、新的意义、新的个人尊严、新的支持网络、新的领袖机会。随着他们周围变化和迷惑的增加，特别从60年代后，由新教福音派所提供的再定位吸引了众人，并逐渐得到认可，特别在智利和巴西，也在一些像危地马拉和牙买加这样的地方。就像在分析资料中所显示的那样，一个国家接着一个国家地，在天主教教会被攻击破坏，而文化自身还遗留一些分散的对"圣灵"世界的意识的地方，发展最为显著。在像乌拉圭和委内瑞拉那样文化自身已经被世俗化的地方，新教的传播很慢。民族性也扮演了一个角色，通常在有大量欧洲移民的地方阻止新教的拓展，使其向从历史上抗拒天主教的人口稠密地区推进。

表面上，新信仰看起来在拉美——或在所有地方都不是一个主要的群众运动的最有希望的可选者。但是它有一定的优势，特别在社会推进和神学回归的方面。追溯从美洲到英格兰将信仰势力与国家权力分开的谱系，它在社会角度是进步的。换句话说，无论在国家还是在本地（部落）的层面，它是信仰与社区机体分离的先驱。所以，它符合现在拉美正在快速进行的一切。

福音派在宗教上是回归的。它在信仰团体的周围设立保护屏障，并且坚持在几乎整个这一密闭的空间里推行一系列的社会实践。这种"回归"可以被冠以双重性的标签，或者甚至就是初期基督教的一个再版，但是就社会的层面来说，它曾是，现在也是现实的。新的文化实践不得不从一个反对入侵和敌对"世界"的自由空间开始。外面是困惑与腐败、男权与暴力以及个人之间和家庭内部的不合一。然而，内部开始了世界的一个新秩序，充满了神圣健康（Sanidad Divina）：灵魂的放松与身体的医治。那些集中于自由空间的人们，显著地与过去的旧生活方式割裂。他们与上帝之间一切的中间人都被废除了。他们现在是一个通过圣灵且在圣灵里与上帝直接沟通的被救赎群体。从应用的角度，他们也凌驾于或者超越整个社会所有的中间人，而不仅仅是神职范围的。所有在他们日常生活中压抑他们的权力和价值标准都被挪开或者逆转。它们都只被一个标准所取代：上帝白白赐给众人的至高的喜悦。一旦达到这一标准，所有的"恩赐"都是他们的。

这些改变，发生在弟兄姊妹不断扩大的自由空间中，产生于一个白人热情和古老黑人权力融合中出现的信仰中。在一系列有影响力的变化中，它从工业化英格兰的边缘地带传播到美国的前沿地带，接着传播到美国南部贫困的白人和黑人中间，再接着，跨过德尔诺特的格兰德河（the Rio Grande del Norte）的边界到达拉美工业化社会。

这一谱系与穷人和社会的流动相同。从政治的角度来看，它在一些时期被动，而在其他时期则积极革新。但是就在拉美活跃的五旬节运动而言，它通常是贫穷、被动的。作为一个穷人的宗教（而非为了穷人的宗教），它缺乏关于社会和政治变革有见识的结构性观点。这就是你可能会从一个选取拉美那些不被听到的沉默或者微弱的声音的运动中看到的。至少在信仰的范围，他们现在发声。他们使自己的声音在众多的声音中被听到和关注。

很自然地，那些做出此突破的人们也有回归：对权威的尊重和对领导力的回应。他们的牧师是明确的领袖，而不是"推动者"。并且如果他们畏惧领袖权和权威，即使他们是"推动者"，也不会有效率。权威给予定义和方向，并且这两者是亟须的。然而领袖权是开放的，在一个群体暂时关闭时，通过另一个群体的出现再次开放。机会通过分裂而确保，就如进入的平等性由基于神学训练或普遍教育的标准提供保证。

那些发现自己在这一新的领域的人同时体会到了纪律和放松。他们欢迎新的控制方式，并发现释解自己的新方法。他们进入一个互相支持安慰的社团。并且除此之外，他们还获得了组织、自助、使他们发音清晰和自信的自我表达技能。他们明白什么是建立一个新的社会细胞，如何展示新生命（"*Noda Vida*"）和宣传一种新观点。通过这些，他们掌握了一种转变的新技术。所以，如果刚才所列出的社会和心理层面的变革，带动了对科技世界的进入，那么，认为福音派引入了现代性就是合理的。

五旬节运动（和福音派总体上）是通过个性化、个人化的就业达成了象征意义上和实际意义上的移民活动，特别吸引那些从垂直和水平各种束缚中解放出来的人们。它重构和重建了那些束缚和联系。朋友之情变成兄弟之情和姐妹之情。当然，那也必然造成分裂：古老部落联合的破裂；在更广阔的特大城市的世界，接受新取向的人和不接受的人之间的决裂。所有这些都是不可避免的，也是文化交流和社会区化范围内急速发展的一部分。旧式大庄园的家长式和谐与部落联合一样都消失了。这是对五旬节运动和福音派信仰的一个量度。当部落联合和乡村等级不可避免地出现，福音派信仰可以建立互相支持的联系，而这些联系网络是自愿并且可选的。[25]

第三部分

对比与并行

第七章

加勒比地区的对比：牙买加与特立尼达岛；波多黎各与海地

此时拓展这一讨论的文化范围，并看一看在加勒比地区所选择的一些国家，特别是牙买加的情况，是很有用的。牙买加宗教变革至少与危地马拉的一样富有戏剧性，并且很多方面相似。保守的福音派信仰，特别是五旬节运动，拓展至可能很快就会博得大多数人忠诚的程度。

这一章的对比背后的基本原理是基于广阔西班牙世界五旬节运动的扩展与一个孤立的小世界——一些美国人认为的美洲湖——中的扩展的对比。这样，加勒比地区所有的国家都在北美（包括加拿大）文化密集的辐射之下，并且同时从历史角度受欧洲很多影响：英国、法国、西班牙和荷兰的影响。因此，这些国家把与美国文化接近的自我文化和另一种主流文化结合：在牙买加和特立尼达岛案例中的英国、波多黎各案例中的西班牙，以及海地案例中的法国。有趣的是，在这些社会已有的宗教中，无论新教/圣公会或是天主教，都如拉丁社会一样，容易被五旬节运动影响。

牙买加：英美影响范围内的五旬节运动

牙买加和很多中美洲国家大小相当。1987年其人口总数为250万，大概与尼加拉瓜和哥斯达黎加相等。金斯顿（Kingston）是一个与危地马拉市和墨西哥城一样快速发展的首都，现在拥有超过75万人口。牙买加不可避免地受美国在经济、文化和政治方面的吸引。超过三个世纪的英国统治意味着盎格鲁—撒克逊文化几乎没有遭遇重大的障碍，当然不包括西班牙历史和西班牙语言所带来的障碍。同时，牙买加人创造了一个高度与众不同和具有创意的文化：虽然他们很容易听懂英式英语和美式英语，但他们独特的英语成功地使至少一般的访问者无法靠近和深入。

牙买加的立场不时地发生变动。当牙买加劳工党［Jamaica Labor Party（JLP）］执政时，牙买加偏向美国，而当人民国家党［People's National Party（PNP）］掌权时，它远离美国。这些摇摆发生于民主的界限内。虽然在 20 世纪 70 年代爆发了一定程度的政治暴力和政治恐吓，不过依然不能与很多中美洲国家的制度化冲突相比。

这一民主稳定至少与社会变革的盎格鲁—撒克逊新教模式有关，甚至展现了承载大量牙买加激情的板球精神。使牙买加得以形成的母体开启了圣公会（即英国国教会）对国家相对开放的关系，而这一关系于 18 世纪后期、19 世纪初期在没有根本性社会革命的情况下瓦解。从那之后，宗教遵循源于英国的志愿性和多元化的模式发展，并且在美国发展到羽翼丰满。圣公会只在更有权势的社会层次中的大部分选民的荫庇下保持其权力，如在加拿大、澳大利亚、新西兰——就此而论，在美国也一样。

西半球牙买加的独特之处是，它可以说是以非洲侨居者为主的一个国家。那里既有种族融合，也有来自亚洲的移民。阶级和肤色间存在一种关系，如精英中更常见的是更白一些的肤色。但是不可否认的是，今天牙买加人的先祖是被作为奴隶带到牙买加，或者于 19 世纪移民到牙买加的。结果是，牙买加长期的宗教传统和本土传统都植根于非洲意识。拉斯特法里主义（Rastafarianism）和所谓复兴主义（Revivalism）是黑人的信仰，也是黑人表达抗议的不同方式。众所周知，拉斯特法里主义是在美洲地区非洲黑人意识最有活力和最复杂的表达。[1]

当我们将五旬节运动在牙买加的开始与其在其他国家的开始进行比较，会对我们分析的方法产生影响。无论在哪里，美洲五旬节运动都能从异教互相纠结的杂草丛中开始燃烧，并且牙买加"复兴主义"只是普遍性通灵术的一个分支。但是只有在一两个国家，五旬节运动（和保守新教）与植根本土的实践真正冲突。最明显的实例是巴西巫班达（Umbanda）。它的一些形式具有明显的非洲根源，并且经常地吸引黑人。但是拉斯特法里主义在国内和国际上都具有比其他离散的非洲信仰更高的履历。其吸引力也许只有新西兰毛利人（Maoris）中的拉塔纳（Ratana）可与之相媲美。

就如平时那样，只有通过回到宗教生活和政治生活的历史性关系，才能理解当代宗教的特性和分布。牙买加阿拉瓦克（Arawak）土著居民既没有什么文化存留，也几乎没有实物存留。西班牙人（Spaniards）也一样。他们统治这个岛屿直到 1655 年。那一年英国占领这一岛屿并将其作为奥利弗·克伦威尔（Oliver Cromwell）"西部设计"的一部分。于1660年在英格兰重建的英格兰教会（The Church of England），在英伦三岛联邦（the Commonwealth）之后，建立了一个今天仍在运行的行政教区区划。很多圣公会教会坐落于城镇中心，有时与警局相隔咫尺，老的框架从中可见一斑。然而，早期植堂者无宗教倾向，比起虔诚，他们更关心来犯皇家港口（Port Royal）的海盗。他们不喜欢福音工作，从1754年摩拉维亚差会（Moravian missionaries）进入时开始，他们就怀疑宗教，鼓励反叛。直到19世纪早期，基督教牧师才在牙买加达到可观的数量。

同时，虽然没有公开宗教表达的机会，但非洲信仰秘密存活了下来。所有非洲人都承认奥比（Obi）和奥比门（Obeahmen）① 经常的威吓力。[2]非洲宗教的传统被从非洲不断到来的人加强。

默文·阿莱恩（Mervyn Alleyne）认为，有阿坎人（Akan）血统的非洲人形成了最有权势的群体，并且他们的神显得更优越，然而明显带有班图人（Bantu）和约鲁巴人（Yoruba）宗教的痕迹。阿坎人的宗教选取两条路径。一条尽量保持老传统，特别在被称为玛隆斯（Maroons）的逃跑奴隶群体中最活跃。他们长期坚持反叛并取得成功。另一条路径在基督教保护的伪装之下出现在大众视野之中，并且很快也开始了反叛。阿莱恩评论道："从奴隶社会最起初，宗教与反叛就成为一对协同共生的关系。"[3]

这里有趣，且对本书论述特别重要的是福音派信仰，特别是其浸信会形式，成了抗议、反叛和改革的渠道。[4]显然，福音派信仰有能力在特定环境之下激发并保持抗议，如在其他环境下它消极抵抗所谓天授君权的统治权势，并且提倡退出政治一样。至少它建立了一个被压制群体可以表达自我并且以宗教的方式自我组织的空间。在牙买加，它不仅创建了一个空间。浸信会积极或消极的对抗，从18世纪80年代一直持续到19世纪60年代。它包括两场战争，第一场由浸信会执事山姆·夏普（Sam Sharp）于1831年领导，第二场以一个叫作布格尔（Bogle）的本土浸信会领袖为中心，于1865年进行。

早期从英、美而来的非国教教徒的进入和初始的反叛可以被视为塑造现代牙买加的分水岭。宣教士们通常反对奴隶制度，并且经常因反对而被逼迫。在福音派和贵格会的压力下，也因为一些经济的原因，英国于19

---

① 奥比和奥比门是非洲巫术的符咒。——译者注

世纪30年代废除了奴隶制度。但是宣教士们有些沉重地意识到他们长期布道的成果可能不在他们可控范围内：的确产生了基督教的非洲分支以及极端再洗派改革的遗留特征。

在1783年从美国来的白人家庭和奴隶中有两个曾经是奴隶的人：乔治·莱尔（George Lisle）和摩西·贝克（Moses Baker），他们都开始了讲道。莱尔自己的教导比较正统。贝克严格对待诸如非婚同居、一夫多妻和偶像崇拜的问题，但是因介绍洗脚、放弃法律援助和用膏膏抹病人而重启了极端再洗派的张力。当英国浸信会代表伯切尔（Burchell）于1824年抵达牙买加后，一些当地信徒拥护正统基督教，而另一些则没有。参与到耶稣和施洗约翰相关权柄和角色论战中的异端，竟然都倾向于强调圣灵的超越。一个非裔美国布道者吉布（Gibb）鼓励参与者寻求灵里的看见和魂游象外的洗礼，更像初始的西非秘密社团。一些信徒甚至滑向了反律法主义的异端，犯罪越多恩典也就越显得多。这当中，对于牙买加的未来重要的是宗教领域的逐渐扩大和圣灵超越而普遍的存在。

被压制的人组织起来的重要开端是宗教"阶层"系统。它在阶层领袖的指导下将人们聚集于一个（社会）细胞中。阿莱恩说，在循道会，领袖从被释放的奴隶或者白人中产生，但是在浸信会，他们通常是奴隶，并且因此是文盲。这就是本土宗教领袖将其秘密的宗教实践合法化的方式。本地统治阶层试图禁止这些实践，并阻止所有非国教未获得允许的活动，但是英国流行的自由主义观点使这些尝试都没能成功。

如上所述，灵（显示为好的和恶的）为牙买加宗教提供了框架。阿莱恩强调宗教领域的逐渐扩大，并且论到，当人们从各种各样的灵和神明中找到力量时，我们就拥有一系列差不多正统的信仰。"被赋予名字的宗教，如复兴锡安（Revival Zion）、波克马尼亚（这里称作：波克米纳）[Pocomania（called here Pukumina）]、康文思（Convince）、库米纳（Kumina）仅仅只是从这一系列中分化出来的……"[5]阿莱恩接着论述，那时各种各样的语言并行，今天也依然这样。一个说话者可以将自己放置在一个沿着标准英语到克里奥尔语（Creole）系统的区域中。他可能转换区域，看起来根据他在不同环境的需求而使用两个不同的系统。

融合的宗教和克里奥尔语的程度使得人们可以与统治阶层有少量的交流。这样，灵的祈祷和半隐秘语言的发展逐渐扮演了一个重要的角色。这在晚一些的拉斯特法里主义和五旬节运动中完全得到证实。阿莱恩还认为，循道会、长老会与其他群体显著的不同就在于他们不承认灵体附着，然而一些循道会和长老会的个人悄悄被圣灵所占据。那些今天提倡灵体附着的基督教群体，就像五旬圣洁（the Pentecostal Holiness）和夏洛伊使徒信仰（Shiloh Apostolic Faith），与波克米纳和复兴锡安的区别只在于：只允许基督教力量的进入，还是古老的灵都可进入。

早期就开始的变动在中世纪两个主要事件中同样可以看到：牙买加中部在教会（包括英国国教）保护下对释放奴隶的安顿；以及从1860年至1861年的大复兴。事实上，英国的废奴主义者分为两派：一派支持土地改革，而另一派不赞成。在牙买加，无论如何，教会购买的土地解决了奴隶定居点的问题。这一安排实际上使祖先留下来的异教得以继续。定居点的建立是极大的尝试，它试图与社会控制、娱乐和沟通之间的自治互联的系统共同建立社区。它开放地采用新作物和农业方法，甚至还想在教育领域推广伦敦新大学的模式。但是对于任何可能使黑人拥有选民资格的计划，总会遭到恶意的反对。经济境况在1840年以后恶化。与它同步恶化的是定居点的可行性和正统基督教的流行。那些灵媒异端和由黑人阶层领袖领导的本土浸信会复兴了起来。

1860年的大复兴起初打算逆转这一瓦解。很多"活在罪中"的人结了婚，并且很多人放弃了酗酒。但是接着的复兴步调转向了舞蹈、鞭笞、灵附身以及说方言。彼得·韦德诺哈（Peter Wedenoja）在一份20世纪70年代晚期的研究中论述，在这个特殊的分水岭，我们可以看到两个牙买加：一个拥有民族宗教的牙买加和一个都市化的牙买加。宣教士的受欢迎程度再一次下跌，而且很多人放弃了农民，与新兴中产阶级和殖民地建制建立了联系。就如国教在教会学校给黑人提供教育，将宗教信念当作一种开化影响，但是黑人意识到，其所提供的教育与提供给白人的教育并不一样。

在复兴的民族宗教中，巴里·沙瓦纳斯（Barry Chevannes）关心一个"反对白种男性政治和社会控制的"持续表达。[6]正如已经被注意到的，这一传统进入并且从正统浸信会和本土浸信会形式中体现出来，杂糅着非洲式的灵附身和入会仪式。沙瓦纳斯通过一段当代（1971年）的题外话，继续补充到，"没有人比那些政治家更能理解这一反抗的传统。他们吸引'非洲'，但同时毫不犹豫地将拉斯特法里主义者定义为罪犯……"[7]

19世纪80年代出现了一个弥赛亚式的人物：亚历山大·贝德沃兹

(Alexander Bedward)。他延续这一复兴者传统,并在蒙纳(Mona)的希望河(Hope River)水边宣告医治的事工。1920 年,他没有得到升入天堂的应许,却进了精神病院,但是他至少提供了一个马库斯·加维(Marcus Garvey)与拉斯特法里主义的连接。

加维当然是一个主要人物。他被独立的牙买加塑造成了一个民族英雄。官方于 1987 年为他举行了百年庆典,科雷塔·斯科特·金夫人(Mrs. Coretta Scott King)出席。加维具有国际视野并且将国际黑人分离主义的诉求与遣返的诉求综合。他的黑色之星航线(Black Star Line)只是其将黑人遣返回非洲计划的一部分。

拉斯特法里主义将从贝德沃兹和加维那得到的因素与复兴主义的因素综合。然而,加维自己并不赞同拉斯特法里主义对千禧年和"埃塞俄比亚"强调。根据罗伯特·赫尔(Robert Hill)的说法,对埃塞俄比亚的强调和神圣的荣誉使海尔·塞拉西皇帝(Emperor Haile Selassie)亏欠了伦纳德·豪厄尔(Leonard Howell)很多,豪厄尔是一个于 1932 年从美国回到牙买加的船员,他自身受一个叫"以色列人"的群体的影响。

这里并不需要追溯这些有千丝万缕联系的精神谱系。20 世纪 30 年代将我们带入了现代时期。贸易联盟,特别在布斯塔曼特(Bustamente)下变得有权力。这一时期,政党政治随着牙买加劳工党和人民国家党的激烈争夺进入了舞台中心。第二次世界大战也广泛地拓宽了很多牙买加人的视角。这个岛屿从 1950 年开始繁荣,直到铝土市场兴盛二十年之后衰落。1962 年,虽然依旧是英国的联邦国之一,但其获得了国家独立。也许会有这样的猜想,世俗手段和机会的拓展会削弱宗教能量或者将它们转移到政治上去。也许,就复兴来说,在一段时间内的确如此。但是同一时期,也包括了拉斯特法里主义的崛起,而它再一次将反叛和宗教混合在了一起。

拉斯特法里主义是五旬节运动和保守福音派信仰最主要的竞争对手。它集合了基督教边缘众多的激进群体,来实践一个在他方的真实的锡安,在这里指埃塞俄比亚。它也例证了一个在千禧年信仰中摇摆于不参与或者参与战争的趋势。拉斯塔信仰者(Rastas)(拉斯塔是拉斯特法里派的缩写)于 1958 年控制了西金斯顿(West Kingston)。他们采取了"粗鲁的男孩"('Rude Boy')态度作为全新个人和集体模式的一部分,并且用虚无主义的"明确恐怖"(Natty Dreads)恐吓很多人。

拉斯特法里主义经历了藐视、嘲弄、惧怕，直到20世纪60年代后期，它成为"先锋"的角色。从被污蔑为接近罪犯，拉斯塔发现政治家们广泛地采用了他们的符号。1972年，人民国家党的领袖曼丽（Manley）用"管教之鞭"威胁"腐败的富户"。1976年大选中两个党派都使用了雷鬼音乐。拉斯特法里主义当时被认为是"进步的"，并且开始吸引中产阶级的少数成员，如律师和大学教师。然而，这看起来并不代表社会流动性被拉斯塔信仰自身调节了，虽然拉斯塔总体来说并不拒绝个人企业家精神。

然而，到1980年拉斯塔失去了他们在政治符号上的一些影响力。他们掌握实权的梦随着海尔·塞拉西的过世而破灭，即使他的离开可以从神学角度解释。1983年雷鬼明星鲍勃·马利（Bob Marley）的离世也是一击。上流社会大多数人还是不喜欢拉斯特法里主义，（右翼）牙买加劳工党领袖，首相爱德华·西加（Edward Seaga）开始以老形式和五旬节信仰模式转向复兴主义。西加从特别关注宗教传统的社会学家的角度做到了对符号的征用。虽然他自己来自于天主教马龙教派（或者"叙利亚人"），他在早期同情地分析过复兴主义者的信条和实践，特别是波克米纳异端。

西加的转向反映了牙买加宗教势力权重向五旬节运动的转向。五旬节运动于1907年随着由上帝教会（the Church of God）差派的美国宣教士进入牙买加。到1943年，大概4%的牙买加人都是五旬节信仰信徒，1960年为13%，1970年为20%。他们有望在已建教堂数量上与其他教派竞争。根据威廉·韦德诺哈（William Wedenoja）的研究，克拉伦登北部（Clarendon）和曼彻斯特北部（Manchester）教区已经可以相提并论。[8]

五旬节运动与较早的复兴主义异端有一些关系，但它很大程度上终结了在非洲和其他身份之间的摇摆。韦德诺哈评论到，一些复兴主义异端只有变为浸信会或者五旬节信仰才有竞争力。在韦德诺哈看来，五旬节运动教会比拉斯特法里主义拥有"更大的同盟"。[9]

这一日见增长的影响力被牙买加教会委员会（Jamaica Council of Churches）很不情愿地认可，并且各式各样不同的宗派效法五旬节运动的做法。很多圣公会教会引进了圣坛呼召、按手以及浸礼。甚至一些长老会信徒在圣灵给他们默示的时候开口说话。具有圣灵恩赐的人经常在金斯顿罗马天主教教会出现。当然，牙买加人很可能，至少一段时间内，依然身处于较老的宗派中。无论如何，他们采用了一个基于"在灵里和真理里"

敬拜上帝的新约命令的分工。旧宗派在真理里敬拜他，而五旬节运动在灵里敬拜他。

同时，较老宗派中的一些束缚让人觉得有一些不适，因为他们也参与了牙买加和加勒比教会委员会（Jamaican and Caribbean Councils of Churches）。这两个教会委员会与世界基督教联合会（the World Council of Churches）有一样的政治立场。这一立场强调找寻一个牙买加人基督徒身份的必要，而非与其他文化混合的基督徒身份。牙买加必须在灵里被非殖民化，并且严肃地看待其土著和非洲的成分。麻烦在于，在实际的操作中，其非殖民化与更具自由主义的宗派的衰落和五旬节运动的发展并行。当一个源于美国的保守的信仰在具体实践上取用牙买加的传统，这让善意的基督徒、自由主义的英国国教徒或者循道会信徒很不安。

五旬节运动一部分起源于美国，但另一部分则是独立的。美国宗教影响的程度与控制支持的强度在加勒比不同地区有所不同。在韦德诺哈看来，"五旬节运动更多是通过回流的移民，而非外国传教工作到达牙买加的"。[10]这里不存在对美国文化的直接移植——对美国风格的采用和在领导力上对美国技巧的展开。美国光环承载着一个现代的信息，和能够被更广泛传播的能力。它意味着殖民化仅占次要位置。

在主要的改革运动和像《欧洛·罗伯茨与吉米·斯瓦加特》（Oral Roberts and Jimmy Swaggart）那样由福音派所购买的电视时段上，美国的影响和金钱最能被体现出来。但也许，当新的第二渠道在牙买加电视领域打开时，当地的福音派将是最主要的受益人。在每一个大的改革运动中，都有一些小的运动在小城镇和村庄本地开展；而且有一个远离任何美国影响的分裂性拓展层次存在。

对美国文化殖民最警惕的是牙买加的知识界。他们急于为牙买加身份定义探索其他资源。对于他们来说，关于宗教和文化入侵最具戏剧性的事实就是在1987年一位受推荐的福音派人士对牙买加的访问。他的活动看起来应该被叫作"入侵运动"。这位福音派人士的信传递到了人民国家党的手中，并录成了电视广播的录音录像带。在信和录音录像带中，他诚恳地征集款项，特别为了帮助牙买加脱离共产主义。

五旬节运动传开的基本原因，不是任何现代性的光环或任何外界的经济援助，而是其将"新人"与灵附身和医治的古老渊源结合的能力。它立时成为基督教最近的表达方式，并且与内嵌在全世界范围内"老式的"

宗教性中的医治类异端相联系。此外，它无种族歧视且鼓励本土的领导权和参与。那些"更高"的教会更多是白种人的或者至少是棕色人种的。五旬节运动将深植人心的牙买加信仰放入圣灵的能力中，来抓住所有人以及每一个人的心。

五旬节教会经常由较低地位的男性领导，虽然也许不是最低地位的人，但他能够以其群体的语调为他们说话。广泛研究表明，五旬节信仰的牧师团体给予男人们社会阶层上升力，使他们有一定的权威和经济方面的改善。无论一般五旬节信仰的情况是什么，但看起来，开始从事牧师职务能带来一些成功，并为下一代带来更长远的社会阶层上升力。一些牧师现在获得了证书，或者穿上了牧师袍。

作为一个整体的发展，五旬节运动进行到什么样的程度很难用文字精确记录。由中产阶层以下的人所带入的对尊重的寻求，至少有可能推动一些进步的习惯。牙买加社会长久以来被分为"罪人"和"基督徒"两部分。后者寻求温顺、喜乐和节制；而前者，至少从名声来看，喜欢欺骗、酗酒、诅咒和自吹自擂。圣经新约应许，寻找的就寻见，五旬节信仰者就寻求健康与财富。他们通常相信，做一个基督徒会带来今生以及今生之后各样的好处。布莱尔牧师（Pastor Blair）宣称他对看似渺茫事物有实际的好处，并且他从没有失望过。有时成功人士将其好运归于其好的信仰，不过这没有确凿的证据证实。

要尝试评估五旬节运动所涉及的社会层面，就必须知道它们的来源。这里的论据并不完善且充满争议。阿什利·史密斯（Ashley Smith）写到一些教堂。它们坐落在季节性人口流动和地理性人口流动较大的地区。这些地区靠近糖业区，或者铝土矿业区，或者处于城市边缘。[11]教堂也会出现在较高收入群体住宅区边缘的贫民窟聚集地。史密斯认为五旬节信仰者数量巨大，存在于像园丁和家政工作者这样的群体中。这一观点与罗林姆（Rolim）所提供的巴西的论据一致。罗林姆将他们描述为做个人服务和次白领工作的人。[12]克莱夫·斯蒂尔森·卡托（Clive Stilson Cato）将五旬节信仰者看为贫穷者中较富裕的。[13]

无论五旬节信仰者的社会区位怎样，韦德诺哈明确地将五旬节运动看为一种新的个人身份的给予。它通过一个新的且有能力的灵的进入戏剧化地给人们个体的发言权。韦德诺哈继续论述并对牙买加的五旬节运动作出与伯内特（Burnett）对危地马拉五旬节运动相似的断言。在他看来，它

"帮助建立了一个统一的国民文化"。[14]它没有通过政治革命,却通过心灵转变达致这一成就。很多人怀疑韦德诺哈的断言,特别是那些将此改变视为从改变结构的政治动员中产生的那些人。在他们的观点中,灵魂和身份的悄然改变并不能构成"真正的"政治。

牙买加知识分子也许会质疑,五旬节运动是否能够像拉斯特法里主义那样提供一个可行的公共符号。位于金斯顿的非凡的牙买加国立美术馆(Jamaican National Gallery)给出了再清楚不过的回答。大多数的画作和雕塑都是以宗教为主题,证明在这一社会,宗教提供了表达的形式。(并且人均教会数量巨大,超过了世界任何其他地方。)在美术馆和一些牙买加宗教雏形中有很多拉斯塔的影响,但毋庸置疑的是,最令人印象深刻的是卡泊(Kapo)的作品。卡泊是一位雕塑家和画家,同时也是一位复兴主义布道家。

阿什利·史密斯所提出的一个重点与女性身份和至少一些五旬节信仰教会使一些年轻未婚妈妈得到接纳的策略有关。[15]过去老式教会经常谴责婚外同居和非婚生子。在牙买加,道德行为层面的谴责落在了女性身上。她们发现自己因男性的意愿而受压力就范,但她们很不愿意使用避孕药。甚至,她们可能会看到不育的诅咒临到。对于她们来说,五旬节运动提供了一个新开始,而且经常是一个将婚姻放入"可受尊重的"气氛中的机会,在这里,信任感可以被建立。在外面罪恶的世界里,牙买加男性倾向于将宗教分割出来,在日常生活中,他们以与多名女性在一起为乐。他们也可能质疑教堂里性欲净化的浓重气氛和牧师的权威。不容置疑的是,教堂成了妇女及家庭的庇护所,并且教会大多数成员都是女性。

现在五旬节运动独特的接纳非婚妈妈的这种意愿究竟达致什么程度,实在是有讨论的余地。卡洛琳·萨金特博士(Dr Caroline Sargent),一位在牙买加工作的人类学学者,持有这样的观点,即因着众多年轻未婚妈妈,并且因为教会大多数成员为女性,任何教会不可能太严苛地看待这个问题。事实上,她提及她所经历的一个情况,当一个有名的浸信会教会讲道人将"淫乱"从圣经使徒保罗列举的罪中删掉,表现出了(她揣测)考虑其相当比例的会众之后的一种适当敏感性。[16]似乎大部分年轻的牙买加女性陷入困境,并且就如在加勒比多数地区一样,她们承受着为了家庭和睦所需要承担的一切责任。她们也避开男性社区广泛的暴力。萨金特博士引用了一位被访者的话,让你的丈夫"重生"能够降低惯常被殴打的可能性。

韦德诺哈和史密斯强调牙买加人精神上背负了沉重的罪的重担。[17]牙买加的教育方式显然包含了极重的体罚——并且在他们看来——伴随着罪。一个极易使人激动的信仰能够处理这种罪。也许成人全身浸入水中，实行浸礼的广泛愿望就植根于这里。耶稣自身被视为拥有绝对慈悯的形象：人们受洗后，立刻变成了一个慷慨的母亲和忠诚的丈夫。

当然，牙买加只展示了五旬节运动在加勒比地区开始的方式。在几乎所有的岛屿中，灵附身是一个重要的经验，并且各式各样的异端与天主教东正教派或者浸信会或者循道会或者圣公会有时结合，有时保持一定距离。一个岛屿一个岛屿地对该情况做出调查是不可能的。由英国或者法国或者荷兰殖民条例所提供的背景各不相同，并且移民与宗教的混入太过复杂。所能做的就是利用正好发生在海地、波多黎各和特立尼达岛的五旬节运动的各类研究，指出它们可能提供的与众不同的洞见。为此原因，我选取了一本由史蒂芬·格莱奇尔（Stephen Glazier）编辑的书。[18]

特立尼达岛：另一受英美影响地区的五旬节运动

史蒂芬·格莱奇尔对特立尼达岛五旬节运动研究的重心在于五旬节运动处理奥比巫术（Obeah）和鬼附的方式。他一开始就指出，一个教会不需要很大发展，就可能会扮演一个促进现代化的角色，并且反之亦然。特立尼达岛五旬节运动已经"产生出一个处理奥比信仰的一种非常现代的方式。这一方式反之在个人生活中具有超乎想象的现代化影响"。[19]它惊人地增长，从1960年的大概4000人，到1970年超过2万人。教会快速增长，以至于在1978年，一幢建筑容纳了2000人，甚至有计划建造另一可以容纳7000人的房子。五旬节运动可能会对其成员以外的人产生影响，因为很多特立尼达岛人有一周尝试很多教会的习惯。他们所参与的教会中就有五旬节信仰的教会。

在特立尼达岛，奥比巫术很广泛。它们帮助解释好运、歹运，也提供了表达怨恨和挑衅的渠道。一个现象必须有一个超自然的解释，这是很少见的，甚至经济上的成功都被用巫术予以解释。成功被怀疑是由于不正当的巫术，而这一疑虑有可能成为总体经济发展的拖累。要除去这样的巫术代价很大，至少通过传统的渠道是这样的。

各个教会以不同方式向这些信念妥协,赶鬼由长老或者牧师,或者就此而言由融合各类异端的施法者广泛施行。但是至那时为止,五旬节信仰的仪式是最受欢迎的。它们没有名字,并且很自由。格莱奇尔主张,它们也是迈向对疾病的自然主义理解的第一步。[19]牧师们鼓励所有寻求释放、医治并且走过圣坛的人,去寻求医学上的帮助,甚至会直接推荐药物。牧师与鬼(或者污鬼们)的交流很可笑。格莱奇尔认为,这部分源于现代和传统信仰的张力。

这是一个复杂的问题。特立尼达岛的情形需要与危地马拉的那些情形对比。在危地马拉,赶鬼和医疗都被视为"超自然的神迹"。"超自然的神迹"的分类经常很难处理,你甚至可以听到美国公共电视中一个见识颇广的播音员向你推荐一种"半超自然的神奇的"新药——也许意思是它们具有不可思议的功效。

格莱奇尔将五旬节运动的赶鬼与那些奥比巫师和异端医治师做出对比。奥比巫师会试图控制寻求者的生活,告诉他应该吃什么,什么时候过性生活。他也会以更大疾病为威吓,做出越来越多过分的要求。比起来,五旬节信仰牧师的仪式标准化,公开化,并且有可预见性。显然,格莱奇尔在这里强调,五旬节信仰的实践可以被看作部分采用了韦伯式的(Weberian)合理化路径。

格莱奇尔也描述了与美国(和与加拿大)关系的另一个版本。当当地所有其他教会都在寻求经济独立时,五旬节信仰教会寻求与北美姐妹教会的联系。牧师访问美国,然后美国教会帮助捐资筹款。一种非正式的就业中介出现,以帮助不多的信徒在美国找到工作。然而,格莱奇尔不认为这是适应现代性的一种方式。例如,在他看来,国内的服务并没有通过适应工业生活的方式提供太多帮助。

格莱奇尔对五旬节运动和个人经济改善之间的关系也不确定。他引用安吉丽娜·波拉克—爱尔兹(Angelina Pollak-Eltz)对委内瑞拉五旬节运动的研究。她认为婚姻关系合法化并维持此关系的压力导致更多的钱花在家庭改善和教育上,因此提升了流动性。在格莱奇尔看来,提倡在教堂举行婚礼或者节欲节制与特立尼达岛文化相异太远。此外,特立尼达岛的教会比委内瑞拉的大很多,所以它们的影响更肤浅分散。那些寻求改进提升的一些人至少可以发现他们自己从神职人员那里得到了命令和对他们企图的肯定。他们被告知,当所罗门为上帝所喜悦时,他也变得富有,贫穷并不是一件神圣的事！解放神学可能"为穷人寻求一个选择"，但是看起来，很多穷人自己头脑里有自己的选择。

这些选择如何实现在艾拉·赫兰德（Eila Helander）的一项研究中有阐述。赫兰德提供了关于特立尼达岛社会流动性强的大学生中间福音派的详细信息,[20] 并且说明福音派信仰如何在大学经历和黑人权力（Black Power）的挑战中留存。当然，福音信仰的学生（他们大部分遵循浸信会和五旬节圣洁会传统）发现，特别在 20 世纪 70 年代，他们必须回应"黑人权力"对于其信仰美国来源的抨击。然而，他们在不丢弃他们基本的信仰的前提下，达至了一个比较与众不同的特立尼达岛灵修方式，如金属乐队的使用。事实上，福音派信仰在大学生和社会大多数不同种族、不同地位的人中拓展开来。在牙买加，大多数这样的拓展都由主流新教教会承担费用。

虽然一些学生相信他们被呼召与大多数贫穷人一样过简朴的生活，很多学生总体上视学业成功和学术成就为信仰力量的见证。赫兰德认为，福音派信徒多数来自较低阶层，或可能中低阶层，并且寻求一些生活上最大可能的改善。一些改善通过他们对电影、狂欢、珠宝、酒精和烟草的拒绝实现。至于职业政治家，他们被认为是堕落的。因为与腐败牵连，他们就会被毫不留情地排除在信仰见证之外。

波多黎各：受西班牙和美国影响地区的五旬节运动

波多黎各的五旬节运动萌发于独立教会，以及像美国圣公会、长老会和罗马天主教这样的传统教会主体中。如在牙买加那样，五旬节运动已经存在了四分之三个世纪，并且在 20 世纪 30 年代大萧条时期增长到了一定的程度。1942 年五旬节信仰者人数占新教人数的 8.5%，到 1962 年大概达到了 25%。

在五六十年代，波多黎各经历了牙买加那样迅速的经济增长：工业工厂出现；美式中产阶级扩展；城市和次城市网络发展成为呈不规则形状分散开的集合城市。正是在这一时期，五旬节运动萌始，至 20 世纪 80 年代占据了新教三分之一的人口，即全球人口的六分之一。然而，大多数波多黎各人依然穷困，所以也经常感到无望。

安东尼·L. 拉鲁法（Antony L. LaRuffa）研究了 20 世纪 60 年代波多

黎各的五旬节运动,所以他的著作现在已经有50年的历史了。[21]他认为,波多黎各经济分化和消费社会的可观发展加速了五旬节运动的发展。这个信仰的温暖社区提供了希望和感情释放的空间。对于五旬节运动与个人经济改善的关系,他作了三点陈述。

首先,他强调牧师职务提供了新机会,特别是因为它提供了联系网络。他描述到,一个牧师,其教区牧师的职位为他的家电生意找到了客户。显然,就如在牙买加的那样,波多黎各也有"躺在名誉和舒适的阳光下晒太阳的福音派信徒"。[22]其次,他提及五旬节运动可以根据不断增加的富足调整自我。一些教会变得更加沉静,并且拥有专业的支持者。再次,他将五旬节运动视为美国化进程的加强,并且在波多黎各,这有特殊的意义。五旬节信仰者支持波多黎各美国联邦国的身份。他们深深地警惕在独立之后任何被共产主义者掌权的可能性,希望波多黎各依然是美国的卫星国。

也许值得补充的是,拉鲁法研究的一个特殊群体中,有位"宣教士"是出生于本地的波多黎各女性,她在纽约归信基督教,然后在其三十几岁的时候回到波多黎各,并在家里建立了一个教会。这看起来并不是一个寻常的模式。

海地:受法国和美国影响地区的五旬节运动

转入海地,至少要交代一些政治背景。海地的政治围绕着种族问题、阶级问题、语言问题、城乡问题和宗教问题,跳着一种剧烈的旋转舞。接下来的论述依据大卫·尼科尔(David Nicholl)所写《加勒比背景下的海地》(*Haiti in Caribbean Context*)一书中的大部分内容。[23]

加勒比法语和英语地区有很多相似处。在由殖民主义和奴隶制度产生的宗教和语言方面具有双重性。虽然社会的相当部分很长时间有意拒绝那些负担,但它们已经意识到它们具有多么顽强的生命力和持续性,并且所有外来的进入者都涉及法语和天主教的使用。

又一次,海地就像牙买加一样,在抗拒的过程中,非洲宗教的遗存扮演了一定角色。可能,巫毒教(Voodoo)是在1804年成功的革命中的一个抵抗符号。当然从1918年至1919年反抗美国占领的乡村(Cacos)起义领袖就是从他们的非洲宗教中得到鼓舞。另一个令人感兴趣的类似点

第七章　加勒比地区的对比：牙买加与特立尼达岛；波多黎各与海地　115

是，像爱德华·西加（Edward Seaga）在牙买加一样，弗朗索瓦·杜瓦利埃（François Duvalier）对民族学也有浓厚的兴趣。

这里值得注意的一个相似点是少数民族的角色与政治立场。因为它延展到整个加勒比地区，也与经济发展有关。如在牙买加、特立尼达岛和多米尼亚共和国一样，海地有大量的中东少数民族。它主要来自"叙利亚人"，这经常意味着他们是基督徒黎巴嫩人。这样的群体具有实业精神，并且也诠释了齐美尔（Simmel）关于异乡人是潜在贸易者的看法。这种形式的经济增长一定不是植根于"新教精神"。因为海地的政治，不像多米尼加共和国，更多由民族性决定，经济创始力的有利影响在后者更容易看到。总体来说，移民群体更喜欢强势的政府，甚至是专政政府；他们有时惧怕黑人运动是有原因的。20世纪70年代，中国人和犹太人倾向于离开牙买加。特立尼达岛的东印第安人很勤勉努力，虽然有很多贫苦的人，但他们更喜欢稳定。显然，特立尼达岛的黑人与东印第安中产阶级完全对立。

除了这些相似点，海地有其具体的特色。它不像牙买加独立才25年，它已经获得政治独立180年。独立是由对抗一个军事化、集权化系统的武装力量争取到的。所以，军队成为海地一个占优势的力量，并且它为贫穷黑人掌权提供了主要的道路。海地一个世纪的统治者都是军人。

比起其他地方，殖民影响不可避免地更不直接，教育渗透也相当有限：85%的海地人是文盲。还有，天主教教会对巫毒独特的态度，甚至对精英阶层都有影响。他们谴责但却容纳巫毒。虽然很多精英是"天主教徒"（说法语），但他们熟知巫毒［并且能懂可里奥语（Kreyol）］。他们从幼年就从他们的黑人仆人和保姆那知道了巫毒和可里奥。

在与可里奥语的关系中，新教扮演了一个有趣的角色。可里奥语与由弗朗索瓦·杜瓦利埃实践的政治文化和一个复杂的文化符号体系相关。杜瓦利埃是反精英主义的平民主义。他早年运动的很多追随者都由于民族的原因接触了可里奥语，并强调其重要性。在20世纪70年代，可里奥语也成为传达批评的媒介。同时，新教对可里奥语有很大影响。新教将其作为在乡村沟通的主要媒介。如果我们在这里加入一点，新教的进入也带入了英语的使用。我们可以看到新教的文化立场需要不与法语为盟的一些定义。可里奥语言的拼字法由一个循道会牧师改进。当然，在全美洲，这成为一个惯例，即口语语言传统由宣教士建立相应的拼字法。

直到杜瓦利埃统治时期,罗马天主教都是以老式讲法语的精英为身份定义的。弗朗索瓦·杜瓦利埃兴起的基础是乡村和城市的黑人中产阶级,并且他们实际掌控了凶残的通顿马库特(Tontons Macouttes,一个残暴的黑人武装)。杜瓦利埃首先系统地在联合会、商界、知识界、军队和教会削减精英的力量。戈登·K. 路易斯(Gordon K. Lewis)曾说,他的家庭的制度似乎可以被看作一种克里奥尔(Creole)法西斯主义。[24]它强烈地反对共产主义者,推进一种基于系统化暴力恐怖的黑人主义(*noirisme*)和"黑人文化认同"(*egritude*)的国家理想。* 并且它将世俗化的圣徒身份加之于领袖。

20世纪60年代中期,杜瓦利埃决定通过与旧精英的势力基础协商来稳固他的制度。在军队和教会的层面,他通过领袖的替换达致这一目的。然而教会的变革却花了意想不到的长期过程。法国教士,主要是布列塔尼人(Breton),被遣返回国,并由当地的领袖接替。很多更年轻的海地神父最终被解放神学激进化。

然而,虽然在杜瓦利埃掌权晚期,教会逐渐成为人权的护卫者,就像它在邻邦多美尼亚共和国特鲁希略(Trujillo)专政晚期所做的一样,但教会独自不能推翻系统。让—克洛德·杜瓦利埃("娃娃医生")[Jean-Claude Duvalier("Baby Doc")]的出现带来了制度权力基础的转变,从而引致了动荡。新的专制者向穆拉托(白人和黑人的混血)精英、技术专家以及有国际联系的商人靠近。这使掌控乡村的黑人中产阶级焦虑,也使通顿马库特的一些部队困惑。这一制度接着试图直接向大众推行其平民主义的诉求,这使得其权力基础越发被瓦解。因此在1986年高校学生能够在教会的帮助下发起推翻"娃娃医生"的运动。

新教和五旬节运动在这里的角色并不清晰。显然与美国的联系不同寻常地密切;并且美国在其迫切要求更自由的措施的期间和其支持杜瓦利埃制度反对共产主义的期间有所改变。新教看起来也在弗朗索瓦·杜瓦利埃与罗马天主教斗争的时期大大拓展。

当然,新教在最近解放神学家,就如阿里斯蒂德神父(Father Aristide)和天主教等级制度的争论中得益。一名记者在《曼彻斯特卫报

---

* *noirisme* 强调海地人的非洲根源,而 *négritude* 强调对黑人文化艺术传统的尊崇和自豪感。——译者注

周刊》(Manchester Guardian Weekly) 于 1987 年 9 月 13 日的一篇文章中提及，天主教左翼与新教在争夺相同的人群。他还同样提及，大概 500 种新教宗派最近影响了近三分之一的人口。

新教至少在文化的层面参与了极具特点的转变。新教的影响一代一代的持续程度可以用路易斯·约瑟夫·让维耶（Louis Joseph Janiver）的描述来衡量。在海地民族独立这一题材上，让维耶是最积极的作家之一。他还提出，经济发展需要一个合适的理念。他认为天主教鼓励外在的忠诚和无忧无虑、不受牵制的生活方式。19 世纪晚期，他写道："那个新教徒节俭、尊重法律、热爱读书、和蔼友好、勇于盼望、善于忍耐。他自力更生，知道怎么将非物质的力量转化为物质资本。他不看重狂欢和节日……所有用于贸易、养育、生产、赚取、变富和繁荣的都是新教徒的。"[25] 关于"狂欢"的观点很有意思，那就是倾向于消除"狂欢"和 E. P. 汤普森（E. P. Thompson）在他对英格兰乡村循道会影响的评论中所痛惜逝去的过去的乡村时光。[26]

在勾勒了海地的大致背景后，我们可以转向弗雷德里克·康威（Frederick Conway）所做的当地研究。[27] 康威指出，海地新教排斥天主教和巫毒教。事实上，新教信徒呼求伟大圣灵的军队来打败恶者的军团。五旬节运动，特别唤起圣灵，并寻求圣灵的充满。这些"表述"在海地文化中很易理解，但在康威看来，它们，作为属灵能力记号的效力，只有当其与五旬节信仰的会众医治相联系，才能被理解。由于皈依五旬节运动是神医医治的一个有效方式，它必须包括一个通过整体会众灵能力而达致的与好上帝（Bon-Dieu）的新关系。这包括在敬拜过程中以及分小组到各人家中为病患祈祷。五旬节信仰提供了对抗所有邪灵的广泛的和神圣的保障。

康威讨论了五旬节运动的机构，并且，比起其他作者所写的其他社会，更明确地将它们与美国联系起来。因为很多海地五旬节运动是美国启蒙运动和社会发展不可或缺的一部分。它带来了美国的繁荣和美国的宣传品。

可以说，本土的五旬节信仰教堂是乡村最堂皇的建筑。它也意味着，至少对于那些教会管理阶层来说，获取圣职是可实现的。当一些五旬节信仰者说着夹杂着海地克里奥尔语的法语的时候："Celui qui chef trouvera"（他就是那个应该被老板找到的人），他们比自己所想象的还更显真诚实在。当然牧师们习得了社会技巧、英语，并得到了去美国的机会。

虽然宣教士是一个在等级制度上层的遥远的形象。美国宣教士被广泛认为是慷慨大方的。美国被视为所有好处和货品的来源：它滋养了一个被拣选的民族。五旬节运动吸引人们走出非洲的渊源和使他们一直陷在贫困中的各种做法，带领他们迈向美国锡安的幸福生活。

就如惯常那样，康威在这些研究中对妇女的地位作出了评论。也如惯常那样，在海地的情形下，有一个值得注意的与众不同的转折。康威侧重于它与对健康的关注和五旬节运动组织之间的张力。

大多数皈依者是女性。这不仅是道德的原因，还有身体健康的因素。女性得到医治的益处，并且她们自己也是医治者。男性总是鼓励女性信教，传扬医治的好处，但是他们自己不信，避开自己因行为而要受到严责的不利。然而，牧师职位和主要的管理工作大多数都为男性预备。因此，女性被关在成为与美国宣教士关系的中间人的大门之外。神的恩赐降临在所有愿意领受的人身上，无论男女，而组织职务却为男性存留。

康威认为，五旬节运动的人际网络和等级制度可能成为在本地、区域和国家层面一体化的一种方式。在乡村的层面，五旬节运动看起来不得不与会众外的人维持关系。但是在城镇，他们的人际交往更独立一些。弟兄姊妹自己互动，并且在就业市场互相帮助，有些惹恼信仰外的人士。然而真正的经济发展的机会只能随时间慢慢实现，经济机遇出现时，小工业行业就发展。上帝至少给人一些渠道去帮助他们自己。就像比喻所言，巧妇难为无米之炊。

至于海地的姐妹多米尼加共和国，信息却很稀少。天主教教会在19世纪中期遭到征用，在20世纪中期与特鲁希略（Trujillo）专政的紧密协作也对自身造成了严重破坏。神父几乎没有了，并且仪式规模也很小。然而，从20世纪50年代末，天主教慢慢离开政府，并开始维护人权。这里新教的影响比加勒比其他国家弱很多，人数只占总人口的2%。然而，某种程度上，惯常模式依然在较小的范围内被重复。二战后，很多基要派差会来到，并且，五旬节信仰人士现在占新教信徒人数的三分之一。根据惠夫乐（Wipfler）在20世纪60年代所写的，他们是发展最快的因素，并且几乎全由多米尼加人领导。

综合评述

在论述中，对加勒比不同地区所呈现的论据作一个更加总括的评述是有益的。本人会以神学家戈登·马瑞安（Gordon Mulrain）的两个观点展开。[29]他强调加勒比文化不是书面化的，而是说唱形式的。它同时也是非正式的、自发的、灵活的和极其丰富的。显然，这样的特性为一个口语化、非正式和经常为了适应而分离的宗教提供了丰收的可能性。马瑞安指出，整体手势、表达和面部的表情在沟通中很重要。他说，在这方面，五旬节信仰人士是专业人士。他们也是讲故事，而非提供详细阐述的专家。

最重要、最显著的是五旬节运动同时具备顺从和转化的能力。它找出当地社会的形态和构造，并且参与到人们的生活中。同时，它提供新的参与性的人际网络，也提供现代性信号和平等性符号可能传递的组织和沟通路线。在一个领域，它在某些方面接近现代状态，就如提供医疗帮助或者将病人转诊。在另一个领域，它可能细微地改变女性地位，攻击男性传统的心理和行为。有时，就像在牙买加一样，五旬节运动极其独立，至少在本地层面是这样。在其他时候，就如在海地，它看起来与美国的组织紧密地捆绑在一起。

当然，批评是不可避免的。五旬节运动反映了种植园的家长式作风的关系；它所宣称的平等也几乎不能在其群体中实现；其所产生的态度很清晰地类似于新教伦理。当然，很多新教信徒渴望的经济改善取决于便利的经济条件，而且可能需要一到两代的人才能实现。人们通过他们可得的空隙，在约束中向前推进，而非破除约束。即使在一个有限的社会空间内，实现个人独特性，打破阶级和种族的阻碍也是一个显著的进步，新的更广泛的平等也可能实现——迟早会的。[30]

第八章

具启发性的并行：韩国和南非

这一章关注一些其他社会。根据观察，它们的发展与拉美的发展相似。详细审视的社会是韩国，一部分是因为福音派，特别是五旬节信仰在那里的发展引人注目；另一部分是因为容易取得一流的资料。韩国值得仔细审视，还因为它展现了一个与拉美不同的宗教与经济风气。对韩国的考察帮助强调新教信仰与经济风气——和政治参与——连接的方式依据背景不同而不同。相同的推断也能从南非的概括中得到。南非是一个"保守的"和/或者灵恩的宗教都快速发展的国家。

更广阔的并行？

如果能够将对韩国的研究，放在与受美国宗教文化辐射影响的东亚国家的对比的背景下，那是很理想的。它丝毫不会使本人对于受美国白人文化影响的东亚和拉美国家五旬节信仰和福音派信仰成功本土化的论述逊色。这种白人文化最开始以英国形式，但最近以美国形式出现。如果在福音派对日本以及中国香港、新加坡、中国台湾和韩国这"经济四小龙"（four little capitalist dragons）的渗入程度方面进行比较，应该会特别有趣。实际上，主要的评论都是针对韩国和日本，至少可以说，这两个社会呈现出了令人震惊且意义重大的对比。

当然，对比的恰当范围应该囊括从印度尼西亚到中国所有受美国影响的国家。在宗教的范围内，应该集中精力于那些在民族团结和特定宗教间有很强关联的国家与没有关联的国家之间的差异。佛教与老挝和泰国之间以及伊斯兰教与马来亚半岛之间显然存在一个很强的关联。宗教与民族的联系同样存在于佛教—神道教复合体与日本之间这样一个不同的模式中。这种模式在韩国几乎不存在。虽然在菲律宾的天主教和在印度尼西亚的伊斯兰教都受到很强的保护，但它们依然没有表现出这样的模式。同样地，现在中国各民族也没有一个统一的宗教组织，这也是大多数东亚国家的情况。如此着力于这个差异是为了再一次强调，此研究的理论背景是宗教忠诚与集体归属感之间统一的破裂。初期的多元化虽然不充分，但却是渗入的必需条件，而且几乎一直如此。

这就是韩国为什么如此重要的原因。它是唯一一个真正经历了大范围多元化转换的国家。J. S. 富尼瓦尔（J. S. Furnivall）曾最早作出论述，其他国家具有一定的多元化文化有机基质因素，但都不是真正的多元化。[1]［新加坡的"多元化"就是这种有限意义上的，虽然现在被一个更现代、更广阔的多元化影响。那些对宗教条件感兴趣的读者，可以参考最近一部很优秀的专著：约瑟夫·谭慕尼（Joseph Tamney）和里亚兹·哈山（Riaz Hassan）的《新加坡的宗教转变：一份关于宗教流动性的研究》（*Religious Switching in Singapore: A study in Religious Mobility*）。][2]

必须承认，中国是一个奇怪的案例。截至当前，它拥有几乎被普遍认可的文化形式和结构，却又承认包含了不同的宗教色彩："中国民间信仰"、佛教、道教、伊斯兰教和基督教。最后两者在中国背景下，由于其自身结构的特殊性和有特色的一神论宣称而难以处理。它们是在中国被磨去棱角的两个宗教。更广泛的比较研究的兴趣一部分在基督教的渗入方面，特别是类似细胞形式的福音派在中国东部和大部分的中国流动人口社区的渗入。很多乐见基督教广泛传播者宣称对这些小（而事实上不可见）细胞的渗入已经深入中国大陆地区，并且甚至牵涉到5000万人口。甚至不乐于看到这种情况的人也相信这一数目不可小觑。对政治不过问有可能在韩国被看作一种逃避，但在中国却有很大的优越性，甚至是生存的基本条件，更不要说发展。

除了中国和华人社区，适宜进行多元化比较研究的国家就只有菲律宾、印度尼西亚和——可能——新几内亚（New Guinea）。后者是一个分崩离析的社会，所以会用对拉美部落群体的讨论方式来进行讨论。提到印度尼西亚，它是一个多重中心、人口众多的国家，以致很难以一个整体来讨论。它拥有广泛的次伊斯兰色彩，还有在这个或那个族群、部落或生态区中的基督教和其他少数派。福音派的存在显而易见。福音派人士非常活跃。但这样一幅蕴藏于1.6亿人口的信仰拼图显然超出了现在研究的范围。

仅次于韩国，菲律宾是一个有意义的研究案例。它是一个天主教社会［在棉兰老岛（Mindanao）有少数穆斯林］。它一方面与西班牙世界和拉美连接，另一方面，因为美西战争，被强行带入了美国范畴。所以它作为一个单一国家，精确表现出了西班牙与"盎格鲁"的互动。它同时也包含了很多与拉美相似的部落和语言次群体，而这些最近受到了火热的福音化的影响。

此外，保守派新教对整个文化的渗入在良好地推进中。大多数福音派和五旬节派集会在菲律宾举行。如历史悠久的新教、脱离国教者和国教一样，天主教教会对"这些教派的这些问题"非常谨慎。"这些教派的这些问题"是由一些从美国来的政治渗透活动所加重的。所以，菲律宾作为一种存于西班牙、白人美国和亚洲世界中的奇妙的混血儿，为讨论提供了一个主要对象。只是获取材料的远距离和难度使得它不得不被放弃。

这将我们带回韩国，这一具体和具有重要意义的案例。韩国确实是一个多元化的社会。关于韩国最重要的事实就是它曾被瓦解、分离——和打开。它曾被日本的奴役、政治分歧和美国文化势力敲得粉碎，并且它试图找寻某种方式，以获得某种可行的自我意识和生活方式。老式传统的朝鲜框架失败了，所以来自美国的可选项比较具有吸引力。它们是通向现代和成功的大门。这些可选项中包括了基督教。就像菲律宾，韩国是北美和亚洲的交融点。

韩国：历史和地缘政治

在触及五旬节运动的具体轨迹之前，我们有必要概括地陈述韩国基督教新教快速发展的背景。像犹太人一样，韩国在民族的交叉路口，受到很多侵略和扰乱的影响。两次侵略提供了寻找一种新的弥赛亚式拯救的精神动力。一次是在1910年日本的吞并，另一次是第二次世界大战之后从北边而来的将国家分为两半的侵略。从一个美国新教而来的拯救，在韩国表现为漠视政治、敬虔且反映美国观点的。耶稣基督的救赎和苦难是其神学理解的中心。事实上，它与到达拉美的新教完全相同，也同样具有大量神学保守的长老会的成分。

这一反政府传统的影响变得自相矛盾。一方面，它坚持生存下去，因为美国人试图引导教会离开日本加诸的尖锐、具有破坏性的冲突。另一方面，它允许将美国人视为毫无殖民野心的存在。特别在日本人是敌人的前提下，他们是韩国人的朋友。接着，基督教被很多知识分子作为初期韩国民族主义的政治工具使用。在亚洲，几乎所有其他地方都将基督教视为外来的。但是，因其古老的背景和日本人的缘故，韩国双重外来化了，基督教变得本土化并且真正受到了欢迎。

然而，在快速发展的早期还有一些其他因素。基督教新教最初于1884年到达，并且被认为是腐败官僚的朝鲜王朝及与其捆绑的孔子思想的一个具吸引力的替代可选项。特别是，韩国北方人发现他们被歧视了，他们成为最积极转信基督教的人。在这里有一个微弱的回声，很多日本的武士在明治维新时被逐出权力中心，他们进入了基督教。这说明了一种新的信仰会被迷茫或者被排挤的反精英人士采用。这与E. 埃弗雷特·哈根（E. Everett Hagen）约30年前所做的关于这类人——日本的"异议者"或者早期工业英格兰的异议者——的"成就动力"的分析很好地契合。[3]

看起来，通过这个预先混合的环境，基督教与西式学习和科学知识联系起来了。显而易见，这与19世纪晚期拉美的情况具有相似性。金秀（Kim Hsoo）指出，"很多韩国知识分子转向新教是为了在美国人，特别是循道会和宣教士所管理和建立的学校中，学习西方知识和英语"。[4]（这一过程与现在发生在新加坡的进程相似。在大学学习英语与信仰基督教有某种温和的联系。）这方面的数据显示了两种对新信仰的渗入开放的不同社会区位：下层阶级的上层和上层阶级的下层。后者，无论是在19世纪的巴西还是20世纪的新加坡，可能信奉基督教、现代性、英国英语，甚至提供更强流动能力的作为这一整套一部分的白人文化的综合。

然而，如果基督教只植根于英语语言中，它很难将现代性和民族性结合在一起。美国宣教士为韩国文化做出了巨大的贡献。他们使用被人轻视的韩语；教授韩国字符（Hangul）并用韩国字符出版书籍。正如宋康厚（Song Kon-Ho）所评论的："最初，成为基督徒意味着启蒙。基督徒掌握了韩国字符并能够读圣经。在进入一种新的西方文化的、科学和世界信息的过程中，发展出了一种民族主义的意识。"[5]

苏光山（Suh David Kwang-Sun）描述了同时引致现代化和民族主义的非凡的教育和医疗企业。[6] 1885年，霍勒斯·艾伦医生（Dr Horace Allen）开办了第一所由宣教士开办的医院：施恩救济屋（Widespread Relief House），现在是延世大学（Yonsei University）的一部分。这意味着基督徒医疗设施向所有人开放。教育机构亦然。1887年，亨利·G. 阿彭策尔牧师（Rev. Henry G. Appenzeller）开办了第一所提供现代教育的男校：有用之才教育院（"Hall for Rearing Useful Men"）。在美国新式学校学习意味着在学习技能的同时学习读写；学习科学的同时学习新约圣经；学习韩语的同时学习英语。事实上，20世纪的头20年，美国宣教士建立了一个从小学到大学的西式公共教育系统。也就是在这些学校中，学生的爱国主义慢慢在实际的教学课堂中、辩论课的训练中以及政治仪式中被表达出来。这与在巴西的美国新教学校惊人的相似，如引入科学和体力劳动，提供社会流动性的渠道，以及（在帝国灭亡之后）进入巴西现今的民族主义。

此时，应遵循两条不同的路径解释。一条路径已经使得现代性的氛围与基督教，特别是基督教新教相结合。有人可能鲁莽地认为这一路径发生在上层群体的较下层。另一条路径使基督教与韩国宗教性最原始的层面萨满教相结合。有人可能同样不谨慎地将其定义在下层社会的较高阶层。（虽缺少数据，但是巴西的宗教性对中产阶级有吸引力，这几乎可以与其对不太老于世故的人的吸引相媲美。）

虽然有可能令人吃惊，但保守新教（长老会或五旬节信仰）与萨满教的关系是非常自然的。新约基督教的世界包含了"邪灵污鬼"并且它宣告战胜了"那些势力"。那个世界，事实上，是跨越五大洲的一个共同精简版。即使在北欧和北美，我们也隐约能看到它星星点点的雏形。萨满教和通灵术几乎遍及世界各地，它们隐于或者显于当代生活之中。当然，在尤卡坦半岛（Yucatan）、塞陶（Sertão）及首尔，它显于表。赫克瑟姆（Hexham）表示，甚至在我们后面会讨论到的南非白人加尔文主义中，也有黑人非洲仆人传递给他们南非白人主人的孩子，在地下秘密发展。[7]

金尹宋（Kim Illsoo）引用了发表于1907年的一个美国宣教士的报告，充分说明了这一点。"很多韩国人宗教性的特性使他们更好地在基督教信仰中接受门徒训练。就如他们相信灵普遍存在，他们不难接受关于上帝的本质是灵的教义。"[8]这项报告还说到，提到基督教与一种自然道德律的关系，"孔子的儒家思想长时认为人是道德的存有，应该遵守道德的律法，有效地帮助他们预备生活中基督徒的道德"。[9]你可以使用功利主义的方法赶鬼，对于道德律的普遍性和权威采用康德的角度：然后你就会得救。所以五旬节运动在萨满教和儒家的形式上重拾了韩国人的古代，同时也引入和介绍了现代的美国。

现今的繁荣

谈及现今基督教繁荣的背景,应该更深入地从两个路径进入。首先,大量的乡村工人进入超大型城市,同时需要被超大型的教会接纳。而韩国的超大型教会在世界上是最大的。[10]这是在一个急速变化的世界中寻求属灵安全感所产生的实际身体和灵魂的移居。韩国教会,特别是那些五旬节传统的教会,再一次成为"广众的安息所"。总体来说,他们放弃了对政治的积极参与。这发生在一个对朝鲜共产势力的对抗和国内政治动荡的背景之下,虽然有夸大的成分,但却极其真实。当共产主义到来时,成百上千的朝鲜基督徒逃到了现在的韩国。他们知道朝鲜将会成为一个阿尔巴尼亚式的极权国家。那些逃到韩国的,一些是天主教徒。至今都可以从他们中的少数人身上找到部分由于那场经历所产生的保守态度。就是那个时期和那种经历,产生了除正统基督教之外的弥赛亚式的回应,如"统一教"。

其次,另一个路径使得基督教反对韩国社会中的法西斯和腐败的因素。因为韩国基督徒拥有一个反抗儒家腐败和日本统治的传统,所以现在他们反对专制政府。政治上的反对与学生、知识分子和一些产业工人相联系,并且倾向于从历史悠久的新教教会和罗马天主教会寻找渊源。其与众不同的意识形态方面的工具是"民众神学"(Minjung theology),它是拉美"穷人的选择"在韩国的表达。[11]

在其非常有洞见的分析中,金尹宋继续挖掘这些基督教扩展的令人熟悉的环境基础之外的原因,并找到了韩国人寻求"个人社团"的倾向。这一词汇的意思是"人们或者成员之间互相帮助、感情交流、互相忠诚、共同的状态标志、共同的资源和互相鼓励的个人网络"。[12]当我们谈及这些个人网络与经济自助和互相保障的关系时,我们发现它们与第十一章谈及的个人人际网络的角色是并行并且相似的。金尹宋认为寻求"个人社团"的倾向解释了韩国长老会信徒以 5 比 1 的比率超过循道会信徒,而美国循道会信徒以 3 比 1 的比率超过长老会信徒的情况。长老会来自美国、加拿大和澳大利亚,他们采用基于自传、自理和自养的"倪维斯方案"(Nevius Plan)。这一理念通过撤走外来资金的支持来加强信徒的信仰。

金尹宋接着说明新教精神怎样与追求成功的文化特性相联合。事实上，这可能是关于韩国基督教各种各样材料中最重要的观察。他写道："鉴于对成功的追求，韩国人的独立特质（倪维斯方案）为一个真实的信徒提供了保罗式的机会，建立起其赖以生存的'先驱'教会。"[13]如果巴西的长老会那么做，那么五旬节运动将显得多余。

　　倪维斯方案的另一个特点使基督教机构能够与当地民主单元相联合，被称为"桂"（Kye）。"桂"是包括友谊、相互支持和共同信念的传统合作社。过去农民借由它在政府的开发中保护自己。这意味着，首先，只要"桂"中的一个人成为基督徒，其他人都会跟随他成为基督徒。其次，小规模的基督教机构和"桂"可以很好地共存。

　　长老会深入的本地化通过教会靠近孔子的君臣、父子、夫妻等五伦理念被推进。这也许太过简单。结果与在巴西长老会内部从大庄园模式中再生的赞助关系有着惊人的相似。牧师与长老们试图在世俗的人面前保持高高在上的地位，并坚持享有优越特权。这样，基督教普遍的兄弟之情降低至有限特定的关系。金尹宋一个更深入的观点是，指出长老会做到了循道会没有做到的转变。社会学的结论也几乎再一次显明，那些想要本土化、受人欢迎的宗教必须牺牲其原来的特质。（同样的，在日本，一个激进严谨的神学家寻求使他的信仰本土化，最后发现这需要和谐的原则，而非严谨的原则。）

　　当这些个人和社团离开它们的乡村，开始在都市的混乱和竞争的开阔地带漂流，它们确实是获得个人关系，避开非个人性官僚政治的非常有效方式。更广的结果是令人惊奇的，它们大量产生并且很快细分，出现了好多组织机构。它们是成千的小单位的聚合。这样，只一个五旬节信仰的教会，首尔全福音中心教会（the Full Gospel Central Church），就拥有50万信徒，成为世界上最大的教会。第二大的教会是智利圣地亚哥的佐大培循道会五旬节信仰教会（Jotabeche Methodist Pentecostal Cathedral），拥有8万信徒。在这一点上，"科学教会增长"原则与韩国社会的实践性发明相结合。光林循道会教会（Kwang Lim Methodist Church）从1950年的82人发展到1970年的680人，到现在有1.2万人。永乐长老会教会（Young Nak Presbyterian Church）起源于从朝鲜共产党手中逃出的难民所组成的帐篷教会，在1984年已经拥有6万人。这些包含了大概1万个家庭，由20个牧师、14个助理牧师和4000个执事（大多数是女性）来服侍。他们拥有1562

个细胞小组。这些反映了与新教人数情况相一致的发展率。韩国的新教人数从 1940 年到 1961 年增长三倍，从 1961 年到 1971 年翻番，在接下去的十年继续增长三倍。到 20 世纪 80 年代，新教信徒占了韩国人口的 20%。[14]

这样爆炸性的增长与细分共同出现彼此搭配。大多数的评论家认为，分裂非但没有阻碍发展，还促进了发展。正如在巴西的分裂是重要的，并且释放了能量。几乎在韩国的所有都会都经历了分开，然后增长。到 1981 年，韩国长老会已经分成 45 个独立的部分。这一现象被韩国的记者称为"独立教会主义"（individual churchism）。循道会教会缺乏这种分裂，相应地发展率低。被称为"偷羊"的老伎俩使基督教牧师们敏锐、精干并高效。属灵的创业者文化是真实存在的。主任牧师/具体执行人员事实上与巴西的主任牧师们一样，与很多世俗的角色结为一体。他是一个社会工作者、职业介绍所工作人员、一个商店经理、一个经纪人、一个教育者和一个调停者。如果在最高阶层，他还是在"圣灵里面"的一个国际经理。知道应该雇用什么样的人，谁更应该待在希尔顿而不是基督教青年会（YMCA）。美国人难道都不这样吗？除此之外，这些牧师和他们很多的助理以一种典型的美国方式互相"受荣耀"。值得说明的是，这些特点也可以在美国 75 万的韩国移民的教会中找到，这使它们保持了增长的态势。[15]

在这所有的当中，有趣的是敬虔和技术实用主义、科学管理和基督化萨满主义并存，好似是一个悖论。其实这个悖论并不存在。赵镛基博士（Dr. Cho Yonggi）拥有法律和科技学的学位，是全福音中心教会主要的执事兼牧师。这些主体需要有一个与平日被理解为"解放的"或者"人性化"的教育的边缘性的重叠；或者与跟经常和这些教育一起出现的启蒙观点有边缘性的重合叠加。一个就像当今韩国这样精于科技的社会并不需要某种内在必须性，需要一种装点了适当道德、政治、认识论角度的人性化知识分子氛围。它可能通过在宗教范围中结合工具性的技能与明显的工具来进步，并且取得显著的进步。赵博士在个人救赎的同时，提供了繁荣与医治，并且通过古老的祈祷方式和医治触摸达到。他的方式糅合了早期工业英国的工人成人学校（Mechanics Institute）和个人对神迹的期望。每年成千上万的朝圣者登到他的祷告山寻求释放和重建；寻找调节它们每日生存张力与压力的某种心灵良药。

根据于博雄（Yoo Boo Woong）一篇关于"对韩国五旬节信仰教会萨

满主义的回应"的文章，赵博士的哲学是："找到需要，并满足需要。"于博雄接着论述道："为什么韩国工薪阶层，特别是女性，倾向寻求萨满巫师的帮助？因为他们需要健康、财富、多产和生活中的成功。而赵博士的讲道正好符合这些需要。"[16]赵最喜欢的一句话是"一切皆有可能"。就像奥罗尔·罗伯特（Oral Robert），他大力强调《约翰三书》1章2节。在这节经文中作者将信徒的信仰、健康和"凡事兴盛"连接起来。在文森特·皮尔（Vincent Peale）和舒尔（Schulle）的模式中，赵是一个"积极思想者"（positive thinker），也是一个以圣名医病赶鬼的驱魔人和灵恩人士。当他工作时，他的方式医治好了众多的人。他将其称为医治救赎之事工。事实上，它们不仅有效，还帮助你去做事工。

五旬节运动高涨

我们在处理三个具体问题（女性的地位和角色、经济风气和政治参与）之前，回到五旬节运动发展的讨论。关于拉美，这三个部分被分别用不同章节来处理，但是韩国应该作为一个讨论的完整部分来处理。有趣的是，我现在所使用的部分资料是基于李在邦（Lee Jae Bum）在富勒神学院世界宣教学院（Fuller Theological Seminary School of World Mission）的博士论文，所以接着引出了"科学教会发展"的角度。

李在邦设计了他自己的问卷："为什么新教教会人数的增长率是韩国人口增长率的五倍？为什么具有五旬节信仰特色的教会更有效地吸引韩国人去教会？"[17]他提到了我已经涉及的各种环境，包括家庭基督化的重要性、依循家庭网络而进行的福音化。他接着强调，20世纪60—70年代，快速的教会增长对非同寻常的经济扩张、都市化和错位的影响（虽然关系隐晦并不明显）。基督教的发展与经济的增长是携手并行的。他接着申明其主要目标，基督教爆发的强度，它额外的冲力，应归功于五旬节运动在与超级教会合作当中的特色。五个教会支撑了他分析的核心：一个五旬节信仰教会、一个长老会教会、一个循道会教会、一个浸信会教会和一个圣洁会教会。每一个教会都是它们教派最大的教会。（在第9页他提到在他妻子所创立的安提阿教会他个人在医治和后续事工方面的经历。）

李博士接着追溯五旬节运动的谱系，结论是它来源于约翰·卫斯理（John Wesley）和天主教使徒教会（Catholic Apostolic Church）的爱德华·艾文（Edward Irving），从那之后发展成为三个事件：1901年堪萨斯州托皮卡复兴（引致洛杉矶亚苏撒街复兴）、1903年韩国元山复兴和1904年威尔士复兴。对于韩国更大的五旬节运动的兴起的关键，很明显就是循道会和长老会宣教士于1907年在平壤的会议。从1906年至1910年，教会净增长大概8万人，比新教在日本工作50年之后的总人数还多。当时最具影响力的人物是孙智祁（Sun Joo Kil）。他代表普林斯顿理性基要主义，接着主要为保守的长老会观点。

李在邦提及在1910年到1945年日占时期独立运动和基督教的合作，也指出很多韩国人通过成为基督徒表达他们对日本人的敌意。那时的政治复杂性会在稍后提及政治的时候处理，但是在20世纪30年代一个重要事件就是日本坚持参拜靖国神社。（很多日本的五旬节信仰的牧师在拒绝参拜后失去性命。）

五旬节运动随着参与了洛杉矶复兴的玛丽·C.拉姆齐姊妹（Miss Mary C. Rumsey）于1928年来到韩国。她和一个救赎军秘书洪许（Hong Hur）于1933年建立了第一个五旬节信仰的教会。然而，在世界大战和韩国战争的这段艰难时期发展很慢。1953年，八个教会大概500名信徒一起建立组成了韩国神召会，在1961年举行了复兴集会。但似乎五旬节信仰的转折点直到1973年才出现，也就是在这个时候全福音教会成为五旬节运动发展动力的中心。

到1982年，五旬节信仰教会因拥有50万人的信徒而成为韩国第三大新教群体。循道会拥有885650人，长老会拥有4302950人。五旬节教会十年增长率为742%，而长老会的增长率为135%，循道会增长率为130%。五旬节信仰教会分为7个不同群体，其中一大半属于神召会。很多大型的非五旬节信仰的福音集会，包括很多与葛培理（Billy Graham）相关的集会，都在这段时间开展。并且在这些集会中五旬节信仰人士有感染力地和其他福音派基督徒接触。李在邦作出结论，此时五旬节信仰影响了韩国大多数的新教基督徒。

李在邦对五旬节运动中对穷人的关注和"民众神学"（Minjung theology）给予穷人的选择作出了一个类比。一个将邪灵放入灵界，另一个将邪灵放入结构中。五旬节信仰人士和民众神学的实践者提到"被掳者的释放"和"禧年"时所表示的意思大不相同。韩国五旬节运动强调从各样的神迹，特别是医治和"灵洗"，真实地在将来**和现在**看到"那国

（神国）"。他们不像较老的福音派信徒那样消极，却是现在就想要得到那国。

李在邦提到的促进五旬节运动特别增长的"特色"（与其他不同的区别性特征）是什么？他认为，首先，是所有新教徒在主日学的预备，并指出大多数同有一个保守的圣经观。他还描述了他们对祷告的强调，特别是"开声祷告"、通宵祷告和晨祷。"具体的赶鬼、医治和神迹显著地发生在韩国发展中的教会中。"[18]"另外，韩国牧师通过他们布道和管理教会的模式占据很有力的权威位置。"[19]他们不仅担当"促成者"的角色，同时，很多平信徒也为他们在教会的工作接受培训，在时间和金钱上都付出很多。每个教会都有自己的细胞小组，充当对在疾病和其他苦难中的人提供扶助的资源。家庭细胞是教会活动的中心。社会服务被鼓励，就如收麦子和衣服以及修缮孤儿院、幼儿园、寡妇之家和老人公寓。教会领袖们特别设置**目标**，作为鼓励教会发展的一个策略。

李在邦在一个非常强调赶鬼的牧师那里搜集到很多不寻常的数据。似乎，从1961年开始，这个牧师使7个人从死里复活，其中3个在葬礼前复活。这显然成为那个教会发展和受人欢迎的一个原因。此外，他从40万人的身上将鬼赶出，其中有59个跛子。也许基督教起初时也这样。

李在邦总结了属于这五个超级教会的人群的阶层背景。除了圣爱浸信会教会（Sung Rak Baptist Church）和中央福音教会（Central Evangelical Church）为中等偏低阶层，其他看起来都是中产阶级教会。5个牧师中有4个都经历过五旬节信仰中所提到的医治。发展最快的圣爱浸信会强调赶出恶魔。李在邦再一次将它与韩国万物有灵论的传统相联系，甚至认为基督教使"韩国纯粹的万物有灵论"达至最大的影响。相较之下，五旬节信仰中的预言较为少见。

特定问题

女性

现在应该讨论女性的角色和情况了。这是这一部分研究的主题。这里所讨论的应与第九章的资料，特别是伊丽莎白·布鲁斯科（Elizabeth Brusco）的著作相联系。在此，我将使用首尔梨花女子大学（Ewha Women's University）社会学教授李孝宰（Yi Hyo-Jae）的一篇论文，辅以钟博士（Dr. Chung）的评论。[20] 就其是韩国第一个这样的大学，并且是由一个基督教女校发展出来的，梨花女子大学自身就是一个相关证据。

李孝宰调查了一个情形，其中有两件事情是明确的。一个是基督教在韩国有识女性中的角色；另一个是占教会人数 70% 基督徒女性并不在教会的运作和管理权力中有相应的角色。

在现代之前，韩国女性负责家庭的延续和工作。当基督教来到时，女性热情回应，并且在 20 世纪初的复兴中起到了催化剂的作用。外国宣教士看到韩国女性从萨满实践中所经历的"无望"。宣教士的布道给女性，甚至给她们的整个家族带来救赎。一旦归信基督教，韩国女性就和女宣教士们一起工作，承担了福音工作中一个主要的角色。很早于1897 年建立的女性家庭使命社团（The Women's Home Mission Society）事实上是第一个有组织的女性运动。女性基督徒是宣称抵制"妾制"的主要人士。在这些组织和运动中的经验自然地开启了女性的眼界，让她们看到了新的可能和西方社会中女性的不同地位。但是她们没有通过同事和指导者的平台或改革接受很多。基督教所带来的主要效用是基督教教育更长远的影响。

然而，女性的确变得具有自我意识，也能意识到国家的耻辱。她们在教会中承担起更重要的角色，而且她们在循道会教会中承担的角色比在长老会教会中承担的更重要。由于她们对朝鲜的希望，20 世纪 20 年代和 30年代是很敏感的年代。一旦将信仰与爱国热情结合在一起，她们就会变得很危险。很多人将她们的活动限制在不问政治的敬虔中，大多数感到应该服从日本的要求，在神社参拜。甚至战后进入 60 年代，女性地位并没有可见的、实质性的进展。在这一时期，女性基督徒的运动倾向于维持女性的社会现状。接着 70 年代现代化的浪潮席卷所有领域，引致了福音活动的多样化。其中包括女性承担社会工作岗位，但是她们并没有获得新的能力。然而，60 年代和 70 年代韩国不断的加紧压制的确使女性参与到"追求民主化和人性化的各种活动"中。[21] 活动诉求包括经济问题、女性话题、人权和核问题。简言之，发生了两件事情：虽然从属于男性，但是的确出现了一些女性担当的重要角色。女性参与到了兴起的社会和政治抗议的主流之中。这些抗议对抗的是一个只倾心于财富创造的社会。也许这个新的意识可以反映基督徒在韩国行动的一个总体特征：承袭美国社会正在发生的转变。

政治

关于基督教与韩国的政治生活，有一些更深入具体的阐述，因为它是基督教扩展的基本背景，也为理解基督教与韩国的经济生活提供了线索。

正如早前指出的，基督教最初的扩展来源于韩国社会的瓦解。这是由日本战胜俄国（被视为西边的胜利）和东学农民起义（Dong Hak peasant revolt）促成的结果。基督教带着解放平民和女性的光环进入韩国，并且与韩国民族抱负的相关联。结果，在1919年签署韩国独立宣言的33个民族领袖中有很多都是基督徒。教会自身为民族主义人士的煽动提供了交流网络。基督教青年会（YMCA）特别成了独立运动的基地。

然而，很多教会领袖和美国宣教士对这一种早期的韩国战斗精神感到尴尬。这种精神的实践既包括暴力，又包括示威游行。一些分析指出，宣教士对复兴的专注一部分被用作一种政治参与的替代项。当然宣教士们惧怕被驱除出境，也害怕日本人将教会连根铲除。他们强调和平与和谐，并且不让教会被政治煽动攻击，这些煽动将教会称为卖国贼。通过这种方式，他们延续了与政治无关的虔敬传统，但是也被美国地缘政治当时的考量——以牺牲韩国民族主义者为代价与日本合作——所影响，就像在拉美一样，新教强调个人和政治的和平性，但却因为与男性激进分子的合作丢掉了名声。

当韩国从日本手下获得解放，在教会被迫与日本人合作时亲日本的牧师与另一些为参拜神社感到羞辱，并想恢复其宗派忠诚的牧师们发生了很伤感情的斗争。（日本内部也发生了类似的斗争。）大多数亲日牧师控制了局面，却付上了加重分立的代价。

同时，两个事件使得单纯内向的敬虔与反共产主义紧密联系起来。一个是朝鲜战争（Korea War）。就如已经提到的，基督徒从朝鲜南移。另一个就是早期激进民族主义势力的进入，包括一个基督徒总统：李承晚（Ryngman Rhee）。支持李承晚就是支持美国解放者，包括赞同他们的经济体系和宗教，极力反对共产主义。李承晚的政策被朴正熙继承（Park regime），并且事实上倾向于鼓励日本多民族主义者与美国商业一起进入。学生和知识分子越来越被疏远。这个政治混乱和文化乱象产生了更深远的分歧。成百上千的人们躲到了宗派群体中，特别是五旬节信仰群体中。他们在那里找寻自我的定义和获得广泛支持的人际网络。这些群体与周围文化契合得很好。他们采用了韩国萨满的功利主义,也表达了一些韩国老者对权威,特别是官僚权威的尊重。同时,它们追求成功和物质的祝福。事实上,他们从竞争精神、求大的希求和满足的方式各个方面反映了经济体系。在一个极端一个牧师每年可以挣 2.5 万美金,而在另一个极端一个牧师也许收入少于 1000 美金。

一部分韩国新教信徒公开或者心照不宣地支持政府。朴正熙(Park Chung-Hee)资助了韩国学园传道会(Korea Campus Crusade for Christ)主任金俊坤(Billy Kim)的神职生涯。并且这一政教合作的伙伴关系显然支持了在韩国军队中的福音宣讲。总统的早餐祷告会以美国的模式进行。史上最大的两场福音集会于 1973 年和 1974 年召开。

另一方面是"民众神学"的提倡者和一个日渐激进的天主教教会。这些群体是基督教群体中的少数派,并且与那些强烈感受到被从政治进程中排除出来的人们,特别是学生和生产工人联合。这一联盟初见于对日韩条约中的侮辱性字眼和日本商业进入的抗议。这一异议的中心在韩国基督教协进会(Korean National Council of Churches)和于 1974 年由该协进会设立的一个人权委员会。

提到天主教,它自身是分化的。一些人属于较老的天主教政治传统并且/或者因为朝鲜战争大量从朝鲜驱除逃出的基督徒受到了损害。另一些人是韩国国家情报院(Korean CIA)的成员并且/或者与政治有区域或家庭成员方面的联系。天主教教会自身在 50 年代和 60 年代,从一个小的乡村聚集区发展成为具有城市根基的社区。其新成员,特别是年轻的神职人员不再沉寂。1972 年,金枢机主教在首尔敏东大教堂(Myongdong Cathedral)的圣诞午夜弥撒中向朴总统发出警告。也许韩国天主教社区的流动性是由季(Tji)主教被捕和 1976 年天主教教会参加基督教协进会时签署《民主全国救赎宣言》(Declaration For Democratic National Salvation)的一个重要冲突产生的。那之后,金大中(Kim Dae-jung),一个天主徒,两个最知名的反对派领袖之一被捕。从那之后,天主教会与在严重的压制中依赖国际联络和美国公共意见保护自己的基督教协进会之间的冲突,间歇发作。在这一背景下,天主教重演了殉道的历史,将韩国拉回到了大概两个世纪之前,并将其与现代大规模抗议的方式结合。[22]

一个政教混合的因素需要进一步确认。它和其他因素与韩国民族的报复性和一种深层压抑的被侮辱的感受相连。这种被侮辱的感受是几个世纪以来中国人（汉族）与日本人的占领所造成的。韩国人经常经历失败，太渴望成功获胜。这一点从他们在奥运会的表现就可以看出。在民间信仰背景下出现的新的信仰运动将韩国人视为被拣选的民族，并且在寻找一个能在一个和平安全之地建立圣都的真实的人（True Man）。坦白来说，韩国在变为一个更加强大和有影响力的文化的节点上与以色列有相似之处，所以产生了相似的回应。这一韩国信仰延续下去的一部分是"东方式的教导"。这样的教导是一个天生入世的教导。"东方式的教导"的信从者反对旧朝代的腐败，同时也反对日本人。[23]

从这样的传统中出现很多混合主义的群体。他们与南非大量的小群体、菲律宾基督教会（the Iglesia ni Cristo）一样。统一教就是这样的一个群体。它将其领袖的信仰背景长老会的因素、"通灵术"的因素和具有韩国及韩式弥赛亚形象的末世论相结合。统一教也代表了对美国很强的关注。据称，他们帮助韩国国家情报院和美国右翼群体建立联系。

经济生活

现在讨论宗教，特别是基督教与韩国经济发展之间的关系。必须从一个更广阔的角度考量这个问题：整个东亚和东南亚儒家思想与经济发展之间的关系。虽然韦伯认为儒家思想并不能产生经济动力和企业主动性，但一些现代评论家扭转了他的看法，在儒家精神中看到了东亚与新教苦行主义"功能上的等同者"。为了讨论这个问题，他们强调了为实现资本主义兴起创造的重要背景中的文化的角度。当然，他们并不认为，任何文化，无论儒家的或是其他，能够独自为经济发展创造一个有利环境。只有当其相对容易接受，并且当一系列条件都具备时，它才能够促成变革。其他评论家贬低文化的作用，认为（在他们眼中）这么消极的因素不足以成为一个变量，并没有太大的效果。他们更愿意将重心放在设置适宜的机构和正确的经济政策上。他们强调这些具有更大的优势，就是可操作性强。

如果你对文化因素有所关注，正如我现在所做的，那么要阐明儒家思想的角色，特别是在韩国的角色，就必须阐述两点。儒家精神中的特定因素的确辅助了经济的发展。这些因素存在于关注世界，强调秩序、纪律、尊重和群体团结的态度中。同时，传统的心态主要与对典籍学术角度和礼仪角度的欣赏相关，而非商业的实践。这意味着，儒家思想中最有用的一支是经历过演变的，以至于绅士般的学者或者官僚已经转化成为知识丰富、具有实践经验的技术官僚。

第二点更契合韩国，并且需要重述前文所提到的一些重点。韩国的儒家思想与朝鲜王朝的瓦解和中国压倒一切的影响有关。正如已经指出的一样，它属于一个在西方科技影响到达之前，快要失去政权和合法性的旧体系。吊诡的是，这种西方影响一部分是以日本作为渠道。日本毕竟是一个带有东方传统的国家，所以人们可能会认为日本总体上来说是复兴东方传统威望的榜样。然而，日本是东方国家中最少受儒家思想影响的，更重要的是，它是当时压迫韩国的国家。

所以韩国处于两个东方势力的压迫中，而且两者或多或少都尊崇儒家思想，但是人们认为，两者都抑制了韩国的民族理想。换言之，如前面已经指出的，在这个情形中，西方侵略势力——在这个案例中是美国——没有其他东方势力具有侵略性。事实上，除去间歇的螺旋式的地缘政治敌意，美国对韩国的民族理想是有同情心的。并且经济动力、进步、平等——和新教信仰——都可能受到很多对未来有期许的韩国人的欢迎，因为它们对他们有益处，对韩国也有益处。这也正是韩国新教与经济发展之间联盟的界限。总体上是美国影响的前行主体，受宣教士及其教育机构的影响最大。

所以，金敬东（Kim Kyong-Dong）在其对韩国宗教和经济发展整个问题的讨论中，[24]认为五旬节运动的主要影响就在这段时期。迄今为止，所有认可宗教方面影响的评论家，就如吉铉茂（Gill Hyun Mo），都将这一时期当作一个重要时期。吉铉茂［在与金焕（Kim Hwan）的私人谈话中］指出，基督教在一个世纪之前传播时，一开始在平壤和一些西北的省，信徒都是经济状况比较好的，比较勤勉的。然而，这不是一个工业化的时期，并且日本人在其占领期间对鼓励韩国经济的发展并不感兴趣。很有可能，由日本人建立起来的阶层流动性的主要渠道不是日本人开设的学校，就是美国人开设的学校。

虽然两者同时增势迅猛，但金敬东认为韩国20世纪60年代的经济腾飞与新教的扩展没有特殊的联系。但是无论我们是否直视60年代美国强大的新教文化对文化领域的影响，这样的双重发展应该说，在于自身也与美国重要举措所引致的复杂影响有关。这当然是在探讨拉美和韩国时，遇到的程度不同但相似的现存问题。

赶出日本人为韩国和基督教的发展开辟了一个新的时代。现在论述经济问题的背景时必须作一些重复。两个因素很重要。一个是与日本压迫相伴的对外界漠不关心的复兴主义。另一个是军国主义思维的遗留。新教中的平等主义和解放主义在日占期间减弱。很多包括基督徒在内的韩国人的心态与儒家思想中对权威的尊重，包括对日本教育和培训的顺服结合起来。在1950年到1951年的战争中和战争后，韩国人必须依靠武力，在部队服役并在战争中生存。在被围攻的情境下，他们活下来并依旧活着。这个新韩国在逐渐成形的过程中，与美国的联系紧密。韩国在经济上依赖美国，通过美国军队和去美国留学的人们，从美国的文化中获取经验。这些与美国的联系表现出来就是，那些移民的韩国人很多都曾经是并且现在也是基督徒。

朝鲜战争之后，新教是美国政府与李承晚和朴正熙当局之间一部分联系的纽带。这也与新教和经济发展相关。这些政权将经济的发展与民主的进程联系起来，并且因此，这样的统治依赖于新教的淡泊心态和韩国精神中尊重权威的那些长期存在的因素，以致表现出一些温和的家长制作风。并且，新教基要主义帮助防止了政治系统膨胀。这也再一次阐明了哈勒维在谈及英格兰的循道会与革命时候的论点。它也联合了韩国寻求社会阶层流动性和物质水准提高的所有因素。如果新教徒没有其他人成功，他们就会充满热情地加入狂热追求成功的队伍。比起政治选票来说，大多数韩国人更关心面包。他们发现，虽然贫富差距扩大，但因着穷人生活水平一定程度地提升，这样的贫富差距依然是可承受的。这样的单一意识惊人地体现在国民生产总值（GNP）、社会构造变化和向城市的大规模移民上。发展中的基要主义教会所提供的是希望、治疗、团契和人际网络。它们脱离失序和混乱。最后，一些基督徒也回到解放的主题，不过那已经在前面论述过了。

一些教会一部分承袭了传统萨满教的功利主义精神，而这再一次落实在经济问题上。彼得·伯格已经讨论过功利主义对"低级"儒家思想中的神的态度。[27]如果它们不传递，它们就会被降级。在这样的信徒眼中，基督教所谈的"灵"的确在健康和财富中传递，所以"他"被宣传。韩国的宗教情景，基督教或者其他的宗教互相竞争却彼此汇合，并且具有实用主义的适应性，这样的特点也同时存在于经济领域。考虑到宗教不会"引发"经济"奇迹"，它当然是同步发展，并且有自己的奇迹。也可能是在市场上各样宗教的转折，促进着实用主义适应性的大气候。金敬东已经指出，孕育了韩国发展的潜在因素不是儒家思想或者基督教，或者甚至也不是儒家/基督教萨满主义，而是在宗教平民阶层中的混合的适应性。[28]在这个层面，韩国人与日本人相似，都是善于吸收的。有需要时，他们包纳所有有益的东西。

从另一个角度来说，基督教提供了一个稳定的可接收模式，即驱除韩国人心理上受汉人影响的层面——恶意地不满。当韩国人探索个人和群体的自我定义时，基督教提供了自我表达和释放的方式，以及对和平性而非暴力的强调。在经历了几个世纪的欺压和情感以及经济上的贫穷之后，一些和平的渠道最终打开，韩国人可以开始将自己当作一个新男性或者甚至新女性而重新定义。

在某些方面，韩国的经历就是日本的对立面；在另一些方面，这两个社会非常相似。一些主要的对比可能很有用。日本是一个君主制国家，美国是它的竞争对手。而韩国是一个殖民地国家。美国人是它的解放者。日本的文化被其岛国的状态保护；韩国的文化被其半岛的状态毁坏。做一个岛国比做一个半岛或一座桥梁安全多了。日本人被迫从美国人那里接受的是民主政策；而韩国人从美国人那里免费索取的是包括保守新教在内的文化因素。两个文化都善于吸取，并且将从任何其他地方到来的任何事物带着以前存有的因素混合起来，也包括新的宗教。基督教被韩国的萨满主义重塑，并且它也同样与日本一种谨慎的"大和"系统"和（wa）"联合起来。[29]

两个文化都保留了它们当地社区的结构，并将其带入了工业时代。在日本的案例中，保留的工作是由工业合作社区和新佛教群体共同完成的。在韩国的案例里，这一工作不是由佛教群体实施，而大多数是由基督教会完成的。

在这里，当然，我们要谈论宗教差异；并且应该指出，在日本文化中新佛教群体所承担的角色在韩国由基督教会承担。从日本没落的君主文化产生出新的群体，新的情境需要其自身的佛教资源。作为一个前殖民地，韩国因其外来的特性从其他地方吸收了新的资源，于是用尽或毁坏了原有资源。当然，日本对基督教的"拒绝"看起来并非是一个直接的拒绝。罗纳德·道尔（Ronald Dore）指出，很多在明治时期早期日本建设的信念是从新教精神而来。[30]就如简·史温吉杜（Jan Swyngedouw）和大卫·瑞德（David Reid）论述的，在整个日本人的"和"中，基督教被用于有限的目的。[31] 它也通过教育和在政治统治中已被取代的、成为早期基督徒的武士所吸收。这一影响拓展到日本社会相当规模的部分中去，特别在高层受教育者中。但是在韩国和日本的复苏中依然存在着戏剧化的对比。在韩国，基督教信徒越来越多，而在日本，基督教仅仅像在其他东亚社会那样牢牢待在边缘地带。

更远的类比：南非

现在探讨一个更远的区域。显然，五旬节运动正在进入非洲的很多地区，例如：加纳和尼日利亚，但是作者可以接触到的即时和可用的信息只是关于南非的。南非引人注意，因其呈现了一个具有"约"的背景的南非白人文化，以及一个美式平等主义的潜在因素。虽然这一潜在于不利的环境下被不幸扭曲。

我重复说明，南非，更具体来说南非白人聚集区，拥有成就美国、促成美国部分纲领的宗教资源。从这个角度来说，它与阿尔斯特（爱尔兰共和国北部省份）相似。不仅有那些资源，还为美国独立战争提供了人力，并且依然与美国的很多部分保持着紧密的文化联系。南非（像阿尔斯特一样）缺乏美国可以利用实现其理想的开阔地带。如果有多余空间，南非白人有可能建成另一个美国社会。事实上，它面对大量的多数派，以致它采用一种以攻为守的姿态来保证其种族特权。因其在大迁移（the Great Trek）时遭受变动的创伤，南非更坚定地要保持这些特权。所以，在观察这一美式的宗教在南非的"启程"时，人们可以观察到美式宗教素材带着平等主义的重要因素的快速"输入"，接着成为一群感知到其道德和政治疏离的人们的漠视政治的偏好。[32]

在我的评论中，我特别倾向于卡拉·鲍维（Karla Poewe）和艾文·赫克瑟汉姆（Irving Hexham）所收集的资料，但是同时使用埃尔达·S.莫伦（Elda S. Morran）和劳伦斯·史莱默（Lawrence Schlemmer）的重要评论。卡拉·鲍维同时着墨于几十年前大型黑人独立教会的建立和20世纪60年代中期骚动中当代白人独立教会的出现。在城市的中心，或者城市周围新的、广阔富饶的住宅小镇开始出现灵恩运动的超级教会，与那些在圣保罗和首尔出现的灵恩教会同期并行。她说："年轻人和中年人，中产阶级和上层阶级,经历了离开旧生命,拥抱新生命的感情波动。这个戏剧充满着预言和哭泣、悔改和希望、得胜和庆祝。"[33]这不仅仅包括一个人对环境更高的敏感度并且抓住无论是回应还是创业的新机会,还包括了在教育、多种族牧团队中或者到印度、有色人种和黑人小镇的宣教中与非白人的接触。卡拉·鲍维和艾文·赫克瑟姆认为,这代表着南非白人部落城市化的开始和界限的消融。

鲍维和赫克瑟姆的主要研究兴趣在于他们在德班(Durban)、约翰内斯堡(Johannesburg)和比勒陀利亚(Pretoria)找到的教会里的牧师及他们的工作(并且与在加拿大的较小教会做出特定比较)。这些牧师大多数离开成功的世俗事业,现在使用他们的技能和个人财产来建立成功的宗教产业。这九个最大的教会每个吸引1000人到5000人参加主日礼拜。这些教会虽然有很多南非人,有时甚至占到大多数,但它们大多数使用英语。它们存在于三个伞状组织的松散结构中:基督教会国际团契(the International Fellowship of Christian Churches)、相关教会(the Relating Churches)和基督徒国际团契(the Christian Fellowship International)。

就像韩国,这里也强调长时祷告、所谓"劬劳"* 和哭泣,这被视为依靠圣灵的一部分。他们也强调"那国(神的国度)"的来临,关注与上帝计划的一致、医治的施予和经历以及成功福音的因素。

卡拉·鲍维提出,当经济不稳定,或者出现重要的社会创伤,或者有多宗派和各种社会经济背景的短暂聚集时,这种教会就会繁荣起来。它们适合于处理沮丧、理想破灭、焦虑。它们根源于穷人的五旬节运动,已经转化成为一个包括中产阶级在内的灵恩运动。它们也与提供一个释放出口,转向口述文化和即时的重新发现,并且使人们在希望的光环下重构自己的人生。教会在这种传统下营造的气氛的确"属灵",并且强调爱、生命、健康、丰富,而非在贫乏中徘徊。这种积极的气氛似乎帮助女性走过了艰难的时期并且/或者管理好自己的单亲家庭。在这方面,它们与牙买加的五旬节信仰教会以及其他教会类似。

卡拉·鲍维和艾文·赫克瑟姆所提供的是关于影响大概35%人口的运动的充满热情的考量,并且坦率地代表了多数派白人的角度。他们真正融合在了一起。然而,在这个领域还有一种观点,批判教会对主体

---

* 一种伴随着喊叫或怪异行动的为失丧者的祷告。——译者注

方面过于依赖，超过其对结构变化以及和平方式有效性确信方面过于依赖。你可以在埃尔达·S. 莫伦（E. S. Morran）和劳伦斯·史莱默（L. Schlemmer）的《胆小者的信仰？对大德班地区新教会的调查》(Faith for the Fearful? An Investigation into New Churches in the Greater Durban Area) 中找到这种观点。[35]

这一调查指出，"新教会"的成员都从事有利可图但相对不安稳的工作，也没有任何清晰的政治归宿。成员们倾向于屈服那些权威人士，在政治上比那些主流教会的人们更加保守。这种保守的表现之一就是他们相信，如果他们的礼拜是多种族的，那么他们所做的就已经足够；也许，另一个表现就是，他们接受成功福音。"新教会"的成员们喜欢他们所参加的礼拜，并且被清晰不含糊的引导所吸引。一个有趣的发现是，不仅仅新教会的成员，主流教会的人们也认为神职人员作出了过多的政治评论。

在他们的总结评论中，作者指出，只有在信徒，特别是那些在家的非正式群体，经历真实的团契的时候，主流教会才能保证其人员委身于教会。他们应该更多地提供服侍，也应更多提出指引，并且找出现今情境所带来的忧虑。他们也需要更坚决地对新教会提出批判。

同时，这些新教会：

> 不是在被废弃的小礼堂聚集的古怪的小宗派。它们正在大规模地吸引很多信徒，从电影演员到政治家，从运动健将到居住在所有南非主要城市的普通人。虽然大众媒体经常批判新教会，但是它们已经开始渐渐关注到新教会的感性层面：医治、舌音、被灵击倒以及资金流向。[36]

作者指出，这些教会是为"罪恶深重的人特别量身订制的"，[37]并且能使参加者获得即时的满意。他们帮助缩小了基督教与消费者资本主义之间的鸿沟。

也许在对韩国和南非进行讨论之后，结论必须指出飞速社会变革和可预见威胁的共同因素。这一切太显然，并不需要我们更多的理解。而观察每一个案例中条件的特殊性更加重要：一个独裁社会中新兴的群体，以及一个独裁社会中失去很多的群体。在每一个社会中，新教会都反映了它们周围的独裁结构。它们也建立了在一定程度上与经济范围内的结构相类似的并行的结构。然而,在这些案例中,新教精神一旦辅助商业,商业精神也以有效地组织和不可否认的消费者满意度帮助重构教会。一方面,它们通过冲破阻碍,提供平息混乱的安全导向,改善它们各自社群的一些问题。另一方面,它们很容易地同化成为消费资本主义的形式,平息对社会秩序根本性的攻击。当然,你对这些的评价取决于你对消费者资本主义的评价。

第四部分

重 塑

第九章

新型的属灵交流：
医治与方言；诗歌与故事

福音派，更特别的是其五旬节运动变体，是一个沟通交流的系统。它与两方面的符号有关：新型的符号学和由五旬节信仰人士自身使用的"符号，即神迹"。这些符号来自于一个在表述生命转变的主要概念方面完整的领域。对于五旬节信仰人士来说，生命转变的显著符号就是说方言和属灵"祝福"的见证。这是发生在圣经新约《使徒行传》第二章中第一次五旬节圣灵降临时的事情。它也在基督教内部断断续续、秘密发展之后，于20世纪再度出现。

所以，这一章将讲述，在医治、充满热情的演讲、故事、见证、音乐和包括女性在内，至今默默无闻的人们的可参与性中所表现出来的五旬节信仰交往。下一章将关注生命转变的途径和模式，并且会涉及归信的外在样式以及个人经历中的内在发展轨迹。

多重来源：远古的与现代的，黑人的与白人的

著名的五旬节研究前辈沃尔特·豪勒维格（Walter Hollenweger）提醒我们，这一非同寻常、影响广泛、适应性强、令人鼓舞的交流系统代表了由约翰·卫斯理促成的正统灵修生活与美国圣洁传统和"美国前黑人奴隶的灵修生活"之间的相遇。[1] 它就是我们找到的诗歌、灵修和之后发展为布鲁斯和爵士的抗议歌曲的混合。它交叉了"圣灵"最古老的层面以及灵修最现代的表现。它混合了白人热情与神秘主义的传统和黑人热情与神秘主义的传统。这些有力的联合现在表达了物质上和精神上的、发达国家和发展中国家之中缄默的人们的痛苦和抱负。缄默的人变得"激动"。这意味着自我意识的提高。他们用查尔斯·卫斯理（Charles Wesley）所谓

的"一千种方言"说话并演唱。这种充满热情的演讲、唱歌和舞蹈也与本土语言尊严的恢复有关。圣经被翻译为英语、德语（或者，威尔士语和芬兰语）。这确保了这些语言的使用。所以即使那时本土人正在向一个具有侵略性、腐蚀变质的、更加广阔的世界开放，圣经经文和"诗歌、灵歌"的本土语言的翻译却帮助保存了文化。

此书的部分论述与很多悖论相关：西班牙皇室、白人文化、本土文化以及一个精简得近乎普遍的灵性在相遇中所产生的古老与现代的悖论。在非洲、美洲甚至欧洲都有一种共同的灵界、万物有灵的思维。两者事实上在灵的话题上是同义词。奥地利历史思想家弗里德里克·希尔（Friedrich Heer）已经在10世纪诺曼底的天主教背景下写过这种普遍的思维。但这种思维也存在于危地马拉的天主教，或者南非的加尔文主义，或者韩国的新教，或者希腊北部的东正教，或者苏丹的伊斯兰教中。[2]它是约安·路易斯（Ioan Lewis）在东非论述的有启发性的入门的世界观，也是凯斯·托马斯（Keith Thomas）和詹姆斯·欧贝克维奇（James Obelkevich）著作中所看到的我们自己欧洲意识的极小量。[3]五旬节运动的奇异和能量在于其联合"现代"发明的能力，如将经验群体、社区医疗与永不过时的灵里重建技能联合在一起。

属灵医治：墨西哥的一个案例研究

要获得这些古老和现代因素连接的方法，以及属灵交流的五旬节信仰系统究竟如何运作的一些基本认识，就要进行一个特定研究。我使用默尔·欧文·迪克森（Murl Owen Dieksen）于1984年在田纳西州大学纳克斯维尔（Knoxville）提交的博士论文中的资料。[4]这篇论文的题目是："五旬节的医治：一个墨西哥南部村庄帕卡纳的人格健康系统的一方面"（*Pentecostal Healing: a Facet of the Personalistic Health System in Pakal-Na, a Village in Southern Mexico*）。在这篇研究中，我们看到很多沃尔特·豪勒维格定义为五旬节运动特征的，并且（在他看来）来源于其黑人文化根源的因素。它们强调写和说；通过故事作见证告白信仰；拓展参与性，包括女性；在个人和公共敬拜中使用梦和异象；以及通常通过持续祷告得到医治，"由身体和思想之间合一的经历，所获知的对身体—心智关系的理解"。[5]考虑到这种身心的合一，五旬节运动也试图通过断言医治是一个公开公共的活动，将个人与社区合一。这很重要。五旬节运动经常因其对于身心二元论的态度备受批判，但在这一背景下，"圣灵"真实有效地赋予了整个生物"系统"以生命。这一点也很有趣。

豪勒维格富有表现力地总结了迪克森的阐述。他说道："对于他们来说，交流的媒介，就如在圣经时代一样，不是定义而是描述，不是道理陈述而是故事讲述，不是信条而是见证，不是书本而是比喻，不是系统神学而是诗歌赞美，不是条约协定而是电视节目，不是概念拼合而是盛宴庆祝。"[6]所以，五旬节运动，在他看来，是一个古老与现代合一的典型案例，因为他们将，打个比方：列维－布留尔（Lévy-Bruhl）和马歇尔·麦克卢汉（Marshall Mcl.uhan），无文字和后文学结合起来。

在重点强调一些因素前，我要总结迪克森的总体论述。迪克森在五旬节信仰人士和非五旬节信仰人士中，比较了三种不同来源的医治的能力程度——民间、宗教和医学。五旬节信仰的医治比非五旬节信仰的医治在对医治的寻求方面更加"人格化"，但是"两个群体都表现为极少使用传统的疗法，并且都表现出对宗教因素，包括教会、祷告和圣经的高度信心"。[7]五旬节信仰医治的方式很独特地包括了虔诚的生活方式、异象、圣灵的充满和圣油的涂抹使用。虽然非五旬节信仰人士更愿意使用现代医药，但是较年轻的，更具有社会流动性的五旬节信仰人士持续地将现代医疗与他们人格化的框架结合起来。大多数五旬节信仰人士将得到医治作为参加聚会的原因，并且这是至少四分之一的五旬节信仰人士最初参加聚会的原因。他们通常被家庭中的某人带去，接着整个家族开始进入教会。进入教会成为稳定参加者，意味着加入一个准家庭的网络。弟兄姊妹围绕一起，当你在疾病和困难的时候真实地感动你。他们保护你不经历恐惧和在医院与外界隔绝。圣徒代祷之于天主教信徒意味着什么，公共医治之于五旬节信仰人士就意味着什么。

无论是否是五旬节信仰，大多数村民认为毒眼（一种恶毒的眼光，被看过之后会招来灾祸）和巫术带来了疾病或不幸，但是五旬节信仰的圣灵经常透过牧师个人的神圣工作，赶出邪灵。每一年五旬节信仰大会都会在帕卡纳郊区举行。大会的主要程序是医治。这可以被视为一种驱魔赶出疾病的大型活动。大概5000人聚集在这个大会中，包括很多边缘的信徒和观众。人数众多以至于一些临时的餐馆被搭建起来为他们提供餐饮。

迪克森认为，帕卡纳是一个移民迁入、现代化、商业或经济增长的混血地区。虽然这一较严格和宗派化的气氛阻止了现代都市生活主流对其的同化，五旬节运动却帮助了当地对这些已有变化进行调适。在迪克森的分析中，另两个论点出现。一个关于女性。女性长期以来被五旬节信仰的教会接纳，可以成为传道人。她们创建了索诺拉（Sonora）很多的教会，并且"五旬节信仰人士为女性提供了史无前例成为领袖的机会"。[8]在帕卡纳，唯一有女性作为领袖的组织就是五旬节信仰的女性团体。除此之外，五旬节女性群体在社区周边自由移动去寻求健康，或者自己成为医治他人者。她们对于理解五旬节运动中对健康的追求极其重要。

另一个论点在于社会流动性。在迪克森看来，五旬节信仰人士并不是富人或者穷人，却"似乎比他们社区的主要人群成功一点点"。[9]五旬节信仰人士中拥有相对较贵的混凝土屋顶的人数是纳卡帕其他人中人数的两倍。这种在五旬节信仰社区中的"抱负"，在他们看来，真是由圣灵所激励的，但是通过两种意义不同的模式。"传统的五旬节信仰人士认为上帝的灵是一个功能性的力量，在'日用的饮食'方面提供帮助。而更加革新的五旬节信仰人士将圣灵的充满作为获得好生活的方法，所以'日用饮食'的祷告就变得不再必需。"[10]他们的信仰所鼓吹的是一个"好生活"的全新定义：改善。

迪克森对于医治和敬拜的研究的主要兴趣是：五旬节信仰交往的触觉和有声方面。五旬节信仰的医治他人者按手并且抹膏油。他们禁食，并且在教会和家中围绕病人作不间断的公祷。同时他们提供实际的帮助。五旬节信仰人士识别出不止一种疾病的根源。"他们经常承认一个即时的自然原因，但他们也相信在这病的后面必然有一个灵界的原因。"[11]这可能是个体邪灵或者邪恶势力。直到做出一个公开有效的信仰见证之前，治疗并不完全，并且可能旧病复发。

有时，对病痛的理解包含一个巫术的层面。这样，特别对于那些不识字的人来说，圣经可以被当作一种具有灵界力量的护身符。一个五旬节信仰人士描述道："我躺在床上。圣经就在手边。我开始读圣经，并且觉得困倦想睡觉。我将圣经放在身上，睡着了。起来时，我就不疼了。"另一个五旬节信仰人士描述自己从危地马拉听宗教广播节目。"我将这装有油的小罐放在收音机上。我告诉（我的朋友）把这油涂在他的患处，并且每天都这么做。"[12]就如许多其他的评论家所言，五旬节信仰的疗法比巫术有明显的优势，即他们是自由的，并且确定不会被威胁恐吓。

如果医治是参与性的，需要触觉的，那么敬拜也具有参与性，并且是有声的。较老的新教宗派强调识读能力，所以人们需要很长时间学会看书。而五旬节信仰人士以一种传统的口头方式，有时还借助宗教电视节目和电影院的视觉帮助。在帕卡纳，礼拜从晚上7点到9点。在那之前用半小时打扫房子，然后接着祷告。当礼拜开始时，大群的人聚集，充满激情的祷告声甚至都回荡在教堂外。唱诗赞美和祈祷轮流交替大概一个小时。

演唱诗歌并不多，因为一些教会成员不识字。首选曲目是一些会众熟知的简单合唱。每个人合着吉他演奏者给出的节奏拍掌，并重复演唱那些诗歌。一首诗歌会被重复演唱至十分钟。唱诗时间越长，会众越投入；并且当到达一个特定的情绪高潮，平信徒领袖就会同时进入开声祷告或者带领会众与他一起祷告。[13]

之后，一个预先选定的群体会演唱一系列诗歌，并且朗诵圣经经文。人们庄严地数算，回顾自己一周的活动。接着，热情激昂，满有权威的讲道开始，其间配以颂赞声、感叹声和赞同声。讲道结束时，会众开始大声地哭泣和祷告。然后牧师在他们中间穿行，为他们或者和他们一起祷告，把手按在他们身上。最后，人们在教会中行走，互相握手并说"上帝祝福你"。

迪克森补充到，他们领袖的风格是极端独裁的。这是大家广泛观察的共同认识。人们也有相似的论述，就如桑顿（Thornton）提及哥伦比亚的情况时说，如果领袖的地位不稳固确定，参与者人数会下降，稳定聚会的人数也会停滞。[14]如此热情的参与取决于强势的领导。在拉美和韩国，这一"领导原则"看起来很重要，并且"促成"了病态的成功。一个五旬节信仰的牧师"讲话时就像一个有权威的人，不像一个儒雅的文士"。

这方面各样的话题，如那些音乐、方言、女性参与，现在必须一一讨论。但在此之前，简要地比较在墨西哥背景下五旬节信仰交流系统的效力和与其竞争的运动的效力，是很有用的。这就是唯灵论。正如已经指出的那样，整个拉美，尤其在墨西哥、海地和巴西，关于圣灵的神迹奇事与那些世界上各样神灵的神迹奇事形成竞争。牧师们也与灵媒们形成竞争。为了转换形象，牧师们和灵媒们都到永恒灵界的水深处打鱼，并且同时传达现代性的信息。

属灵交流的竞争：墨西哥的又一个案例

根据卡亚·芬克勒（Kaja Finkler）的研究，墨西哥唯灵论是一个"重要的健康护理传递系统"。[15]它兴起于国家"内部不合，外强侵略和早期工业化进入的时候"。[16]芬克勒沿用了薇薇安·加里森（Vivian Garrison）关于五旬节信仰人士的论点。他认为在特定的社会区域中，那些参与者在自己的经历和疾病方面都不一样。然而，这些恐惧受压，或者/和混乱的经历需要被编织成为一个社会学的角度。这样，其仪式符合社会平等要求的能力，及其为女性提供权威角色的能力成了唯灵论的吸引力。唯灵论，就如五旬节信仰一样，既在社会等级制度的方面抗议天主教的参与，又支持现状，特别是已建墨西哥社会的民族主义。唯灵论，就像早期入侵的新教那样，是活跃于19世纪后25年解放主义改革总体氛围下的北美舶来物。这次，解放主义者拥抱了实证主义和技术，然而，新教以一种更普遍的方式取得进步。唯灵论与并行于科学思想的潮流相连。这些潮流认为与无形的灵之间的交流是有益的。这种潮流影响了拉美的很多地区，尤其是巴西。但是在墨西哥，它开始与特定的混合了印第安和西班牙—犹太特征的伊莱亚斯父（Father Elias）联结。他声称自己是"圣灵"（de Spiritu Sancto）的化身，并且以约阿希姆（Abbot Joachim）千禧年的预言开创圣灵时代。在这个最后的圣灵时代，上帝直接与他的子民面对面地说话，并且灵媒是信息的"传送者"。因为它与新教牧师停止作为媒介的方式形成类比。

在与上帝直接的交流中，22条诫命被阐明，包括严禁喝酒、严禁丢弃孩子、严禁对墨西哥兄弟动武。最后，墨西哥成了"所有民族都应该来的"新耶路撒冷。它与新教伦理所强调的有非常明显的类似：邪恶的中心是酗酒、暴力和家庭不稳定。

唯灵论的仪式与诫命一样重要，并且以一种非常有秩序的形式运作。比较敬虔的人最靠近讲台，其他人依照到来的先后次序越坐越远。卡亚·芬克勒补充道："唯灵论者不仅仅通过其光照仪式，也通过日常敬拜来表明其秩序和规律性。"[17]星期二与星期五用于医治病患，并且作为治疗的一部分，患病的人被推荐去听他们神圣光照的讲论。虽然唯灵论起初吸引的是一群相对松散的异议者，现在随着于墨西哥城最高处建筑的最早的神殿

(或者"发源地"),组成了一个阶层。每一个分支的殿宇必须有一个头,而且经常是一个女性。

芬克勒一些更深入的观察,是在我们主要关注的与五旬节运动的对比中。第一,唯灵论者认为天主教教会的礼拜是"无序的"而且絮絮叨叨,他们为自己的立场和自己的表述感觉到被嘲弄。这样,五旬节信仰人士有力控制的,但是具有表现力的参与性所达到的平等性,通过绝对的稳固、秩序和规律性而达至。第二,男性信徒寻求一种回避墨西哥社会男子气概的方式。他们停止酗酒。这具有经济方面的优势,而且对于他们的妻子来说,有一个明显的益处,那就是他们对她们很好,他们不再闲逛,不再打她们。第三,大多数信徒是因为疾病进入的,在寻求属灵医治的过程中,他们带上自己的亲戚和他们一起(或者换句话说,他们的亲戚带他们去)。这样的唯灵论,就像五旬节信仰,是通过家庭关系和亲戚人际网络传播的。

与五旬节运动对比的下一个重点与两个群体坚定反天主教相关。这表现为对几乎所有的天主教信仰实践、宴席的负面态度。两个运动都与天主教对立,通过拒绝的态度形成,简言之,是抗议罗马的一小群。天主教具象化的,被唯灵论者抽象化,以致蜡烛变成了光照。所有各样的媒介,就如圣徒和圣母,都被作为社会—和—属灵阶层的一部分被拒绝。这里必须强调的是,通灵术与民间天主教信仰,或者一些称为"基督异教"(Christo-paganism)的信仰相结合。然而,唯灵论必然在天主教的范围外。通灵术保留了对邪灵的恐惧;而唯灵论战胜了这一恐惧。这需要与巴西的情况互相参照,在那里通灵术或多或少与民间天主教相联系,但是现在越来越被改革派的天主教徒所攻击,所以大量非天主教的异端开始产生。

然而,虽然作为一个持不同意见者的交流系统,唯灵论是在与天主教和媒介、等级的一般概念和现实的对抗中被定义的。圣灵的对抗性势力没有形成有聚合性的政治力量。带有属灵力量的直接的个人的反应,会分离任何可能出现的聚力,甚至比五旬节运动更有力。上帝的拣选不是改变他人民的命运,并且他们对他敬拜所花的时间和金钱,甚至会使他们分心,阻碍在经济上的进展。其唯一例外是神殿的负责人。对于她来说,或者有时是他,神殿"承担了一点社会的流动性"。[18]这里,我们有一个非常明显的与五旬节运动的相似点。其中牧师提供了社会流动性一个最清晰的迹象。接着,两个运动都是符号系统,对/为默默无闻者提供非中介的交流。

至少，话语是直接的、平等的，接近哈贝马斯在有限地域内无阻碍的"交流能力"的概念。如前指出的，交流的平等性在生物的家庭和信仰的准家庭都实现了。在这个层面上，芬克勒认为，唯灵论对于一个工业化社会的核心家庭的情况具有高度的适应性。它与五旬节运动所有迹象的类比是明显的。关于家庭凝聚力和女性地位处境的一般论点，将在下面特别论述的对五旬节信仰实践的进一步论证中得到加强。

现在需要指出的是，唯灵论者倾向于这一类人。他们是拥有长期雇佣劳动经历的移民，与暂时的邻居仅有有限的交流，并且可能没有通过土地改革的进程融入国家政治结构。然而，重要的是，可能在一定程度上，因为他们巡回流动的状态，唯灵派对于主要的情感和政治创伤接受不同。这样，我们可以说，唯灵论者除了在释放和"权力"的表达方面较不激烈之外，每一个方面都与五旬节信仰人士类似。

方言的交流：墨西哥的又一个案例研究

我们现在从五旬节运动与其"在灵的方面"潜在竞争者的对比，转换到五旬节信仰交流的显著标志，即说方言。这使我们想起，五旬节的这个特征就是在《使徒行传》当中扭转了在巴别塔变乱口音之后的一个神迹，全球可以畅通交流。它是灵的复兴，也是那些之前没有发言权、静默消沉的人们的复兴。如方言所代表的"其他"语言究竟是什么，此类技术性问题就显得次要了。海恩（Hine）认为，以实证主义的精神而言，人们可以合理地说，用舌音说话，极大地改变了个人的态度和社会行为，影响认知组织，并且加强了与非五旬节信仰世界的割裂。然而，这也仅是用暂时词汇对五旬节信仰人士在其神学词汇中所宣称的概念的重新描述。当然，它带来了一个在这里没法讨论的问题。这种"狂喜"（ectasy）是到（与上帝）更深联合生命的突破，还是退回到了婴儿语。它很自然地成了音乐的超语言刺激。

为了讨论说"方言"，我会使用费里希塔丝·古德曼（Felicitas Goodman）进行的另一项关于墨西哥的研究。它讨论尤卡坦半岛（Yucatán）的使徒教会。[19] 由参与又一次来临而引发的圣灵的狂喜，变成被视为邪灵微妙的介入，接着神秘地慢慢变得安静。因此，它与人类学文献中著名的事例——"崴拉拉疯狂运动"（Vailala Madness）相似。它也使我想起我学生的类似的运动。那个运动富有热情，极具世俗五旬节的形式。尤卡坦这一不平凡的经历为极富热情的演讲提供了一些有用的洞见。

正如在其他地方指出的，尤卡坦属于玛雅人的地界。它经历种族战争（Caste War）和之后为这片土地而进行的斗争。西班牙语是受人尊敬的语言，而玛雅语依然是村民的乡谈。比起尤卡坦人来说，墨西哥人更少使用玛雅语。玛雅人是农民，他们大多数经历经济紧缩，并承受土地日渐缺乏的痛苦。他们开始意识到一种不同的生活方式，特别是通过旅游业，而他们的工作也失去了其神圣的特性。玛雅人的世界有概念性的分级，就像古老玛雅遗迹的阶梯一样。虽然玛雅农民进入了另一个世界，在那个世界里，平等是用来宣称的，并不能实际体验。他发现他最渴望得到的，正是他最讨厌的。所以，他的"世界"处于迫近的毁灭——或者一个最精彩绝伦的复兴之际。

1970年早夏，一些货物，从神秘的另一国——美国运来的时候，引起人们极大的热情和兴趣。它们是一个有线广播系统——就其原本目的来说有些过于强大——和一个电唱机。在乌兹帕克（Utzpak）使徒教会中这些物品的积存——如果这东西被滥用了的话——是为了刺激"异常行为的放大"。它们的效用并不像那些在电影《上帝也疯狂》(*The Gods Must be Crazy*) 中虚构描述的那样。这部电影中，一架飞机的乘坐者随意扔下了一个可乐瓶。瓶子落入喀拉哈里（Kalahari）一个狩猎者聚集的部落中。那里的人从未见过一个手工制造的物品。

从梅里达（Merida）沿着新高速路发展的使徒教会在带来盼望的同时，制造着混乱。起初，当地村民通过武力驱赶使徒教会，但是教会最终还是落脚了。如费里希塔丝·古德曼所言，"那些首先，或多或少偶然接触到宣教士的人们是革新家。他们在天主教教会之外寻求宗教满足"。[20]他们可能已经尝试过其他的新教群体，并且一旦归信，就会将他们其他的家庭成员带来。从那之后，传教依着邻居或者亲属聚集的模式进行。长老会也经历了当地使徒教会同样的经历。因使徒教会建立在旧的社会结构上，可以为处于张力之中的家庭提供一个"大家族"的新版本。在这个新家庭中，教父母不再存在，因为大家都是"在上帝里"的父母、兄弟和姊妹。如杰·皮埃尔·巴斯琴论述的，使徒运动主要发生在村庄，几乎没有渗入城市，虽然城市教会确实提供了友好的避难所。[21]

现在，我们转到由使徒教会建立的交流系统上，看看它怎样灵活地进入玛雅人破碎的世界。在此情况下，五旬节运动重拾一个现实的等级秩序，应许一个新的纯净世界。虽然在玛雅语言中，没有"罪"这个词，但是强调处理罪的经文被大量选用。使徒教会一起立约离开罪恶的世界，城市的引诱，诸如抽烟、酗酒、化妆品、跳舞、照相、打斗和淫乱。为了离开毁灭之城，进入天堂的国度，他们必须洗净自己的罪，显出被上主印过的证据，以及最令信徒振奋，同时激动他们对手的方言。他们最后确实被控告为巫术，变得非常不受欢迎。事实上，他们建立起了一种独特的新式的交流方式，不仅是说方言，还有他们每天独有的：基督的和平（Paz de Cristo）。结果，其他村民不承认他们。他们，从自己的角度，任由那些村民毁灭。很有意思的是，这种对更广的天主教世界的定罪，是对教会藐视的加强。这是大多数玛雅人喜闻乐见的，是他们对西班牙征服者的传统还击。

费里希塔丝·古德曼分析了狂喜的经历和乌兹帕克使徒教会在"预言没有实现"时所产生的独特危机。当人们进入使徒教会时，他们开始与周围环境隔离，并且对外界刺激不在意。他们可能会出很多汗，或者垂涎。一旦他们"说方言"，他们非常有节奏地发出声音，很快地在重读和非重读音节中转换。声音音调一开始很正常，接着可能会越升越高，越来越快，直到声调突然降下，节奏突然变慢。在这期间，人们经历喜乐、希望和放松；接着，除了精神愉悦，人们不会记得什么。这种进入狂喜的能力经常会周期性削弱，接着，信徒们也许因其道德方面的失败，出现焦虑。

乌兹帕克使徒教会充满热情讲说的节律和狂喜的力量在洛伦佐弟兄（Brother Lorenzo）的引导下达到极致。洛伦佐是一个个人历史不完整的灵恩布道家。他宣告世界的终结和再造。这段不调和的历史值得提及，因为有大量关于宗教狂热和会众反应激烈以致陷入性放纵的记录。在吉米·斯瓦加特（Jimmy Swaggart）、保罗·蒂里希（Paul Tillich）和其他人的阐述中，这样的情节不仅仅限于尤卡坦。

洛伦佐充满热情的布道吸引很多人归信，女性的参与也被重视。事实上，一些女性在说方言之后，很难回应铃声回到现实中来。对于男性而言，他们显然在方言中找到了不能承受之压力的解药。随着热情的高涨，天空中出现了一道明亮的光，魔鬼被囚禁在乌兹帕克的监牢之中。随着在密集祷告中累积的兴奋，人们看到其他的异象，有一些持续一整晚，或者至少每晚都发生。关系变得混乱。一些年轻的女孩子责备老者不够神圣化，接着，所有红色的东西都应该被扔掉。惧怕不断加深，撒旦在试图进入教会，所有的门窗都被关闭。此时激动开始消退，一些人声称不是圣灵，而是别西卜（Beelzebub，圣经中的鬼王）在工作。方言渐渐停止，在整个剧变中发生的变化全都消灭。很有趣的是，会众既没有回到玛雅人的现状，也没有按照城市的情况打造自己。古德曼冷淡地说道：长老会说撒旦从没有袭击过他们，因为他们的信仰比使徒教会的信仰好。使徒教会回应道：撒旦没有必要攻击长老会，因为他们已是他囊中之物。

当然在很多拉美地区，根据古德曼的研究，也许甚至在墨西哥地区，五旬节运动由传统狂喜的地下渠道，甚至可能由异象化的天主教精神性来维系。卡尔·韦斯密尔（Karl Westmeier）认为，如在哥伦比亚，对上帝的知识和陶醉依然混合在一起。他论述到，当今波哥大（Bogota）所践行的极富热情的新教异端为城市居民单调的生活提供了发泄的渠道，就如乡村庆典一度所做的那样。[22]在全世界的背景之下，在带有乡村舞蹈的聚会中，所有社会身份和种族的区别，都暂时消失了。在最抗拒种族和阶层融合的南非，有一些最戏剧化的事实，那就是"在灵里"共同舞蹈的情况的存在。

在灵歌和音乐声中的交流

与狂喜类似的形式当然是音乐，并且之前提过，在哈勒维的论文中有一个论述：音乐可以影响社会，使其走向和谐。音乐最早是"安抚未开化人心灵"的符咒。[23]伍德斯托克音乐节（Woodstock）是一个无害的发泄，也是对改变世界的激励。它毕竟越过各种边界，实现了联合。也许人们会说，音乐开启了由宗教开启的同样的潜在文化变革，并且一样慢慢地侵蚀社会结构的外在形式。无论如何，五旬节信仰的和谐被一遍遍夸赞，并且罗马天主教因进入为得到灵魂而进行的音乐之战中，而与五旬节运动竞争。五旬节信仰人士却指责天主教徒为了偷取他们的音乐形式而参加他们的敬拜。在对使徒教会的考据中，费里希塔丝·古德曼提到教会拥有一些鼓、一个高音小铃，一把电吉他和一个马林巴琴。这些是具有木制共振器和附属的金属管类的本土乐器。所有的演唱都伴以吉他和马林巴琴。赞美诗活泼，并且被不断重复。鼓点和拍手声加强了它们的节奏。在一个众所周知的科瑞托（corito）短诗歌中，拍掌越来越激烈。迪克森和奥力（Aulie）还提到电吉他的使用，甚至在宗教敬拜中使用了流浪乐队的形式。奥力清晰地表述道，音乐是"福音"宣传最有力的形式。在丘尔（Chol）村野，跟随传教士的信徒被恼怒的邻舍加上"歌唱者"的标签。他认为，西班牙流行音乐比白人赞美诗更有吸引力。丘尔人喜欢弹奏吉他，并"跟随有节奏的音乐和流浪乐队"。[24]五旬节信仰的节奏型音乐和拍掌，成了仅次于医治的最大的吸引力。当长老会坚持使用圣歌的诗歌和比较安静的礼拜模式时，他们就在与五旬节信仰的竞争中败下阵来。在这个方面，在除了道德性之外的所有方面，五旬节信仰人士都可以应要求而调整。在加勒比地区，他们使用打击乐器，在智利使用吉他，在巴西使用管弦乐。

埃尔默·米勒（Elmer Miller）的著名研究《阿根廷托瓦社会的和谐音程与不和谐音程》（*Harmony and Dissonance in Argentine Toba Society*）[25]很好地阐释了五旬节信仰音乐能量及其与本土属灵实践融合的能力。米勒描述了托瓦社会怎样经过一个在外界压力下的瓦解时期，接着，由上帝教会（the Church of God）、田纳西州克利夫兰五旬节教会（Pentecostal of Cleveland, Tennessee）所带来的五旬节运动在一段时期里给托瓦社会带来了更新。

在强调与圣者直接个人交流沟通的重要性之后，米勒描述了一个托瓦的敬拜是如何将唱歌、祷告、讲道、跳舞和医治融合在一起的。敬拜持续数小时，由大概一个小时的会众唱诗开始。大概有十二个演唱者站在台上。通常有四个年轻人在邻近小镇走动，收集新的赞美诗和合唱。一些歌曲作者（cancionistas）通过写歌提高声望。会众喜欢从头到尾演唱所有歌曲，并且是背谱演唱，或者他们不唱歌词哼唱。他们认为，在上主看来，喧闹喜乐的声音是有效用的，并且还可以吓跑房子里的魔鬼。在热身环节之后，诗歌不时响起，标注出礼拜进程的不同程序。

例如，通常最尽情的演唱引出舞蹈的环节。人们手拉手或者手挽手，有节奏地出声地吸气、呼气，同时跺脚，并且在狂喜中大叫。那都是在音乐中进行的。最后人们神志不清地躺倒。当他们恢复意识时，他们讲述自己狂喜的经历。一个礼拜敬拜的结束也类似，由唱歌结束。随着讲道结束，敬拜者们唱《伟大医治者》。有病的人被带到教会领袖们面前。领袖们为他们按手，并大声呵斥污鬼出来。医治之后，一首祝福的歌将整个敬拜带至结束。

起初，托瓦的唱诗是无伴奏的，但是最终形成了有小手鼓、吉他和打击乐的小乐队。音乐采用五个音组成的五声音阶，节奏和音符时常被很好地控制，以达到密集和声。祷告更像一种和着音乐的颂唱。一开始，只是齐声开口的低声轻祷，接着成为大喊大叫，并且声音接着戛然而止。

对当地音乐的采用适应，以及新型音乐的产生也在全球范围内发生。在离墨西哥印第安族裔，或者阿根廷托瓦很远的南印度，有一位德瓦达斯神父（Father Devadas）在20世纪初创建了圣经宣教会（the Bible Mission）。德瓦达斯是由一个路德派信徒养大的，但是受到一个五旬节信仰牧师——撒母耳使徒（the Apostle Samuel）的影响。根据P. 所罗门·拉吉（P. Solomon Raj）的研究，德瓦达斯奉行"等候圣灵"、赶鬼、灵医治和一种洁净的祭礼。P. 所罗门·拉吉继续描述了德瓦达斯是怎样成为一个超过50首炙手可热的灵修（bhakti）赞美诗的作曲者的。"主流教会很长时间只使用翻译的西方圣诗，而印度的民间教会更多使用'拜赞歌'（bhajans）和纳玛三珂善［namasankirthans（以上帝之名的赞美）］。"[26]

日常讲话中的交流：口头传统、叙事、本土话

五旬节信仰人士（以及在主流教会中的新五旬节信仰人士）也很自然地使用日常语言作为一种交流的媒介。但是，正如沃尔特·霍伦韦格（Walker Hollenweger）已经强调的，交流更多以口头的形式而非书面形式，更多是即兴的而非有文字准备的。这赋予了它自发性、权威性和即时性。乔治·马怜（George Mulrain）在其关于海地的著作中认为，相比较论述而言，这种对于讲述和故事的偏好，使五旬节信仰人士优于五旬节运动中更有文化的派别，使他们可以稳固地扎根于黑人文化之中。[27]这种对口述的恢复，以一种奇怪的方式，反映了一些现代解放神学将宗教视为故事的强调。五旬节运动再一次将极古老时代与现代相连。

卡拉·鲍维（Karla Poewe）用南非五旬节信仰人士大卫·杜普雷西（David du Plessis），引证出五旬节信仰交流的口述特征。杜普雷西强烈否定知识文化在五旬节运动中寻求和得到的生命改变中的影响。这对他所传播的中产阶级灵恩传统与穷人的灵恩传统都是一样的。卡拉·鲍维问道："但是，如果不是知识文化驱动了这一宗教文化现象，那么是什么在驱

动？答案，当然是，演讲。我们在这场运动中所看到的是侧重口述传统的恢复，一种被讲述的属灵自传。"[28]这种口述文化孕育于基督徒平信徒组织中，在见证、神迹故事、经历讲述、庆祝、突然的说话和预言中得到发展。所有一切都成为一个统一的公共代码。方式和模式在技术层面都很复杂，从录音带、录像、收音机到电影和电视。在卡拉·鲍维看来，这些代码文字和动作创造了一个个人生活的完整的包罗万象的生活环境。它可以存在于危地马拉市的贫民窟，或者卡尔加里（Calgary）、约翰内斯堡郊区的中产阶级中。她还认为，这一运动的形式显然是多样化的。它组成了运作于人灵魂层面的蓬勃开放的市场的一系列有交集、互相竞争的宗教群体。

这一口述文化也在大范围中，使用国际化明星展示者进行自我宣传。一方面是尤卡坦半岛的五旬节信仰牧师们，只比他们古老祭司稍大一点；另一方面是一个国际化的套路，通过宽敞通透的建筑和户外的聚集，口述文化的能量被彰显和传递。在巴拉圭的亚松森（Asuncion, Paraguay），吉米·斯瓦加特（后被免去牧师职务）可以对10万人讲道；在韩国首尔，葛培理（Billy Graham）可以对100万人讲道；在危地马拉市，50万人可以聚集庆祝新教事工的百年纪念。这些大规模的聚会并非全是五旬节信仰，但是他们大多数拥有人数众多的五旬节信仰人士。这样露天的礼拜明显是一些历史久远的聚会的直接承继者。这些聚会是两个多世纪以前在伦敦的铸造厂内由约翰·卫斯理带领的聚会，以及由卫斯理和森尼克（Cennick）在布里斯托的金斯伍德（Kingswood, Bristol）举行的矿工大聚会。

当然这里有一个必胜心态的危险区域。实行交流沟通的人为自己演说的能量和一个可以不断切换的脸孔的全景而膨胀沉醉。然而，在一个更安静和本地化的层面，在福音宣教的保护之下有一个针对语言的认真的拯救工作。它活跃于从韩国和菲律宾到西非和阿根廷的小文化中，除了电视节目和公共广播系统，圣经真的有时被翻译为一些很小群体所说的方言。

一些人类学家对这一活动，或者至少对共存的宣教企图、部落风俗变化和生活方式转变进行了严密的关注。这个案例中，语言被配以系统化的符号，并且通过福音翻译工作的努力得到复兴。因为小型的社会经常同时被各种各样的代理打开，面向更大、更有能力、更具影响力的民族文化，所以伴随这一活动会出现很多问题。福音化在肯定一个本地语言的有效性的同时，将其归信者转变成为潜在混血儿，或者无所寄托的都市人。交流沟通的结果不可控，它们可能是致命的，或者是激发生机的。

然而，有时，结果似乎全然良好。笔者对在玛雅伴着小吉他用西班牙语向我演唱的一群传福音的少女记忆犹新。这次演唱在梅里达长老会圣经学校进行。对于笔者来说，这一小队尤卡坦女孩相当于南威尔士教堂里的一群矿工合唱团。经过牧师的同意，音乐借用了五旬节信仰的音乐，但是歌词恰当地来源于长老会信仰。靠近学校的是一个叫作"希望"（La Esperanza）的小医院。里面有一名女性医生供职。医院接待周围荒废郊区的穷人、病人和年长者。牧师显然是一个在美国保守神学院中接受过训练的、具有保守的神学理念的人。在我与他的共度时间结束时，他递给我他一生工作的成果——他参与翻译的玛雅语圣经。

拉明·桑纳（Lamin Sanneh）对这一全世界范围内的进程投以高度的赞成。他是一个冈比亚人，是一个从伊斯兰归信基督教的人，现在在哈佛教书。他以自己困惑纠结的经历开始他的叙述。那时，他被宽容的循道会所拒绝，因为他们为接纳他成为信徒而感到罪恶羞愧。（如果这种拒绝是普遍的，那么就可以解释循道会在拉美影响那么小的原因了。）桑纳接着指出，比起揣测宣教士们在西方帝国主义氛围中有时表的负面，有时表现的充满热情的晦涩不清的动机，不如关注实际事工的影响和效用。他接着以相当浓厚的社会学层面的兴趣，对事工提出了非常高的要求。[29]

桑纳指出，这场世界范围的翻译运动牵涉超过1800种语言，而且这一非同寻常的努力将宣教士带入了文化的纷繁复杂之中，对他们和本地人产生了相似的影响。这些努力包括，当一种语言缺乏字母系统时，创造一系列本地化的字母；也可能包括，将现存的难懂的文化知识传统变化成为一种易懂的形式。这正好发生在韩国，韩语（Hankul）被美国的宣教士拯救。在这个方面，当地信徒不仅在本地语言，也在记录他们的历史和搜集"本土智慧"方面产生新兴趣。[30]桑纳接着阐述，装备了本土语言圣经的信徒会在文化、政治和宗教方面对外国派别的正统性提出疑问。这里存在一个悖论。对殖民主义质疑的冲动经由一个外来的介质表现。更有甚者，在那些宗教语言与秘密社团和职业牧师群体捆绑的社会中，由汤姆（Tom）、迪克（Dick）和哈里特（Harriet）以本土语言传播的信仰首先宣告了平民主义。"女性角色得到了扩展。"[31]并且在很多案例中，宣教士自己在一定程度上改变，适切于当地文化，就像菲律宾的弗兰克·劳巴克

(Frank Laubach），抗议反对皇权入侵。他们甚至奠定了新民族历史编纂学的根基。桑纳继续论述一个有趣的论点，伊斯兰的传播与通用语的存在相关，而基督教的传播则与本地语言多元化的存在相关。

我取用了这一论点的构想，因为它代表了对有负罪感的自由主义神学的批判。这是那些有负罪感的自由主义神学观者想听到的。它也正好是真实的，并且与其他地方讨论的有关部落福音化的论争相关。这里的重点是，五旬节运动与各式各样的信仰使命都在信仰表述本土化、用本地语言表达以及由普通人群传教方面取得成功。由于西班牙霸权的遗存，拉美的情境与非洲的情境不同。但是甚至在最激烈争论的那些事实中，人们具有用本地语言引用圣经主要章节的意识，并且借此从外表和本质上拯救了另一种人类语言。这在具有争议性的人物，例如威廉·卡梅伦·汤逊（William Cameron Townsend）和勒格特一家（the Legters）的传记中显得尤为清晰。正如一位卡克奇克尔印第安人（Cakchiquel Indian）所言，"太奇妙了！上帝用我们的语言说话！"[32]如前所述，虽然据我所掌握的证据表明，对本地母语的使用会在口述传统中带入口音，但比起其他使用本地母语的人来说，五旬节信仰人士对此并不在意。

来自女性的沟通；女性化沟通

从至今所讨论的一切来看，女性被囊括于在五旬节信仰沟通中被赋予新语言的"沉默者"之列。考虑到一些美国保守福音人士关于女性附属性的强调，这很可能会带来惊讶。这里值得一提的是，19世纪女性释放的一个起源是福音派传统（和一位论以及贵格会传统）。奥利夫·班克斯（Olive Banks）已经对此做出一些考察。[33]为了带出当代福音派信仰对女性发言和稳固其位置能力的影响，我倾向使用一篇伊丽莎白·布鲁斯科（Elizabeth Brusco）很敏锐的博士论文作为开始。很显然，这篇论文奠基于大量美国女性人类学家的调查样本。她们开放地接纳大规模文化变革，甚至心理变革的理念。然而男性社会学家主要偏重于更加男性化的见解：文化主要依赖于结构，大男子主义不仅影响"本土人"。

布鲁斯科的论点可以被简要陈明。[34]她在哥伦比亚研究的福音派信仰会宣讲一种观念：女性可以用这种观点使男性更加爱家。它一部分通过宣传一种与典型哥伦比亚男性形象迥异的个性形式，另一部分通过消费优先的策略性转变实现。因为新教徒并不被允许出现在公共论坛中，家庭已经成为福音影响的主要方面。隔离和排斥促进了一种国内新风气的演变。布鲁斯科发现，当男性传教士演讲时，他的话语对女性很有影响力，使潜在意义不仅仅被吸收，更被拓展。

这种态度上的改变在当代处境中非常重要。那些国内生产的旧合作单元已经瓦解。男性经常失业，并且不顾妻子甚至离开妻子。福音化的信仰将这些养家糊口者带回家庭，并且恢复家庭中生计的首要地位。女性在教会中找到庇护，并且如果她的丈夫还在周围，她试图将他带到教会；如果他已经离开，她会在自己的团契中找寻一位相互支持的伴侣。通常丈夫们的归信都源于疾病。一旦生病，他就会回到他妻子的辅助之中，开始看到自己的恶习，并且意识到恶习与自己疾病的关联。接着他们归信，家庭的环境改变。也许，这个男人因为同伴的排挤或者因为酒吧里指向他的嘲笑而重蹈覆辙，但是通常他经常参加教会，这足以使他达到融入这一社团的标准。同时他的妻子参与了一整系列的女性组织，参加女性礼拜。在这些活动中，她们衣冠整洁并做好吃的食物。除此之外，通常主导这些聚会的是牧师的妻子。布鲁斯科以有趣的题外话说，女性开始对教育活动感兴趣，也许为了她们自己，但是当然也为了下一代。这样，比起那些更需要酒精的商业和律师职业，传福音的人可以从医疗和农艺方面很容易地取得进展。这再一次引起了对福音派信仰调整环境的关注：和平而非暴力，教育劝服而非侵犯利用。

当然，不是所有的新教群体都成功地承担了女性庇护所的角色，或者打破了大男子主义。一些新教群体采用符合律法主义的严格道德标准，使在艰难和困境中的女性被排挤或者激烈地意识到她们的问题状况。迪克森描述了一个牧师，因为看见一对订婚的男女手牵手，而拒绝为他们举办婚礼。受害者希望得到体面。文学作品也提供了很多这样受害者的实例。当然，主导角色依然主要是男性。然而，因为新教群体主要由女性组成，那些更加开放和具有接纳性的群体比那些因为体面排斥"失丧的人"的群体发展更快。在一些社会，如西印度群岛，被遗弃女性和同居中的女性比例太大，以至于严格遵守意味着教会将会空空如也。即使教会应该是"体面的"，它可以使用"尊重"来遮盖所有来此寻求帮助和恢复的人们。

很多人归信是为了帮助家庭取得实质性的恢复，这是完全可以理解的。观察基督教书籍报刊可以发现，家庭生活的稳定是一个主要的考虑。

如果我们回到迪克森所描述的"过渡中的"社团，新教所迎合的类型的一些情况变得显而易见。最古老的家庭是在一个传统的拓展形式之中。

  帕卡纳最早接受五旬节信仰的家族之一是一个拥有简朴农场的大家庭。这个农场也是这个社团最早的建筑物之一。农场主，64 岁，住在一个长方形的房子里。房子为了适应他女儿一家七口的需要，后又多加了一些房间。在帕卡纳还有一个家庭结构是改良的大家庭，他们拥有足够的土地，核心家庭单独居住在离父母家不远的地方。例如，一名 33 岁已婚的五旬节信仰男性和他兄弟及家人住在一个水泥砖的房子中。这个家靠近他父母的家。最近独立的核心家庭也很常见，特别是新婚家庭和刚搬来的家庭。一个独立的五旬节信仰家庭的例子就是一对没有孩子的年轻夫妻。丈夫售卖杂货并且拥有一个餐馆。在他们 20 出头时，就拥有一个现代的水泥砖住宅，里面有当代的家具。因为要赡养家庭，生活拮据，他们打算只生两个孩子。

  一些与传统家庭形式偏差的形式出现在非常规的生活情况下。这个社团最奢华的房子之一属于一个建立了以母亲为主的家庭的女性。她刚刚归信五旬节信仰。她不能成为一个教会的成员，因为她的三个孩子的父亲是一位富有的、比她年长的男人。那个男人拥有 7 个妻子和家庭。在这些乡村五旬节信仰人士中，你可以找到很多丈夫离开了的单身女性。有这样的例子。一名中年五旬节信仰的女性与她的两个女儿和一个孙子住在一个家具稀少的两居室里。她丈夫离开她的时候殴打她。她从他们的牧场搬到帕卡纳，并租住了一间房子。[35]

伊丽莎白·布鲁斯科给出了很多类似的例子。[36]

  从各类追溯五旬节信仰交流的基本主题，可以极清晰地发现一两个特征。一个是古老与现代的合一，尤其是前文明和后文明的合一。在韩国，或南非，或巴西，信徒接受的圣灵能力也将古老灵界与世界上最先进工业国的灵方面的需求相混合。它将那些试图将尤卡坦，或者塞陶所有穷人都排挤出去的人们，与在俄克拉荷马州试图创立自己信仰和社会支持体系的贫穷白人，一起带入了一个交流沟通中。简而言之，它将一个洛伦佐弟兄（Brother Lorenzo）和一个欧洛·罗伯茨弟兄（Brother Oral Robers）带到了一起。危地马拉市小诊所所传达的信息在不同的范围，欧洛·罗伯茨大学（Oral Roberts University）的医院也与小诊所类似。在两个背景之下，医治都在社区内进行，将医治的部落形式和社区保健的最现代理解放在一起。

我们并不清楚这种古老与现代可以结合到怎样的程度，促成怎样的医学进步。这样的阶段有很多缺失，并且就像"过渡阶段"这样的词语并不足以体现其理论上的重要性。五旬节运动可以灵活自由地进入各种各样的环境。这是显而易见的。将危地马拉的巫术与奇事相混合，或者在约翰内斯堡将现代医疗与神迹混合。在一些背景下，当地人大多数还处于前文化时代，以致不能够对医疗的有效性作出判断，并且就像经常发生的悲剧那样，可能会"过多"使用"信仰"来解决。在另一些背景下，特别是一些经过培训的人员参与的时候，就像在特立尼达岛观察到的那样，巫术和通灵的因素会融入牧师与医生对病人治疗的系统中。当然，我们可以将其视为合理化的一步，在一切案例中，我们可以使用诸如"过渡期"这样的词汇，但是这引出一个问题。我们所研究的这种现象是否是一个宏大世俗化计划的必经过程，并且如此重大的问题也许要等到结论那一章才能解决。

第十章

信仰转变：转型与转折点

我现在使用的资料直接引用前一章所讨论到的。上一章的重点在于将五旬节运动视为孕育属灵交流的一系列符号进行研究。这里则侧重于个人和家庭的转型。这种转型通常被称为"转变"，从语源学上来说，意为"转向"或者"回转"。人们"回转"，并且他们到达转折点。有时会有一些危机导致螺旋式瓦解；其他时候，则会引致修正和再定位。这一章就是关于"愿景和修正"的。

五旬节运动宣称自己在"活出生命"和权能方面是杰出的。其他教会虽然没有什么大错误，但是它们经常死气沉沉、没有权能。为了了解生命如何"接受更新"或者得到重生，我精选了一些波多黎各的生活纪实。从这些特定的生活纪实中所得到的益处是双重的。首先，他们在西班牙文化和白人文化的交点体现出了值得研究的个人愿景或转型。在这个方面，波多黎各人的生活非同寻常的丰富。其次，当波多黎各人移民到美国大陆时，他们帮助我们寻到社会阶层流动、取得领导权和实现教育抱负的途径。这些个人转型的原始资料来源于西德尼·明茨（Sidney Mintz）所著《甘蔗地中的工人：一部波多黎各人的生活纪实》（Worker in the Cane：A Pueto Rican Life History）（这部书的纪实从 1960 年开始），以及出版于 1981 年艾利克斯·哈克斯里·韦斯特菲尔德（Alex Huxley Westfried）所著的《新英格兰社区中的民族领袖：三个波多黎各家庭》（Ethnic Leadership in a New England Community：Three Pueto Rican Families）。[1]

然而，在这些过渡和转型发生之前，必须讨论一个特定文化领域的不同微环境中，五旬节信仰人士或者其他福音派人士找到其最适合的小环境的方式。我们不仅仅要知道归信者是怎样被医治、音乐或者参与机会所吸引的，还需要知道在这样结构性或者文化性的环境中，人们通过什么进程变得容易归信。这些都极重要。

我们很清楚，地主贵族的社会气质并不鼓励在过道上跳舞。我们也知道，绝望的下层社会的生活方式非常抗拒任何五旬节运动式的"救赎"。但是我们依然难以想象那些本地化的进程。它们使特定的人保持结构上和文化上的封闭，而同时使另一些人这样或那样程度地暴露在一种贵族化的宗教解决方案下。鲁本·雷纳（Ruben Reina）和诺曼·施瓦茨（Norman Schwartz）是唯一勾勒出这一封闭和敞开的研究者。他们以危地马拉的佩滕区（El Petén）作为研究对象。所以，我将这两位人类学家极具洞见的作品作为开始。

转型的微环境：一个危地马拉的案例

一个开始就能够阐明的，包括很多内容的假设就是，在个人信仰转变的预期成为他们希望的一部分之前，人们需要相对独立。这种独立有各样形式。你可能在这样的地方工作，你拥有自己的工具，或者自己的小生意或者一块不大不小的土地（或者这块土地的使用权），或者你提供某一私人服务，它不会将你的身心带入一个垂直的等级制度中。或者说，因为你已经丧失那些会将你束缚在先存系统中的，公共或家族支持的可见形式，你的独立可能是一件更失意的事。你与周围的联系已经断裂。你也许四处奔波，看到了滑落在罪恶、无力、穷乏无底坑里的危险。你在寻求一些人际关系，它们可以支持你，将你和其他相似的头脑联结起来，并且值得信赖地重新定义你的道德世界。上百万被遗弃和虐待的女性正是在这里找到了自己。她们的生命境况也正是在这里被触及改变。而雷纳和施瓦茨的关注点主要是那些具有某种确定独立的人们的情况。

佩滕处在危地马拉的北部，靠近尤卡坦半岛，所以我们处理的是墨西哥边境和危地马拉区域内两个被新教福音事工影响的边缘地区。佩滕人在历史上，晚于大部分其他的中美洲成为殖民地。所以他们的历史并不带有第一次被征服之后的创伤。他们从未经历过大庄园体系或者赞助者与受助者的普遍关系。比起其他危地马拉人来说，他们认为自己更加独立平等。基于继承使用权的土地所有体系加强了他们的相对自由，并且很高的人均土地占有率也调控了激烈的竞争。

当时，特别在弗洛勒斯岛（Flores）的一个"城市"，19世纪有影响力的经济小集团的出现和经济开发建立了一个阶级系统。弗洛勒斯人——

至少在他们自己眼中——是都市里有见识的人。弗洛勒斯岛以及圣安德烈斯岛（San Andrés）和圣何塞（San José）较不发达的社区通过各种交流互相受制，并且各自展现了不同程度的社会经济区化、民族多样性以及移民比率。在这些特征中必须加上一点。就像在尤卡坦半岛一样，天主教教会对佩滕的影响很微弱。传统上，教会由平信徒委员会运作。一个改革的、更具活动力的天主教直到1954年才出现。而且，无论怎样，男性依然很少参与教会礼拜。

现在，（我们的讨论）转向不同的社区。我们从圣何塞开始，圣何塞是最贫穷的，在民族和宗教层面最同质化的地区。大多数人仅仅依靠玉米是不能生活的，他们还需要在森林中工作。他们的工作，以及他们不仅仅生活在一个地方的事实，几乎没有给他们的公共活动，或者教友会的宗教活动留下时间。在家，他们都说尤卡坦半岛的玛雅语。他们受制于自己的社区，也认真地履行彼此之间的义务；特别是因洗礼而建立的兄弟姐妹的责任。他们没有仇恨、越轨行为，或者流动性，或者事实上的正式领导。他们个体独立地去面对外界和商人、政府工作人员以及神职人员的另一个世界，或者联合起来一起保护祖辈留下的森林。这个内向的社区和森林，正是民间天主教和玛雅传统的信念及祭典，在他们狩猎时与他们同行，帮助他们防治疾病、彼此沟通和与灵界沟通。那些不适应这里的人们离开。显然，这里没有人归信其他宗教。

圣安德烈斯岛更像一个小镇，并且森林在工作和意识层面都扮演着一个较不重要的角色。在这甚至有一些相对较大规模的单一作物生产商。大多数人鼓励他们的孩子完成小学学业，然后在镇上找一份工作。有一些在小型的甘蔗糖农场做雇佣劳动力。小镇五分之一的人来自外地，在民族和语言方面都具有多样性。

圣安德烈斯岛人仿效弗洛勒斯岛人，寻找现代性的符号：更多钱、新发型和白面包。他们是经济个体，认为利用市场很重要。在与森林的关系和对待森林的态度方面，从某种程度来说，他们比圣何塞人更加功利。他们"落在嫉妒"之中。在镇上有各样的小集团以及有影响力、互相竞争的领袖派系。也有新教徒，他们占小镇人口的四分之一，并且可以通过他们对孩子的命名分辨他们（就像法国的共和党人一样！）——以民族、花草和童话中的人物来命名。

因20世纪30年代和40年代很多人归信新教，新教徒人数增加。马耶罗（印第安人）［Mayero（Indian）］和拉迪诺（西班牙裔）［Ladino（Hispanic）］从宣教士处接受中等教育。这意味着一些马耶罗人比一些处于领袖位置的拉迪诺人接受了更好的教育。这样的人通过1944年革命和树胶产业的变革，获得了财富和影响力。拉迪诺人在顶端的权力金字塔坍塌，被与其竞争的精英代替。除此之外，先前占主导地位的派系也不再能够组织赞助人的节庆活动。这样，新精英阶层和新教信仰的出现一起宣告了这种独揽一切局面的结束。

在佩滕的首府弗洛勒斯，所有人都说西班牙语，并且以一种傲慢的方式说西班牙语。财富、职位、教育和权力互相联结。社会阶层流动性不大。六大主要家族和中等阶级的上层小商人、公务人士以及教师，虽然不是全然没有张力，但在一定程度上互相配合。相似的，较下层的人：仆人、树胶工人和体力工作者，几乎没有选择，只能互相为伴。最不满意自己地位和生活的是中产阶级的下层：小商店店主以及诸如木匠、剃头匠、制鞋者和石匠这样的手工艺人。弗洛勒斯人倾向于互不相信，并且除非一些惩罚性的控制措施必须进行时，精英团体与周围的农民世界彬彬有礼地保持着一定的距离。在弗洛勒斯的新教徒没有在圣安德烈斯的新教徒成功。1960年时，他们只占5%，并且很自然地集中于中产阶级的较低层。

在对这些变化发展和区别的描述的基础上，现在可以明白新教和天主教事工如何冲击影响它，如何表达不同的兴趣、纷争和疑惑。如已经指出的那样，圣何塞的"森林"社区将所有宗教人员视为外来人员，并且继续其古老的方式。当祭祀进行时，在天主教教堂的主要祭坛上以一种三骷髅的怪异异端为主。

圣安德烈斯呈现了一幅更加复杂的景象，并且这一景象很具教育意义。首先，在天主教内部的改革中包括了一些"新教"因素，主要是禁止跳舞、酗酒和通灵。这惹怒了一些将这些看作神父介入时惯常行为的天主教徒。其次，新教分两次进入。一次是20世纪30年代的拿撒勒派；另一次是20世纪60年代的五旬节运动。新教内部的竞争以及天主教新旧派别之间的竞争引致了两种人群的出现：一些漠不关心者和一些虽然相信，但不愿与教会有联络的人。

在圣安德烈斯互相竞争的群体中所出现的关于忠诚的结果模式是什么？过去权力金字塔中的部分人看到他们的利益和感情存在于对天主教信仰——包括要理问答改革的趋势——的忠诚之中。一些富裕的拉迪诺人跟着仿效。然而一些早期离开权力的拉迪诺人在1944年革命之后从政治的角度进行反击，变得在宗教方面易变，归信、离开、再归信或者变得漠然。较穷的马耶罗人依然信奉天主教，经常对新教表示出强烈敌意；即使他们成为新教徒，那么也是在很晚的时候，并且在其他较有影响力的马耶罗人的掩护之下。很大一部分马耶罗人以及凯可奇印第安移民（Kekchi Indian migrant）最终加入了五旬节运动。马耶罗人中的生活较富裕者很早就加入了拿撒勒派，比拉迪诺人更追求在教会的任职。因此，他们在没有产生张力的情况下达致了独立的实现。这种张力本有可能在权力的民族分配的直接挑战中出现。这是新教徒活动的范例。雷纳和施瓦茨说道："拉迪诺新教徒比大多数天主徒更快地抓住和运用机会，特别是由1944年革命所产生的经济方面的机会。**所以他们继续了一个向上的社会阶层流动性模式。这一模式在他们归信新教之前就开始了。**"[3]然后，他们将亲戚和崇敬他们的人带进教堂，并且开始领导它。这一顺序与赛克斯顿（Sexton）在其对帕纳哈切尔（Panajachel）危地马拉人城镇研究中提出的新教流动性模式完全相符。[4]人们观察，因某种"好处"进入，接着接受新教，然后被赋予一个万能的愿景，好于追求那些"好处"的愿景。过程在复杂的回馈中被控制进行。

弗洛勒斯的情况也具有教育意义。一方面来说，上层阶级认为惯常的天主教将在宗教事务方面的领导力给了他们。他们讨厌在礼拜仪式中神职人员的介入和天主教对社会道德的新关注。所以他们聚集英国裔上层阶级摆出进入当代英格兰教会的架势。他们认为正统天主教（新天主教）不重视他们在家庭和学校的训练。一些现在公开世俗化，而另一些则倾向于一个民间化的信仰。从另一个方面来说，中产阶级中较富裕者很喜欢新天主教。他们是活动家，很教条，并且承担了教会中很多的职位。他们追求与马耶罗中产阶级对拿撒勒派教会具有控制权的相似的社会宗教进程，也因此没有与精英阶层形成正面冲突。他们利用日益剧烈的社会区化，特别是社会权力和教会的区化，来控制那些不在精英中心利益当中的教会区域。弗洛勒斯没有太多正式的新教徒，因为"新教徒"被贴上了"改革天主教徒"的标签。

提到弗洛勒斯的拿撒勒派教堂，它包容新来者、中产阶级较低层的一些独立手工艺人，以及那些不可能奢望获得天主教教会控制权的活动家将其接纳到天主教教会中的小商店店主。新教徒在劝化树胶工或者玉米培育者，或者精英阶层归信新教方面并不成功。但是他们在城市中被接受，甚至在诸如圣何塞的地方更是如此。

这一分析指出，权力可以在文化的包裹下存在于独立的区域。这正是新教和一些改革天主教的版本所做的。后者更容易在精英阶层全面引起张力，因为天主教在传统上整体就与这一系统捆绑在一起。前者以历史性力量作为框架，这些力量有限地在活动的特定区域适合它。在这个案例中，它们只在一个对政治漠然的立场的掩护下作出新转变的方面适合它。参与这些转变的人们，并不会出现在社会系统的最低或者最高区位。他们会处于寻求影响力和活动力新范围的中等偏下的区位中。在社会关系和经济资源方面，他们保持适度的独立。除那之外，参与者中可能包括不受束缚的移民，容易换工作的人，以及在已存社会宗教等级中永远不受尊敬的少数民族。

在这里，在社区结构比较研究层面进行的分析，看起来为新教提供了一个具有基本洞见的开场白。它清晰地说明了面对偏差群体急剧增长的数量而产生的互相竞争的新教组织的重要性。这些偏差群体寻求突破口，希望获得满意的社会角色。它也清楚地表示出改革天主教与新教之间的相似之处。一张新教嵌入的地图，需要与另一张改革天主教嵌入的地图互相参照，这样才能知道在什么地方它们直接竞争，在什么地方一者比另一者更具有操作性。没有人作过这样的对比研究。大范围这么做是一种不可能完成的艰巨冒险。然而，在对佩滕这样微环境的研究中，很容易看到新教和改革天主教表述的方式。他们推进相似的社会变革，并且扮演极其相似的社会角色。特定群体会因为没有在权力上得到满足，或者因着社会合并、穷乏和漠视而屈从，转向宗教改革。比起政治革命的危险、不确定和血腥来说，他们所选择的改革的宗教工具会改变环境，以至于有一天，瓦解总会出现。至少在一些历史学家看来，这毕竟是大觉醒与美国独立战争之间的关系。

重生的考量：一个波多黎各的案例研究

上文描述的是一些文化和结构转变的范例。这些转变侧重于宗教革新的渠道。人们不应该用机械的术语来表达这些进程，或者认为喜恶的转换只是达成社会目标的方法。人们的确有这些目的，但它们与"改善"的更综合性概念，以及"益处"更广泛的概念相混合，被以"愿景和修正"来传达。但是也不应该扩大佩滕所阐述内容的适用范围，机械地将其变成一个一般化抽象了的进程。它们基于特定的"生命世界"。在其中，人们为了意义和目的而妥协，希望与社会和实际压抑感的刺痛互相冲突着。

为了解那个世界的生活，我们必须转而了解转变。在西德尼·明茨的《甘蔗地中的工人》里，我们有一个较早的研究。它阐述了波多黎各一名男士和他的妻子生命中的转折点。[5]佩滕大部分宣教士来自于遥远的北美，波多黎各本地人已经在西班牙世界和盎格鲁白人世界中找到了平衡。这些都很重要。事实上，较早的研究表明，当波多黎各进入美国的影响范围之后，新教使他们很快并且很轻易地转换到了美式的生活。[6]通过对在美国的波多黎各移民的研究发现，波多黎各为理解这种转换提供了理想的资料。

西德尼·明茨以对波多黎各天主教的考量，以及其在拉美大部分地方的情况作为开始，叙述背景。在波多黎各的哈卡区（Barrio Jauca），大多数人都是天主徒，却几乎不参与教会和各样仪式。

> 哈卡的天主徒，如果是一个男性，从未确认自己的天主徒身份，从不参加圣餐，从不告解，婚礼不在教堂举行，对于官方的天主教持不热情也不激烈批判的态度……他小屋的四壁装饰着圣人的图画、一个十字架和从圣周带回的一点儿棕榈叶。他让自己的孩子们都接受洗礼，虽然正式的洗礼得在孩子们出生后很多年才施行。只要不影响他妻子的家务事，他虽然不是很喜欢，但也不反对妻子经常去教会……他可能会告诉你，天主教会是"富人的教会"，但是他也不太可能改变自己天主教的信仰。[7]

塔索（Taso）就是一个这样的天主徒，为他的孩子们洗礼，施舍他人，并且用宗教词汇装点自己的谈话。对他来说，重要的是洗礼，为他的孩子们挑选教父、教母，以及维持对这些朋友的尊重。"但是他虽然有超过50个朋友——他们是他孩子的教父教母，他自己也是这些朋友孩子的教父——他并不关心教父教母的风俗与天主教之间的联系。"[8]

塔索41岁时，他的经济情况比过去几十年好多了。他所参加的政党获得了多数票，已于1948年大权在握。然而，他却对政党不再抱有幻想，会担心疾病和政治所不能解决的罪疚感。他妻子的固执和极强的嫉妒心也极大地困扰着他。提到新教，他还是孩子的时候听过讲道，并且很喜欢那些清晰简洁的讲道，但是看到年轻的女孩子进入新教礼拜的情形，他觉得可笑，并且为新教缺乏适度的控制而感到丢脸。然而，即使他持有这样的态度，他却正重组他对宗教的理解，并且为他对自己生活的一个观点做出预备。这一观点最终自然引致信仰的改变。

正当他反复思想这些事情的时候，他的女儿，卡门·艾瑞丝（Carmen Iris）参加了五旬节信仰的礼拜。她回到家，讲述着"跛子行走，瞎子看见"的令人感动的事情。然后，他的妻子伊莱（Eli）也一样，并且将她所看到的事情直接与塔索关联。某种事物驱使她劝说塔索尝试超自然的媒介来医治他腹股沟的疼痛。她一定认为他现在愿意去听。在她的催促下，他去了，切身感受到了不可否认的经历，患处疼痛消失了。"因为卡门·艾瑞丝和伊莱在他之前就出席了蓬赛（Ponce）重要的复兴聚会，所以布兰卡（Blanca）和伊莱引导他在教堂里做出信仰告白……当伊莱加入的时候，她试探塔索。她说她已经加入了，而事实上她并没有加入。如果塔索拒绝，她就可以收回自己的心意，不加入。"[9]事实上，他没有拒绝。

当塔索自己之后做出信仰告白的时候，他说他只是想看看圣灵的临到是否是真的。接着，当伊莱接受了圣灵的恩赐时，他经历了应许的实现，知道自己已经进入了"先知所预言的一切"。他也感到从自己的罪疚感中释放了。当牧师在礼拜的时候指出家庭中患了病的意志所做的行为时，塔索发现自己都有。他认为自己有罪，意味着借着承认，他从罪中被释放了。他的妻子，也感到了她的嫉妒心被定罪。所以五旬节信仰的体验释放了他们两个，从任何意义上都是。

塔索和伊莱都讲述了那种释放，虽然伊莱的叙述比塔索的多。在明茨所写的第七章中，你可以读到他们提供的关于这非凡力量的无删减的叙述。事实上，伊莱先相信，然后是塔索，这使我们想起了约翰和查尔斯·卫斯理与他们的姐妹、母亲，也是在1738年很快地相继归信。塔索和伊莱的阐述可以被放置在卫斯理月刊的那份阐述旁，因为几乎所有因素都完全相同，包括强烈的温暖感，以及存在于身体的疾病和灵里的惧怕之间的关系。

塔索这样描述其被圣灵医治的经历。

> 嗯——他们告诉大家闭上眼睛。当他们祷告的时候，人们处在一种（与圣灵）完全亲密的交流之中；那种进入的状态就好像晕船一

样；我那天晚上所感到的是这样。我没有看到任何东西。我感觉他们好像在我眼前放置了什么东西，就好像我离开了这个世界。即使当他说，"睁开你的眼睛"，我依然感到我的头里有某种大东西——就好像一个人昏厥的感觉。但是你知道，如果你晕厥，你会摔倒，而我却稳稳地站立着。伊丽莎白说，她看到了星星和其他东西。我没有看见那样的东西。然而，我感受到我的脑子里有这个大东西，这种入迷的状态。现在，当他告诉我睁开眼睛的时候，我睁开眼，却依然感受到一种恍惚的感觉。接着我没有感受到什么，没有再感受到什么。我只感到那个东西在我身体里面，那种恍惚入迷在我整个身体里面。现在我知道我里面有某种东西。因为在那之前我从未有过这样的感受，从没有，直到那时，接着这种感受消退。那时的确有东西在我里面。[10]

塔索谈及其灵洗：

很短时间之后，应该大概一两周吧。那晚我领受它，它就在这里，在教堂里面。是的，就在那里，在那里。那天晚上，他们叫我们祷告。我们正在祷告。正当一个人祷告的时候，他感觉到有东西来了，并且浇灌他——一个来了并且浇灌一个人的东西。接着我得到了一个恩赐，我自己走来走去，正当我跪在这里的时候——因为地是混凝土的——我在我们祷告的时候擦破了我膝盖的皮。就是那一夜，我接受了圣灵的恩赐，就在那里。[11]

人感到满足，充满了满足感。真的，当一个人那样接受了恩赐，当一个人这样接受了圣灵的恩赐，就是一个基督徒所感到的极大的喜乐。你到一个五旬节信仰的教会，经常可以听到一个刚接受恩赐的弟兄，随时用方言讲话。因为当一个人被改变，当一个人这样接受恩赐，一个人的欲望就总是在（与圣灵）亲密的交流之中，并且这个人也经常渴望寻求它。[12]

它可以是——我曾经听到一些弟兄，有时说方言，但是你可以明白他们。是的，有时你可以听懂一些。我们听到一些弟兄在经历恩赐的时候命令教会去祷告。有些你可以听懂，但有一些，你确实不能听懂。就像圣经说的，人们说方言的时候，是在讲说奥秘的事，没有人能明白。但是很多时候，也能够明白。我感到一种东西——就好像我有一样——一些人说他们感到某种东西从他们的脚进入并且充满他们。有一些人全都感受到——它进入身体的每一个部分。身体颤抖,你知道,当人感受到这个的时候,经常会不停地动。

人感受不到疼痛。我们都跪着,都在祷告。他们命令我们跪下,我们祷告。接着有人就领受圣灵,你可以看到;那临到并且浇灌一个人,你可以看见那个证明;接着就在这个表现当中,这个人接受恩赐。

从那之后再没有什么特别的感受。一个人感到这个浇灌人的东西,这个人感到被充满。[13]

伊莱的讲述从小时候她爸爸带她到福音派教会和圣经学校开始。在那儿,她爸爸迷失自己的信仰,开始酗酒,并且开始让她妈妈过很痛苦的日子,最终他们分开。作为一个年轻的女士,伊莱自己享受"这世界上的东西"。"直到我成为一个成熟的女人之后,我才对上帝的事有一些兴趣,你知道,就是当我拥有了自己的孩子之后。"[14]

就像前面已经提及的,卡门·艾瑞丝,她的女儿,是第一个去蓬赛参加聚会的人,并且回家后告诉她父母所发生的事情。伊莱讲述了那天晚上发生的事情。

她回来的时候我们已经睡着了。她把我们叫醒,并告诉了我们她看到的一切。她告诉我们,一个聋孩子恢复了他的听力,还有很多盲人重获光明。她非常高兴。那时,我已经在这里的礼拜听讲道。我可能会接触在莫拉(Mora)家族商店里举行的礼拜。我喜欢靠近门。但是我不会待在那里很久。我只是听一会儿。[15]

伊莱生动地描述了在圣灵里跳舞、"用更多的信心"经历她的肿瘤被医治的事。然后她去参加一个敬拜。在那个敬拜中,牧师胡安·赫尔南德斯弟兄(Brother Juan Hernandez)对她说:"伊莱,来!""然后我感觉我仿佛从我所坐的地方,被带到了牧师所站的地方。"那一刻,她归信了。接下来很多周,她越来越多地祷告,感受到了超乎寻常的温暖和寒冷。牧师告诉她,这些都是那后面要来的事情的暗示。伊莱接着去参加了一个通宵守夜祷告会。在那个祷告会上,她经历了光、风、火以及由圣灵进入不断累积而导致的"重生"的剧变。

"嗯,接着我们去那个守夜祷告会,塔索和我。我们用祷告和歌唱度过一整夜,那真是很令人愉快的事情——因为守夜太美了。人们整夜默想,与救主在一起,祷告,再祷告,尊崇救主,唱美妙的诗歌。"[16]大概十二点的时候,休息一会儿,喝点儿咖啡,接着第二场开始。

我感到那些热浪更加急速地袭来。在我所坐的地方,我可以感觉到某种东西过来,不是——那是一种东西——我不知道,我不能描述它像什么。但是我知道,每一次这东西靠近我,它充满我——从我的脚到我的头——某种凉爽的东西过来,然后吹在我里面。然后有时我觉得我的身体(她轻轻笑道)——就好像它自己想动。我发现我的身体在哆嗦——颤抖。我感到好像每一次有东西在环绕我,就好像在小淋浴中一样。我感觉好像我的心在膨胀,就好像我的心想要跳出我的胸膛。我接受那些东西(她在她的脸前挥动她的手)——这样,不止一次,不时地。东西来临的时候,你看不到,却能够感觉到。

天渐渐亮了,清晨到来。我们又开始祷告,当——我知道当我跪着的时候,这个奇妙的东西来了。它入侵我整个身体(她的声音变得紧张激动),我开始哆嗦,开始移动我的身体。我不想动——有东西在使我动。当我跪着的时候,他们叫那些还没有领受恩赐的弟兄们聚在一起。我们——男男女女——寻求恩赐。祷告中,我上升,我极力寻求得到天堂——我求主用牧师向我们讲述的圣灵的印记印我。

那时,我的身体动得更厉害,更激烈,直到最后,某种东西(她的声调提高,甚至像尖叫)迫使我跳舞,某种东西带着我,所以我这样那样地使劲移动——我不能控制自己,我做不到,因为它很强大。这是一种巨大惊人的东西。并且感觉也是一个令人喜乐的东西——因为它不是一个让我恐惧的东西;相反,我觉得我想要迫不及待地接受它,接受这一份恩赐。我想要很快地被它完全充满。而且你跳得越多,就越这么感觉。并且我知道这个东西,这个奇异的东西在我里面——你应该明白——它在我里面。当你接受如此重大的恩赐,其他的弟兄姊妹也一样的圣化中欢欣。他们就在我的身边说方言,并且他们告诉我,荣耀,更多荣耀主。牧师对我说:"荣耀,荣耀主!继续!更多!你现在要领受应许了。"

并且正当我在荣耀的时候，我知道，有一刻我想说，"荣耀归给神，哈利路亚！"但是我做不到。我没有说出口，接着我开始用另一种语言说话，像希伯来语，或者类似希伯来语的语言。牧师曾说，我将会开始说方言；接着我听到胡安弟兄说，"她已经领受了！她已经领受了！她已经说方言了。她说的是灵语"。[17]

重生的社会影响：移居美国

这样的描述让我们了解两个波多黎各人如何经历一个转折点。当然，波多黎各人分为两个群体：住在岛上的岛民和现在住在美国的200多万人。对他们来说，从西班牙文化的转换早已完成。很多同时站稳了脚跟，通过参与五旬节信仰，已经适应了美国。艾利克斯·哈克斯里·韦斯特菲尔德（Alex Huxley Westfried）对波多黎各人如何处理自己在新英格兰作为少数族裔时所遇到的问题进行了研究。研究主要集中在四个民族领袖身上：奥克塔维奥（Octavio）、佩德罗（Pedro）、玛丽亚（Maria）和汤姆（Tom）。他们都受过大学教育，拥有一个职业——并且他们都知道他们处在美国体制的边缘。韦斯特菲尔德集中展现他们如何处理在教育、住房和就业方面遇到的问题，以及如何在适应美国的同时，保留他们的传统。[18]

他研究的背景是一个很小的新英格兰小镇。这个小镇5%的人口是西班牙裔。比起多米尼加人或者古巴人，这个小镇上的波多黎各人更倾向于是没有技能的人或者半熟练的工人。他们选出来的领袖是一个医院的管理者、一个警察、一个社区组织者和一个牧师。这其中三个是福音派信仰（三个中有两个是五旬节信仰）。这三个人就是我们要着重讨论的。

韦斯特菲尔德首先描述了大多数西班牙裔如何理解家庭中的尊重问题。因为这与西班牙裔如何理解他们的生活纪实休戚相关。孩子们必须尊重、顺从长辈，否则会被打。同族的人应该养育他们自己亲族群体中的孩子，孩子们应该资助他们的家人，最终要照顾年长的和退休的父母。女孩子在婚前应该守贞。男孩子应该保护她们姐妹的贞洁。特别在工薪阶层中，男人和妻子的角色是分开的。对于婚外情，人们有双重标准。男人在家族中有权威，但是在小家庭范围内妈妈具有控制力。她是忠诚的中心。在这里必须说明，受尊敬的家族在教会中并不表露感情，却追求正派正式的行为和一个"好形象"。这为在美国的波多黎各人的调试提供了社会和宗教的背景。

奥克塔维奥的父亲在西班牙曾站在共和党一边参加战斗，后来逃到波多黎各一个糖业产业做管家。他是一个放荡的人，打老婆，还赌博、酗酒、沉溺女色。他希望从他的孩子们那里得到尊重和敬重，而不是爱和珍重。奥克塔维奥的妈妈很努力地工作，经常把他从他父亲的虐待中救出来。事实上，他的妈妈帮他独立，长此以往，家庭关系成了母子关系。

这样，奥克塔维奥获得了一种非同寻常的敏感度，知道他自己可以达到的进步。通过她妈妈的叔叔和父母，他为自己的职业生涯做出准备。他很早的独立也归功于其十七岁时的宗教归信上。他随妈妈一起归信。"当他遇到危机和个人问题的时候，通常他并不需要询问他的亲戚；相反，他会手里拿着圣经在山上散步。当他回到他祖父家的时候，安静，满足。"[19]

在极重的经济负担下，奥克塔维奥为了教会事工接受训练。然后接受进一步的教育，在延长了的军队服役期结束时，他从纽约大学获得了一个医院管理方面的硕士学位。1972年，他在新英格兰的纽卡斯尔（New Castle）获得了一个医院管理者的职位。这给他以浸信会助理牧师的角色服务本地西班牙族裔社区提供了机会。一次又一次，奥克塔维奥抑制他父亲的无度，也帮助他，最后改变他，使他放弃了酗酒。早期奥克塔维奥目睹了他兄弟中的四个人归信，但他们后来又回到他父亲酗酒、打老婆的模式中。

他严格的标准支配着他教育他的家人，以及当他的亲人们拜访他时的行为。他依然在敬重的范畴里——同时也带有爱。在教养他的儿女时，他要求顺服和禁欲。同时，他的妻子约瑟芬（Josephine）在他事工上帮助他。他与波多黎各的惯例不同，他在妻子面前显露他的软弱，并且在做出决定时征求她的意见。他也试着帮助他的女儿胡安妮塔（Juanita）成为一个独立的人，通过教育的方式帮助她自己，甚至让她参与到波多黎各传统认为不是女孩应该从事的运动中。18岁的时候，他的女儿放弃在惠顿（Wheaton）和哥伦比亚（Columbia）学习海底生物学的奖学金，转而到南卡罗莱纳州的托马斯李大学（Thomas Lee University）学习神学。在对他儿子弗朗西斯科（Francisco）的教育中，他鼓励严谨、自律、学业抱负和操作技能——却较少强调通常波多黎各男性教育中的力量和性企图。在一段放荡不羁的生活片段之后，弗朗西斯科被康奈尔大学和耶鲁大学录取。但是他发现他可以就读的专业不是自己喜欢的，所以他进入了南卡罗莱纳州州立大学的神学院学习，并且像父亲一样，为了教会事工接受训练。

在这儿，我们能够看到基于宗教基础和放弃女性从属、坚持男女平等的家庭关系之上的纪律、独立和抱负的模式。奥克塔维奥也不使用责打作为家庭纪律的执行方式。

提到奥克塔维奥所在的教会，它是一个主要参与者为西班牙裔工薪阶层的教会。所以虽然他自己的同伴多为中产阶级，但他必须与他的出身接轨。他比他的会众更强调教育和男女平等，但比较中产阶层的放纵来说，他更加喜欢新教的伦理。他所在的教会，事实上，是白人文化和波多黎各文化的综合体。奥克塔维奥及其家庭的所有一切，读者们都看到了，是一种大多数拉美贫穷新教徒在转变时得到和被反复灌输的价值观的成熟版本。

韦斯特菲尔德对玛利亚及其子佩德罗的阐述被称作"卡斯特罗一家：寻找一个新的愿景"(*The Castros*: *The Search for a New Vision*)。它不仅展现了向五旬节运动的转向，还说明了带着福音派热情的半政治世俗化。这通过第三代对民族主义者和政治更多的关注表现出来。玛利亚是一个非常类似伊莱的人物，也具有她的口才。从她身上你可以清楚地看出无论男性如何错误地生活，宗教信仰和愿景都可以通过女性传承。

玛利亚和佩德罗的故事，当然几乎完全交织在一起，但是应先从玛利亚自己的讲述来看她。玛利亚的父亲是一名铁路工程师和石匠。他非常看重女儿们接受的教育。他对孩子及其学习要求十分严格，这两个关注点都植根于他和妻子的五旬节信仰。玛利亚在波多黎各大学学习两年，但当他父亲过世的时候，她搬到纽约，帮助养家。在那儿，她听到一个年轻的墨西哥宣教士的讲道，特别将圣保罗对罗马人的建议（第十二章），"只要心意更新而变化"，放在心中，并且决意也成为一名牧师。

玛利亚的丈夫弗朗西斯科在较轻松的氛围里长大，曾在美国海军里服役。他通过来教会看玛利亚在诗班里面唱歌而成为一个五旬节信仰人士，并且当他在海军服役时，他向上帝许愿，如果能够活着回去，就把自己的生命献给上帝（事实上，奥克塔维奥在部队的时候也曾这样许愿）。当他和玛利亚结婚时，他们献身于宗教教导、宣教士事工，并且经常在圣灵的启示下搬家。玛利亚起初在弗洛里达州的西班牙裔移民中做宣教工作，给他们提供食物和水，接着她和她的丈夫去新英格兰诺斯波特（Northport）

的美国圣经学校（American Bible Institute）学习了两年。结果，弗朗西斯科成为一名熟练的实际操作者；而玛利亚成为一名社区工作者、教育者和负责德文郡（Devonshire）一间教会的五旬节信仰宣教士。玛利亚在工作中、教育中、与人的互动中强调认真和干净利索，远离那些性格粗暴的个体，并且强调委身于波多黎各人的社区。这种委身给她的儿子佩德罗造成了一些困难。她在一个异象中看到他的儿子在全世界"宣扬主的话语"。关于佩德罗的异象被她解释为先知讲道——如保罗在《哥林多前书》里所说的那样（林前14：2—15）。在那段经文中，保罗强调先知讲道——就是那个异象——强于说方言。佩德罗不那样认为，但是他的妈妈毫不怀疑，终有一天先知讲道的能力会临到。就像奥古斯丁的母亲莫妮卡（Monica）一样，玛利亚不相信，付上那么多祷告的代价，孩子会失落。

佩德罗坚持她母亲信仰的一个版本，但是，他将其读入政治、民族主义，并且将它和贫民区市井居民混合。他是一个与众不同的宣教士。在佩德罗的身上，我们能够看到那种第二次转型。它经常发生在宗教委身已经形成，并且该委身由现代自由教育的影响主导的时候。这种教育特别会影响那些有双重民族根源的人。

在文法学校，佩德罗是很难搞定的学生。他发现很多五旬节信仰的禁令很可笑。他在一段时间沉迷于一种毒品文化中，认为毒品可以用来消遣。当他到女皇大学（Queen's College）的时候，他被克利弗（Cleaver）、法农（Fanon）和坎波斯（Campos）的作品深深吸引。通过与马尔科姆艾克斯（Malcolm X）的追随者，青年聚会主任阿布德－l－阿基姆（Abd-l-Akimm）的会面和共事，他完全意识到他的原籍和他民族的命运。当提及自己的政治取向时，他总把自己描述为"黑人"。他所有的密友都是波多黎各政治独立的鼓吹者。另外，他为西班牙裔的工作需要专业的法律知识，所以他在班戈大学（Bangor University）得到一个奖学金，最后获得一个关于社会福利的学士学位，并且进入青年服务项目（the Youth Services Programme）工作。

但是，虽然佩德罗不去教会，他依然是一个宗教化的个体。他所拒绝的只是他母亲对于体面的定义。这会使他和他自己的人分开，使他不能与他们一起为达致一种不同的生活方式而努力。他没有拒绝获取教育、在工作中达到职业要求的动力。有一件事很值得一提，他和他的密友曾被两个巫医攻击灵魂，但是佩德罗使用他个人的信仰成功避开危险。

佩德罗经常保持着一个可以在贫民窟里找到方向的市井人的形象。他对那些试图"让他不好受"的人们采用强硬手段——而他的父母本想试图让他远离任何暴力。提到女性,佩德罗认为她们应该有自己的职业。他与很多女性有关系,但都以她们堕胎为结束。他的道德世界比他的父母更加复杂、不定和支离破碎。

从道德的角度,他的一些经历模糊不清,以致他对自己的生活方式并不满意。他去参加了宾夕法尼亚州的一个退休会,并且在那里接受了和伊莱和塔索明确经历过的一样的"释放"。他也与他们一样感到"有罪"。宾夕法尼亚州的经历使他获得了转变。这也正是这一章主要讨论的。

> 这个经历太完美了,我的生命翻转……我现在几乎已经完全与自己和好。星期六我们举行了一个非常非宗教化的敬拜,所有人围坐一圈。圣灵……击中我……抚摸我,让我知道我没有照它所希望的那样生活。上帝的灵太真实,以至于在那幢建筑物中你可以够到它——甚至摸到它。就像在天堂一样。
>
> 我去湖边,当时大概晚上十点整。我会永远记得,在月光中云彩形成了美丽的形状。我到了湖边,坐在长椅上。当我一坐在长椅上的时候,我开始失控地哭泣。我已经五六年没有因为任何事流过眼泪了。我开始哭泣叹息,我不能停下。我所能做的就是赞美上帝,哈利路亚,阿门,将所有的颂赞归给上帝。这就是当时我所能做的。[20]

和平的文化转型

这之后探讨的就是,五旬节运动在一个社会开口的特定点,使用一些思想或者金钱或者技能的独立资源出现的方式。这个特定的开口是在最穷乏的人中。它帮助这样的人,在不直接威胁等级权力的中心主干的前提下,从侧面进入到宗教形式中的参与性、表达和责任感中。甚至在天主教进行宗教改革,并将这些宗教改革深化到政治改革之中,但天主教保持了长期社会宗教等级的那些区域,五旬节运动都成功进入,并且,事实上,正是其方式的多样复杂和组织性反映了这一点。新教起先通过区化或边缘化的典型进程来分离他们的派别,并且因自己的历史自我调整以符合一个区化了的社会。正是这一点,限制了它的政治范围,为个人或全体改善,而非政治革命，提供了推动力。

然而，向五旬节运动的转变代表了其自身内部的一个革命：超越静态的一种突破、一种狂喜。在很多案例中，它真实地打破了或者冲破了社会界限的结构性本质，以及通常可接受行为的设限。它"补充"或者"满足"在他们身体和精神带有疾病或不适时深深受到影响的个性。我们并不知道通过思想和身体具体怎样地连接，但是从新约到现在身体灵魂同时的双重释放或者释解以恢复长久被扭曲被打乱的和谐的实例足以证明，这其间有联系。当一个五旬节信仰人士谈及在光、风和火中重生而经历的再次被拯救，他（她）戏剧性地在恢复整全的巨变和催化中表现了过去的释解。在五旬节信仰的语言中，那是圣洁的达成。这样的恢复如燎原之火一般顺着亲人和邻居的联系、家庭重组或者社区的建立蔓延开来，最终成为在上帝里的家庭。这种归信所依赖的人际网络的重要性，无论怎样夸大都不为过。在不同的摩门教宣教背景和早期离散犹太人中基督教宣教背景中工作的罗德尼·斯塔克（Rodney Stark），已经展示了信仰是如何从亲戚到亲戚，邻居到邻居，而非上门推销讲述的方式传播的。[21]

所有上述的论据说明了另一个由斯塔克提出的概括：宣教士和信仰传承者之间必备的一致性和在传递背景中的已然。虽然五旬节运动一直严格拒绝天主教，它也激活了天主教信仰中潜在的因素。亲戚的关系被铸入了"上帝里"，应许或承诺在医治和圣灵的恩赐中被证明和实现，并且教父母的身份延展到了兄弟姐妹之情。事实上，五旬节运动中的女性形成了一种非常接近亲姐妹的关系。她们越多参与，就越多地互相连接，彼此支持。

同时，典型新教伦理的因素被实现，因为就像在敬拜中达到的狂喜和释放一样，纪律和沉静也活跃于日常生活之中。新教也许提供教育，就像20世纪30年代在佩滕所做的那样，或者只要有一丝受教育的机会，它都会鼓励信徒去寻求。纪律和教育抱负很可能已经在某些人的心中综合，接着，随着他们将眼光放在新的视野，作为他们愿意跟随的一种全新的生活方式，新教出现了。新教是用来加强，并且事实上圣化他们对于综合改善的愿景的。

在洪涛之中的小舟经常转向美国的方向，至少那些与美国近在咫尺的也是一样。就像很多民族主义知识分子会争辩的，这并不是说归信五旬节信仰就是美国化的通途。它的根基毕竟植于口述传统和黑人文化的雄辩中，并且根深蒂固到不用书面的形式灌输对美国的关注的程度。但是它确实使各种不同背景的人带着自己的期望与北美人接触。它提供了美国式观念和美国思想赖以传播的渠道。弟兄姊妹们交流，并且被另一个世界而影响。大部分来自于天堂的喜乐，但是也有美国的应许和权力。五旬节运动终究关乎属灵权能和权能的传递转移。如果一些信徒没有将美国视为权力的源泉，那将是令人震惊的。甚至波多黎各和拉美其他地方的新教徒，韩国的新教徒都很可能移民到美国。

不管关于美国权力影响力的事实究竟是怎样的，五旬节运动（和福音派的其他形式）显然帮助其追随者中的很多人获得了一个他们生命中的力量，这是显而易见的，而这个力量可以给他们灌输"改善"、各种各样属灵的和物质的新好处的可能性，也使他们接触深植于黑人、印第安人或者西班牙人本土文化中的灵里管理和释放。现在人们在生活中运用的长期资源回归到新教复兴的传统以及印第安农民和非洲奴隶的古老的灵界中了。

第十一章

新教与经济文化：论据回顾

社会学和人类学研究中有一个广为人知的普遍假设，即新教常与经济成功紧密相关。这个假设从马克斯·韦伯就新教伦理如何影响并且如何被资本主义精神影响的辩论中轻率地得出。但是那个辩论主要集中讨论 16 世纪、17 世纪和（边缘的）18 世纪第一波新教加尔文主义。辩论很少关注第二波新教循道会；至于第三波五旬节运动，我们最近的论据表明，它是相当零散的。当论及新教的第二波和第三波时，它们更多论及对民主、个人主义、避免暴力革命的贡献，而不是促进经济成功的能力。关于循道会的辩论需要更多引用哈勒维，而不是韦伯。[1] 如果援引韦伯，更多是因为其论文是关于"新教宗派与资本主义精神"，而非"新教伦理与资本主义精神"。[2]

当然这篇论文是一个有益的开篇，因为韦伯强调教会会员制，特别经历一段预备期之后，提供了道德资格的保证和由此而有的信用保证。他认为，在推崇清教徒美德方面，信条相对来说没有道德要求重要。韦伯还注意到，就如早前托克维尔（de Tocqueville）注意到的那样，存在美国人的各式各样、不可思议的联盟。它们包括，如共济会团体和教会。这些联盟提供了联络的一种方式、互相扶助和互通信息的资源以及一种保障的形式。结果，美国不是个体的一盘散沙，却是像蜜蜂一样嗡嗡作响的志愿性组织的结合。这种嗡嗡的结合形式正在传播到拉美（和韩国）。回顾研究，重心再一次落在了兄弟式网络的重要性上。

当然，虽然很多群体只有几千人，我们事实上不止处理小的所谓的宗派。如我们所见，当代五旬节运动的现象比过去的加尔文主义有更广阔的来源，比现在的加尔文主义肯定更广。在一个层面来说，范围"小"只是因为成为五旬节信仰人士的人是小民，并且他们的"资本主义"在这个阶段还是"便士资本主义"。

关于当代福音派信仰，特别是五旬节运动在经济方面的表现，或者至少主要触及这方面问题的影响，有过很多本土化的调研。然而，一些关于如何获得真正确实论据的问题浮出水面，这些是需要解决的问题。一旦完成，我们就会清楚地得知，我们只是在处理累积的迹象和关于可能发生事件的或多或少感性的观察。我们不能期望找到比貌似合理的可能性更多的东西。但是，至少，也不必要排演那段关于新教和资本主义，哪个更先出现的经典辩论。**我们需要调查的是复杂的反馈，在其中，人们察觉到变革的可能性，然后抓住机会，并且被可以加速这一变革和/或者帮助他们适应着变革的宗教思想所抓住。**

一个过去在辩论中出现的重要问题，现在再次出现，即福音派信仰和经济进步之间联系的偶然性。显然，过去的资本主义**可以**在新教不存在的情况下出现，反之亦然。学者们自己追索复杂的问题，如荷兰特定地区和苏格兰虔诚的加尔文主义社区并没有推动产生资本主义精神的果实。再一次，这里没有必然的相关性。假定的联系和貌似合理的可能性必须在经常同时的发生和相互加强的条件下才能确定。福音派信仰和经济进步确实**经常**同步，并且当它们同时出现时，它们互相支持并且相互加强。

通过非福音派人士达致的经济进步："外来者"、摩门教徒

不同于福音派使自己改善进步，具有宗教劝服的人们所表现出来的能力，需要一些更深的讨论。用黎巴嫩人（或者"叙利亚人"）作例子，他们在加勒比地区，在巴西，在象牙海岸（Ivory Coast）和北美成功的能力，来自于在黎凡特（Levant）从事商业的具有悠久历史的经历，以及很多少数民族（虽然不是所有）开拓贸易特定困境的方式。一群愿意互相帮助、团结的少数民族"外来者"可以不用马克斯·韦伯所描述的宗派的方式，建立经济资源。就像很多叙利亚人那样，他们可以在只有一只鹰或者一个小贩的情况下，很好地建立资源。中国人也是以不需要福音派信仰的额外帮助，就能建立一个有凝聚力的、繁荣的小企业家社区并享有盛名。例子不胜枚举。例如肯尼亚亚洲人的成就，并且继他们在肯尼亚被驱逐之后，他们在英国再次取得成功。

然而，这个现象很容易理解，并且是令人熟悉的，而且它不需要推翻我们特定的关于福音派和物质财富改善的命题。福音派人士并不经常是历

史悠久的贸易社区的移民，虽然，当然他们**可以**是。在1685年之后去英格兰、荷兰、南非和北美的胡格诺派信徒（Huguenot）就是这样，虽然他们可以被广义地划分在"福音派信徒"中。

较不容易处理的是以与新教福音派相似的方式和在相似的环境中，人们没有通过成为"新教徒"而获得相当的成就的群体的事例。这些群体中主要的是耶和华见证人、摩门教和基督复临安息日会。他们需要简要论述。

提到耶和华见证人，虽然在其他地方搜集的论据，发现了他们具有在福音派人士中间出现的相似的经济和社会地位改善的能力，但是拉美耶和华见证人的资料至今依然匮乏。詹姆斯·贝克福德（James Beckford）在其对英格兰耶和华见证人的研究中，以一种综合概括和印象主义的方式记录了他们的这些能力。[3]诺曼·隆（Norman Long）也为赞比亚耶和华见证人的研究提供了支持性的文献。[4]

虽然直接从拉美得到的资料是零碎的，但有依据可以假设，基督复临安息日会的信徒，从某种程度来说，也改善了他们的地位。当然下面引用卢维伦（Lewellen）和柏德维尔斐桑（Birdwell-Pheasant）的研究指出，安息日会促进了社会流动性。[5]在美洲（北美、中美和南美洲），安息日会建立医院，提供教育，还鼓励关于健康和饮食的特定工作。他们组建了一种小规模的福利系统，在帮助他们的社区上几乎不会失败。

摩门教是一个有趣的例子。首先，罗德尼·斯塔克主张，他们是一个新的宗教，而不是一个半基督教的宗派。[6]所以，他论述到，他们在现代化已经足够成熟的地方产生最大规模的影响，形成了一个宗教的空间。由此推断，这意味着他们总体在已经繁荣的环境中拓展，如乌拉圭。

摩门教的角色更加复杂了，并且他们劝服方式的特定层面与我们所有的问题高度相关。他们强调了他们的美式特征和来源，并且这使他们对于那些已经与美国生活方式很好接触的人们，以及甚至寻求与美国联系的人们，具有吸引力。这些人显然形成了一个独特的次群体。例如马克·格罗弗（Mark Grover）在其对巴西摩门教的研究中指出，"摩门教教堂外汽车的数量最近日渐突增。这成为跟随受美国影响的中产阶级梦想的摩门教成员们成功的额外眼见证据"。[7]摩门教徒受到鼓励，尽可能契合美国模式的原型。一个奇异的结果就是，黑人不是他们传教劝服的对象，直到最近才有所改观。并且这也意味着，很多社会最贫穷的人，没有，也不可能成为摩门教徒。事实上，巴西摩门教活动的早期，宣教士着重向德裔社区传福音。他们毫无疑问都是白人，并且已经具有使生活变得更好的必需技能。

摩门教帮助其信徒符合美国中产阶级规范的另一个方面就是教授英语。这可以帮助他们访问美国，并且去杨百翰大学读书。即使他们不再期望着移民到犹他州，盐湖城对于摩门教徒来说就相当于麦加圣城。那些到访的人们，就所能得到的成功，迅速有了新梦想。对于这样的朝圣者，美国看起来具有吸引力、超越性、现代性和权力。摩门教徒所公认的公共形象建基于美国商人的形象，并且毫无疑问，外在的样式表明和塑造了内在的态度。事实上，巴西摩门教宣教士一度以佩戴帽子作为标志。

那些归信的人也必须按照摩门教的健康准则生活，其中包括不能喝咖啡、茶、酒和吸烟。总体来说，信仰的结果是简洁精干、家庭改善以及优雅的饮食。当女性们在众所周知的妇女会（the Relief Society）中见面时，她们学习做母亲的技巧、艺术手工的技能以及社会关系的技巧。妇女会还鼓励家庭式工业和公共园艺。诚然，这些摩门教的特点同时体现并且促进了信仰的进深。它需要勇气和忍耐来拒绝你的背景，以符合一个占用了几乎你所有时间，将你和几乎所有外界联系都隔绝的宗教的要求。同时，在一些人为美国化的形象所吸引的同时，另一些人嗤之以鼻。但是对于那些真正归信摩门教的人来说，这种再社会化强度很大，并且包含着对美国以及美国方式、样式的适应。这不可避免地引起一个问题，那就是，我们是否应该将拉美人进入北美所使用的宗教工具与特定的摩门教精神的作用相提并论？

由大卫·克劳森（David Clawson）在墨西哥进行的研究很大程度上小范围地确认了马克·格罗弗对整体巴西摩门教的观点。[8]克劳森认为，美国境内的天主教，初步开始，在社会和教育的方面与新教持平。这反映了北美天主教已经吸收了旧美国占主导地位的新教精神。他接下来呈现的研究是关于墨西哥中部的尼尔提肯（Nealtican）社区。

克劳森描述摩门教徒在内战期间归信的方式。接着，在1948年，一名摩门教徒成为区划主席（municipal President）。很多天主教徒害怕因为以前的逼迫而被报复，但事实上，他只是为摩门教活动打开了一片自由的空间。非原住民的天主教神父们几乎不能对此做出什么反击。社区8%的人归信摩门教（大约有600人），而一些人归入了五旬节信仰的上帝教会

(the Pentecostal Church of God)。

克劳森的结论肯定了天主教和（所谓的）"新教"之间惯常认为的不同。他随机抽取了足够的来自各自信仰群体的农民作为样本，发现了在认读能力、领导力、对参与合作式经济经营的意愿、对外人的态度和财富的态度方面主要的不同。"新教徒"极其强调阅读，最初是圣经，但是最后是杂志。在小学以上的教育中，17个年轻人中有13个是新教徒。新教徒女性接受节省他们家用的训练。直到现今，他们都与美国宣教士保持着紧密的联系。他们愿意越来越开放地接受医疗和开发人员的到访，并且——如前所述——他们通过对盐湖城的造访获得经验和新的理想抱负。克劳森总结了天主教基础社团引进后的相似变革，但是成功的程度取决于神父的能力。而新教的成功非常独立于任何神职人员的参与。

当然，无论这个研究如何加强了预估，你不能在一个研究的基础上做出结论。然而，它的确提出，沉浸于具有与他们相似历史和地缘根源的新教气氛中，摩门教徒的确与那些"正统"新教徒一样成为新教伦理的承载者。耶和华见证人和摩门教，虽然处于基督教神学的边缘地带，但是从他们产生的地方，继续推进了新教宗派者背景的大趋势。这些趋势在更广的方面与美国精神相混。提到复临安息日会，这对他们也一样，但是在这个案例中，人们倾向于将他们纳入基督教新教福音派中。

克劳森在他的评论中提出与大多数研究相关，现在看起来也是他自己研究的一个问题。那些选择一个新信仰的人们，也是特定社团的积极分子。他们偏好尝试新事物，如果可能，这种偏好是他们适应新信仰对他们的塑造。他们并没有分辨各种各样的新教是否是基督教边缘派别的知识。然而，他们会在其他事物中，察觉到一种新奇感。对于他们来说，这带着现代性的光环，有可能包括技术机遇和福利条款。简言之，他们通过派别会员身份、纪律和流动性的窄门，进入了一个更宽广的世界。

克劳森的研究，虽然主要是通过对摩门教徒的研究为新教的影响提供经典的轮廓。现在所看的四个研究全都是在墨西哥完成的，并且带出了不同情境下的新教让人眼前一亮的不同方面。在讨论它们的时候，我省去了无关紧要的因素，只集中在各种研究呈现的新奇特点上。

案例研究：墨西哥

玛丽·奥康纳（Mary O'Connor）的梅奥人（Mayos）研究将新教福音派的影响与本土的千禧年运动作对比。[9]在进行这个研究的70年代中期，梅奥人有大概2万人，并且比其他大部分墨西哥印第安人过得更好，因为他们住在农业发达地区。他们也更加融入墨西哥社会。大多数人说西班牙语和梅奥语，并且已经得到现代的消费品和衣饰。那些成为新教徒的梅奥人，具体说是五旬节信仰的梅奥人，发起了一场生活的重要变革，即从各种节庆仪式和为热闹人群提供大量食物的义务中获得解放。拒绝履行那些节庆仪式的责任，使他们为消费品和孩子教育省下钱。他们也通过拒绝所有的娱乐，特别是喝酒，省下钱。对浪费放纵的拒绝并不是对财富的拒绝。牧师鼓励会众勤奋工作，教育孩子并且改变他们的物质条件，并不责备他们拥有录音机或者小汽车。玛丽·奥康纳认为："总体上合理的行为是被鼓励的。相信巫术、鬼魂、埋藏的宝藏和民间医疗，这些在普通人中所常见的，是被嘲笑的。"[10]

梅奥人的本土千禧年运动与五旬节运动有一些相似之处。一方面参加这场运动的人都是上帝毁灭世界时拣选被救的人，他们拒绝饮酒和世俗的娱乐。然而本土运动致力于重获梅奥人在经济和政治方面的控制，全面拒绝邪恶的混血世界。奥康纳发现参与者几乎都没有取得经济和政治晋升的机会。而另一方面，新教徒可以看到他们自我和家庭改善的机会。事实上，他们已经拥有一个足够的经济基础。他们可以在不丧失其梅奥人身份的同时，成为一名新教徒。这意味着他们可以最好地利用混血和梅奥世界。奥康纳补充到，虽然仪式节庆会越来越世俗化，但传统的民间天主教可能依然是信仰的主流。她还提到，那些转信新教的人通常不敌视天主教。（那是其他研究提到的一个重点，并且与新教对世俗化的关系有关。）

保罗·特纳（Paul Turner）的研究"宗教归信和社区发展"（Religious Conversion and Community Development）处理的是南墨西哥恰帕斯州（Chiapas）奥克斯褚埃（Oxchue）的泽套（Tzeltal）印第安人中一些重要的大规模归信。[11]这个研究格外有趣，因为它与威克里夫圣经翻译会的工作相互呼应，考虑到最近人类学家对威克里夫翻译会的译者们作出的批评，翻译会的工作应该得到公正的评价。他们认为宣教士这部分的工作是被动和克制的。事实上，据记录表明，最初的归信者就是在听了新宗教的解释后做出回应的。

在出现归信者之前，奥克斯褚埃被认为是最落后的市。然而，之后，它开始在教育和对科学医疗的接受性方面，超越所有其他印第安社区。但是现在，他们阅读用他们自己语言和西班牙语写成的双语读物：识字课本、故事书、健康宣传册、一本词典和新约。成人扫盲课程也被积极推出。

在对这些变化的分析中，特纳将重点放在密集增长的人口、拉迪诺人对土地的开发和租借土地的持续压力的张力上。这些张力表现为酗酒和巫术。塔泽人的宗教信仰并不能够使他们应付所有。它强调维持过去的传统、与各样神和巫医自然和谐。天主教带着出世的目的，通过被动接受社会、政治和宗教等级之间的联系，来加强这一点。相比之下，新教强调与上帝直接沟通，直接看到变化的可能性。

归信者从饮酒和对邪灵的恐惧中释放出来，接受了一种冷静的生活方式。这种生活方式包括勤奋工作、严守时间、信实守约和勤俭节约。"这些微小美德的实践"，特纳说，"使财富得以聚集，生活水平得以提高"。[12] 新教诊所甚至成为塔泽人的某种医疗神庙。他们不仅寻求科学医疗，他们更多看到未来和个人的改善。塔泽人变得更关心政府发展计划，并且接受政府很少的援助。（特纳补充道，一些由天主教年轻神父发起的反宗教改革运动也结出了，至少可以说相似于"新教"精神的果实。在特纳看来，这是因为它们吸收并且混合了新教的挑战。）

下一个关于改变的研究是在恰帕斯州北部的 9 万丘尔人（Choles）中开展的。它也与威克里夫圣经翻译会相关。亨利·威尔伯·奥利（Henry Wilbur Aulie）在为富勒神学院所做的研究中描述了概况。[13] 起先，几个宣教士到了丘尔地方，使一些拉丁与印第安混血儿（梅斯蒂索混血儿）归信。接着这些混血儿影响了一些印第安人。这些印第安人组成了一个平信徒宣教群体，走村串乡。他们的工作因为威克里夫翻译们的到来而加速，因为他们得到了本地语言的圣经。总体的结果是民族自尊的加增、双语的活跃和经济的独立。奥利接着讨论从新教分离出去的运动，主要是五旬节运动，并且注意到了一个本地罗马天主教改革运动的出现。

与特纳研究的印第安人案例类似，丘尔人也经历了人口膨胀和土地匮乏。奥利论述了很多关于社会和经济进步的问题，他强调学习识读和预备讲道的益处。这两个新教的副产品威胁着神父的权威，而且就长远来说，会使儿子脱离家庭。他还强调，人们越来越感到，维持仪式庆典的公共责任是一种浪费。诚然，丘尔人，就像其他很多的"印第安"群体一样，处于一种部分崩溃的状态，表现为酗酒。他们也惧怕巫医和邪灵。当新教到来的时候，它恢复了一种权力的概念，这可能表现为赶鬼，或者提高了的产能，学习养殖蜜蜂和牛，或者是干净整洁以及温和节欲。（当归信发生的时候，它们通常出现在整个家族或者部分家族成员中。）

然而，这种权力的概念会在第二代开始消逝。本地语言可能再一次衰落，特别是人们用西班牙语唱赞美诗歌，并且持续以梅斯蒂索混血儿的文化追求提升的时候。牧师们可能会有一种强烈的他们自有的尊严感，在混血儿的城镇买房，并且送他们的孩子到混血儿的学校去。长老会式的组织形式帮助实现牧师与民众的分离。奥利表明了约翰·卫斯理为之悲痛的成功的典型困境。那些人通过自我抬举的方式，让自己感到"我们与那些人不一样"。"不再将钱花在害人的酒精上"，奥利谈道："基督徒现在用自己的收入购买衣物、药品、骡子、收音机和去外面世界的旅游。"[14]

奥利讨论了两个有趣并且互相联系的发展变化，即使用音乐的戏剧化变化，和至今都被认定在长老会界限内的五旬节信仰人士的到来。起初，本地语言的赞美诗很受欢迎，但是，现在越来越多人使用西班牙语的合唱。它们由吉他伴奏，并且使用收音机和流浪乐队的律动。当五旬节信仰到来的时候，那些喜欢新的参与形式的人们离开长老会，加入了这个新的宗派。长老会信仰和五旬节信仰的一些分歧存在于当地村野之间和他们内部的政治争斗中。

这些事件不能在这——论述，因为它们已经离开了经济发展的话题。然而，因为社会或地理的流动性与作为说西班牙语的梅斯蒂索混血儿的状态之间的关系而产生了一个相关问题。宣教士的到来是致使整个地区打开的一部分原因，但是对着这种开放的加速，它不仅推动丘尔人及其本土文化向前发展，还向小教堂和丘尔社区以外发展。并且，虽然新教徒强调识读能力，强调更新丘尔文化概念的本土语言，新信仰还促使社区分裂成为包括来源于基督教的异教、世俗化群体、天主教和各种各样的福音派群体在内的互相竞争的群体。

第四个研究，也是在玛雅人中做的，让我们看到五旬节运动在发展中不一样的角色。总体来说，在1940年到1980年墨西哥经济腾飞期间，新教信徒人数增加了13倍。杰·皮埃尔·巴斯琴描述了新教如何分支成为一种书写化都市文化和口述的乡野文化。[15]同时,墨西哥的经济发展促成了乡村资产阶级的形成。他们剥削工人,并且试图垄断商业。乡村新教抵制这种乡村资产阶级。比起经济层面,这显然更直接作用于其政治层面,但是却帮助标示了经济情况的复杂性以及确认新教与经济变革和进步之间关系的难度。帕特丽夏·弗坦尼(Patricia Fortuny)在其关于尤卡坦乡村新教的著作中表明,新教集中在乡村的最不发达地区,而天主教在资本主义农业地区最强劲。[16]这简单表明了现在的新教影响到了乡村的政治和经济。它可能会集中在陷于经济后退和寻求生存的边缘团体中。虽然弗坦尼并没有评论,但这一事实并不需要在其内部改变新教的整体趋势以获得经济的发展。

案例研究:危地马拉

上述四个研究已经表明新教渗入不同群体时会采用的各种方式。所有研究的群体都是印第安人,大多数是玛雅人,并且也反映了新教在恰帕斯、塔巴斯科和南墨西哥的尤卡坦,以及宣教士调查员和人类学家分布的地方有更广的传播。现在进行的两个研究针对危地马拉的群体。他们与南墨西哥人几乎一脉相传。施瓦茨和雷纳所论及的其中一个群体,我在关于归信的那一章讨论得更详细,因为它真的是一个关于微过程的研究,而非新教经济层面的探寻。[17](事实上,我在那里使用这个研究,是为了以一种更精细的方式,表明新的新教群体和当地小集团之间持久的斗争。)

施瓦茨和雷纳开始从两个世纪以前的埃米利奥·威廉姆斯的观点引出,那些新教徒不仅存在于迁移到新的乡村边缘的移民,或者那些相反被困在城市中的人,还在那些拥有中等土地的人们之中。这些人组成了在土地上劳作的节俭的农民,他们自给自足,不依赖市场。这样的实例的与众不同之处在于,他们具有脱离教会和社会权威的相对自由,而这些权威中又夹杂着足够支持一个独立存在的方式。施瓦茨和雷纳带着对这样半独立中产群体的兴趣,进入了北危地马拉佩滕的三个社区。他们容易归信,是否在某种程度上与他们独立的程度、移民的倾向和总体上对变化的开放性有关?

施瓦茨和雷纳对直到1954年都很弱势的佩滕罗马天主教教会作出评

论。人们依然严格分别神职人员的信仰和作为天主徒的社会身份。他们所研究的三个社区都在闭塞的边缘地带。这些地方没有经历过有创伤的征服，也从没有陷入赞助者—受助者的关系，或者大庄园系统中。从神学的角度，这片地方的人很容易归信，但事实上，正因其不同的社会系统，人们被调节和分流了。在当地主要中心弗洛勒斯镇，存在一种显著的社会层理系统，它阻碍了一些潜在归信者为求新而改变。那些真的归信者是中产阶级，但是，与神父培养的"新"天主教徒相比，他们更没把握，也没有能力与精英阶层竞争。冲突的主要舞台是老的和新的天主教徒，分别都有精英和反精英成员。相比之下，圣安德烈斯的社区中，层理系统比较不明显，并且人们更愿意解决他们的困扰。"比起弗洛勒斯，圣安德烈斯因此有更多的宗教活动，也有更多人选择革新。甚至革新的代理媒介在社区文化中有一个基础。"[18]上述引用的简单描绘和引用至少真实地表明在新教徒和天主徒之间作统计对比有多么困难。谁能够承载经济和/或者宗教的革新取决于社会结构的状态。

然而，詹姆斯·赛克斯顿（James Sexton）尝试在危地马拉两个叫作帕纳哈切尔（Panajachel）和圣胡安（San Juan）的镇上展开一个实证研究。[19]帕纳哈切尔58%的人都是印第安裔，而圣胡安96%的人是印第安裔。这两个镇上几乎所有的新教教会成员都是印第安裔。天主教由兄弟之情联络组织，因此他们中间的参与性被该研究作为传统行为的一个考量使用。"现代"行为被定义为与衣饰、房子、家具、生孩子的间隔、移民、工作抱负和宿命论程度的变化相关。

赛克斯顿的兴趣点在于因果关系的方向。他声称，没有发现宗教价值作为启动力对社会经济行为产生重要影响。他认为，至少在帕纳哈切尔，相对富裕的印第安人没有特定的拉迪诺文化特质，诸如穿西方的服饰，并且住在更现代的房子里。他们接着变得更加暴露在外界里，并且，**在这个节点上**，开始归信新教。变化都是互相联系着的。在帕纳哈切尔，并且某种程度在圣胡安，新教徒更富裕、能识字，住在更现代的房子里，更多从事非农业的职业，更倾向于冷静，并且他们的态度中较少有宿命论。这样，所有"成就"动机的主要因素都齐备了，并且新教协同其他因素，在互相加强的复杂机理中促进现代化。就像其他资料一样，他顺便提及，高地的玛雅人长久因非工业化和自我否定而著名。他们是"便士资本主义者"。新教所做的就是利用这些特质，在一个更加进取和积极的世界观背景下加强它们。它是向外开放进程的一部分。这进程使新教的传播成为可能，并且反过来，推进这一进程。

这也许是应该嵌入一个虽小却有趣的论据的时候。这一论据来自于靠近危地马拉的英属洪都拉斯（伯利兹）。唐娜·柏德维尔斐桑（Donna Birdwell-Pheasant）研究一个尤卡坦种族战争（Caste Wars）难民最初驻扎的地方。这里居住的人，大多数都是梅斯蒂索混血儿，也有一些玛雅印第安人。[20]本地宗教建基于仪式节庆和连续九天的祈祷，后者主要在糖业农场和老板的控制中。20世纪20年代，糖业农场垮了；同时宗教文化在基督复临安息日会的影响下瓦解。到20世纪20年代后期，宗教情景中包括带有合一实践的一小群传统天主教徒、一些天主教平信徒弟兄、一个宗教梦想破灭的群体、一些安息日会成员和一些新建立起来的五旬节信仰人士。传统天主教徒中有一些反对控制乡村议会的群体，并且在政治上与北部的一个宣传社会主义的议员有关联。这个议员还做出某种实现玛雅文化温和复兴的承诺。那些"弟兄"作为一个机构与天主教教会相连，因此也与大多数政治和商业精英都是天主徒的贝利兹城市中心相联系。这些有名无实的天主教徒实际上并没有宗教权力基础，但是比较富裕，并且在乡村议会里有影响力。安息日会成员与议会也有联系，也拥有超过平均水平的经济手段。他们相对来说自足，并且他们与乡村外的主要联系都是政治性的。五旬节信仰群体与众不同，包括了外来人员，或者破碎家庭的成员，或者低收入的人们。五旬节运动被当作家庭的替代品，而不是政治联盟的一种形式或者在社会阶层上向上流动的一种方式。从这个例子再一次可见各样宗教群体与乡村经济和政治联系的具体方式。

这种从乡村，并且大范围印第安背景中提取的论据可以由B. R. 罗伯茨（B. R. Roberts）在危地马拉城附近所做的旧研究补充。[21]罗伯茨强调了当试图在这个城市生存的时候，归属一个紧密编织的宗教人际网络的有用性。他认为，"正是在这些群体中，一个群体的社会关系和社会组织，阐释了其对于个人经济地位和公共行为的效用"。[22]从经济的角度来说，这些效用有积极的，也有消极的。谈到消极的效用，新教信徒太少并且太穷（那是在60年代中期）。他们的人际网络不能给他们真正的益处。他们的教会刚建立，花费了成员很多时间和金钱。而且，新教徒中一些富裕的人在他们的信仰上，倾向于变得较不活跃。当然，这样的趋势经常使得新教宗派者提供社会阶层直升梯的程度变得难以测量，因为成功可能是从直升梯上走下来后获得的。无论如何，罗伯茨引用的论据并没有显示那一时期的新教徒在经济和教育立场上比他们的天主教邻居更优越。他还指出，大多数危地马拉市的最低收入工人有强烈的愿望，希望改善他们的社会地位。问题是能达致此愿望的方式缺乏得可怜。（这里回顾的很多研究提到了大众存在改善经济地位的强烈愿望和罗马天主教人际网络的重要性。）

然而他清晰描述的新教徒互助的网络具有可观的潜力，而且我们知道，这些网络在危地马拉市更加密集，并且就此而言，在中美洲和南美洲的其他超大型城市也是这样。它当然是由可靠的、信用好的基督徒所提供的互助。韦伯在他的评论中强调是美国浸信会信徒。罗伯茨描述：

> 当一个家庭成员或者信徒去世时，附属于这些群体中心总部的资金为葬礼支付费用。当一个附近的新教徒生病了，他的会友聚到一起为这个家庭提供金钱，并经常探访病人。如果一个附近的新教徒需要帮助，修理或改善他的房子，安装排水系统，或者获得贷款，他的其他会友会聚在一起帮助他。如果一个新教徒失业，或者想要换工作，他的其他会友会帮助他找工作。[23]

新教人际网络后来提供了一个密集型的，高强度的信息服务，提供一种有保证和稳定关系的情感支持。除此之外，他们反复灌输北美行为的规范，在诸如购房预算、社会举止和餐桌礼仪的方面教育他们的成员。在这方面，你应该在新教会员享受的权利中加上婚姻和性约束，并且随之而来的与地方性腐败的隔断。令人惊讶的是，现今很多新教教会都有一个诊所，或者能够提供一些熟练的医疗帮助。例如，香港新教教会在福利系统中就扮演重要的角色。然而，成为一个新教徒，或者甚至一个五旬节信仰人士，你不能看到的是，教会积极领导社区改善工程。在这个领域，具有更加组织化传统和广义共产主义关注的天主教做得更加显眼。

关于危地马拉的论据更多的总体评述可以在维吉尼亚·加勒德·巴奈特（Virgina Garrard Barnett）的著作中找到。这些资料很有用，因为相比较罗伯茨的资料来说，它们触及了晚些时候新教发展的情况。维吉尼亚·巴奈特特别强调在1976年地震之后新教的迅速发展。巴奈特引用了很多人类学研究。我在这不一一赘述。在总括她论述的时候，虽然很容易拓展，从而降低对归信新教和新教更广吸引力的考量的比重，但我会试图集中在经济发展方面。[24]

新教吸引人归信，因为它综合了物质和精神的改善，就如它从19世纪晚期长老会贫民儿童免费学校建立以来所做的。与圣安东尼奥阿瓜斯卡连特斯州（San Antonio Aguascalientes）天主教徒相比，新教徒具有更多的财富和优势的产业，维吉尼亚·巴奈特引用当地新教徒的观点。他们认为归信和物质改善具有联系：都是"从地到天"（del suelo al ciel）。这样改善的愿景自然特别吸引边缘人群和贫穷人群。

巴奈特还说到，在1976年地震之后急剧增加的社会痛苦中，穷人看到"新教教会严格的道德和经济原则提供了具有诱惑力、定义明确的向上的社会流动性"。[25]这是一段土地集中占有、国内暴力、通货膨胀和人口增加的时期，并且土著社区也被迫走出了他们自己的隔离区。老的小块儿耕地技术专家被专职农民和小资本家所取代，他们很多愿意接受新鲜的宗教动机。

从1976年开始，这些困境再也不限于边缘人群。危地马拉中产阶级发现自己也被排挤于政治舞台之外，并且经历了严重的地位不一致。大量危地马拉中产阶级开始归信新教（虽然有一些也开始更多理性地相信天主教）。一个像话语教会（Verbo）的教会拥有很大比例的中产阶级。它的设施和风格是北美怀旧风格，并且它还提供教育设施。事实上与话语教会相连的机构类似美国很多大型的教会。它提供了一个全备的、保护性的、绝缘的环境：一个孤儿院、一所学校、医疗诊所和牙科诊所、运动设施、家庭娱乐和休闲，更不用提一本叫作《埃斯特尔》（Ester）的女性杂志。它的初衷是"帮助女性完成上帝所赋予的使命"。[26]这本刊物也相当强调重建完整的家庭。

话语教会所提供的物质帮助和培训显然不仅仅局限于教会成员和话语教会的政治，它似乎难以否认其成员和领袖参与社会急救工作的程度。人们确实没有关于这种综合的、家庭的环境如何辅助个人和经济发展的数据，但是总体来说，它看起来很可能就有这样的辅助作用。并且人们必须注意到拉美的城市开始与这类组织捆绑的方式。即使它们与北美有联系，吸收北美的支持，它们很多都有独立的目标。一个非宗派组织，如我知道的夏洛特·林格伦博士（Dr. Charlotte Lindgren）运作的舍吉拿（Shekinah）*，为在危地马拉市很多机构提供了一个例外。林格伦博士负责给被遗弃和有需要的孩子设立庇护所（El Refugio home）。

---

* 象征神的荣耀。

案例研究：厄瓜多尔和哥伦比亚

虽然南美的论据可能会比墨西哥和危地马拉的论据更加零散（现在应该转向在南美找到的论据），然而，它提供了很多指向。我们从在靠近安第斯山脉的国家厄瓜多尔和哥伦比亚所做的研究开始。

厄瓜多尔并没有为新教的发展提供非常肥沃的土壤。总之，新教的事工到来得晚，大多数信徒住在拥有大量小型或者中型的农场的海岸地区。例如，截止1979年，波蒂略（Portillo）有大概18个教会。肯特·梅纳德（Kent Maynard）在他的研究中谈道，福音派人士经常隶属于世俗化机构。"手工艺者最有可能成为他们职业合作社的成员。"[27]这种在更广机构中的参与为他们提供了一个社会地位和经济地位流动性的渠道，同时也是他们作为手工艺者责任的表述。这项小研究中值得提取的是，根据国家、社会背景、宗派的不同，福音派人士对世俗会员制的态度也不同。在危地马拉，态度可能内敛，在厄瓜多尔，态度可能更外向。在厄瓜多尔，世俗的会员制是一些福音派人士进入更广社会的方式。当然，他们注意到正是那些节欲的规则，定义了福音派的身份，并给予他们获得经济进步的额外能力。

在哥伦比亚，就如在拉美的很多其他国家，新教与经济和社会进步的最初关系以优秀的学校，特别是长老会所经营的那些学校为中介。那些当然属于很多历史久远的宗派的事工的起步阶段。伊丽莎白·布鲁斯科（Elizabeth Brusco）在她对埃尔科奎（El Cocuy），一个北博亚卡（Boyaca）小镇的研究中（在关于新教和女性角色关系的部分更细致地提过），提到新教提倡的个性被认为是哥伦比亚特性的对照。哥伦比亚的特性被视为没有纪律性、道德败坏，并且缺乏对他人的尊重。[28]

在埃尔科奎，新教徒被分为历史悠久的宗派路德宗信徒——和五旬节信仰人士。伊丽莎白·布鲁斯科提供的是一幅深入勾勒的图画。其主题是心理和社会的变化，特别是大男子主义的变化。这些变化可能在追求社会进步的方面给新教徒某种帮助。大男子主义是一个主要的倒退，因为一个男人"征服"越多女人，他所能给予的越少。在她看来，新教的效用就是减少酗酒、争斗，并且增加对家庭和家人的关注。天主教信徒目标在于获得一个收音机，而新教徒的第一优先是一张家用的桌子。她说道：他们关心健康、学习和生产力。福音派家庭吃得更好，并且是认可在消费方面优先权的典型。另外，路德宗信徒借着家庭休闲演奏音乐、弹奏钢琴、玩游戏并且做运动。

布鲁斯科博士评论道："早期的宣教士也参与到，可能被视为小范围的发展工作中，并且他们对'进步'的兴趣也是这个在哥伦比亚持续定义福音派活动的新教义的一个主要卖点。"[29]她接着补充到，当然总体更加确切的是："现代化，以及阶层流动性和地位成就，不是这些福音派社区活动家的目标。"[30]她的研究中再清楚不过的是，个性水准和家庭文化的反转能够改变社会"风气"。发展的可能性作为一个副产品随之而来。这并不是说，信徒对随着他们新信仰而来的物质祝福毫不在意。

另外三个在哥伦比亚的研究分别集中在麦德林（Medellín）、波哥大（Bogota）和帕尔米拉（Palmira）。桑顿（Thronton）对麦德林的研究表明，人们寻求新教教会是因为孤独和渴望归属感，并且因为神父自身没有有效地帮助病人、婚姻破裂者和困惑的青少年。[31]天主教显得太泛、非个人化，并且与社会、教育和经济系统捆绑。所以，个人几乎没有机会去实践他自己的属灵恩赐，或者去阅读，或者去帮助建立一个温暖、关注他人、具有参与性的并且友爱的社区。桑顿也评述到，在哥伦比亚，威望是联盟的基础，并且一些较低阶层的新教徒乐于通过在一个附近的中产阶级区域的新教教会里，建立真正的跨阶层联络，而获得威望。

显然，新教的这些吸引力至少帮助其在现代哥伦比亚城市的经济条件下生存。桑顿接着讨论了经济发展。[32]他说：他采访过的新教徒中没有人提到经济安全或者物质财富是他们归信的原因，并且一些提到他们会在经济上付出，或者甚至失去工作的代价。同时，他们说他们可以肯定，在需要或失业的时候能够得到帮助。这里，我们再次观察到，由一个人际网络提供的帮助。

大多数新教徒确信，上帝给予他们在他们未信之前没有经历过的"物质祝福"。这些祝福更容易得到，是因为他们对严格准则的委身和对工作的职业态度。有修理的工作需要完成时，他们就会推荐他们的弟兄去做。桑顿还提到在安息日会中发现的"祝福"，特别是通过对节食的强调和健康教育服务得到的"祝福"。[33]

卡尔·W.韦斯特迈尔（Karl W. Westmeier）在其对波哥大的研究中指出，如在很多其他拉美国家一样，在哥伦比亚新教与解放政治之间存在早期的联盟。[34]他也表明，五旬节信仰的狂喜承袭较早的恍惚的经历，并且五旬节信仰的医治者从古老的医治传统中取经。他认为狂喜为人们处理在像波哥大这样的超大型城市的经历提供了一种形式。波哥大的新教徒社区为那些被恶习和家庭争吵束缚的人们提供了解决的方案。一个解决方案当然就是使丈夫约束自己在一个女人身上。如前面所提到的，限制他的外出。

在教会里经常的聚会，为新教徒提供了囊括所有的生活方式，使无意义感和道德沦丧远离自己。当哥伦比亚的信徒们（creyentes）谈到"权能"，他们的意思是道德上得胜的经历。当他们参加大型聚会时，他们也会得到关于权能的一个非常不同的感触。他们的穿着和行为严格将他们区分出来，他们将旧的生活方式摈弃。信徒们在各个方面都感到他们变得和原来不同。并且他们新的神秘的身份与在处理都市生活艰难的新身份的认知并行。这个新身份看起来并没有引致——像其他一些国家很多福音派信仰人士一样——从政治中的抽离。

韦斯特迈尔对于经济进步的论据的总结，以说明下面的观点开始：当哥伦比亚新教徒厉行节约时，他们不是为了"证明他们的选择"，而是为了有时间为主工作。

> 外在物质条件的改善（他们的房子、一些额外的家具）附带发生。虽然新教在哥伦比亚已经有超过一百年的历史，真正本土的、充满热情的突破却发生在最近。一方面，在这个发展阶段，可辨别的资产阶级化是否存在并且/或者其程度尚不明确。另一方面，充满热情的新教正在以福音化嵌入的方式进入波哥大中产阶级。[35]

对中产阶级嵌入所产生的论据已经在危地马拉市的讨论中引用。

科妮莉亚·巴特勒·弗洛拉（Cornelia Butler Flora）在考卡山谷省（Valle del Caula）的研究对新教所打开的经济机会，给出了温和负面的结论。她评论到，她遭遇的五旬节信仰人士没有觉察到归信和改善个人环境之间任何可能的联系。[36]一方面，他们个人努力的效果没有超过天主徒，他们也没有更多意识到他们自己观点的能量。另一方面，正如一些人已经表明的那样，他们没有任何"更少"意识到在他们周边这个世界上所发生的事情。

同时，弗洛拉的确指出五旬节运动的独特方面。与伊丽莎白·布鲁斯科相同的是，她强调新的消费模式和家庭团结的意识。与罗林姆（Rolim）（稍后会讨论）和罗伯茨相似，她发现有很多五旬节信仰人士来自个体经营者，或者其他在小企业中的人们。并且这一发现可以被看作向他们展示了外界社会真正现代（大规模）的部分。由科妮莉亚·巴特勒·弗洛拉呈现的数据引出了与罗伯茨相似的结论，强调人际网络的极重要性。这个人际网络提供的是一个安全网络，并且——通常——一些工作。在拉美的条件下，这样一个互助系统的优势需要一到两代人才能体现出来。

案例分析对比：秘鲁和玻利维亚的"印第安裔"

在考量与南美洲主要人口中心相关的材料之前，我们应该看一看安第斯"印第安裔"社区的一些对比研究。这与前面讨论过的玛雅人类似。事实上，有很多关于"印第安裔"社区的研究。从埃尔默·米勒（Elmer Miller）对阿根廷托瓦（Argentine Toba）集中在福音派信仰减少压力、重建和谐的方式的研究，到谴责宣教士们宣扬"不适应"回应、破坏群体生存和身份认证的实践、鼓励社会分化、并且作为美国文化的中介者而运作的分析。[37]这不是进入辩论的适当地方。这个辩论会因不同地区的不同条件及研究者的理论偏好而得到截然相反的结论。

当然，在这些研究中的分析集中在像"适应"和"发展"这样的词汇上，并且经济发展只是发展的一个方面。特德·卢埃林（Ted Lewellen）的著作处理了"偏离正轨的宗教和文化演进"的关系，并且他所使用的词汇提醒我们，在任何这样的研究中，甚至那些声称基于"事实"的研究中，所运用概念均带有强烈的理论偏向。[38]

在他对秘鲁艾马拉人（Aymara）的讨论中，卢埃林提到了影响这一群体大多数人的一个环境：从自给自足、温饱型农业到货币经济的转变。像其他地方一样，持续增加的人口超越了土地承受的能力，所以很多艾马拉人不得不离开他们祖宗世代居住的提提喀喀湖（Lake Titicaca）旁的高山，到海岸地区从事雇佣劳动。卢埃林评论道："与这一突然并且重大的经济变革同时发生的是基督复临安息日会中的一小群，作为社区中权力精英的兴起。"[39]虽然只占人口总数的18%，安息日会信徒占据了大多数高层的政治职位。他们受过更好的教育，贷得到更多的款项，在海岸地区参与更具收益性的工作，并且拥有更多的财富。这些不同并没有在任何重要的措施中表现出来，因为安息日会信徒已经从仪式庆典系统中退出。他们不用承担昂贵的费用，而且更偏好教育。安息日会看重教育（和健康），到1950年，在南秘鲁高地已经有166个安息日会的学校。当旧的社会系统保持完整的时候，这样的教育并没有重大的意义。但是一旦它瓦解，当地政府就会在一个民族模型上与区、部门和国家代理机构直接相连。它也是世俗化的，所以也向非天主教徒开放。只有安息日会的信徒接受了能够面对这些变化的教育。他们迅速成为他们社区的精英，并且承担现代化中介者的角色。卢埃林将他们描述为"准适应的"（preadaptive），即已经准备好，并且能够适应改变。

另一个是吉勒斯·莱威尔（Gilles Rivère）关于"一个艾马拉社区的五旬节运动和社会变革"的研究。他一开始就提到玻利维亚非天主教宗教群体的"惊人发展"，截至1986年，其中200个在玻利维亚外联部（the Bolivian Ministry of External Relations）注册。[40]这份研究考量了个人如何被保证融入传统社区，开发当地的生产方式，并且参与剩余存量的再分配。节日和庆典加强了这种平等的社会系统，纪念这一群体的历史身份。但是接着，随着人口增长，这种旧秩序开始瓦解，并给有限的土地施压。社区的一部分开始在更广的商业网络中运作，在黑市交易，为工作移民，购买货车，并且为了保证经济权利不惜牺牲其他共同体的利益。艾马拉的身份和语言失掉了优势，而且社区被分为那些从变化中得益的人和那些落后的人。艾马拉人最喜欢的都市模式是智利的模式，因为智利就在附近的前沿地区。这一社区偏重的新信仰也是如此。大概四分之一的人加入了智利福音派五旬节教会［the Evangelical Pentecostal Church of Chile（EPC）］，并且显然都是岁数较大，并且较贫穷的人。他们没有卡车，也没有参与到任何的商业和黑市活动中。这些人坚决拒绝老传统，并且将自己与老传统隔开，通过福音的安慰和弥赛亚式的盼望重新发掘自己的个人尊严。他们避开所有的节庆、职位、异教活动和与世俗的交流。他们不参加开发项目，避免参与政治，并且除了读必须读的圣经之外，拒绝送他们的孩子去学校。

这种情况既促进了"发展"，又阻碍了发展。显然，在某个时候，人们会冒险通过抗议体现一些个人尊严，建立一种新的社会团结。同时，五旬节教会提供了很多与智利中产阶级榜样的联系。当地弟兄们显然很羡慕他们在智利的白人弟兄同事。"圣殿"面向智利，所以与传统的取向分离开。不幸的是，这种带有较远的更优文化，和以其为导向的身份认证也是一种从本地艾马拉人社区可以信手拈来的一切的异化疏远。

一个类似的研究指出，福音化信仰可能慢慢进入社会错误行列的方式，并且（正如前面讨论过的唐娜·柏德维尔斐桑的分析），这可能会发生在由于社会经济瓦解而失衡的人群，以及那些例外地适应了这种变化的人们中。即使这样，现在关注的重要因素也许依然是，艾马拉五旬节信仰人士融入智利更广社会系统，为自己提供可模仿的都市中产阶级模式的方式上。

对南美发达地区的研究

现在涉及的大多数资料提到巴西、智利和阿根廷相对发达的地区，特别是巴西。

你必须从巴西的案例开始，回溯大概一个世纪以前新教在巴西社会的角色。那时，福音事工和自由派中产阶级相连，一部分是因为那些阶层的人们将新教与民主和进步联系起来，另一部分是因为，就像罗纳尔德·弗雷泽（Ronald Frase）所述，"新教教育机构提供了一个确保获得社会流动性的方式——教育"。[41]虽然这些机构最初服务中产（并且甚至上层）阶层，他们经常为较低阶层信仰新教的父母的孩子们提供帮助，并且很多的牧师的确是用这种方式招募来的。罗纳尔德·弗雷泽指出，在教会、学校、神学院、医院、孤儿院、出版社和退修中心的复杂组织构造中，产生了一种在赞助人与受助人之间全新的关系网络。在这个组织的中心，牧师扮演了掮客、分配帮助和影响力的角色。这样新教开放和民主的承诺部分被这个系统内部的不处理的压力和紧急事件所消灭。所以，它提供了传统巴西形式的流动团体，但是通过新教学校的方式和内容进入。显然，当代新教网络的角色复制了一个世纪前在移民工人层面大规模所发生的样式。

关于巴西经济发展的问题一部分在于人际网络的有效性，就像较早在关于危地马拉市的讨论中被提出的那样。我引用塞西莉亚·玛里斯（Cecilia Mariz）未发表的论文来作出一些评论。她比较了与五旬节运动和基层社团相关的竞争网络之间的相对有效性和不同方式。[42]她认为虽然五旬节信仰人士与基层社团为他们的成员提供了非常相似的感受和机会，但两者在他们的个性化方法，而不是社会方式的方面，还有他们对内的关注，而非公共特性的关注方面，有较大差异。两个群体都需要加入他们的人有一个清醒的选择和基本原因。这就意味着他们必须不再被动听随宿命论，他们也依赖参与性。这意味着他们要学会演讲、组织，并且也许还要能够识读。他们认为在信仰和行为之间、宗教和生活之间，以及他们成员的沉静和纪律之间有联系。需要的技能和采用的生活方式，特别是个人价值的新感受，一定要给那些属于五旬节信仰的教会或者基层社团的人们带来一些优势和一些最前沿的东西。（一些评论家甚至认为他们吸引相同的社会人群，虽然其他人，如罗林姆，认为基层社团拥有更多产业工人。）

然而，塞西莉亚·玛里斯评论说，无论是否属于五旬节信仰教会或是基层社团，贫穷的巴西人之间的自助是相当常见的。在她看来，五旬节信仰教会和基层社团提供了与家庭和邻舍网络类似的可替代网络。当然，他们也通过加入一个民族视角和神圣制裁来加强他们特定网络的工作。他们不仅提供精神支持，"还有诸如住的地方、工作和儿童教育费用等等的物质支持"。[43]

与本章关注相关的一个研究是罗林姆的《巴西五旬节运动》(*Pentecostais no Brazil*)。[44]罗林姆关注的是从1930年萌发，特别从1960年发展起来的五旬节运动。这是一个草根并且本土的基督教。现在占据新教三分之二的江山，人数至少是总人口的12%。

罗林姆有一些有意思的论述。大多数五旬节信仰人士——超过一半——都在工作。他们集中在商业和服务业的领域，而不是直接生产商。罗林姆提到服务员、独立泥瓦匠、看门人、机械师、电工、裁缝、司机、路边小贩、士兵、办公室工作人员等等。这些职业大多数是个体经营或者拥有某种程度的自治或者很小的责任。五旬节信仰人士大多数受教育程度低。

罗林姆接着论述，五旬节信仰者很少想要获得金钱。他们节省的钱，一部分用来改善他们的饮食和住房，另一部分则用来支持教会。他们为教会工作，帮助维修教堂，抽时间去教会。他们用仅有的资源做出这样的奉献。罗林姆论证的中心似乎与任何广义的社会经济流动性，特别是五旬节信仰新教徒的流动性相对。实践表明，那些发展最好的新教徒属于其他较老的"历史久远的"宗派。所以,巴勃罗·狄若斯(Pablo Deiros)在他对浸信会的评价中,至少在阿根廷的研究中说,"他们将伦理导向为一个自律勤勉的生活",以致信徒的第三第四代"大多数都属于中产阶层或者中产阶层的稍下层"。[45]

写到大概20年前的新教,里德(Read)(及其他人)和威廉姆斯坚持认为其在拉美的信徒确实达到了某种经济和社会的成就。[46]威廉姆斯强调禁欲主义行为的效用,虽然他也提及巴西弥赛亚运动参与者所表现出来的禁欲主义优于任何其他严肃的新教团体。里德将重点放在一个有意义的世界中强力融合带来个人提升愿望的方式上。他再一次指明自尊和企图心如何引向经济改善。里德和其他人认为,"社区、目的、导向、获得改善、责任和权威的希望"帮助工人过更好的生活。[47]当然,如迪埃皮奈最早指出的,在拉美获得发展的机会受到了局限,并且这将宗教转变限制在可以达致的个性和文化层面。

拉利韦·迪埃皮奈同样在大概20年前的著作中提出了一个非常与众不同的视角。[48]在其对智利五旬节运动的重要研究中,拉利韦·迪埃皮奈将重点较少放在社会流动性和经济发展方面,因为总体来说,比起新教,他更关注五旬节信仰。与威廉姆斯相似,拉利韦·迪埃皮奈拒绝任何关于五旬节运动和大规模资本活动的发展典型之间的韦伯式的关联。不过,那不是当代的问题,因为五旬节信仰人士不在可以实现这样连接的社会地位范围内。道德重整并不一定需要引致积蓄的增加。

拉利韦·迪埃皮奈关注于他认为会导致五旬节运动结束的因素上。当它毫无疑问地反复灌输参与性,通过圣灵的恩赐提供平等和个人尊严,它也在回应它所植根于的社会的独裁主义和赞助人—受惠人关系。拉利韦·迪埃皮奈看到了与大庄园中的关系极其相似的一点:面对面关系的重要性、"主人"能解决所有困难的信念。主人的权力和权威在牧师的权力和权威中再现。在这样的环境下,五旬节信仰人士的流动性大部分只限于属灵层面的范围内,主要局限于他的新的属灵家庭中。除此之外,五旬节运动依然是一个存在于"生境"中的信仰,就像马克思主义是存在于工厂中的信仰一样。这两者擦肩而过,却无竞争。五旬节信仰是关于**来自于**社会的"社会冲击",而马克思主义是关于**对抗**社会的行动。

在这一章关注经济发展的论题上,过多追索拉利韦·迪埃皮奈的分析,是不恰当的,因其将我们带入五旬节运动的政治实质,引出中间解读的基要问题。但是拉利韦·迪埃皮奈认为五旬节运动是一个强烈反映了大庄园的"安息所",他显然没有看到,通过物质发展,甚至在"便士资本主义"的方面,五旬节运动有其巨大的贡献。

一段关于韩国的题外话

作为题外话,虽然新教徒数量在韩国和拉美都有极大的增长,但却几乎看不到特别随之而来的经济发展的迹象,这一点值得注意。该点将重申第八章韩国新教现象的内容。当新教传到韩国的时候,它当然总体与美国、个人主义的主张和现代性相联系。那个联盟依然存在。新教还与韩国抗击日本的民族主义者的早期斗争,以及韩国语的存留相联系。在这个程度上来说,它与新教在玛雅人中的传播类似。

但是,提及韩国新教与伦理和经济发展的联系,大多数人一致认为,儒家思想的工作伦理提供了所需的所有动机。然而,20世纪初期的信徒明显很勤劳。也许他们内在的目标和意义感给他们面对社会瓦解的信心。更加近些的时候,新教的快速发展与韩国经济的快速发展并驱,新教很容易提供公共支持,并且形成一个对抗严峻变革和变革所带来的焦虑的一个充满意义的避难所。所以,新教转换社会角色,当整个社会都在修补其构造,并同时进入一个快速的技术革新的时代时,新教提供避难所和一些精神上的安全感。

在很多保守新教徒中成功福音的宣扬,不是因为它自证信仰成功福音的人就比其他信仰或者没有信仰的人更加成功。评论家们看起来大多同意,灌输了儒家工作伦理的人们不再需要从新教得到更多进入工业的诱因。他们可以那么说,是**天然**新教徒(Protestants *naturalier*)。

小 结

如果我们现在试图将这些不同的观察放在一起,有一点似乎很清晰:首先进入南美和中美的新教为一些中产阶级提供了一种自治和发展的工具。在巴西明显如此。它还为一些处于贫困的人们提供了阶层流动的渠道。莫蒂默·阿里亚斯(Mortimer Arias)恰当地评论到,新教种子带着它生长的"花盆"而来——"世界观、伦理风气和成功的理念,正在扩张的资本主义国家，民主、进步、教育、自由和物质发展的模式。自由派政治家、共济会和年轻的拉美精英看中的不是种子，而正是那个花盆。"[49] 但这一外来的系列事物阻碍种子深深植入本地土壤。新教推行的教育风气也一样。整个新教形式依然远离拉美上百万广大的未受教育者。一个或者从一出生，或者通过教牧培训被灌输这一形式的牧师，没有能力建立与人民之间快捷的沟通。甚至当新教从其资助人与受惠人网络的特质中得到什么，也仅意味着"主体社会"的破坏，而非本土人的归信。

相比之下，五旬节运动真正变得本土化、独立，也缺少教育进步的外在特征。真实的本土化，使其更加真实地进入本地文化，甚至随着它对它们的改变反映它们。它变得足够亲近，以至于可以在本地形象中模造，也可以再造这样的形象。

反映五旬节运动带上本地色彩，最清晰的例证就是，它创造了一个保护性网络，并且再生出一些在大庄园中找得到的权威结构和团结。然而，这个网络在圣灵的恩赐中，提供参与性和平等性。它也为提高表达、组织、宣传和领导技能提供机会。从长期来说，在当代拉美的条件下，这样的技能并不能够不与生存和温和发展有关，特别对于牧师们来说。即使五旬节信仰人士花费大量的时间、金钱和劳力来维持他们的团体，这也依然是事实。用他们自己的一些个性和选择能力来塑造个体，可能会建立起一群一种资本主义发展模式的良好性情支持者。正如我们所见，由现在可实现的传播信息的科技方式，如电视、广播、电影、卡带，它也建立起一群支持美国模式和科技的人。现代传媒的速度和范围可能正在加速原先进行较慢的文化反转。

当然，五旬节信仰新教的影响，根据当地最能接纳它的渠道不同而不同，并且在经济和政治上都是这样。在特定的条件下，影响会在一种退后的社会条件中寻求一定自由和救济可能性的一群无依无靠的人身上展现出来。另一些条件下，它可能会在一些痛苦并且/或者与外界隔绝的人身上体现出来，重建家庭或者提供新的宗教上的亲人。在其他例子上，新教可能与民族身份结盟。它可以提供躲避急速社会和经济变革所带来的严峻形势的避难所。根据环境不同，五旬节信仰信息的不同层面将会产生效用。在一个情景下，它可能安慰、扶持那些在社会变革中有所失的人；在另一个情景下，它可能正好挑选了那些变革为其提供了最多机遇的人。它所作用的框架通常是二元的，从宗教机构与政治和国家分离的美国模式中衍生出来。但是它所孕育的个性会是一个具有个人主义新理念和个人价值的个性。所以，它具有评估自我活动的适宜性，包括在经济领域的活动的潜力。社会的流动性也在其他地方发生。这是一种经验，也成为一种常识。它表明在宗教群体中建立和积存的能力可能需要两到三代人才能开花结果。这主要取决于以下两者之间的平衡，即五旬节运动通过对大众的存留达到的其在大众间传播的能力，以及它改善自身条件的能力。如果前者强势，那么后者必须在边缘地带运作。

第十二章

国家与圣灵：论据回顾

拉美福音派的政治立场引来很多争论，特别当这些立场是漠视政治的立场时。事实上，人们对当代福音派的评价，强烈受到了人们对它们政治立场的评价的影响。无论它们再现或者加速什么样的文化变革，它们的重要性经常从政治的立场被做出总体估量。从它们的角度看，它们认为自己提供救赎，也或许还有自我改善，但是关于它们和围绕它们的学术（和神学的）争论，主要在于它们对综合性理解的"解放"的贡献，以及它们作为外来文化中间人的假定角色的贡献。

这样，反对它们的案例，主要就是在福音派，特别是五旬节信仰人士和各种信仰事工的代表成为文化殖民主义的中间人以及解放的阻碍的政治案例。它们使一部分贫穷的人，只希望进入一个来世补偿的死胡同，逃避束缚他们的环境。它们以一种陌生和准宗教式的口吻表达希望，但从不提及他们的真正问题，或者建立在政治范围内能帮助解决那些问题的团结性。

提及关于神学诠释的终极辩论，我期望最后一章能够部分关注这样的诠释。但是一章以政治问题为主的讨论，显然已经进入这个大规模整合诠释的中心。毕竟，政治讨论自身就存在于组织的层面，目的是根据它们的威胁或承诺整理事件和进程。一些事显示"阴险"，而另一些事展现正气。这样，关于五旬节运动的辩论带有吊诡的意味，因为对它们"教会"和"世界"二分法的批评本身就带来另一个双重性：释放和束缚。

历史回顾

带着关于在讨论的层面和色彩方面可能发生转变的预先提醒，我们值得重申一下早前关于五旬节运动起源论述中的一两个点。五旬节运动，作为一个主要是美国穷人的宗教兴起，它至少根植于那些不仅贫穷，而且还是黑人的人中。它当然创建了一个"自由空间"。在那里，新的优先权和地位被建立和纪念；它还发起了一场很大的翻转：自卑的升高，富裕的降低并且变得身无分文。同时，它不仅在处理"力量对立面"的总体理念上，还在将"教会"和"世界"分开的问题上具有双重性。它孕育了一种对世界，并且包括世界不断参与的政治斗争的轻视。（当然，这种对政治的漠然不那么特殊。对于大多数人来说，大多数时候，处于初级阶段的人们不会以任何成熟的形式"政治化"。五旬节信仰有关政治漠视的表述很特别，因为它有原则性，并且建基于卓越。）

这样封闭的双重性过去在欧洲的社会机体，如再洗派中，曾经出现过。那时，它封装了社会疏离感，在一个宗教的封闭空间内具体实现了世界方式的倒转。因此，它吸引了所有可能遭到压抑的人群，当宗教和社会几近共存的时候，一个异议的信仰天生就是反社会的。但是在英格兰和荷兰，甚至美国，政治和宗教因素的分开，意味着一种双重性宗教最终只能随着所有其他宗派在志愿的区域存在。它天生只限于文化的范围。任何对政治的兴趣缺乏都不受非议的影响。无论如何，宗教狂热者没有受到很高重视，以致他们的政治观点需要被带入公众视野。很多"西方"的自由派观点接受这样的一个理念，即你有权作出贡献，并且也同样有权漠然。再**小声**（*sotto voce*）说一句，如果你未受启蒙，那么你的漠视并不那么可悲。

因此，当一个孕育在高度区化，并且或多或少"自由"的社会中的穷人的宗教，在一个更少区化，而且受广泛政治极化牵制的社会里拥有大批支持者的时候，问题产生了。在这样社会的上层，人们发现了包罗万象的政治世界观，特别在知识分子中。而在较低阶层，人们发现一个所谓"前—政治"运动的复杂混合物，赞助者政治和间歇模糊的平民主义（例如：庇隆主义），以及一种麻木的宿命论理念。特别是，知识界希望通过他们自创并使用的广泛政治世界观觉醒大众。一批增长的二元论者的存在显然是一个问题。他们的多元主义和志愿性来自于带有大批政治漠视的边缘人群的高区化新教文化。他们代表了一个并无目标的动员性。我在前面表示过，事情比那更简单。这样的动员在历史上代表了一种根据社会环境而释放的潜力：牙买加奴隶战争、再洗派和贵格会对战争与奴隶制度的评价以及马丁·路德·金。但是这里的潜力问题需要局限在边缘区域。在现代的拉美,它具有一个辛辣、甚至尖锐的方面。很多政治激进分子和非五旬节信仰福音派人士代表那些早期经历"潜伏",同样也被保护在双重性的胶囊之中的人群。他们现在怀抱一个"教会"和"世界"的联盟,批评五旬节运动在期望的转变上很慢。他们更加"现代"、更加世故、更能意识到社会结构问题,更关心"**穷人**"——但是在帮助穷人方面较不成功。从他们的观点看,穷人在观念上太贫乏,以至于他们不知道他们世上的财宝在哪里。这是贫穷的本质。

当代前景和可选项

那些今天被圣灵充满的福音派可能赞成的观点是什么?当然,他们可能离"这个肮脏的游戏"远远的,认为所有政治前设都是虚假的一小撮人的意愿。基于他们察觉到他们社会群体的利益的方式,他们会作一些实验性评估。证据表明,如很多人支持阿连德的人民统一党(Allende's Popular Unity Party)。他们可能会支持一个将自己与任何天主教身份的人或事隔开,并且为宗教自由和所有信仰的社会平等站出来的政党。他们可能会被拉入反教权,或者换为,反共产主义的政治中:不论如何,他们既反对教皇,又反对马克思。他们会通过退出社会等级制度,或者实际参与争取农民权益的运动,来参与本地政治。他们可能沿袭受益者寻求赞助者的旧传统,建立自己的利益分配网络。他们会认为,国家安全状况提供了政治和经济的稳定,值得付上言论自由和联盟自由的代价。这些观点都是由一些五旬节信仰人士提出的。没有五旬节信仰的教义完全排斥的路线,除非拥护一个理论上相信无神的运动。

然而,来源于本土的原因足以使反天主教成为一个重要的政治考量。因为他们与美国的联系,也足以使反天主教成为一个主要的政治考量。首先看反天主教主义,它没有产生于自由新教的理性反对,而是从将罗马天主教作为基督教真理的敌人的一种根深蒂固的观点中出现。它包括对天主教最与众不同的特性的特定不喜欢,如教皇制度或者圣母崇拜,以及对天主教与本地众所周知的"基督教异教"信仰合一的蔑视。这种对"罗马"的敌对最近通过逼迫、新教徒是二等公民的宣称或者暗示以及新教是异端的态度激动起来。

神学层面的互相排斥影响着社会层面的排斥,或者甚至后者影响前者。一个新教徒（或者使用更常见的术语"福音派"）选择在一个社会系统中表达他的或者她的社会自治权。这确实是激进的一步，虽然主要是"象征性的"，并且他必须对捆绑在那个系统中的宗教产生和/或者表达出极强烈的拒绝。虽然天主教在很多地方表明自己脱离了系统，或者因外力被赶出了系统，新教徒依然反对这个教会社会等级的古老形象。像英国的清教徒一样，他们认为"没有君主，就没有主教"。这意味着新教徒有可能支持任何一个非天主教的政党。历史悠久的宗派经常与天主教在社会、政治和神学上合作，而新的福音派则没有。

提到共产主义，他们事实上非常疲惫。大多数共产主义国家信徒的命运处于威胁之中。他们的美国同事，如果有的话，经常提及无神的共产主义的恐吓及其对虔诚信仰者的迫害。除此之外，他们所知道的马克思主义和基督教之间唯一的友谊体现在"解放主义神学"的天主教上，并且对他们来说彼此的组合几乎不具备吸引力。天主教和马克思主义看起来都很霸权，把它们放到一起，似乎也无减弱。（当然，如果一个马克思主义政府执政足够长，变得合法，那么福音派可能会认为它的掌权是出于上帝的设立。那样，他们会惧怕上帝，并且认可这个政党，因为"凡掌权的都是神所命的"。只有在极度的压力下，他们才会否定这个，并且回到另一个主要经文："顺从神，不顺从人，是应当的。"）

案例研究：智利和阿根廷

接下来，我打算从南往北论述，从南部锥形区域开始。论据自然是零碎的，并且局限在解释政治地位的方面。从南部锥形区开始：智利和阿根廷。这两个国家都有了一些在"国家安全"管理体制下的新教的论据，智利还提供了阿连德时代之前复杂时期的新教的论据。所以，值得以细致的对比查看智利的例证。

弗雷德里克·特纳（Frederick Turner）在20年前如此评论智利的早期新教历史，他将新教徒表述为"在有建设性政治活动的宗教目的方面，远远落后的基督教民主活动家"，这是事实，"虽然有选举上一些增加的兴趣，对宗教自由的关心和对偶尔出现的新教候选人的支持"。[1] 他强调在20世纪60年代就已经很明显的"空前的"五旬节信仰增长，绝对与任何社会和政治改革的公开关注没有关联。他们强调个人圣洁以及有时他们所观察到的属灵改变与一些小的物质改善之间的关系。他引用拉利韦·迪埃皮奈的调查结果,认为五旬节信仰人士比其他新教徒离政治行动更远。五分之四的五旬节信仰牧师认为他们在讲道时绝不应该提及社会问题,然而只有四分之一的其他新教牧师那么认为。特纳接着提出了一个重要的论点。虽然天主教因其采用的进取精神,只拥有一些中产或上层阶级成员,而进取的天主教教义是用来帮助"那些较低层的群体的……新宗教规范的精神作用可能比基督教在政治、贸易联合或者'社会变革'方面的民族强调更加重要"。[2](然而,五旬节信仰人士中的一小部分人的确在社会变革中显示出其兴趣和其他下文会提到的东西。)

关于智利五旬节运动的早期政治身份的例证很少,虽然在1986年3月27日出版的《基督教世纪报》(*Christian Century*)上提到,1964年的总统选举上,一些五旬节信仰人士丢弃了与反教权激进政党(Radical Party)的传统联盟,投票给了爱德华多·费赖(Eduardo Frei)和其他基督教民主党。这也许是因为,**庆典仪式**强调他们不再是没有宗派的人,并且成功地将一个在共产主义者和基督教民主党之间的简单选择扩大化。

唯一密集的例证是约翰尼斯·特纳克斯(Johannes Tennekes)于1971年至1973年在左翼军事政变发生之前搜集的。[3]特纳克斯没有关注"历史悠久的"宗派,因为这些宗派只占智利新教徒人数的五分之一。他基本的结论是:相较政变前他们信徒的观点,牧师们在政变后持有——或者表现出——更加左翼的态度。他首先叙述五旬节信仰人士在南部和两个主要城市相对集中地表明他们势不可当的"平民"特征。他通过采访属于卫斯理公会五旬节教会的三个社区的成员,得到他们具体的政治观点,并且将他们的观点与住在他们附近的非五旬节信仰人士的观点进行对比。研究选定的区域就在圣地亚哥边上,并且由边缘人群居住。因为各种原因,结果不能代表其他地方的情况,但是它们至少具有建设性,特别在五旬节信仰人士与非五旬节信仰人士的对比中。

特纳克斯报告了很多发现。比起非信徒,福音派信徒对社区组织和联盟会议的参与稍少。信徒更倾向于(45%—60%)认为政治参与不会有真正实际的意义。再一次看到,福音派人士对社会和政治问题的兴趣比较小,并且他们较少出现在报纸上。换言之,在特定环境中,五旬节信仰人士比其他人更消极。

就在这里,论述很有意思。特纳克斯指出,虽然大多数五旬节信仰人士都没有密切参与教会，但对于那些虔诚的信徒来说，它是令人神魂颠倒的活动。所以他们几乎没有时间去参加其他组织。除此之外，如果知道他们的邻居认为他们极其古怪，你就更容易理解他们的投入了。参与邻居们的"世界"和社区会意味着滑向世俗。这种"教会"和"世界"的二分法在社会上是不可避免的。邻居们不得不消极处理对他们一般的感知，将其看为古怪傲慢的狂热分子。

然而，五旬节信仰人士在被藐视的同时也被尊敬，但是这又是一个关于他们对"世界"与众不同的委身和疏远。委身的五旬节信仰人士被视为诚实的好工人。他们丢弃了带有各样恶习的通常的男性生活方式，放弃饮酒，和他们的妻儿待在家中。所以他们因为与众不同被藐视，也因为与众不同被尊敬。尊敬和藐视共同作用维持了社会界限。

不提教会委身后时间方面的可行性，以及面对一个充满诱惑、威胁的世界严格划清界限的需要，这里有一个关于政治生活的主要猜测，如腐败、仇恨、反叛、操纵、个人私利和欺骗。对社区组织的参与可能都是为了社会益处，政治家的生活无疑与卑鄙的交换和自身考量捆绑在一起。所以不是自动放弃社会中负有责任的位置，而是当代政治环境让基督徒难以参与。特纳克斯指出，一个很小的卫斯理教会，虽然他们众所周知都是社会活动家，但他们避免参与政治。事实上，大多数智利人认为，教会应该避免政治的纠缠。也许，一个人在这里已经对智利、南美的政治生活心存疑虑，但在五旬节信仰中可以找到理想化的描述和一些温和的强调。"平民阶层"的任何成员必然被日常生活的问题消耗。我们应当经常意识到这一问题的程度。

然而五旬节信仰人士**的确**也参与投票，并且在选举参与度上，没有比非五旬节信仰人士低很多。如前所述，一代人之前，他们倾向于支持中立的激进党，与意识解放结盟一样。虽然对他们宣扬的回应并不清晰，主要的五旬节信仰人士还是经常宣扬他们所支持的立场。无论如何，到1970年，基督教民主党已经取代激进党。于是在此可以从一个无神论社会主义者、一个天主基督教民主党和反对派之中选择。在这个节点上，五旬节信仰领袖们意识到明确宣告偏好会导致分裂，并危害他们自己的权力。

特纳克斯评论到，在五旬节信仰领袖们明显的中立背后存在着对右翼可识别的偏好。他们认为马克思主义与他们的社会观点不匹配，并且从美国同宗教的人们那里，他们对未来马克思主义政府对待教会的态度产生疑虑。并且除此之外，人们越多卷入政治斗争中，意味着越少注意到福音的宣告。

然而，五旬节信仰的绝大多数人，显然与他们的领袖们不一致。他们投票的分配与他们的社会地位一致，或者，至少与相关非五旬节信仰人士的投票分布一致。除此之外，与60%的非五旬节信仰人士相比，80%的五旬节信仰人士喜欢阿连德超过费赖。同时，五旬节信仰人士的观点温和，他们拒绝暴力和阶级福利，并且不希望私人财产制度的废止。他们想要在法律和秩序界限内的变化。其他调研也表明，非信徒对左翼获得新社会的争斗的参与高于天主教徒或者五旬节信仰人士。

为什么在五旬节信仰牧师和他们所牧养的信众之间有这样的不一致？特纳克斯表示，牧师们的观点受他们对五旬节运动组织生存考量的影响。这一考量刚好与他们的个人利益相合。五旬节运动提供了他们视野的外在界限。对比而言，他们的信众受到他们在社会环境中或通过社会环境宣扬的社会地位和利益的影响。在他们受到特定宗教考量影响的选票中，比起马克思主义，他们更反对天主教。当然这是拉美福音派投票者一个重要的动机：做出反对天主教的选择。

政变之后，情形变得晦涩不清。表述的方式只剩下宗教的方式。军政府（The Junta）出席了对迈普（Maipu）圣母的圣所奉献仪式，并且皮诺切特将军（the General Pinochet）出席了佐大培五旬节信仰大教堂的神圣揭幕仪式。国家元首的出席是一种对新教存在的认可，也是对一些主要的五旬节信仰牧师对新制度宣告支持的报答。牧师们想要某种认可，至今大多数牧师都否认这一点，并且政权看到，在罗马天主教教会变得不可靠时，这可能是他们可以尝试吸纳的社会柱石。同时，五旬节信仰人士广泛宣扬的支持，使他们获得一种模棱两可的特征：政治难民和政治囚徒。我们很难判断牧师们受了多少压力以至于做出这样广泛的宣告，但是，毫无疑问的是，某种这样的压力的存在是确实的。

在查看克里斯蒂安·拉利韦·迪埃皮奈关于智利情形的经典论著之前，我们应该首先注意到在五旬节信仰人士中少数激进分子的存在，然后注意到军队中特殊的信仰状况。论及前者，可以认为他们与18世纪晚期和拿破仑时期在循道会环境中成长起来的激进群体，如基涵迈特（Kilhamites）一样。当他们参加世界基督教联合会（the World Council of Churches）时，接受了威廉姆·库克（William Cook）的采访。从中我们可以了解他们的一些策略。他们属于智利的使命五旬节教会（the Mission Pentecostal Church）和福音派五旬节教会（Evangelical Pentecostal Church）。当然，他们出席世界基督教联合会，并且对其他基督教团体的开放态度，标示出他们的非典型性。如一个受访者所言，"很多智利的五旬节教会并没有这样的（政治和社会）远见……只有我们两个教会属于世界基督教联合会"。[4]政治和社会的远见包括拆毁"教会"和"世界"之间的界限，在社区大规模的社会工作，促成团结，以及对抗饥饿和失业的项目。[来自福音派五旬节教会的帕尔玛姐妹（Sister Palma）是一个牧师的女儿，这一身份帮助她从事一份职业。她认为，在五旬节信仰人士中，这样的转变很常见。]

比起五旬节信仰人士来说，智利的其他新教徒中有更多反对者，大概占新教人数的15%。最值得一提的反对者是赫尔穆特·弗伦兹主教（Bishop Helmut Frenz）。他是一个少数族裔教会的领袖。福音派路德宗教会，因为弗伦兹对阿连德的支持和他在一个帮助难民的普世基督教委员会里的领导权，严重分裂。福音派兄弟洗礼教会（the evangelical Confraternidad Cristiana de Iglesias）提倡回到完全民主中。

维克多·阿尔弗雷多·克萨达（Victor Alfredo Quezada）在一篇关于智利浸信会教会的论文中暗示，某种程度的反对存在着。然而，他认为福音派没有任何处理人权、政治因犯、强制戒严令的前车之鉴。他伤感地说道："在拒绝了社会身份65年之后，大多数新教领袖决定支持一个注定全世界都会支持的政府。"[5]

关于智利军队中信仰状况的资料极其珍贵。显然信仰的特性和从军的忠诚在当前的征战中非常重要，但是很少被仔细研究。温贝托·拉各斯·斯古芬内格尔（Humberto Lagos Schuffeneger）和阿图罗·查康（Arturo Chacón）在他们《军队中的宗教》（Religion en las Fuerzas Armadasy de Orden）一书中提供了几乎唯一的例证。[6]这一例证涉及20世纪80年代中期，以及1988年公投所引起的一系列政治变革。

根据肯尼思·阿曼（Kenneth Aman）的观点，拉各斯认为智利"经历了巨大的宗教符号滥用，寻求通过信仰的原理产生内化的政治秩序"。[7]在获得政权后，军政府很快就确认了智利的宗教自由。只要宗教信仰不违背道德和公共秩序，不寻求颠覆基督教准则，就可以享受这一自由。这些基督教信仰准则是智利固有特性的一部分。他们反对物质主义，并且在军队中具体实施。

罗马教会的一部分,特别在梵蒂冈第二次大公会议和梅德林(Medelín)的影响下,因为制度否认人权,而与之决裂。然而,在大多数随军牧师中存在一种天主教,它极其爱国,并且在对卡门(Carmen)圣母的奉献式上具体表现出来。皮诺切特将军自己在这种天主教信仰支持下所进行的弥撒礼拜中承担了一个准祭祀的角色。在随军牧师所发起的调查问卷中发现,应征和在册的士兵,"都极好地与上帝相连"。然而,士兵们离正统信仰还很远。只有24%的士兵经常领圣餐,60%不相信死后生命还会延续,15.8%的在册士兵不是天主教徒,而应征的人之中这个比例为21.1%。拉各斯接着说道,比较人口总数据中的增长率来说,军队中福音派的增长更加令人印象深刻。然而,15%的数据似乎和智利福音派教会的估计不一致。

福音派在军队中,甚至在军校(Escuela Militar),都有完全的自由传教权。这一政策也许是为了惩罚罗马天主教会的反对而制定的。这些福音派信仰人士与美国的弟兄姊妹有联系。他们乐于等级化的组织体系,强调对上帝和司令官的忠诚。他们从底层开始归信,现在已经达至不能再高的主要层面。(元首中有两个是路德宗。但是也许这说明的更多的应该是德国裔少数族裔的问题,而不是五旬节运动的问题。)在拉各斯看来,在军队中有持续的辩论,即军队是否应该在其"属灵避难所"的用途上多元化。

关于智利的讨论可以用克里斯蒂安·拉利韦·迪埃皮奈一些神学层面的评论作为结论。这些论述总结了一个智利新教学者的观点。这个学者从20世纪60年代中期开始研究,在1979年宗教社会学国际会议的威尼斯会议上呈现了其研究。

克里斯蒂安·拉利韦·迪埃皮奈将他的问题定义在一个独立资本主义社会中一个宗派的功能性角色上。他认为新教独立性和五旬节运动的演化是齐头并进的。智利社会的危机始于18世纪30年代。从那开始,虽然智利总体人口增长比较小,但福音派信徒的人数每十年翻一番。他认为五旬节运动在不稳定的就业中,涉及了所有可以进入的阶层:城市较低的无产阶级、乡村无产阶级和中产阶级较低层。

如大家所知道的,克里斯蒂安·拉利韦·迪埃皮奈认为五旬节运动是大众的安息所。他们在这里重获亲密感和大庄园的赞助关系。五旬节运动通过精神和物质、教会和社会来建立一个社会的宗教形象。它将社会一分为二，并且当它允许一个人被异化于社会之外时，它也为其提供至少他可以获得一些尊严的自由空间。

他从改革和参与的角度，叙述了智利的基督教民主党的计划，将其与罗马天主教"基层社团"的相提并论。1965 年到 1970 年，平民政治流动性降低了五旬节信仰拓展的动力。接着，1970 年到 1973 年，智利社会进入了一段在阿连德人民统一政府执政下的转型。这开启了当时封闭的五旬节运动社会的各种可能性。五旬节运动的双重性变得互补，而非敌对和互相排斥。他引用那个之前提及的伊格来希亚卫理公会五旬节教会的例子。它坐落于洛塔—科罗内尔（Lota-Coronel）的采矿区，具有政治远见并孕育了一个积极的社会活动家。作为一种选择，双重性可能投射到了全球情形上。五旬节运动，作为基督的效忠者，进入了一场与马克思主义敌基督的战争。这伴随着对旧式天主教教会的模仿，还有圣地亚哥可容纳 1.8 万人的大型教堂建筑的存在。

阿根廷没有很多可评价的材料，一部分是因为新教在 80 年代中期之后才飞速发展。[9]最初新教伴随着英国和美国卫理公会以及浸信会的传教事工进入，在 1880 年到 1914 年，西班牙和意大利的移民中获得一些微小的成功。很多信徒进入中产阶级或者中产阶级较低层，并且进入大学。与几乎所有其他的拉美国家一样，新教进入自由派精英的现代化环境中。在那里，新教徒形成了文化和语言的社团，如苏格兰裔长老会，或者荷兰改革宗。他们不沾政治，神学保守，保持着宗教与政治之间的两分法。当他们被社会福音所影响的时候，他们支持政权还俗主义者的政党，如民主进步党（the Partido Democrata Progresista）和激进党（the Partido Radical）。他们欣赏这些政党政策中的宗教自由，并且感到与社会民主的理念一致。然而，庇隆主义的到来在新教徒中间引起了本能的敌对，一部分是因为它一段时间与天主教联盟，不相信宗教自由；另一部分是因为，它包括一些法西斯主义的因素（因此，反盎格鲁—撒克逊白人）。

随着长期的不稳定，极端叛乱和左翼右翼军政府的出现，中产阶级的新教群体首次与军事政权结盟。也许大多数中产阶级新教徒在稳定和自由中看到了自己的利益，并且总体上不喜欢庇隆主义、恐怖主义叛乱和军事暴力更明显的形式。简言之，他们中立，并且需要和平和安静。随着 1976 年军事独裁的到来，中产阶级总体上将军队视为秩序的弥赛亚。这样的反对可能扭转人权问题。新教的特定宗派（例如改革宗教会、卫理公会教会、基督使徒教会）会与天主教在人权基督教运动（Movimiento Ecumencio por los Derechos Humanos）中合作。随着马岛（Falklands）战争的到来，这些宗派的人们谴责帝国主义（英国对整个岛屿的主权），也质疑犯境军队的动机。

这些运动，特别是新教徒反独裁的活动，由教会领袖和小的平信徒群体发起。大多数新教中产阶级和五旬节信仰领导层，被反共产主义的宣传所诱惑，站在政府一边。唯一一次，英国人强迫军事独裁政权重回应有的政治进程。伴随它，再一次出现了与典型新教关联的解放主义者和社会民主价值。反对的代价就是人们被驱除出境、谋杀或者消失不见踪迹。无论天主教还是新教教会中，持这样反对意见的只是少数。大部分领袖和平信徒保持沉默。而且五旬节信仰领袖层看起来几乎就是大多数沉默者的整个部分。也许五旬节信仰领袖层偏向于其支持者的观点，而较老的福音派的领袖层则偏向于其支持者的观点。如果事实真是如此，那么智利例证就是一个很好的说明。

通过对阿根廷较老福音派宗派政治立场的检视，可以得到一个在美国文化中孕育的改换了的宗教形式的进程的启示。阿根廷浸信会的历史预示着现在成为主要力量的五旬节信仰历史的因素。浸信会的经历确切地阐述了，当它与对政治秩序的疑虑相结合，被圣俗强烈的界限加强时，基于教会和国家的分离，由一种高级社会区化产生的一种心态效应。浸信会的重要性并非可以全套仿效：它毕竟是两个最大的"历史悠久的"宗派之一。

浸信会最早所预示的理想非常超前：一个在自由国度的自由教会。它是19世纪解放主义神学者，包括拉美反教权解放主义者的"解放工程"的一部分。浸信会理想也植根于本地民主理念之上。然而，浸信会在关于政治的合理回应上有一个模糊。它过去用来支持或反对政治激进主义的，也可以全套用在保守神学传统，包括五旬节运动上。

一方面，这里存在着一个关于分离和对权力漠然的强调。另一方面，将政治视为一个临时条件，在暂时秩序中被神命定是可能的。这种"临时条件"可以包括一系列推行公民利益的政治活动，并且就像这样，建基在个人能力和良心上。个人良心是仲裁者。基督徒男性正是将这种良心带到他的政治生涯中。这个"临时条件"可能也包括这样的理念，认为所有权力都来自于上帝的设立。当我们后面讨论尼加拉瓜的时候还会涉及。

巴勃罗·狄若斯在他的《阿根廷浸信会和政治》(*Agentine Baptists and Politics*) 的研究中描述了大多数浸信会牧师在1881年如何来到阿根廷的。[10]无论浸信会在其他地方政治方面如何活跃，但在阿根廷他们倾向于放弃政治。造成这一结果，有很多原因：在一个天主教和国家紧密联系的国家的一种特定的志愿性，以及作为一种阿根廷民族主义敌对的外国文化方式的中介者的敏感。除此之外，他们，就如其他拉美国家的浸信会一样，被美国南部浸信会教会的根源影响。战后南方的"保守主义"涌入拉美的新教。浸信会信徒毕竟不是移民，就是乡野的归信者，所以他们缺乏政治经验，也没有太多的政治机遇向他们开放。

当然他们北美的"保守主义"，除去对政治的抽离和漠视，依然是南美自由主义。浸信会信徒想要政治自由，并且寻求一种自由、平民化的教育。他们不得不面对一些限制和一些法律歧视，并且在这个方面，因为教权（和罗马天主教垄断）是政治争论的焦点，在他们的态度上天生就具有政治性。在政治上认可道德价值，在政治行动中强调个人廉洁的浸信会信徒，很容易吸引新兴中产阶级。事实上，他们将伦理引导至一个自律、勤勉的生活上，以致第二、第三代浸信会信徒大多数进入中产阶级或者中产阶级较低层。（最后一点是对前一章主要论争的加强，值得在这里进一步强调。）

所以，浸信会进入介于军人、神职人员的保守派和自由派之间的传统对峙中。就像自由派，他们为民主、自由、立宪政府、立法，特别在那些敏感领域，如婚姻法（依然在争论中）和教育而努力。他们首先是和平的，这点与政治暴力的南美传统不一致。和平性（在第一章有限的背景中）是来自于盎格鲁—美国情况和传统的一个文化怪事，并且它将所有新教徒与拉美右翼和拉美左翼隔离开。

当然这种和平性和宪政自由主义使浸信会在面对庇隆主义时措手不及。工团主义和煽动行为已经在拉美土壤，而非盎格鲁—美国的土壤萌生。浸信会处于一个陌生的文化背景中。事实上，拉美，特别在阿根廷，民族主义上升浪潮的出现，使这一点非常清晰。他们不得不将他们的工作"民族化"；他们被极端天主教右翼作为外来的文化影响而攻击；他们的活动被限制于庇隆主义的管理体制之下。

庇隆主义是一个模糊的现象，一面是教会与军队寡头联盟的印记；另一面是较没有优势的阶层与军队结合的一种机动性。庇隆主义的暧昧在浸信会产生了一种与众不同的回应。有人认为庇隆主义能带回民主。很多人同情庇隆主义，至少在当时（1962 年），当它与罗马天主教会发生冲突，限制教权教育，使离婚摆脱了宗教色彩时。很多浸信会信徒只想要秩序和稳定，然而，与军国主义联盟的负面对他们经常非常真实。他们不喜欢军事的介入。浸信会中产阶级的信徒和该宗派领袖层特别倾向于反对庇隆主义。1966 年，宗派报纸《浸礼者的诠释》（*El Expositor Bautista*）公开谴责了民主进程的暂停。

就像智利的自由主义和中产阶级激进党吸引很多浸信会信徒一样，虽然一些社会民主党的主要人物是无神论者，但是一些受过更好教育的人仍被社会民主党所吸引。基督教民主和共产主义，像天主教和马克思主义那样，不可避免地受到了冷落。因为与游击队和卡斯特罗有关，马克思主义最不受欢迎。

除了阿根廷浸信会可以被视为与葛培理相似，阿根廷五旬节信仰人士与吉米·斯瓦加特（Jimmy Swaggart）也有一些相似，浸信会的立场与五旬节信仰人士的立场并无二致。这并非指出与美国直接的政治和文化联系，而是在漠视政治和"献身信仰"的传统下的不同阶段和方式。最近，当然，随着与吉米·斯瓦加特和帕特·罗伯森的"700 俱乐部"（Pat Robertson's Club 700）相关节目的广泛播出，美国电视节目的转播使得文化嵌入更加直接。这些理所当然被文化民族主义者大力拒绝。（斯瓦加特也自由地进入了智利媒体。）

对比案例研究：尼加拉瓜和危地马拉

智利和阿根廷的比较可以由一个在尼加拉瓜和危地马拉之间的比较拓展，而不是对比。对尼加拉瓜的兴趣不仅仅是因为那里有一个左翼制度下的福音派，还在于它提供了一个当"由上帝设立"的政治权力是马克思主义的时候，关于福音派回应多样化的例证。因为涉及的事件发生在最近，所以资料零星，难以确定持这种或那种立场的人数。事情在变化，众所周知，尼加拉瓜的局势不稳。它被各种各样的宣传所遮盖。

这里值得强调的是，尼加拉瓜的新教徒数量很多，大概占总人口的 15%。天主教教会在最近几年建立了一个比危地马拉和革命前的古巴更有效的平民基础。这有点令人惊讶。还有一个事实令人惊讶。那就是，至少根据一些福音派数据，福音派在当前政府统治下依然在拓展。当然天主教教会中对于"人民的"教会和等级制度教会的分别破坏了天主教的有效性，就像其他的一样，那是一种投机。

考量尼加拉瓜情形的初期，为了平衡，我主要参考汤姆·密内理（Tom Minnery）在1983年4月8日发表于《今日基督教》（Christianity Today）的文章。这篇文章不像日常的文章，较没有宣传者的口吻。密内理开始提到一个与桑迪诺的支持者一起为获得对农民的帮助而努力的神召会牧师。这一"例证"反驳了人们对"保守"福音派的认识，并且暗示这样的福音派人士在桑迪诺支持者的角度超乎意料地忍耐。密内理声称，从革命时开始，圣经的分销量增加了5倍，新约圣经的销量增加了9倍。1987年，危地马拉市"话语教会"的工作人员向我肯定，他们自己的事工被允许在尼加拉瓜进行扩展，并且我认为他们的政治色彩并没有像对桑迪诺支持者那样有不恰切之处。（如果有一些社会效益，他们会主张桑迪诺支持者讲道。）

福音派态度的演进显然可以追溯到1972年大地震，以及救济资金被索摩查家族和他们的同盟没收。那城的福音派牧师组织了1100个志愿者，在灾难后的那些天烹饪了3万份早餐。这就是福音派援助发展委员会[the Evangelical Committee for Aid and Development（CEPAD）]的前身。福音派援助发展委员会是新教教会的全国性联盟，现在是最大的非政府性救济中介机构。它由在美国接受培训的浸信会医生古斯塔沃·帕拉洪（Gustavo Parajón）领导。1974年，大约300名新教牧师参加退修会，回想地震后他们在实现社会责任的合作方面学到了什么。结果是与桑迪诺运动一定程度的合作，就像在天主教会拓展的那样。1979年，桑迪诺支持者掌权后一段时间，福音派援助发展委员会的福音派信徒尽力向从北美来的福音派信徒（大多数很同情他们）解释自己的做法，虽然福音派援助发展委员会显然代表了大概50万新教徒的80%的人，大概差不多有一半的尼加拉瓜福音派人士在社会责任方面与福音派援助发展委员会具有共同的看法。只有一些在解放主义神学框架下的福音工作，被视为是天主教的发展。（需要声明的是，索摩查的国家卫队中也有一些福音派人士。）

在继续基于密内理的论述前，我们应该指出在来访北美代表团和本土福音派牧师之间会晤的内容。我使用在1983年3月20日"旅居者"

(Sojourners) 发表的考察。浸信会教会的阿威诺·梅伦德兹（Alvino Melendez）、上帝教会的鲁道夫·丰塞卡（Rodolfo Fonseca）、拿撒勒派的尼卡诺尔·马利纳（Nicanor Mariena）以及神召会的安东尼奥·维迪尔（Antomio Videa）强调传统福音派关于"新人"和"整全福音"的看法，将属灵的和物质的联系在一起。光波广播电台（the Waves of Light radio station）的塞尔玛·佩雷拉（Thelma Pereira）强调变革后，教会真的成长了。

桑迪诺对米斯基托印第安人（Miskito Indians）的处理从各方面进行了报道。如果把它放在全球宣传大战中，这也就不奇怪了。米斯基托人世代居住在大西洋海岸线西北线。他们居住在远离其他地区的地方，也一直反对"西班牙"势力。19 世纪中叶，他们成为新教摩拉维亚兄弟会的信徒（曾抗拒过循道会）。因为偏远，他们成功地维持了他们民族和宗教的独特性。但是，桑迪诺主义者试图将他们纳入扫盲和医疗项目中。这将意味着，最终合并入西班牙的文化中。双方的事件开启了一个暴力和疑虑的螺旋进程，直至政府单方面迫使 1 万印第安人移至新的乡村，大多数剩下的米斯基托人逃跑，他们中的一些参加了尼加拉瓜反抗军。桑迪诺政府从某种程度上意识到了自身的错误，但是事态被整件事件的宣传和美国中情局的参与遮掩。

影响教会和政府关系的另一些事件是一些教会未被授权被占领，和这些事件后对福音派人士被美国利用的惧怕，以及一两件看似实现这一惧怕的实践，比如莫利斯·史汝乐（Morris Cerullo）宣告要访问尼加拉瓜。然而，福音派援助发展委员会与奥尔特加总统（President Ortega）见了面，他道了歉并且将除了属于耶和华见证人会的教堂之外的所有被占教堂归还。

福音派援助发展委员会似乎与桑迪诺政府从起初就有良好的关系。1979 年 10 月 5 日，索摩查政权倒台 3 个月后，500 个福音派牧师联合福音派援助发展委员会签署了一份支持革命目标的文件，但是说明他们的参与与他们对上帝的忠诚相关。在革命一周年纪念的时候，福音派教会的代表再次确认他们对于革命的支持。1986 年 7 月 4 日，尼加拉瓜浸信会大会（the Baptist Convention of Nicaragua）签署了一份牧师信，包括抵抗美国对尼加拉瓜的介入和经济禁令。尼加拉瓜外界，总部在墨西哥城的拉美教会委员会（the Latin American Council of Churches）为了讨好尼加拉瓜政府签署了类似的声明。

对尼加拉瓜福音派民众来说，这样的声明意味着什么，很难说明。没有任何资料能解开疑团。我读到了雪莉·克里斯琴（Shirley Christian）《这个世界和沃尔特·拉费伯尔》（*This World and Walter Lafeber*）[11]这篇与众不同的论述。也许我们可以以两个相反的观点做结论。一个观点来自于《中美洲历史研究》（*the Instituto Historico Centroamericano*）于1982年12月5日发表的"尼加拉瓜福音派教会的理想斗争"（*La lucha ideological en las iglesias evangélicas nicaraguaenses*）一文。另一观点来自于1985年12月13日发表于《今日基督教》上的"政府对信徒的高压政策"（*The Government's Heavy Hand Falls on Believers*）。前者指出宗教使拉美激进政府政局不稳，为尼加拉瓜的类似活动提供了"空间"。文章接着说，在尼加拉瓜太平洋海岸线，起主导作用的大多数是五旬节信仰。有人认为安息日会与政府有合作，而耶和华见证人没参与（这是他们在每一个国家的传统）。还有人认为，从建议不参加公共活动或者"革命警惕"，到对使用强电子乐器的抱怨，到避免对上帝审判的过度频繁提及。从这些可以看出在一些福音派人士的活动中存在其他张力。

抱怨的要点似乎是一些福音派人士确实不愿意加入"大众的组织"，他们将信仰当作保持自己的方式。这种谴责一方面与他们美国的母会和美国传教士的影响一致。最强烈的谴责是针对那些与"尼加拉瓜反抗军"一致的人。这看起来主要是米斯基托人问题的回声，虽然一些牧师提道："滥用宗教自由"、将信仰与反共产主义相连的方式以及"通常进程"的"不稳定性"。（当然，这有许多因素的综合作用，也许不能排除一些天主教徒为了抹黑福音派人士而夸大他们与反革命的关系。）文章有趣地如此下结论，要知道在这个国家各种的"圣殿"中实际拥有的人数是困难的。他还顺便提及巴拿马政府为了压制宗派的传播，控制它们领袖的活动所做出的努力。

《今日基督教》的相反观点谈到天主教和新教受到桑迪诺政府的骚扰。这篇贝丝·斯普林（Beth Spring）的文章提到对福音派教会的限制，"特别是通过拒绝支持1979年革命，依然保持政治中立的教会群体"。[12]这些群体的领袖被审问，被暂时拘禁，或者活动受到限制，都在这篇文章中有大概描述。压制临到学园传道会、福音派牧师委员会、神召会和最大的新教教会：马那瓜第一中美洲教会（La Primera Iglesia Centroamericano de

Managua)。文章提道,"桑迪诺政府公开怀疑一些教会领袖鼓励反革命活动"。[13]事件最近的转折(1989年5月)是桑迪诺政府邀请帕特·罗伯森在尼加拉瓜电视台讲道。

在对尼加拉瓜和危地马拉作出比较时,以题外话插入提及一些关于波多黎各和萨尔瓦多的零碎例证是值得的。这一例证表明的是,现在在那些国家传播的新教,无论在政治上保守,或者对政治漠然,都与美国相连。反共产主义看起来是最初的动机。社会责任仅限于急救的工作和个人的慈善。哥斯达黎加的跨宗派拉美圣经神学院(Seminario Biblico Latinamericano);基督教训练领导力和做领导力方面研究的中心,众所周知的DEL;一个哥斯达黎加卡塔戈省(Cartage)的五旬节教会;以及萨尔瓦多很有影响力的以马内利浸信会教会(Emmanuel Baptist Church)是例外。最后一个提到的教会建立于1964年,累计有500名信众。它寻求成为一个在社会"实践"中活出信仰的"民众教会"。它有一个幼儿园、一个孤儿院、一个食品合作社、一个妇女中心、一个神学训练学校和一个大的分配医药、食物和衣服的普世化项目。一个涉及大概45个来自不同宗派背景的会众的宣教士项目也在开展。他们的宗派背景从五旬节信仰到罗马天主教。它的牧师,至少不是墨西哥城本地人。牧师自己评价,"像我们这样的教会是少数派"。这一结论可以适用于除了尼加拉瓜之外的大部分中美洲国家。

也许,关于危地马拉的资料要多于其他国家的资料,至少从规模上可以那么说。这也是有缘由的。它一直都是整个地区的"中心"。拉费伯尔评论到,很多研究者都将其视为促进中美洲发展的领头羊。[15]危地马拉也是一个新教进入最深的国家。那里的天主教格外弱势。(人们把新教的强劲和天主教的弱势放在一起,却没有在其间建立很强的推论。我们在尼加拉瓜看到的就是,天主教变强的可能性和新教可观扩展的可能性。在多米尼加,两者都处于弱势地位。之间影响的交互和因素非常复杂。)

这一章的焦点在于比较近期政治的方面,并且提到危地马拉,第6章已经涉及更广的画面。接下来,会提到关于衡量危地马拉新教的政治角色必须要提的最小规模的要点重述和背景。

起初,新教是与自由派政策和反教权政府以及1871年教会的特点相连的。但是其在1871年之后的归信者依然是在社会上被剥夺权利的人。新教被视为带有美国启发的信仰。这意味着到20世纪20年代,它卷入了民族主义的浪潮中。接着美国提出的"睦邻政策"改善了情况。在阿雷瓦诺（Arevalo）执政期间，新教徒与政府一起致力于扫盲项目，并试图改善劳动力的境况。但是接着，随着政府与美国水果公司的对抗，阿本兹总统（Arbenz）执政期间，矛盾再次产生。美国宣教士因此大多数被疏远，最后发现他们自己受到限制。同时，一些宣教士，特别是路德宗的宣教士，与改革的发动者合作。很多本地新教徒开始在土地改革和农民机构中担任领袖的角色。相比之下，天主教以教友会的形式组织起来，用他们所持有的土地抵抗威胁。

接着，阿本兹政府被美国推翻。罗马天主教作为共犯，被部分恢复。天主教的社会行动被视为代替共产主义的可能选项，即使教会的组织僵硬。大多数新教徒都不激进，但是他们有时会主导当地的暴力或者被视为可能的共产党员。接着产生了大规模的基要主义新教，它使人们不再怀疑其与颠覆政权有任何实质联系。长老会教会采取了偏向民主的、反对共产主义以及鼓励福音派信徒走入政治的立场。接着，在20世纪60年代，本土教会开始快速发展，也许明确表示了对引进美国宗教形式的拒绝。大多数这些教会是五旬节教会，或者转变成了五旬节教会。它们中的很多是小的社团宗派。这样的教会失去了外国烙印，并且经常成为——特别是1976年大地震之后——新到移民的医疗、经济和精神帮助。比起较老的新教教会，它们对教育的需求较低，并且在它们的组织上较不民主。它们在危地马拉人面前体现了一种熟悉并且具有吸引力的家长形象。

根据维吉尼亚·杰拉德·伯内特（Virginia Garrard Burnett）的观点，这些教会漠视政治的立场，只有在国家经历了大规模政治暴力和密集的游击队活动之后，才能够增加它们的吸引力。[16] 对于很多人来说，福音派的小宗派比罗马天主教激进的小宗派要安全得多。这样的转变依然发生在危地马拉军队人员身上。他们看到一个在农村获取支持的新基础，可以代替原来与罗马天主教教会共享的基础。他们从福音派的角度，为了权力而寻求资本化。1980年，教育部部长公开地归信到危地马拉市大的五旬节教会之一。

平常的新教徒被深度地区分。很多人远离政治，而一些人甚至充当军队的告密者；其他的人同情游击队甚至是游击队的支持者。伯内特认为："在每一个事例中，正是个人或者小集团卷入激进政治，而并非制度化教会。"[17] 最主要的例外是，乡野的印第安裔长老会教会。它是自治的，并且对自由派敞开，因此，最终对激进影响敞开。在基切省（El Quiché）和托托尼卡潘省（Totonicapán）被战争蹂躏地区的始初循道会教会（The Primitive Methodist Church）也是印第安裔，并且类似地被激进主义深深影响。这个教会是真正意义上唯一一个因为政治问题分开的教会。最后出现了一个激烈反美的分支，众所周知的全国教会（Iglesia Nacional）。更常见的是一个并行激进教会的发展。到1981年，游击队里有足够多的福音派人士，于是他们形成了一个自治的辅助机构，称为"危地马拉福音派兄弟会"（the Confraternidad Evangelica de Guatemala）。然而，到1983年，军队——一度由福音派信仰的瑞奥斯·蒙特总统（Rios Montt）领导——掌控了全局。很多激进的福音派人士和激进的天主教信徒，离开祖国去哥斯达黎加、墨西哥和尼加拉瓜，然后成立了危地马拉流亡教会（the Iglesia Guatemalteca en Exilio）。然而，维吉尼亚·伯内特的总结是："大多数危地马拉新教徒……将教会视为逃离他们现实生活困境的属灵避难所。这样当困境加剧时，新教信徒人数也就相应增加。"[18]

虽然前面已经提到，但为了论述的完整，危地马拉由福音派总统掌权的时期值得简要描述。这位总统积极地尝试减少使前一任名声扫地的凶杀，并且试图减少贪污和腐败。他采取了与游击队竞争的新举措，为那些投降的游击队员提供"豆"和特赦，不投降的只有死路一条。激进的天主教传道以及被疑激进的新教徒，在他掌权期间都很受煎熬。例如，30个基切省五旬节教会的信众在敬拜时被杀。

在豆的分发和紧急救援的项目中，新教徒的角色并没有很多落实在"豆子或枪杆"的政策中。在威克里夫圣经翻译会两个在亿西尔三角洲（Ixil Triangle）工作很多年的翻译的请求下，政府通过私人基金会FUNDAPI资助了一个救援项目。私人基金会FUNDAPI主要的运作资金来自美国的基要主义者。事实上，美国保守新教徒将大量的资金倾入危地马拉。

看起来，至少一部分受灾严重地区的新教发展归功于含蓄的政府支持。伯内特博士再一次评论到，漠然于政治的福音派教会是天主教会政治化局部的衬托，并且不需要不方便的极端化，便可以复制其社会项目。另外，很多福音派人士支持人口集中在"模范乡村"，并且扮演当地领袖的角色。

然而当右翼政治势力取代蒙特，就像在所有其他地方一样，五旬节信仰人士分裂了。一部分——"话语教会"——与总统联盟，另一部分——"以琳教会"——与国民议会主席联盟，其他的人某种程度上感觉受到了排斥。有很深裂痕的各宗派团体的综合没有构筑一个安全可靠的政治基础，甚至不能为一个福音派信仰的总统那么做。

　　蒙特看似被取代了，但是他攻击贪污腐败的宗教偏向没有被取代。福音派人士对他的离开只是觉得不方便，但依然享受自己表面的发展。他的总统任期也许已经表明了新教现在在危地马拉有足够大的数量，可以支持一个新教徒成为一个国家的首脑。除此之外，新教找到一种危地马拉民族主义可以安全并且不涉政治的表达自我的氛围。如果真是那样的话，无论存在什么样的美国联系和经济支持，那也是一个信仰完全本土化的明显标志。

案例研究：巴西

　　当我们考虑巴西的时候，我们当然在处理全南美最大的国家。新教最早随着民主和进步的运动落脚，并且从某种程度来说，对美国的成功演进作出了贡献。新教最主要的影响就是通过学校，打破了传统的教育模式，以好奇和问题解决来代替宿命论。新教介绍了一种与理性经济发展和实验经历共鸣的文化。所有这些因素使新教站在了自由共和主义及初等中产阶级的阵营。君主政体被推翻时，新教社团将这视为其向人民证明其委身的机会。对比而言，罗马天主教教会在组成上被描绘为天生赞成君主政体的。

　　新教来临的一个更深层面在政治方面的表现值得指出：巴西对很多美国宣教士来说，是又一个"前沿"，因为一些南方的殖民主义者在美国内战后到巴西寻找避难所。与移民一起到来的教会具有南方风格，从某些方面与巴西文化产生共鸣。他们在神学上保守，并且变得越来越保守。罗纳尔德·弗雷泽（Ronald Frase）说道，他们"对用政治方法解决社会问题不抱希望"，"总体可以这样说，因其将权力分割与随后的国家自治分开，（新教）已经采取支持现状的姿态"。[19]弗雷泽接着说，这解释了它在20世纪30年代不加判断地接纳瓦尔加斯的政权，以及1964年对军事保持沉默。我们再一次看到了，在一个高度区化的社会孕育的教会，移植到宗教和社会更加紧密捆绑的社会化的过程。结果，已经强调了很多遍，就是与新教相连的任何社会变革都限于文化的层面，而非结构的层面。除了刚才描述的教育影响，文化变革已经与个体敬虔和自律相连接。在这当然必须加上北美风气的宣传。

这引导弗雷泽做出关于巴西新教的政治立场："除了他们抗议政府取消教会和国家分离的宪法条款，我们几乎没有巴西新教政治伦理的例证。"[20] 弗雷泽引用了阿尔瓦罗·里斯（Alvaro Reis）在1915年的观点，新教的政治影响为零。而这一优点取决于它的一成不变。他还补充道，这种漠视政治的态度不仅仅来源于教会和世界的分离，还来自于一种强烈的反天主教情绪。参与政治被认为是天主教最大的特征之一。

弗雷泽将南部长老会教会宣教士在20世纪60年代发起的扫盲运动中出现的军政府的支持，视为新教漠视政治的立场的一个例证。这场运动在累西腓（Recife）地区开始。这一地区不仅有强烈的反美情绪，还是扫盲天主教先驱保罗·弗莱雷（Paulo Freire）的家乡。弗雷泽补充说，巴西新教不仅仅可用于理解区别于个人暴力的结构，还可用于理解巴西民族主义的启发。我们在20世纪前30年可以看到巴西新教徒为了摆脱外界控制而进行的斗争，以及创立一种并非仅仅是北美模式延展的文化的挣扎。

另一个抗衡出现在教会的青年组织与他们的中心官僚政治之间。虽然问题多关涉于教会管理组织，而非世俗政府，但官僚政治确实具有政治牵连。潜在的问题是集中的权威，以及在感兴趣于改革的较年轻的长老会教会牧师们和掌握广泛官僚政治的较年长群体之间的问题。1964年政变发生，气氛急速转向所有问题的权威解决。计划内的改革很快受阻。整个事件说明，在盎格鲁—撒克逊文化中与民主有关的制度形式，可以在移植之后马上修改为权威方向的形式。同样的修正的发生与腐败和赞助网络有关。甚至在历史悠久的新教教会中，这样的人际网络依然在运作。所谓能力和权威的普遍性标准只适用于较老的宗教实体。原始的忠诚是给家人和朋友的。

历史悠久的新教因本地文化的部分同化更矛盾地促成了五旬节运动更广泛及成功的文化适应。五旬节运动在巴西文化中就像在自己的家乡一样，不会被外来构成的附带物所困扰，更不要提制约长老会教会工作的教育需求。五旬节运动以很多宣教神学家所拟定的方式本土化。但是同时它复制了一些新教需要挑战的巴西社会特征。大庄园以变异的方式出现在新教中的论点，指出了一个盎格鲁—美国信仰能够本地化的程度。赞助人和受益者、荣誉和羞耻，以及通灵大环境的文化都可以被很成功地适应。

五旬节运动真正的起始点应该在 20 世纪 30 年代，那时巴西不再被农业出口商的利益主导。那些年，工业化正在进行，直到 50 年代起飞蓬勃发展。1962 年，工业化步伐放缓，通货膨胀急速发生。与整个进程相伴的是权利和财富从东北转向南方，特别是圣保罗地区；以及飞速的城市化，或者更具体一点说，飞速的城市聚集和不相联络的邻舍的发展。无论工业生产增加与否，城市化都在推进，并且这是五旬节运动一个主要的背景。它不包括早期的外国移民，却是乡村巴西人内部的移民，还有在城市里的贫民窟，这些贫民窟经常是，寻求一个陌生的、充满高耸公寓楼和超市的，陌生都市世界的乡村次文化。这些变革的广泛因素需要在这里，作为五旬节信仰现象的背景，再被提及。所需要补充的是，瓦尔加斯的平民政治，是如何在 1964 年政变中大众的政治角色被移除的情况下，落脚于这些新的城市大众之上的。

在这样的背景下，五旬节运动急速发展。它提供了参与性、互相的支持、情感的释放、一种身份和尊严的感受。虽有权威，但它的权威不授予那些在外界有地位的人。五旬节运动提供了一个替代社会，并且在其中，关怀主要通过学校、孤儿院、年长者和非常规失业的人的家，在内部进行。不同的五旬节信仰群体可能会提供不同的服务。巴西基督教会（Brasil para Cristo）属于民族主义，在国家假日的时候举办巨大的聚会。基督会堂教会（The Congregação Crista）于 20 世纪早期的意大利移民的国家次文化中拥有其最初的基础。

在政治参与方面也有相似的差别。基督会堂教会禁止其领袖参与政治，并要求其会众不参加除投票之外的政治活动。很多五旬节信仰领袖警诫成员不要参加联合活动。他们将那些他们范围之外无家可归的人们视为个人性的失败。他们虽然痛恨暴力，但是他们可能通过支持军事政权，告密那些对国家不友好的人，而偶然无意识地与暴力合作。

而就像智利的福音派五旬节教会一样，巴西基督教会至少在 1976 年以前，提供了大量的例外事例。马诺埃尔·德·梅勒（Manŏel de Mello）因为罗马天主教主教对制度所提出的批评而赞扬他们，同时指责新教联盟的懦弱。他谴责不公，并且指派两三个在循道会神学院受训过的牧师，帮助他规划社会批判，唤醒穷人的意识。巴西基督教会所建的巨大圣殿包含了"移民融合运动"、一所医院和一个提供法律及工商管理课程的教育中心。

新教（以及五旬节运动）政治活动的一个特性值得重申，就是很多新教徒复制基于权威和赞助者的关系模式。甚至在历史悠久的新教教会，信徒们都可能询问牧师应该怎么投票。赫芬纳格尔（Hoffinagel）在其对累西腓（Recife）神召会的研究中论述道："牧师不仅仅扮演教会里传统的'牧者'的角色，他为教会主要政治势力结构的累积方式创造条件。"[23] 为了从民政部门得到利益，如公共照明或者教会附近铺好的路面，使用他们对选举的影响与政治家讨价还价。索萨（Souza）对圣保罗的五旬节信仰人士作出相似的评论。除了采用漠视政治的态度，牧师也经常成为地方议会的参选者。

新教徒不仅仅参与地方议员选举：因巴西民主进程的部分恢复，新教徒在国家政治中也具有可观的人数。他们的数量达到了40个代表席，显然他们开始组成了一个与众不同的新教政治存在。这种存在是由圣保罗坎皮纳斯大学（Campinas University）的保罗·弗雷斯顿（Paul Freston）搜集到的例证所证明的。这些例证是在与我个人的谈话中所提供的。在他的研究中，从1986年就有大概33席，组成了一个新教群体，并且在这些人中，五旬节信仰人士增加了8倍。贸易联盟组织DIAP在提到工人的问题时，已经考虑福音派人士的问题。他们的建议比代表们的建议更受欢迎。当然，福音派人士很重视家庭和道德问题，就如堕胎，但是回忆起道德多数派（the Moral Majority）的态度多只限于浸信会。五旬节信仰人士主要是骑墙派，而"历史悠久"的新教在他们的态度上强烈靠左或者靠右。就像其他所有群体一样，福音派花费心血来支持这样的问题，就如延长总统任期。换句话说，他们是受益者，他们有受益者。当然，由弗雷斯顿搜集的例证纠正了当今的模式化看法，与前面引用的阿连德时期智利五旬节信仰人士的态度相似。

案例研究：哥伦比亚和墨西哥

在我们从为了拥有更广视野而看的资料中回来之前，这一章剩下的部分会着重讨论哥伦比亚和墨西哥。也许，我们应该强调，总目标是为了表明一些在特定情形下的福音派行动（或不作为），不是为了对当代新教政治一个国家一个国家地综合总结，或者提供任何历史的叙述。

关于哥伦比亚福音派政治态度有一些分散的例证值得引述，至少是因为，虽然哥伦比亚的政治非常可怕，但它看起来在一定程度指出了政治领域更积极的方式。科妮莉亚·巴特勒·弗洛拉（Cornelia Butler Flora）在对哥伦比亚五旬节运动的评价中，同意其他作者的观点，认为"五旬节信仰并没有在革命行为的先锋中"，但是在她看来，他们不会"反对他们认为在他们阶级利益中行事的群体"。[24]五旬节信仰人士很可能"从本地的层面在这些诸如：水罢工、保护囚犯及其他基于本地的对每日生活条件的抗议的事情上采取反对行动"。[25]

卡尔·韦斯密尔（Karl Westmeier）在他关于哥伦比亚新教的研究中，提供了有关超过一半的人口明显对选举漠不关心的有趣背景信息。[26]对选举机制，大家普遍不信任。哥伦比亚的两党制系统从历史的角度使得第三党不太可能出现。然而当原独裁者罗哈斯·皮尼利亚（Rojas Pinilla）试图成立第三种势力ANAPO［国家人民联盟党（Alianza Nacional Popular）］的时候，很多福音派人士支持这个政党。ANAPO包含了很多过去从自由革命运动［MRI（Movimiento Revolucionaria Liberal）］到新庇隆主义的支持者，但是其主要的形象还是平民化，敌视寡头政治的。福音派领袖认为它的吸引力在于对旧系统的"宣判"。当它失败的时候，一些在波哥大的新教徒成立了他们自己的政党，使用了一个类似的名字，全国爱国者联盟（the Alianza Nacional Patriotica）。韦斯密尔将这描述为"真哥伦比亚福音派寻求一个公义社会的典型表达"[27]，虽然新教教会没有给予支持，并且很多教会成员依然支持自由党。韦斯密尔补充道，相似背景下，在政治方面，新教徒比天主徒更活跃。所以，虽然在福音派中经常有一个漠视政治的态度趋势，但是，他们的确参与政治。他们获得政治资讯——他们也展现出参加政治势力，打破旧的寡头政治控制的能力。

杰·皮埃尔·巴斯琴对墨西哥新教所做的广泛研究直接与新教徒和政治的问题有关。巴斯琴努力指出五旬节派如何能够对抗现状，并且屈服于上帝授权的权威势力。在一篇叫作"墨西哥乡村背景下的宗教异议"（Dissidence religieuse dans le milieu rural méxicain）的文章中，巴斯琴认为墨西哥人类学家太容易将新教的快速拓展视为美国理念渗入的先锋。[28]他们用处理威克里夫圣经翻译会的方式处理五旬节运动。巴斯琴引述，特别是引用欧文·罗德里格斯（Erwin Rodriguez）在1982年发表的说法，"一个由其主要成员所在阶层决定的福音派"（Un evangelio segun la classe dominante)。[29] 在他看来，这是一个宣传的问题，而非一个分析的问题。

然而，巴斯琴在五旬节运动最繁荣的墨西哥东南部的田野工作表明了其他可能性。在这一地区，新的宗教群体大多数都是乡村的，他们也通过其神圣健康（Sanidad Divina）的实践保持与旧的符号世界的一致性。巴斯琴指出，这些群体代表了一种对权贵的政治对抗。

墨西哥，像拉美其他地方一样，自给自足的农业生产让位给了市场经济，权贵阶层对当地农民施压以累积他们自己的资本。权贵是一个综合的、等级的政治宗教体系的一部分，他们为了自身优势，有效地"借用"当地天主教实践。那些在糊口边缘或者正在被边缘化的人们用拒绝参与的方式表达自己的反对。他们经常采用新教，通常以五旬节信仰的方式，但是他们的新信仰很实际，保持老的巫术，甚至祭祀。事实上，新牧师群体通常大多数是老的占星巫师。这里所发现的因素的融合，与一个五旬节信仰群体以完全毁坏旧的符号秩序来宣示取代非常不同。

农民的退出和包罗万象的神圣帷幕的瓦解将"阶层福利"带入了公开、暴力的潮流。冲突体现在政党政治上。一些人支持天主教国家行动党（the Catholic Party of National Action），另一些人联盟于革命制度党（the Party of Institutional Revolution）。它的分歧还体现在村庄新教徒部分与天主教部分的生态隔离。有时一个村庄会驱逐或者拒绝新信仰的宣教士；有时一个村庄会全部相信新信仰，包括司法机构在内；有时新信仰的村民必须找寻新的村庄定居。一个小的叫"耶路撒冷"的村庄出现了，就像在北威尔士出现的"毕士大"一样。

在拉美很多地区，在所有部门旧系统瓦解的趋势很常见。事实上，在一些案例中，当地福音派人士更乐见以家族或者综合的社会部门的形式归信，而非个人归信。换句话说，文化还没有全部个人化。新教代表了社会一致性的打破，但是至今还没有实现其创造自治独立个体的潜力。然而，将这些转变运作起来，或者至少成为这种转变的方式和媒介，就是发起那些最后转化为政治行动的基础的变革。威尔士乡村在两个世纪前，互相竞争的福音派群体到达时，也非常相似地分裂。

巴斯琴补充到，新教群体的领袖们在他们本地的斗争中求助于他们全国及国际的机构组织。他也给出了一个例证，说明一个福音派领袖怎样被迫掌握当地权威的。在塔巴斯科（Tabasco），那里石油储藏丰富，并且新教徒比例非常高。一个处理让乡民承受损失相关问题赔偿的机构的领袖由

第十二章 国家与圣灵：论据回顾

一个长老会牧师欧洛希奥·门德·佩雷斯（Eulogio Mender Perez）来担任。当然，这样的领袖职位不一定要由新教徒担任。巴斯琴提到，危地马拉一个特定区域的相同角色是由玛利诺天主教神父承担的。就像做牧师一样，他们会以现今符号系统之外的方式运作。

然而，巴斯琴也指出一种不同的新教，它主要是城市人口，同时也是美国文化和保守政治态度传输带的一部分。它在组织上官僚化、技术化，并且使用电子媒体传播其消息。在他的"对抗与温顺的拉美新教"（Protestantismos latinamericans entre la resistencia y la sumisión）[30]一文中，巴斯琴将它与一个更老和更自由派的新教对比。因为20世纪60年代早期，新模式的支持者变得越来越成功和容易晋升，而自由派自身吸收了很多解放主义神学。其结果是新教世界越来越分裂。各样道德和福音的改革者，以及口才好的演讲家像拉美事工（Latin American Mission）的肯尼斯·斯特罗恩（Kenneth Strachan）以及教会增长运动（the Church Growth Movement）的彼得·魏格纳（Peter Wagner）与那些宣扬关注社会的重要性的人，如埃米利奥·卡斯特罗（Emilio Castro）、莫蒂默·阿里亚斯（Mortimer Arias）和鲁本·阿尔维斯（Rubem Alves）进行争论。持续大概20多年，互相竞争的宗教跨国公司互相对峙，在适切的社会关注表达和基督教大联合的程度方面都有分歧。

巴斯琴认为改革者的途径与新教和尼加拉瓜政府之间发生的合作有某种联系。同样，他认为对政治漠然、反共产主义者的途径与新教和埃夫拉伊姆·蒙特将军（General Efraim Montt）在危地马拉的"豆子或枪杆"运动有一定联系。

随着时间推移，新福音派也使用从广播到电视还到电子教会的产品，特别是欧洛·罗伯茨、吉米·斯瓦加特、PTL俱乐部和帕特·罗伯森的"700俱乐部"。这些当中最重要的特别与根据巴拿马运河条约（the Panama Canal Treaty）传递政治信息以及把武器卖给危地马拉政府有关。除这些政治—宗教改革活动之外，巴斯琴还列举了学生与职业人员基督运动（the Cruzada Estudiantily Profesional para Cristo）以及夏季语言训练学校（the Summer Institute of Linguistics）。另一份支持巴斯琴观点的分析是由雨果·阿斯曼（Hugo Assman）于1986年出版的《电子教会对拉美的影响》（Igreja Electronica e seu impacto no America Latina）一书中提供的。[31]阿斯曼关注他所谓的新保守主义攻势和诸如宗教民主研究院（the Institute for

Religion and Democracy）及美国企业研究所（the American Enterprise Institute）的主体之间的联系。

也许在这里应该补充，在反对共产主义的推动力中的一个加速因素一定是古巴的事件。古巴革命总体起源于通过新教人际网络传播对美国的恐惧。但是，虽然那样，1961年，古巴大概90%的牧师带着三分之二的会众以及六十年宣教工作的果实移民佛罗里达州。这突出了本土拉美新教徒的反共产党趋向以及那些控制宗教电视和广播的北美人的反共方式。

评论和反例

这所有显然就等于对新教政治角色的大力宣传。因此，这里值得加入一个，由那些与历史悠久的教会站在一起，反对福音派新浪潮的人的政治批评的简要总结。为了这个目的，我选择了一篇简·卡里·佩克（Jane Cary Peck）从某种程度基于罗伯特·克雷格（Robert Craig）在哥斯达黎加所做研究的文章。[32] 简·卡里·佩克是一个在安德沃牛顿神学院（Andover Newton Theological School）工作的循道会信徒。她有时拜访哥斯达黎加圣何塞拉美圣经神学院（the Seminario Biblico Latinamericano）的教授们，与世界基督教协进会（WCC）和全美教会联合会（the American National Council of Churches）都有联系。

简·卡里·佩克引用罗伯特·克雷格的发现作为开头。罗伯特·克雷格发现大多数哥斯达黎加的本土新教群体在美国有总部，或者在教育、广播和电视资料方面都依赖美国。简言之，他们呈现了一个总体比较具有"依赖性"的宗教版本，为美国化和成为（小）资本家提供捷径。这成为当代福音派新教的文化"工程"，偶然在哥斯达黎加例证出来，但事实上遍及拉美。一种由福音派推崇的，关于肉体和灵魂、地与天、世界与教会、结构与个人的极端双重性以及对历史和社会的漠然很好地服务于这一工程。他们的方式是权威性的。这使他们成为国家安全状态、军事统治者以及美国"天命"论的爪牙和有利的同盟。

这一批评囊括所有。我在这里嵌入一个关于潜在的五旬节符号如何被政治化地实现的确凿例证。我在这里使用鲍比·亚历山大（Bobby Alexander）关于由赫伯特·道特里（Herbert Daughtry）领导的"主之家"（House of the Lord）的研究。[33] 亚历山大的研究表明了一个纽约颇大的五旬节信仰社团是如何成为一个政治力量的。在牧师的领导下，这里有兄弟的合一，是通过具有参与性的敬拜和在游说强调中表露的政治目的中表现出来的。五旬节信仰人士明确地与其他非裔美国人站在一起。亚历山大总结到，在他自己和他人的研究中有足够的证据可以反驳这一论点，即会众敬拜中，张力的释放将精神力量从政治解决的追求中转移出来。

总　　结

这一关于新教（更主要是五旬节信仰的）政治态度的分散的信息和评论，现在需要在两个层次来回顾。首先，要放下大致的已经得到的印象。其次，将信息放在更广阔的阐释框架中去讨论。

提到整体印象，总体上新教，特别是五旬节信仰，显然倾向于政治漠然。虽然不在他们信仰的范畴里，但他们怀疑政治机器和政治进程。有时为了回馈当局的承认，五旬节教会会为国家安全提供一点儿合理性，而且牧师对此的企图最强。事实上，五旬节信仰人士对上帝所设立的"政权"很尊重，甚至是尼加拉瓜和古巴的那些政权。虽然有这些对国内权势支持的倾向，虽然经常偏向传统保守派的漠视政治的立场，他们并不需要委身于寂静主义或者保守主义。只有少数人会在大多数情况下委身政治活动，在巴西基督教会的例子中尤其如此。特纳克斯（Tennekes）关于阿连德执政下的智利的例证表明五旬节信仰人士同情阿连德的政治抱负。当然，新教中始终有这样转化所有罗马天主教会政治地位的倾向，所以"解放神学"直到20世纪中叶都受欢迎，而紧接着是保守主义。

正是取向完全与天主教角度相反的这一中心，成了诠释层面评论的开始。与这样的庞然巨物，涉及各个方面包罗万象的系统对抗的少数派，很自然敌对天主教政策、实践和政治身份或者同盟。这就是早期新教学校为什么开始成为训练自由派和激进派领袖的地方，以及新教社会项目如何开始被视为有成效的原因。同时，新教几乎不在教会和国家的问题上将他们自由派的观点看得高于切身利益。获得更进一步的政治参与会有危险，因为这意味着接受国外资金支持。这将是致命的，或者至少对外国宣教士来说是很尴尬的。

最初对天主教的反对，一部分在于传统的神学原因，另一部分是因为天主教象征着融入一个整套的社会—宗教系统。即使天主教事实上已经将自己从这个系统中解脱出来（或者说被这个系统驱逐出来），它依然是新教坚决拒绝的一部分社会。无论它们的政治态度是什么，新教从个人选择和平等参与的角度希望（并且表现了）社会区化的一个进程。从他们的立场，天主教依然表现得似乎陷于等级制度的形式、通过控制渠道的主教中介以及综合的组织融合。即使罗马天主教以友善的普世面容出现，那依然是新教的威胁，因为它们不能与大规模宗教跨国组织合作，除非和这些组织的初级以及本地伙伴合作。

不仅仅（最近）天主教对"异端"的态度，并且天主教取悦激进社会哲学的意愿都很有问题。那些哲学，随着其他对中产阶级的社会和政治分析而被激进的天主教知识分子推广。他们离新教穷人的世界真的很遥远。这些穷人一睁眼就是每一天为生存的挣扎。天主教重组很多世俗的哲学，包括马克思主义，这对新教只从圣经里得出的那些准则是有害的。无论如何，天主教吸收重组从与世界有着结构性联系和支配关系的久远历史中得出的世俗资料的能力，以及前面提到的，它当代的表现，保留了其结构性和支配性的特征。一个植根于解放自由的政治神学，天生就是自我意识以及复杂政治阶层——更特殊的是"知识阶层"——的产品。当代五旬节信仰人士既不"觉醒"，也不世故。如果他们世故，他们可能几乎不能吸引大量的穷人，就是不言而喻的在贫苦中的兄弟们。

还有一个原因可以解释现在新教的"落后"。那就是它现在太超前了。新教为他（她）的具体宗教事例开启了个人的时代。而它的对立面不容易对敌视和结构化的理解屈服。对独特人格和在小的志愿群体中的人际反馈，造成了一种对政治漠然的立场。因为它被大规模的社会机器和不经意的反对个人道德行为的结果冒犯。这样，这个"进步"与新教一起导致了一个对社会删节版的认识，以及一个不包括结构改革在内的认识。当然，新教与个人和个人主义的联合还远远没有完全，但是它确实号召以及加强了个人回应、经历、意识和个人委身的概念。

一旦我们想到拉美社会对任何道德动机螺旋式反抗的社会机制，我们就会并不惊讶地发现，五旬节信仰在信仰的安全围场和世界危险的狂野之间建立了一座双重性质的墙。对于他们来说，狂野之地在所有方面都被"撒旦"势力所占。它会抓住并毁灭所有不小心误入的人。新教对建设和平性的精神风气的属灵资源的聚焦使其很倾向于在暴力的政府和暴力的游击队中寻找一条中间的道路。他们在个人关系，特别家庭中通过和平性所达到的成就，使他们对政治角色的敌对出现很深层的不一致性。当政治暴力发生时，他们倾向于偏爱它，胜过当权者，即使它创造了沙漠，它依然把它叫作和平。这是一个假象，却是一个可以理解的假象。就像其他的人，他们对生存保持一种既定的兴趣。这种兴趣是由戒酒而非藏起冲锋枪表达出来的。

当然，五旬节信仰人士与美国的关系扮演了一个重要角色。从一定意义来说，美国是新教在各地的保护势力。很多年也一直将自己放在对"无神论共产主义"极度敌对的位置上。即使五旬节信仰想赞成共产主义的一些次要方面，他们也很充分地意识到他们的基础文件无神论是其精髓。卡斯特罗执政下的信徒的经历，先不看其他共产主义世界，已经完全证明了这一点。当它与带有美国风格的新教的某种亲密关系、将美国看为一个政治赢家的倾向联合时，即使这个赢家再弱不禁风，新教都可能会感觉被迫偏好"国家安全"胜于游击队实力。关于共产主义的生硬宣传无疑人为地使人害怕任何趋向"和平和公正"的行动，但是很多新教徒，正确地或者错误地感到，比起让残暴的将军统治来说，他们更希望共产主义能够胜利。革命的气质天生就是暴力的、军事化的，它的要求包罗所有，也绝不容让意识不同的飞地，恨恶纯个人的属灵空间。这样，桑迪诺主义者反对一些新教徒拒绝参加社会细胞内有关"重建"或者服兵役的任何义务性活动。当然，桑迪诺主义也许代表了一种新的温和革命，致力于一个多元化的社会，乐于与任何愿意建设尼加拉瓜的人或组织合作。但是新教不信任这一点。

基本的观点就是这些。社会和政治的证据表明福音派信仰并非先天就漠视政治或者保守。它会挨忍多年，试图从群体内部到更广的社会世界实现和平与和谐。在这些潜伏的时期，由宗教信仰发起的社会变革，尤其是普遍的参与，在文化和符号的领域运作。新教创造了一个"自由空间"，虽然这个空间是过去族长家长制的回响。这一"自由空间"由漠视政治的立场暂时保护起来，在一个危险、腐败、不道德的外界世界之中设立一个界限。然而，在拉美条件下，任何空间的造成都天生带有政治性。解放主义神学着重圣经出埃及记的理念，并且在自由空间的造成过程中已存在某种意义上的出埃及。

第五部分

结　语

第十三章

论述总结及展望

伊比利亚帝国的拉美承继者受到大英帝国的北美承继者持续的政治和经济打击。指出这一点并非诋毁西班牙文明的伟大及丰富，或者赞同以天命论的粗鄙为装饰的"辉格历史诠释"。它仅标注了关于相反的文化模板影响的一个显明且极其重要的事实。在大多数，也许所有的社会历史中，都有"决定性事件"。它们以限定可选项或者开发潜在项，为将来的社会定下基调，贡献于历史，并指向相对稳定的历史发展。[1]

北美政治史的基调由从1642年至1660年的英国内战、从1688年到1689年的"光荣革命"和从1774年至1783年美国独立战争的累积及大量不可逆的影响铺定。在经济的领域，北美的基调也来源于英国。18世纪中期始于英国的工业革命很快被采用，并且随后在美国极大铺展。事实上，美国把始于不列颠群岛的主要进程：政治上的民主制度、工业主义和宗教多元主义全部照搬。除此之外还需加上，如克劳迪欧·威利兹（Claudio Veliz）所论述的，英语语言和英国普通法的特殊影响。[2]英语语言和英国法的重要性在于它们形成的方式。它们松散累积，而非对集中定义和集权控制的回应。

相比之下，拉美社会的基调及特征则缺乏所有这些要素。甚至在议会民主制比较早建立的地方，最后依然缺乏稳定，或者持久性的权力。宗教依然是天主教专制，产业主义只获得部分或者参差不齐的突破。

这样极不相同的历史进程一方面来源于欧洲西南部沿海地区，另一方面来源于欧洲西北部沿海地区，最初关注宗教差异。无论那一宗教差异随后的突出特点是什么，持续四个世纪，一直存在着的是地缘政治对抗的不断爆发。这一对抗随着一个独立的美国由于自身原因和将拉美视为历史遗产附加部分或者中南美洲国家附属于优势经济力量的原因，热情地肩负起至高无上的责任而不断激化。

这就是福音派信仰当前从北美延展至南美的长期历史背景。而且很多拉美人，不管他们是老式的天主教民族主义者，或是左翼的知识分子，依然选择将其看为框架。伴随着旷日持久的经济政治打击和剥夺，以宗教作为先锋的文化入侵随之而来。并不需要采用民族主义者，或者马克思主义者（或者马克思—民族主义者）的案例来认识这长期对立（longue durée）的相关性。无论如何，民族主义者的观点是现状的事实之一。他们几乎强加给新教一个这样的定义，将其视为经济独立的政治表现或者一个外族的宗教伪装，就更不用说文化了。拉美人并没有对布什总统于1988年在共和党大会的总统候选人提名演说中所清晰表达的"我们已经用我们的文化鞭笞了这个世界"的观点表示出好感。

但是如今跨越南北美洲的福音派信仰究竟具体在西北欧这个历史久远的孵化器的什么地方被孕育？这个复杂而具影响力的麻烦在哪里被孵出？答案是，志愿性成为英格兰加尔文主义改革的一部分推动力，而同时也跨越大西洋成为英属北美文化构造中的一个要素。宗教独立（有时宗教"热诚"）的渠道在大西洋的两岸都被建立。这些渠道在英格兰后来依然保持反主流文化性，也成为美国未来文化的核心。当然，意见不同和支离破碎的模式更具机会在美国拥有支配作用，因为互相竞争的少数民族群体，特别是中部殖民地的少数民族群体，支撑了它。

志愿性在两个文化中的建立都是令人熟悉的，但是无论对其有多么熟悉，它依然需要再一次被勾画出来，作为打破由来已久的信仰与社区合一、政教合一的具有世界历史性意义的事件。就目前英国和美国以稍微不同方式发展来说，差异转化为在英国包罗万象的框架及其在英属北美和美国的崩塌的可辨别的部分遗留。一个相关的现象也一样：英格兰贵族气质的部分遗留及其在美国的衰微。[3]

在英国社会和宗教文化这两个方面生成的另一个共同要素是决定政治命运的宗教性拣选。它在旷野开道路，并提供了一条进入应许之地的路径。正如在志愿性的问题上一样，在独特的天佑政治中，北美文化的雏形在其英国策源地扩展和发挥。约翰·弥尔顿是其具说服力的发言人。[4]政治弥赛亚主义从英国传递至美洲海滨，并且进入了1776年的建国神话和宪章订立。虽然天意的概念依然持续三个世纪，推动英国的扩张，但是它从不像在美国那样成为民族存在的缘由（raison d'etre）。美国福音派宣教士在拉美经历的部分本体论安全感和自信植根于这种特殊天佑的概念，及其成为进步理念的变化，因此，最初产生于 17 世纪英格兰的弥赛亚式的抱负能够刺激突破根深蒂固的西班牙文明至上主义（Hispanidad）的优越性。

最后一部分盎格鲁—美国的孵化产生于由志愿独立的宗教渠道倾泻而出的 18 世纪复兴运动。这些宗教渠道比一个世纪之前加尔文主义者的异议铺就的渠道更好。这次复兴运动的根源丰富多样。其中最主要的源头是德国敬虔主义，由施本尔（Spener）及其后继者创始的充满热情且个人化信仰的虔诚小细胞，以及摩拉维亚兄弟会（Moravian fraternity）。英格兰的福音复兴运动将敬虔主义和摩拉维亚的影响与高派教会敬虔（high church piety）的重提和习惯的改善相综合，而这些又与加尔文主义改良派混杂竞争。在英属北美，大觉醒主要归功于加尔文主义改良派，但是大觉醒所产生的巨大能量最终汇入一个循道会的方向。重点是宗教性变异的渠道在两个社会都被极大地拓宽，形成了英国非此即彼的宗教虔诚的一条主要渠道和美国宗教狂热的主要渠道。

在那些渠道中流淌的是一种志愿、平信徒化的、具有参与性的、热忱的信仰。在欧洲大陆的主要区域，它所形成的群体不是最安静的就是最活跃的，不是支持已有的权力就是反对它，但是，其形式的文化逻辑为活跃的、参与性的、易分裂的、平等的和热情的。简而言之，它代表了大众意识一种自发的流动，改变和激励个人，并带来大量可分享及互相支持、互相竞争的自发性网络。这些网络可能主导了诸如此类的活动：合唱或者在基督教青年会（YMCA）中排球和篮球的发明。

我用与本书相关的方式来阐述：五旬节运动和福音派信仰的雏形现在进入全面的文化再生，准备着最终跨过格兰德河（Rio Grande）的迁移。那次迁移不得不等上一段时间，直至发生在大西洋任意一侧 17 世纪英国文化中的包罗万象的垄断的崩溃同样发生在拉美。

无论在此有什么关于细节、具体影响和运作顺序的争论，有一点是毫无疑问的：一种志愿、具有参与性的和热忱的信仰在英格兰的产生和在美国的实现是在环境分化的过程中第一且是巨大的跨越。借此，宗教开始渐渐在文化的层面和各种志愿团体中施展其影响力。首先宗教力量通过对于个人潜能的激励和个体经历实践的向心性以及从其组织类型的政治相契点的假定来运作。它提供了活跃的大众支持，或者至少，一小部分"受启发的"精英将改革的结构建筑于默认的文化残留之上。

它也需要一种动态适应性来防止美国的大都市成为与欧洲和英国城市一样的世俗化中心。因为美国缺乏一个主要宗教建构与一个能够形成调整或者扭转城市沦丧道德的阶层文化或者文化群的联盟。[5] **宗教并不需要处理个人道德混乱与阶层疏离感的混合。这样逆转或者至少抵消一个世俗化潮流的方式暗示着潮流在特定情况下是不可预知的，并非普世进程中一个必然环节。这一逆转是重要的，因为这样的适应方式已经被传递至目前（例如）在圣保罗和首尔这样超大城市里扩展中的各样五旬节信仰和福音派信仰。**

关于中心与边缘、集权制与联邦制的题外话

接下来的是，在逻辑上并非必要，为了论述主线的清晰性会被略去的甚至冒风险的论述。它包含两个主体要素。第一个要素与从中心到边缘的宗教密集性运动有关。该运动一部分在中心地区与边缘地区摇摆，另一部分长期退隐远离一个社会的中心和大都市。理论参照当然是爱德华·希尔斯（Edward Shils）影响深远的研究。

有时"福音派"信仰——广义上理解——占据了一个社会的核心区域，有时它退隐至一个次要的地区或边缘。因此，在17世纪的英格兰，它占据最发达的地区，并于新英格兰的版图上，在波士顿、伊普斯威奇（Ipswich）、坎布里奇（Cambridge）、布伦特里（Braintree）、贝德福德（Bedford）、欣厄姆（Hingham）和沃尔瑟姆（Waltham）再生复制。接着，它也影响并进入了英国维多利亚时代文化的中心堡垒。[6] 在另外一些场合中，它退隐至边缘地带、小市镇、高地和岛屿，并且根据线性世俗化理论，它最终在那里消失。在斯堪的纳维亚半岛（Scandinavia），它在丹麦克里斯蒂安六世（Christian VI of Denmark）执政时具有控制力，但最终退到北部日德兰半岛（Jutland）和冰岛（Iceland）的最后阵地。在美国，它一度占据东北，但接着在战败南方建立起最重要的阵地。这种摇摆，或者交错的退隐，会一部分，但不会全部，进入一种普通的世俗潮流。

那是因为它不得不与第二个主体要素相联系，体现集权与周边文化活力之间的变量关系。在欧洲大陆，优势力量驻扎于中心，并且那个优势可见于欧洲不朽的巴洛克式的建筑群和在自然界所施行的几何控制中。但在英国，这个中心却极少保持并以都市化帕拉第奥式的端庄表述自己。在美

国，这个中心根本就没有保持下来，并且中心和边缘的对比只能依稀地被察觉。美国在政治和文化方面是联邦制的。那给予在所谓边缘的宗教一个生存和复兴的机会。这一点需要更进一步的详细阐述，来说明英国福音化的边缘与美国福音化文化之间特殊的关系。

在欧洲大陆，社会中央堡垒压制地区和边缘，并且经常将其控制。当边缘地带通过强化版的民族宗教，建立一个成功的文化防御，就如，斯洛伐克、布列塔尼、弗兰德斯和巴斯克（Basques）的激进天主教，或者在卑尔根（Bergen）及其内地的强化了的路德宗。在英国，社会核心领域可选择性的存在和主要宗教建制的相关弱点使得边缘地带和地区采用了一个不同的更具福音化视野的清教主义。轰轰烈烈的、具有参与性并且富有平等性的信仰在英国区域性文化中自己建立起来——阿尔斯特、马恩、康沃尔、苏格兰、威尔士——还与这些地区更具平等主义的社会风气共同延展。有时这个信仰是加尔文主义的或者是循道会的，或者甚至两者并有，但是不管怎样，在英格兰，它在形式上从广义来说具福音性，也确实比宗教体制更受欢迎。天主教文化也被包括在这些顽固的"边缘"中，首先是在（"南边"）爱尔兰，也于一个相当长的时期存在于苏格兰一部分的高地和岛屿。这些天主教边缘给美国和澳大利亚居民的迁出加上了一个非英式的砝码，但是这一砝码只在 19 世纪中叶及之后有效。

不考虑宗教异议者从英格兰到美国的第一批流出，英国岛屿的边缘向移出移民贡献的人口比例大于英格兰核心文化的贡献，一部分因为经济，一部分因为政治，一部分因为宗教。他们以非同寻常的大迁移分散到全世界，并立足于澳大利亚、加拿大、新西兰、智利南部、巴塔哥尼亚、斯堪的纳维亚——并且据说也落脚于美国。班格尔、巴拉特、卡尔加里、亚伯丁和但尼丁也诉说同样的故事。这些移民促使英国国教在"老"英联邦的澳大利亚、加拿大和新西兰只成为其在英国主导地位的一个影子，在美国如果有一定影响力，也算不上精英阶层。当然，这些政治宗教以及经济的联盟并没有被认为是决定性的，却是盘根错节地、纠缠不清地、相互制约地联系着。然而，它们的确为从英格兰到威尔士、阿尔斯特和苏格兰再到加拿大、澳大利亚和新西兰——以及美国这些边缘的从等级制度到平等的过渡增加了一个重要的因素。它们也与这一进程的其他影响一起使天平向平等主义一边倾斜。

他们主要在英国本岛和英属北美历史中一个特别的节点成就了这事。

18世纪大量人移民至后来的殖民地，特别是从新教"异议中"的阿尔斯特，并且与美国复兴和美国反叛紧密叠加。在英语世界的一场不仅分化了殖民地内部，并且也分化了英国自身的内战中，这一苏格兰—爱尔兰因素更多加权于爱国者而非保皇派。[7]

从那之后，自由成长的福音化信仰破坏遗留在美国的不坚固的建制。甚至对具有英国背景的人们，循道主义为保持英国血统的安立甘主义提供了另一选择。福音化信仰浩浩荡荡挺进，最终在南部建立了其主要的防守阵地：美国广阔的"边缘"。但是在美国，如前所述，如果真有一个中心可言的话，边缘地区的广大足够与中心抗衡。从伟大的南方阵地，许多第一批清教徒宣教士和移民迁移至南美，其中很多具有苏格兰血统。并且今天，很多最有力的从"盎格鲁"到拉美的脉动源于南方，源于得克萨斯州。这样我们拥有了一个从边缘到边缘的信仰运动。

在当代的情境下，许多纵横交错的影响交织在一起，使得从边缘到边缘的假设运动几乎难以辨识。事实上，如上所述，这一整部分的论述即使被删去，也不会对中心论述产生严重的损害。

留在论述中心的是那赋予美国最初方向、风格和色调的宗教已经浩浩荡荡地跨过了格兰德河。它已经将自我建设成为一个自治的文化再生中心，并且拓展以改变数以千万的拉美穷人的精神和社会环境。**所以，它混合了信仰忠诚者与极端世俗主义者的拉丁式的对抗方式，以宗教大部分只在文化中运作的北美方式在核心建制中斗争**。这一重要混合的存在会马上在后面的论述部分从另一个角度重申。我将通过表述这种混血方式来加强论述，从另一个角度来说，也借由这一论述，完成一个只在我的《世俗化通论》（*A General Theory of Secularization*）中暗示到的分析延展。

拉美宗教的美国化？

在合理提出这个问题之前，我们有必要概括并且回顾整个社会全貌。在拉美，宗教和社会在国家和当地社区都如经纬线一样被编织在一起，所以长达三个世纪，这块大陆并不受外界宗教影响。现在正在发生的是始于70年前至140年前一个分化过程的加速。同样的进程于大概四个世纪之前发生在大西洋两岸的英国文化中，并且它由自由社会空间中相对易受影响的阶层来推进。在今天的拉美，它通过很快的速度和相当的动力来推进。

用社会学专业语言来说，拉美社会正在经历着早已在"盎格鲁"社会中以较慢速度发生的分化。虽然，当然英国和美国提供了改革领袖的模式，这个进程本可因早期英国的影响和晚些美国的影响，也因其权力和拉美在它们文化辐射领域范围内所带来的进步而独立发生。

然而，在分化过程中自由空间的开放一直是一个问题。在南欧天主教（或者拉丁）社会中，天主教独霸的本性拒斥分化，并且趋向于催生敌对的世俗垄断。这些垄断有一些是由激进解放主义者推崇的，有一些是共产主义者所推动的。这些垄断在综合性方面与天主教垄断相似，并且在1786年至1960年一场新旧垄断之间的战争一直存在。甚至在北欧综合性国家教会还引致了世俗结构和流行意识形态的集权化。就其而言，斯堪的纳维亚的社会民主已经影响广泛。当然，英国拥有宗教志愿性和接纳自由空间的悠久传统，但是国教教会依然保持其位置，并且随后的传媒和教育结构，就如BBC，也仿照了国教的综合性。

在欧洲，历史上宗教垄断强的地方，就会有综合重整性的运动，特别是在有张力的时候，一些左翼，一些右翼，一些用暴力反对宗教，一些包容宗教。总而言之，最具南部拉丁欧洲（Latin Europe）特性的模式在拉美，特别是在激进世俗主义运动、激进民粹主义运动和教权法西斯主义运动中被复制。英国和美国免遭这些运动，但是也并非完全如此，特别是在20世纪30年代。[8]

这样，自由空间的出现绝非分化和古老的国教垄断瓦解不可避免的结果。否则，一些重新整合的形式则在世俗意识形态或者其他社会全面的保护下，很可能受到旧有宗教垄断和新的霸权企图之间斗争的牵制。然而，在宗教志愿性牢固、垄断和中央权力中两者一方或全部都广泛被瓦解的地方，这些重新整合和斗争并没有发生。事实上，志愿性福音派基督教的广泛拓展和这样的重新整合斗争互不相容。欧洲大陆和拉美对这种基督教无动于衷，而北大西洋的盎格鲁文化也依然不受这些重新整合和斗争影响。一个自由的志愿性福音化新教主义是自由社会空间的产物和缔造者。

如果这个分析成立，那么当今发生在拉美的，进而引入的那个烦琐、令人伤脑筋的美国化的问题才有可能被重提。正如在拉丁欧洲一样，激进世俗主义与天主教之间螺旋循环式的排斥从未停止，但是这种排斥的松懈通常发生在一个较短时期的斗争之后。只有一两个很小的国家——比如乌拉圭——在国家保护下的极端世俗主义获得控制权。很多国家，首当其冲的可能应是巴西，教会被激进政府削弱（并且/或者经历长期的共存），但是其文化从未被世俗化。无论教会被削弱到何等程度，宗教观念是普遍存在的。事实上，巴西文化对"通灵主义"保持着一个完美并且独立的环境。

现在，就在这个节点，拉美社会被暴露在处于世界优势地位最高点的美国的经济实力和文化影响之下。这个文化影响包括对其源发地处于中心和在美国被延续的志愿型的福音化信仰。这意味着一度互相排斥的两种世俗化方式交叉孕育了一种全新的模式。在欧洲，英国西北部模式和西班牙西南部模式保持着相互的区别；而在美洲它们混合在了一起。这一汇合点出人意料地具有戏剧性和革命性。在北美和南美接触的早期，福音派信仰看起来就像与各种政治、宗教及反天主教运动一起的一个微小的组成部分。和共济会纲领、实证主义和"思想的学会"比较起来，它只承担了一个微小的角色。并且总体而言，看起来拉美与欧洲大陆一样，对于福音派的浸入，应该是无动于衷的。[9]但是事实并非如此。**随着拉美神圣帷幕的断裂和教权体系的分崩离析，福音派基督教涌入，并因为自由自主的本土化权力开拓了自由的社会空间。**

也许这个在研究之中的进程可以用更简单的方式重述。假定一个"先进"的社会宗教系统的存在，如在美国发生的那样，代表一种极端的关联分离的状态。拉美的相近文明与美国文明强有力地联系在一起，并且当此联系瓦解时，拉美的文明就被大力地震撼。从美国传来的那场危机的原因及后果正是与"盎格鲁"文明从起初就捆绑在一起有力的、却支离破碎的、有竞争性的宗教虔诚。它将进入那些开放的空间，同时扩大它们，并且在它们内部作为极有力的竞争者运作。因其是与信仰无关的形式，它不能在统一的新教形式中重新形成老式的垄断，但是可以在文化的层面独自发扬光大。

然而，在旧有垄断体系中的震撼太强烈，以至于它试图在世俗化激进主义的保护下恢复联盟，如在乌拉圭长期所做的那样；或者，就如更常见的，在官僚军事专政的保护下恢复。或者两者都尝试，包括两者一起进行。前者抗拒福音派的浸入；而后者，因其只在文化层面独立开始变革，并且寻求避免卷入政治暴力极性中，所以可以容忍福音派的宗教。这样，在极端分离的系统中出现的一个信仰会发现自己成为一个重新联结的系统中一根沉默的柱石，特别是因为那些激进的源头。无论如何，其持续或者暂时的政治角色与其文化逻辑完全相反，且也正是此逻辑长期的运作方式。随着论述的深入，此逻辑会被详细说明。

从刚才列举的内容中可见，美国的影响显然是巨大的。事实上，因为美国宗教与生俱来的分裂和互不关联都意味着自治，所以其影响力成为本地赋权的前提。但是宗教方面的影响只是一个更广的关于经济、政治和文化影响的一个方面。宗教的传播发展跟随着经济发展的迁移，有时宗教传播略先于经济，而有时相反；有时互相合作协进，偶有对立。这两种迁移有一种家族式的相似性：经济、政治假设可能相似。想法、典范、语言、方式、诀窍、交流方式和自我表述的相似是确定无疑的。然而，这一从北向南的流向没有一点儿依赖于特定的宗教桥梁，虽然宗教性桥梁的确提供了一定的加强。这一加强的标志和代表就是在林荫道一端的美式超市和另一端的美式教堂。

意识到美国化并不仅限于福音派基督教的拓展非常重要。天主教神恩主义毕竟是从北美开始的。而拉美教会的圣职通常也部分来自于国外，并且很多的解放主义理论的支持者也来自于美国。在福音派中所发现的具有商业风格的宣传和组织模式也在天主教教会中被使用。拉美的天主教形成了一个活跃的委身成员制度，并且使用所有可以使用的交流方式参与到宗教竞争之中。这些一部分进程发生于南美自治发展中，但它们都由从美国进入的文化迁移加速和加强。你可以参加里约的弥撒，并发现自己所唱的奉献诗却是《共和国战歌》的曲调！

所以，总体来说，作为进入拉美的宗教迁移之一，美国化反映了美国文化的力量。当民族主义者意见的喉舌很自然地且是可以理解地猛烈抨击这一点时，成百万天真的民众就只想在无论是什么的美国力量中分得一羹。这样使得力量的转移显得太过直接，没有中介，但毫无疑问的是，在福音性进入的背后有着权力的影子。从广义上来理解，对一个更好生活的盼望，如道德标准、经济繁荣、个人尊严和身心健康之类，都附带有某种美国印记，即使人们同时意识到美国在道德上也是混乱的。一些评论家将美国化的主题深入，并且发现福音派真正从外在的外表穿着和内在的性情方面都将拉丁人变成盎格鲁人。如果这对于某个群体是真实的话，那么摩门教当之无愧。

美国宗教的拉美化？

透过福音化信仰实现的北美化没有精确的办法来量度，但是强调与此相反的进程却具重要意义：新教的拉美化。在历史中，新教缺乏并依然缺乏的就是"本土化"的能力。首次重要的"文化融入"事件发生于20世纪初智利产生循道会五旬节教会的复兴之中。这一直是几个世纪从对中国礼仪之争开始，有先见之明的宣教士竭力寻求的难以描述的目标，但是为此所付出的代价却很难解释，至少在欧洲和北美基督徒的理解中是这样的。整个五旬节运动的自治是其拉美文化浸入的一部分，也是其由那些大致受教育程度如同使徒一样的人群成功宣传的一部分。专制领导和部分施惠网络的遗留是拉美背景中成为"主流"运动的另一面。如果说五旬节运动复制了专制领袖力和大庄园家长制的一些特质，那就是说五旬节运动亲近社会草根阶层。这并不古怪。事实上，正是因为五旬节运动从前不能逾越文化障碍，融入当地文化，才给天主教优势，或者像在非洲那样建立独立的本地教会。在所有宗教转变和变革中都有各地本地化的外在影响和本地适应。如果本地适应不够彻底，那么转变就会缓慢，然而我们不得不说，这样建立的小社团最终能够存留并且因其独特性被认知。

在五旬节运动中，外部影响和激进本地适应的有力联合与另一个力量来源特质有关：极古老与极现代的合一。例如，它将在黑非洲，事实上几乎各地的通灵术古老的元素与现代灵体合一的理念杂糅。它将根植于基层中对疾病古老的理解与社区医学的现代概念放在一起。它结合了团结的古老层面和由教会倍增专家所推荐的扩展的组织原则。而五旬节运动对故事、手势和演说的偏好同时归属于前文明和后文明社会。五旬节运动保持在祭典中的参与性，并将其与一个当代属灵版本的团体结合。

关键路径

福音派宗教究竟借用什么渠道最容易进入拉美文化？过去，如已经强调的，它以众多反天主教因素之中微小的配角进入，其福利事业和教育事业最能施展其影响力。只要在天主教教会已经由于国家控制或政府敌视而削弱的地方，在人口流动性大或者人们已经获得一点点儿经济和社会独立的地方，福音派教会的道路都会容易些。

现在，当然，渠道数量增加，并且它们广泛地承载了更大数量的人们。新教一方面获得那些在生存空隙中，被市场经济的进步和当地领袖的掠夺所威胁的人的关注并依附他们；另一方面，可能在需要联系在一起的独立小生产者和定意维护自己的人，特别是拉迪诺中产（Ladino middle-man）中获得基础。在所有地方，它都提供了一个可能包括各种服务的相互支持的网络：女性互动团体、技能培训团体、资讯团体、有效联络团体、开创经济合作、兄弟情谊、当主人不在家时可以在家务上互助的可靠朋友群、而另一些则是在外出的地方为你提供"第二个家"的朋友群。新信徒通常都是那些在他们惯常角色中不自在的，并且已经开始转移进入更广阔的天地的人。他们在新教主义中看到一个在其中可以承担的积极并且独立的角色的新环境。对于这样的人，它为进一步的活动提供了一个直升梯，为他们蓄势待发的抱负提供了一个相应的信仰。

福音拓展的一个主要渠道是被天主教忽略或承受太多压制的少数民族族裔群体。这些族群和部落较小，主要生存于较偏远的森林和山地地区。对于他们来说，福音化是对更广阔世界，包括更广阔民族社团的，具有危险性的引入。福音打开了这些群体，并且经常为抵御现代更具腐蚀性的影响和内部殖民主义提供了一些温和的保护。视情境的不同，宣教事工可能会引致文化语言的复兴或者破碎瓦解。有时，牧师和当地的有识之士成为文化抵御的领袖和政治中间人。无论他们最初的接触是通过宣教士还是贸易者和探矿者，这些小群体都理所当然会被带入现代传媒的范围和影响中。他们不会永远处于孤立隔离中，仅因为人类学的研究论文需要他们。

提及较大一些的少数族裔群体，他们对新教主义的开放程度在于当时天主教对他们覆盖和影响的深度，在于人们所观察到的牧师提供个人关怀真实性和融入当地的持续性程度。它也取决于天主教与偏远的异族统治者之间联盟的程度，就像在秘鲁，或者甚至天主教与大规模压制之间关系的程度。一旦这样的疏远存在，整个部落或村庄可能会集体决定接受一个非天主教的信仰。他们选择自己重构一个新社会，并且根据全面的再定位，他们可能会开办医院、学校或其他公共设施。

至今为止，福音派新教主义最大的渠道是从乡村或庄园大规模移居到超大型城市的人们。现在拉美出现的这个新社会与迁移有关，并且传福音的人构筑了一个**迁移**。福音派基督教是一个伴随着人身体的戏剧化迁移的信仰流动。为了承载这个迁移,人们变得"独立",完全不是通过建立适度的保证,而是相反:失去了所有与之的联系,无论家庭的、公共的或是教会的。特别五旬节运动不是在绝望,而是在希望和参与的气氛中重构这些联系。它提供了一个新的细胞取代疤痕累累坏死的组织。它尤其更新了家庭最里面的细胞,保护女性远离遭男性遗弃和暴力的伤害。一个新的信仰能够移植新的原则,重新安排优先秩序,反击腐败和破坏性的大男子主义,并且扭转外界冷漠、不公的层级制度。在全封闭的信仰保护之中,一种兄弟之情会在稳定的领导之下被建立起来。这种兄弟情谊提供个人释放、亲密温暖和为新角色做准备的锻炼。

这样,成百万的人被吸收进这个具有保护性的社会胶囊之中来。他们在这里获得关于自我的全新理念和资源自发组织的新模式。即使最终他们离开了这个胶囊,他们依然带有这些可能性,这些理念和这些模式的印记。这样,这个文化模板通过人经由一个不同的社会——同时也经过由天主教会自己强加的另一个社会不断地调整。**影响不仅仅由 X 所做构成,也包括 X 迫使 Y 所行的。**

福音派基督教在拉美广大城市群的主要特征就是自治。人们自己设计出他们自己的社会世界。并且随着这些世界在数目上的扩展,他们获得了一种潜在的力量。这一力量在他们大型的公众聚集中被显明出来。不断增加的互相联系着的小教堂代表着从刚构建的社会出走。福音派信徒就是一个已经象征性地否认之前从纵向和横向坚固其位置的一切。它不可能推翻实际的架构,而且无论如何都委身于非暴力,但它可以从其包罗万象的说法的教会的代表——天主教移出。这甚至发生于天主教自己实际上也涉及的一个平行的迁移的同时。因其赞同充满热情的盛宴和福音化兄弟之情的团结,它会拒绝圣节和神父。五旬节运动是它自己的圣节。

这样社会定位的根本性转变引发了一个很敌对灵媒的控告。例如,在乡村,新信者慢慢感到旧的治疗方法不太有效,并且传统的非基督教的法事污秽肮脏。他(她)对新生活的实践意味着喝纯净的"活水"。在城市里,新信者通过划定界限和接受一些将自己视为处于新的不同的纪律下的人的肉眼可见的标记,来保护自己新的取向。并且如果他不想被当作假冒伪善者开除,他必须在信徒和他的同伴中被视为遵守纪律的人。

这一负面的控告连同与社会的分离和一个排除对方,以牙还牙的反控告同时出现。福音派基督教初到一指定地区时,通常被以暴力、驱逐或者工作职位的开除回应。新旧两个系统互相排斥，并且加固它们的界限，尽管这种排斥力会随时间减弱。（事实上，天主教松懈的态度造成了信徒改教成为新教信徒）

在这些条件下，福音派群体，特别是五旬节运动的群体，将其改革限于群体内部，也就不足以让人惊奇了。在行为上彻底的改变和外界一直保有的等级和优越感的扭转只能在一个被保护的环境内达成。无论如何，没有关于社会的全球性理论的人不能简单地从他们自身情况推断出错综复杂的事物、各样的妥协以及持续的扭曲和政治行为的转向。这并不是说他们没有发现这一系统的堕落，他们政治领袖的低劣。相反，特别在拉美的情况下，他们都太深刻地认识到政治领域深度抗拒道德教化。无论如何，由福音派基督教所代表的这种志愿型的组织与天主教教会和天主教无力将那些成为**整个**社会**特定**条件的规范传播形成对比。这类组织的优先中心就是道德、团结的恢复与希望的重启。

这就是福音派教会，或者至少大多数福音派教会与罗马天主教基础教区根本的不同。这些基础教区是平信徒化的，在形式和风格上也"新教化"，并且也相似地关注道德连接的恢复，但是它们与一个依旧占据着知识资源，声称具有社会宽恕性，并且宣传着管理整个社会的规范的明显具有等级制度的教会连接。天主教会依然为着政治领域调节自己，而这在拉美既是优点又是弱点。优势体现于天主教道德理念的普遍性范围；弱势来自于涉及的大众原罪（massa perditionis）的遗留及其有时涉及的实践中的遗留，而那是污秽的。

以上已经讨论了福音派团体通过他们以之为特征并示范的"文化逻辑"对社会的影响。那么这个逻辑如何运作？以模式、形象、个人理念和组织理念的方式蕴藏在宗教中的新的潜力如何（可能）在之后进入社会主流？

文化逻辑的和平运作

最初的基督教自己独自在文化的层面以一个运动的方式兴起，并且在这个方面，就像在其他方面中的那样，福音派基督教代表着一个对起初条件的回归。当代拉美的福音派已经走出了现有的结构，并且在文化间隙中发展出一个尝试性的胶囊或是细胞。在这儿，他可能在兄弟之情的支持下重新改造自我，并且大声表达他的挫折和希望。

这个新细胞只能以和平性生存并保持其质朴的本性。和平性关乎本质，拉美的贫穷人可能可以充分感受到至今为止政治的狂热只是加增他们的痛苦。拉美已经具有一种暴力螺旋。只要任何群体进行身体上的攻击，它就将引发对方对抗性的同等（或者更多）的攻击。除了直接灭绝的危险，攻击和反攻击的螺旋会扭曲甚至彻底改变这个新细胞所承载的信息。例如在基督教早期，在修道院中，在激进变革的派别中，和平性确保在这个细胞内部激进的编码被完整保存。对和平性的坚持，加上保护性的社会策略，如与这个群体最大程度的联盟，及与其外界最低程度的连接，保护了信息的存留。那就是为什么修道院将自己培育为偏远而又秘密的"主的园子"；为什么激进的派别将自己视为以特定目的与其他人分别出来的独特的人。没有这样的"独特性"，就没有任何意识层面严肃的校正可以成功。

在五旬节运动或福音派细胞中活跃起来的意识层面的校正非常彻底，因为它取消了中介。所有大规模社会组织，宗教的或者政治的，都建基于等级制度和中介，而平信徒的，并且没有交流调停的渠道的确立是所有社会秩序的一个具有革命性的反转。然而，这个反转自身需要一个严格的原则和清晰的领导力，如牧师所提供的领导力。羊群只有在有牧者、羊栏和安全羊圈的情况下，才可能被安全地牧放。

所以羊圈和牧者建构了所有真正意义上的意识和社会实践修正具有吊诡性的先决条件。大多数造就现代世界的变革模型都是以这样的方式运作的。女性在修道院中可以行使权威，或者在此宗派中能够有做先知讲道的权力。和平性在修道院弟兄之情中，在贵格会和门诺会中被养育。饮食变革在瑞典神秘主义斯韦登伯格派（Swedenborgians）和基督复临安息日会中兴起。对肉体惩戒的拒绝和对教育改革的现代方案的设计来源于波西米亚弟兄会（Bohemian Brethren）。早期的循道会建立并鼓励分享共同经验的机制。宗教性分组在意识形态领域建筑了成熟的平台，并且在封闭被保护的环境中验证了它们的可行性。它们发出关于可能会发生的事情的信号，然后社会大众及时接收。发送的最有力的信号就是那些建立了兄弟情义，废除了中介，并且显明了社会世界可以不仅仅因血缘、姻亲而联系，也可以由于灵里亲密关系志愿建立的信号。这些正好是五旬节运动典型形象所释放的信号：在后的将要在前；瘸子行走；神经错乱者恢复正常理智——还有哑巴唱歌或者发现他们的"方言"。

当然，如果文化是结构中无效的产物，那么所有这些意识形态的修正和实践的创新都是永远不能被接收和翻译的信号。然而，反之可能是真实的。在象征性的反转中新世界和世俗化的引入最后扩散至所有人。隐藏的被显明，宗教开拓的有限的自由空间忽然被扩大，就像在马丁·路德·金所领导的民权运动中一样。在宗教氛围中自我意识的变化，或者公共讲演和组织中的技能有可能转移到任何其他的领域。它们可以转移到所有运动中，或者有选择性地被个人承载。它们潜力无限。

天主教教义和天主教回应

天主教教会的情况怎样呢？首先，应该说一说上溯至中世纪在大多数拉美国家保存下来的天主教教义。正如之前已经多次强调的那样，所有文化在天主教教义中依然处于襁褓之中，天主教教会自身或者由于完全的政府控制而被掏空，或者被从政治实体中无情驱逐，都是完全可能的。所以，曾一度标示清晰的天主教教义成为社会实践和形式的用武之地。天主教信仰的很多中心堡垒，如神职独身主义，依然显得远古和不明智。在一些地区，甚至圣餐都被废止。

这样的天主教教义摇摇欲坠，无法形成一致的策略来处理本地层面以上的问题。相反，本地教会神职职员，他们中的一些，更关心自己的职务，而非在主里的献身，与邻近的政治和社会精英一起参与到特定的策划中。他们向刚建构起来的社会提供特定的"服务"，并且不得不回应它的各样压力。简而言之，天主教教义已经被混合，它是被动的，严格说来，它是"反对改革的"。天主教会花了大概整整一个世纪重新振作、重整、计划并且孕育出关于罗马教导或者事实上关于基督教基础文献的更有效的参考。这样，从一个角度来说，五旬节运动和福音派基督教的出现大致代表了基督教的一个首次进入。这个基督教被世人看为一个基于圣经、适于个人、同时由一个各不相同却委身教会的信徒群体来传扬的信仰。当天主教观察者提及这一属灵吸尘器时，同时坦率地承认这一点：它再次使用了快速社会变革的强大压力下的外在形式，并开启了本地化实践瓦解的序幕。

已故的伊凡·瓦利尔（Ivan Vallier）对此本地层面的意义作了非常恰

当的描述。当人们走到教会时，不仅天国的等级被显明，而且社会的等级也在展示。"那些在同一个教堂规律参加敬拜的人并没有建立起一个团结的会众，但是一个各种差异的任意混合却大多数时间相邻并存。"[10]他接着指出，没有必要建立一个活力四射、热情洋溢的平信徒群体，因为所有人都是在一个且同一个宗教世界被裸抱怀揣的婴孩。这当然正是18世纪时英格兰的情景，也是代替250年前循道会和英格兰教会的五旬节运动和天主教的现状。现今的五旬节运动所带来的是委身的平信徒团体。他们积极地进入而非消极存在，并且享受着建基于社会亲密性上的一种团结。

当然，天主教教义对社会变革的挑战和运动的向心性作出了各种各样的回应。它自己试图掀起一场运动，尤其通过众所周知的公教进行会（Catholic Action）这个庞大的组织。从某种程度来说，公教进行会这个组织很能反映教会作为一个独特团体的复苏，因其被浇筑于意大利或罗马模式中，较广泛地代表了天主教贫民区和"天主教阵线"的战斗性。不过，公教进行会也有一些有趣的地方。因其以教会与社会结构分离这个广泛过程中的一部分出现，它会相反趋向世俗精英的利益，而这些人只会将教会作为他们自身利益和行事方式的一个产物。公教进行会将自我觉醒的天主教与现存阶层中的仪式系统分离开。[11]所以只要其渴望获得支配权，它在组织形式上就是分开的。事实上，在此范围内，它具有平信徒性质，并依靠特定的委身，是新教原型。但除此之外，它可以向一个激进的方向发展，并诞生出具革命性的天主教青年的令人烦恼的兄弟会。

解放神学代表了一个新教宗派主义者主题与其政治及教会激进主义的延展。重点就在于，通过公教进行会和解放神学，天主教教义被带入了新教主义现存要素中。在天主教教会墙外所正在形成的也生长于墙内：一个并行的发展。然而，留在墙内的具有其天主教遗传的印记，特别是教会向整个社会颁布规范并作为道德导师的想法。它以一种独具天主教特点的方式适应政治现实，并且因此，准备提供圣经的政治版本的解释，尤其是旧约部分，同时也重新调整正义战争的教条来支持暴力革命。

解放神学，因此是五旬节运动一个主要的竞争者。处于那样的角色，它可能受到温和的欢迎。即使等级制度中谨慎的成员也会欢迎，无论他们有多么警惕于其对传统天主教组织的态度和对政治承担的主导地位。事实上，他们的偏见预示了遥远未来两者的分道扬镳。

然而，解放神学并不像预想的那样，成功地成为一个竞争者，甚至有人将它的存在看为福音拓展的间接帮助。原因就在于其无论怎样被成百上千的贫苦人所接纳而成为"贫苦人的一个选择",对此选择最富表现力的系统的阐述者依然是诸如里昂纳多·博夫之类受人欢迎的和红衣主教之类的激进的知识分子。无论"解放神学"的领袖们有多么的完美、亲切,他们通常不属于"人民大众"的范畴。解放神学常带有明确的中产阶级和激进知识分子的色彩。这与"贫穷者"本土化的需要是不一致的。它申称自己是拉美的,但是事实上至少和五旬节运动一样来自"外国",甚至更甚,还带有发言人——是的,男性代言人——是神学演讲者国际巡回的一部分。这意味着,五旬节运动的语言"独特",并且其许多实践开始时没有吸引力,但相较而言解放神学的语言更难以理解。除此之外,它承诺将贫苦人带出为生存的挣扎,却将他们带入他们不愿再承受的更大、更血腥的斗争之中。

当然,还有天主教教义内部的另一个回应。它具有新教原型要素,与五旬节运动竞争。它就是神恩运动。[12]天主教神恩运动与福音派灵恩运动不在同一个范围,包括最多四五百万人。但是它是一个重要的力量,从博弈中获得其部分推动力。它给人以温情和团结,将这个家庭用强烈的感情纽带联系在一起,建构一个道德密度。天主教神恩主义经常与梵蒂冈第二次大公会议所提倡地反映于基督教基础文件上的更新相联系。它们(这些更新)关注补充或者甚至取代对教权完全信任的忠诚度。虽然有时它们会被解放神学和对于道德问题的解放主义态度而影响,它们也复兴了传统信条的一些方面。它们很像避免正面政治对峙的新教灵恩运动。

当然,从一个方面来说,天主教神恩运动的存在简单地被认为是无处不在的(hic et ubigue)灵界国度开始的另一个例证。但从另一个狭义一点,稍微不负责任的角度,它是天主教方面对自身问题的回应。这些当中主要的是在传统天主徒思想中所产生的迷惘。他们因为一种表面看起来就是五旬节运动的天主教而困惑,结果是天主徒们开始参加这样的正好适合他们偏好的本地教会,并且因此进一步破坏了与本地的联系。从两个方面,天主教神恩主义者与他们的五旬节运动兄弟完全不同。他们首先是接纳性强的。这意味着,如果你走出旧世界,跺掉那个系统所带的尘土,天主教神恩主义就将你紧密地、平和地与其联系在一起。第二,他们也(有可能)从他们的社会起源来说相对是中产阶级。至少在他们的发源地,他们大多数主导性的起源地美国是这样的。拉美的迹象较少。[13]托马斯·柯达斯（Thomas Chordas）在其简短的研究中，推断它"包括中产阶层和贫困人口"并且暗示非常贫困的人紧跟随着中产阶层而来。

刚才关于罗马天主教会的论述集中于在新宗教性可选择渠道博弈的部分：那些在天主教教会内部和外部的渠道。这种博弈竞争现在流行于拉美，包括持续的借用和创造。特别值得说明的是，参与的方式，流行音乐的种类都被不断地借用来增加其竞争优势。宗教联盟的形式被提出以便在面对与这个城市有传统联系的宗教实践的腐蚀中站立得稳。而这不在此竞争之中。

但是在关于金钱，人员和宣传的方面有更大的竞争。天主教教会和新教教会很少在进行宣传、管理资源、差派人员和为他们在信仰市场的比重方面被作为竞争对手来研究。当这样的问题被提出时，特别天主教教会并不透明，我们对最终受制于梵蒂冈的权力网路和影响知之甚少。鲁道夫·德拉·卡瓦（Ralph Della Cava）做的正是这方面的研究，但是我们需要花一些时间来完全理解竞争如何进行，有多广阔的资源，包括金融方面的。[14]据说，例如，德国统治阶层很深地介入到拉美中右翼观点宣传的资助中。但解放神学主义者也通过，或者像偏左翼的耶稣会成员（Jesuits），或者像偏右翼的天主事工会（Opus Dei）的决议，配置了同等可观的资源。

就现在研究关注到的，各种各样的福音团体安排了很多的资源。有一些被用于社会福利，如在危地马拉大地震之后的那样；还有一些被用于宣传，特别通过大众媒体。有很多观察者，特别在天主教民族主义者中，将宣传联系到美国电子教会的政治立场上，并将其他的连接追溯至华盛顿保守的智囊团，如美国传统基金会（American Heritage Foundation）[15]。事实上，整个战场都充满了宣传，而且调研者无论站在哪一个位置，都不可避免地被交叉火力所擒获。也许在其中另有社会地震的迹象，在两个世界文明的板块一个叠加于另一个上以上。

拉美当代福音主义主要的资源就是人。由大不列颠主导的研究显示，甚至相当小的福音团体，也产生了令人惊讶的数量众多的委身的工人投入福音事工中。[16]当然，传教士们源源不断地被从美国派出。然而，真正主要的因素是拉美本地教会自己教导委身的能力，以致每一个平信徒都在传扬福音信息，特别通过与朋友和亲戚的亲密的个人接触。拉美福音派新教主义具竞争性的优势来自于一帮积极的平信徒，他们随着个人联系和家庭接触的链条劝服他人归信耶稣，并且与一个数量巨大的建基于沟通能力和短期神学培训的牧师团一起工作。这就是福音派和五旬节运动基督教保持与平常人联系的方式。

对于一些更有组织性的福音派基督教，与天主教主义和世俗主义的竞争伴随着组织的和数据的精密。在天主教一方是教会官僚和神父社会学家，但在新教一方则是教会事务执行、教会倍增专家、媒体大亨和统计学家。虽然从终极意义上来说依靠圣灵，但在其间也强调长短期的计划和信息修正。这样的计划可以覆盖多广，能够从一些如彼得·魏格纳（Peter Wagner）和大卫·巴雷特（David Barrett）的宏大著作中看到。[17] 这个过程中建立的数据库提供了福音事工和为人类转变作出贡献的实用原始社会学的第一手资料。正如在早期历史的那样，福音主义主要的分支都与现代科技和知识的应用相联系。然而，这一切如果离开前面所提及的本土化过程将毫无效用。

世俗化和全球视野

在拉美的变化现在扩展到东太平洋沿岸和非洲。这一扩展令人吃惊、出乎意料，并且明显是更广阔的全球变革的一部分。这些全球变革的首要变革就是在犹太教、伊斯兰教和基督教中全世界范围内的宗教保守主义的发展。一度被认为自动倾向解放主义的天平现在正倾向另一边。

伊斯兰教和犹太教并行发展所预示的内容也很具争议性。一些人将其看为对外界压力的回应和害怕的一种反射，最终导致一种恢复"机制性团结"的尝试。另一些人将其看为，至少在伊斯兰教中，保守框架下所施行的现代化和彻底的动员。天主教也试图在19世纪中期建立一个激进的精神堡垒，并且其被运用于被压迫民族的斗争中最接近于成功。这一事实也具有重要意义。也许，因为伊斯兰教在早前的分裂和在从阿尔及利亚到马来半岛社会的民族斗争中获取了教训，伊斯兰教得到了好机会加固其"堡垒"。

无论对于像天主教和伊斯兰教的多元宗教垄断，还是像以色列正统犹太教那样单独的、脆弱的"垄断"，福音派的成功都更依赖于相反的过程，建基于垄断的打破和宗教影响只在于文化领域的限制。这具有绝对重要性：无论这三个垄断性信仰的保守派表面上有怎样的相似性，拉美的发展与在中东的发展完全相反。福音派宗教代表社会区划的一种成熟形式，并且能在迄今垄断体系瓦解时运作最佳。一旦垄断者开始瓦解，并失去与社会核心结构的联系，福音派基督教就能够在文化的范围内进入博弈。它可以代替过去团结的本地区域单位，将它们以积极、活动和志愿的方式重组。这样它反混乱，并且重新恢复了道德密度。虽然它为一些受压抑的少数族裔建立了可广泛共享的精神风气，但其不会成为一个可被替代的建制教会。当然，这个在文化范围内的戏剧化的限制是世俗化的一方面，但是，如前面所指出的，这是否意味着宗教影响能进入社会范畴还取决于文化是否被认为是无力的、具有依赖性的。如果文化被认为没有重要的影响，则宗教不是被恢复，而是被边缘化，会被排除在外，只成为一个与其他休闲活动一样的活动。

世俗化理论解释了宗教，特别是基督教，怎样放弃（并且/或者被剥夺）其在权力中心构建中的位置。它不再作为机制性团结的关键基石，并且摆脱将其与精英阶层利益相连，不再作为特定党派附属品的向心力。世俗化理论也具体阐述了一个补充性的过程。借此，国家在之前宗教控制的教育和社会福利方面接手并建立各样的组织和职能。这个全权国家的进步是与在国家行为延展的相关职业的发展，以及将宗教贡献排除于社会有效运作之外的意识形态宣扬联系在一起的。如拜恩·威尔逊（Byan Wilson）曾经论述的，一个官方合理的调节可以排挤掉一度由信仰团体引发的道德密度、良心敏感度和委身承诺。[18]

接下来的问题就是这一进程是否是偶然的，根据具体情况，尤其在欧洲那样的情况，或者是社会发展一个不可避免的部分。[19]如果后者是事实，那么一个意义的既定评估和该现象的未来显然应在本书的后面进行讨论。然而显然，志愿宗教性的短暂全盛期出现在工业化和/或者城市化的一个阶段。正如循道会只在英国的一个时期盛行，而五旬节运动在现在的拉美很流行。哈勒维提出的论述应用在他们的身上，他们就如一个故事中同时发生的两个场景。而这两个场景则会在它们冷静地接触到理性主义和全权的国家时终结。

当然，事实也许如此。但是另有一种观点，认为欧洲的情况是偶然发生的，并且不能够提供一个所有其他社会都适时可行的普遍范例。根据这种观点，如欧洲那样的建制和宗教垄断的影响抑制了宗教对于社会变革，特别是在工业化城市的适应性。然而，北美的范例似乎说明，一旦宗教不再关乎特定人与精英阶层和国家的关系时,就可以成功地适应一个变化的世界。用这个表达最适切:它变得受人欢迎。[20]事实上,它展示了自己无限的创造性,并且真正成功地减少社会的失范(the anomie),在超大型城市对抗各样混乱。

在北美显示出来的创造性现在被移植到了拉美,并且产生于欧洲的螺旋循环因此减缓或者暂停,甚至可能被逆转。如果真是那样,那么在欧洲背景下的世俗化就是一个特殊的片段。如果它有一个普遍的因素,那就被严格地限制在之前论及的从结构定位到文化影响的转变中。如果关于世俗化这个被限制的和片段性的观点是正确的,那么最近在拉美观察到的"盎格鲁"和西班牙模式的重叠就不是在英国进行并结束了的进程的重演,却是一个带有新可能的新时机。

事情可以以另一种方式叙述。英国的新教在工业化和城市化时演绎了一个宗教的全盛时期,却无果而终。而新教在南欧的拉丁经验演绎了在天主教贫民和激进世俗主义的力量之间排斥的螺旋。在两个地区,随着国家的进步,宗教最终都萎缩后退。但在美国,那些在英国最终抑制了宗教全盛期的因素并没有得逞,并且以一种带有巨大广阔能量的新模式产生。现在与南美拉丁文化混合的正是这个北美模式。凑巧的是,在这些文化中特定特性的宗教对抗螺旋正迅速削弱。1789年的阴影散去,一个新的时机到来,主流宗教中规模可观的一部分人拒绝其老的右翼盟友。随着对抗螺旋的减弱和来源于北美的这种宗教的强势进入,旧的趋势很可能失势。如果那是真实的,那么"火舌"将不会那么容易平息。

注　释

引言

1. 请比较参照 David Martin, *A General Theory of Secularization*（Oxford：Blackwell, 1978），本书挑选了前书提及但没有展开的世俗化天主教模式的拉美变体。关于天主教现在情况的研究，请参考我对 Thomas Gannon (cd.), *Catholicism in Transition*（London and New York：Macmillan, 1988）的介绍性文章。关于宗教社会学研究所引出的问题请参考我的"Theology in a Social scientific Culture"一文，将会出版在我的社会学和神学论文选集中。

2. Claudio Veliz, 'A World Made in England', *Quadrant*, March 1983, No. 187, Volume XXVII, No. 3, pp. 8 – 19（8）。

3. Ibid., pp. 8 – 9。

第一章

1. James Anthony Froude, *English Seamen in the Sixteenth Century*（London：Longmans Green, 1928）, p. 12.

2. Thomas Hardy, *The Dynasts*（Edinburgh：R. & R. Clark, 1931）, p. 7.

3. Fernand Braudel, *The Wheels of Commerce*, vol. 2（London：Collins, 1982）, pp. 569 – 570.

4. Walter LaFeber, *Inevitable Revolutions*（New York and London：Norton, 1983）.

5. David Martin, *Pacifism*（London：Routledge, 1965）.

6. Dacid Martin, *A General Theory of Secularization*（Oxford：Blackwell, 1978）, chs 1 and 2.

7. Hugh MacLeod, *Religion and the people of Western Europe 1789 – 1970*（London：Oxford University Press, 1981）.

8. Mary Fulbrook, *Piety and Politics：Religion and the Rise of Absolutism in England, Wurttemberg and Prussia* (New York：Cambridge University Press, 1983). 关于美国的敬虔主义，请参考 F. Ernest Stoeffler, *Continental Pietism and Early American Christiantry* (Crand Rapids, Mich：Eerdmans), 1976.

9. Stein Rokkan, "Nation-building, cleavage formation and the structuring of mas politics" in Stein Rokkan (ed.), *Citizens, Election, Parties* (Oslo：Oslo University Press, 1970).

10. Marilyn J. Westerkamp, *Triumph of the Laity：Scots-Irish Piety and the Great Awakening, 1625 - 1760* (New York, Oxford：Oxford University Press, 1988).

11. Patrick Collinson, *The Elizabethan Movement* (London：Cape, 1967).

12. David S. Lovejoy, *Religious Enthusiasm in the New World：Heresy to Revoltion* (London and Cambridge, Mass：Harvard University Press, 1985), pp. 111 - 114.

13. Rodney Stark and Roger Finke, "Religious economies and sacred canopies：religious mobilization in American cities, 1906", *American Sociological Review*, 53, Feb. 1988, pp. 41 - 49.

14. James Davison Hunter, *American Evangelicalism* (New Brunswick, NJ：Rutgers University Press, 1983) 和 George Marsden, *Fundamentalism and American Culture* (New York：Oxford University Press, 1980).

15. Steve Bruce, *Firm in the Faith* (Aldershot, England：Gower, 1984); Steve Bruce, *The Rise and Fall of the New Christian Right* (Oxford：Oxford University Press, 1988), ch. 2.

16. John Walsh, "John Wesley and the community of goods", 1987 年秋季南卫理公会大学的未发表论文。

17. Casimiro Marti et al. *Iglesiay sociedad en Espria 1939 - 1975* (Madrid：Editorial Popular, 1977).

18. Kenneth Medhurst, *The Church and Labour in Colombia* (manchester：Manchester University Press, 1984).

19. 请比较参照 Otto Maduro, *Religióny Conflicto Social* (Mexico City：Crie, 1980)。也可参考 Maduro 在第 17 届 CISR 会议上的短评（巴黎，

1983）"Catholic Charch, national security States and Popular Movements in Latin America" in *Actes*, pp. 8 – 19. 更多深入背景请参阅 Danicl H. Levine, *Religion and Politics in Latin America: the Catholic Church in venezuela and Colombia* （Princeton: Princeton University Press, 1981）.

20. Brian Smith, *The Church and Politics in Chile* （Princeton: Princeton University Press, 1982）.

第二章

1. Peter Berger, *The Sacred Canopy* （Garden City, NY: Doubleday, 1967）. 很显然，本书神学架构的实质内容来源于彼得·伯格（Peter Berger）的论述。

2. Elie Halevy, *A history of the English People in 1815* （London: T. Fisher Unwin, 1924）和 *A History of the English People 1830 – 1841* （London: T. Fisher Unwin, 1927）. 对于最近对并行主题的处理，请参考 Bernard Semmel, *The Methodist Revolution* （New York: Basic Books, 1973），更深入的讨论请参考 Theodore Runyon, （ed.）, *Sanctification and Liberation.* Nashville, Tenn.: Abingdon Press, 1981 和 David Hempton, *Methodism and Politics in Society 1750 – 1850* （Stanford, Calif.: Stanford University Press, 1984）。还有很多零散的资料可以参考 Thomas, *The British: Their Religious Beliefs and practices*, *1800 – 1986* （London and New York: Routledge, 1988）.

3. David M. Thompson, （ed.）*Noncomformity in the nineteenth Century* （London and Boston: Routledge, 1972）, pp. 96 – 98.

4. Vincent Synan, *The Holiness Pentecostal Movement in the United States* （Grand Roots Mich: Eerdmans, 1971）, p. 8; Donald W. Dayton, *Theological Roost of Pentecostalism* （Metuchen, NJ: The Scarecrow Press, 1987）, ch. 2.

5. Ibid., p. 21.

6. Charles Edwin Jones, *A Guide to the Study of the Holiness Movement* （Metuchen, NJ: The Scarecrow Press and The American Theological Library Association, 1974）, p. 134.

7. Ibid..

8. Walter Hollenweger, "Methodism's past in Pentecostalism's present: a

case study of a cultural clash in Chile", *Methodist History*, 20 (July 1982), pp. 169 – 182 (169).

9. Jean Baptiste August Kessler, *A Study of the Older Protestant Missions and Churches in Peru and Chile* (Goes, Netherlands: Oosterbaan and le Cointre, 1964).

10. Walter Hollenweger, "Methodism's past", p. 169.

11. 请比较参照 Ian Sellers, *Nineteenth Century Nonconformity* (London: Edward Arnold, 1977).

12. 请比较参照 Forrest McDonald, *Nouus Ordo Seclorum: The Intellectual Origins of the Constitution* (Kansas City: University of Kansas Press, 1987).

13. John Walsh of Jesus College, Oxford, 1987 秋季南卫理公会大学未发表论文 "John Wesley and the community of goods".

14. 关于主日学请参考 Thomas Walter Laqueur, *Religion and Respectability: Sunday Schools and Working Class Culture 1780 – 1850* (New Haven London: Yale University Press, 1976). 关于圣音乐协会请参考 William Weber, *Music and the middle Class* (London: Croom helm, 1975).

15. Keith Wald, *Crosses on the Ballot* (Princeton: Princeton University Press, 1985), pp. 102 – 105.

16. Clive D. Field, "The Social Structure of English Methodism", *British Journal of Sociology*. 28: 2 (June 1977), pp. 199 – 225. 关于与此相关的其他材料请参考 James Obelkevch, *Religion and Rural Society South Lindsey 1825 – 1875* (Oxford: Clarendon Press, 1976); Robert Moore, *Pitmen, Preachers, and Politics: The Effects of Methodism in a Durham Mining Community* (Cambridge University Press, 1974); David Clark, *Between Pulpit and Pew: Folk Religion in a North Yorkshire Fishing Village* (New York: Cambridge University Press, 1982).

17. 关于工作纪律节奏的讨论请参考 Edward P. Thompson, *The Making of the English Working Class* (Harmondsworth: Penguin, 1968), 关于诗歌音乐节奏的讨论请参考 Frank Baker, *Charles Wesley's Verse*, 2nd edn (London: Epworth, 1988); Bernard Manning, *The Hymns of Wesley and Watts* (London: Epworth Press, 1942); Donald Dacie and Robert Stevenson, *English Hymnology in the Eighteenth Century*, William Andrews Clark Memorial

Library: Los Angeles, University of California, 1980. 本土循道会信徒的音乐活动请参考 Roger Elbourne, *Music and Tradition in Early Industrial Lancashire 1780 - 1840*（由大卫·A. 马丁作序）(Woodbridge, Suffolk: D. S. Brewer, 1980). 哈勒维论文的音乐部分可以从下面这本书中看到 Henry Raynor, *Music and Society since 1815* (London: Barrie and Jenkins, 1976). 这一基于哈勒维的观点认为普遍的和声帮助带来社会和平, 特别是一些热情的新教信徒演唱时。相关部分可以在第6章看到。

18. 关于循道会在威尔士的渗入请参考 Griffith T. Roberts. "Methodism in Wales", in Rupert Davies, A. Raymond George, and Gordon Rupp (eds), *A History of the Methodist Church in Great Britain* (London: Epworth, 1983), pp. 253 - 264.

19. 关于威尔士和威尔士政治之间不统一的关系请参考 David Martin, *A Sociology of English Religion* (London: SCM Press, 1967); Tom Brennan, E. W. Cooney and Pollins, *Change in South-West Wales* (London: Watt, 1954).

20 对于威尔士不墨守成规的解放主义者对激进主义的情况请参考 E. T. Davis, *Religion in the Industrial Revolution in South Wales* (Cardiff: University of Wales Press, 1965).

21. Neil C. Sandberg, *Identity and Assimilation* (Washington, DC: University Press of America, 1981), p. 67.

22. 请比较参照 Gwen Kennedy Neville, *Kinship and Pilgrimage: Rituals of Reunion in American Protestant Culture* (Oxford: Oxford University Press, 1977).

23. David S. Lovejoy, *Religious Enthusiasm in the New World: Heresy to Revolution* (London and Cambridge, Mass: Harvard University Press, 1985); Richard W. Pointer, *Protestant Pluralism and the New York, Experience* (Bloomington and Indianapolis: Indiana University Press, 1988). 请比较参照 William Lee Miller, *The First Liberty: Religion and the American Republic* (New York: paragon House, 1985).

24. Lipset, Seymour Martin, "Religion in American politics", in Michael Novak (cd.), *Capitalism and Socialism: A Theological Inquiry* (Washington DC: American Enterprise Institute, 1979), pp. 61 - 80; *Revolution and Counter revolution* (New York: Basic Books, 1968); William Williams, The

attraction of Methodism: the Delmarva Peninsula 1769 – 1820, in Richey Russel and Kenneth Rowe (Eds), *Rethinking Methodist History* (Nashville, Tenn.: Kings wood Books, 1985), pp. 100 – 110; Rodney Stark and Roger Finke, How the upstart sects won America: 1776 – 1850, *Journal for the Scientific Study of Religion*, Oct. 1989.

25. Lipset, *Religion in American Politics*.

26. Novak, *Capitalism and Socialism*, p. 62.

27. Williams, "Attraction of Methodism", p. 101.

28. Ibid..

29. Ibid., p. 103.

30. Ibid., p. 104.

31. Max Weber, The Protestant sects and the spirit of capitalism, in Hans Gerth and C. Wright mills, *From Max Weber* (London: Routledge, 1984).

32. Williams, "Attraction of Methodism", p. 106.

33. Elizabeth Brusco, "The household basis of evangelical religion and the reformation of machismo in Colombia", Ph. D. Diss., City University of New York, 1986.

34. Will B. Graveley, African methodisms and the rise of black denominationalism, in Richey and Rowe, *Rethinking Methodist History*, pp. 111 – 124.

35. Ibid., p. 111.

36. Stark and Finke, "Upstart sects".

37. Ibid., p. 37.

38. Ibid., p. 17.

39. 关于加拿大请参考 Reginald W. Bibby, "Why conservative churches really are growing", *Journal for the Scientific Study of Religion*, 2 (1978), pp. 129 – 137; 关于新西兰请参考 Michael Hill and R. Bowman, "Religious practice and religious adherence in contemporary New Zealand", *Archive des Sciences Sociales des Religions*, 59: 1 (1985), pp. 91 – 115; 关于澳大利亚请查看一下这些学者的著作: Gary Bouma, Peter Glasner, Alan Black and Hans Mol, 特别是下面这篇: David Parker, "Fundamentalism and conservative Protestantism in Australia 1920 – 1980", Ph. D. Diss. University of

Queensland, 1982. 在以下这部书中有关于灵恩运动和五旬节运动的研究 Barry Chant, *Heart of Fire* (Sydney: House of Tabor, 1984).

40. Wade Clark Roof and William Mckinney, *American Mainline Religion* (New Brunswick, NJ: Rutgers University Press, 1987).

41. Kenneth Thompson and Robert Robert Bocoek (eds), *Religion and Ideology* (Manchester: Manchester University Press and the Open University, 1985). pp. 126 - 204; Michael Hill, *A Sociology of Religion* (London: Heinemann Educational, 1973), pp. 183 - 204.

42. John H. Whytc, *Catholics in Western Democracies* (Dublin: Gill and Macmillan, 1981).

43. Roger Elbourne, *Music and Tradition*.

44. Theo Witvliet, *The Way of the Black Messiah* (London: SCM Press, 1987).

45. 请比较参照 David Edwin Harrell, *Jr. Oral Roberts: An American Life* (Bloomington: Indiana University Press, 1985).

46. Weber, "The Protestant sects".

47. E. P. Thompson, English Working Class.

48. Merle E. Curti, *Peace or War: The American Struggle, 1636 - 1939* (New York: W. W. Norton, 1936); Charles Chatfield, *For Peace and Justice: Pacificism in America 1914 - 1941* (Knoxville: University of Tennessee Press, 1971).

第三章

1. Matthews Ojo, Charismatic cults in Nigeria, *Africa* 58: 2 (1988), pp. 175 - 192.

2. Wade Clark Roof and William McKinney, *American Mainline Religion* (New Brunswick, NJ: Rutgers University Press, 1987).

3. Richard Millett, "The perils of success: Post-world War Il Latin American Protestantism", in Lyle C. Brown and william F. Cooper (eds) *Religion in Latin American Life and Literature* (Waco, Tex. : Baylor University Press, 1980), p. 52.

4. Ibid. , p. 53.

5. Bastian, Jean-Pierre. *Prolestantismoy sociedad en Mexico* (Mexico City: CUPSA, 1983), p. 200. 和 Protestantismoy politica en Mexico, *Revista Mexicana de Sociologia*. 43: Special Issue (1981), pp. 1947 – 1966.

6. Orlando E Costas, "Church growth as a multidimensional phenomenon: some lessons from Chilc", *International Bulletin of Research*, (Jan. 1981), pp. 2 – 8 (5).

7. *Directorio de Iglesias, Organizacionesy Ministerios del Movimiento Protestante*, San Jose Costa Rica: "Procades/Imdela, 1987); Jean Pierre Bastian, Protestantismos latinamericanos entre la resistencia 1961 – 1983", *Christianismoy Sociedad*, 82 (1984), p. 65.

8. Official Statistics for 1986, Assembles of God, Division of Foreign Missions, 1446 Booneville, Sprinfield, Missouri, 65802, published 1987.

9. Kurt Bowen, Acadia University, Wolfville, Nova Scotia: Canada BOP 1X0, personal communciation.

10. Elizabeth E. Brusco, "The household basis of evangelical religion and the reformation of machismo in Colombia", Ph. D. Diss, University of New York, 1986. Ch. 1.

11. Marvin Alisky, *Uruguay* (New York, London, Washington, DC: Praeger, 1969) 和 Otto Maduro, "I. c Catholicisme au Venezuela", *Amerique Latine*, 11 (July-Sept. 1982). 也可参考 Juan Carlos Navarro, "Too weak for change: past and present in the Venezuelan Church", in Thomas Gannon (ed), *Catholicism in Transition* (London and New York: Macmillan, 1988).

12. Wilton M. Nelson, *Protestantism in Central America* (Grand Rapids, Mich: Ecrdmans, 1984). Ch. 6.

13. Pablo A. Deiros, "Argentine Baptists and politics; an analysis of relations", Ph. D. Diss. Southwestern Baptist Theological Seminary, 1985, p. 190.

14. John N. Vaughan, *The World's Twenty Largest Churches* (Grand Rapids, Mich: Baker Book House, 1984), ch. 20. 对于大型独立教会，波哥大的请比较参照 *Latin American Evangelist*, Oct-Dec, 1986.

15. Hugo Assman, *Aigreja electronico eseu impacto na America Latina* (Petropolis: Vozes, 1986). 请比较参照 An. Account of Trans World Radio

on a Dutch island off Venezuela, *New York Times*, 20 Sept. 1988, p. 15.

16. Jose Valderrey, "La cuestion de las sectas religiosas enla prensamexicana", 1986年在瓦哈长召开的墨西哥宗教派别活动大型会议上提交的论文。

17. 具体实例请比较参照 Jane C. Peek, "Reflections from Costa Rica on Protestantism's dependence and non-liberative social function", *Journal of Ecumenical Studies* 21, (Spring 1984), pp. 181–198.

18. Christian Lalive D'Epinay, *Religion, dynamique sociale et dépendance: mouvements Protestants en Argentine et au Chile* (Paris, The Hague: Mouton, 1975), ch. 11.

19. Pablo A. Deiros, (ed.), *Los evangelicosy el poder politico en America Latina*, Grand Rapids, Mich.: Eerdmans, 1986.

20. 比较参考 Nicos P. Mouzclis, *Politice in the Semi-Periphery* (London: Macmillan, 1986).

21. Calvin Redckop, *Strangers Become Neighbours: Mennonite and Indigenous Relations in the Paraguayan Chaco*, Studies in Anabaptist and Mennonite History, 22 (Scottsdale, Ariz.: Herald Press, 1980).

22. David Barrett, (ed.), *The World Christian Encyclopedia* (Oxford: Oxford University Press, 1982), p. 188.

23. Karl Franklin, *Current Concerns of Anthropologists and Missionaries* (Dallas, Tex.: International Museum of Cultures, 1987).

24. Bruce Johnson Calder, *Crecimiento y cambio de la Iglesia Catolica en Guatemalteca 1944–1966* (Guatemala City: Editorial Jose de Pineda Ibarra, 1970), p. 17.

25. Roger Bastide, *The African Religions of Brazil* (Baltimore: Johns Hopkins University Press, 1978); Ralph Della Cave, *Miracle at Jouseiro* (New York: Columbia University Press, 1970).

第四章

1. David Gueiros Vieira, "Liberalismo. Masoneria y protestancismo en Brasil en el siglo XIX", *Christianismo y Sociedad* (1987), pp. 9–32.

2. Rubem C. Fernandes, "Aparacida, our Queen Lady and Mother,

Sarava!", *Social Science Infomation*, 24: 4 (1985) pp. 799 – 819.

3. Marli Geralde Teixeira, "A familia protestantena sociedad baiana", *Christianismoy Sociedad*, 85 (1985), pp. 180 – 194.

4. Ronald Frase, "A sociological anaysis of the development of Brazilian Protestantism", Ph. D. Diss, Princeton University, 1975. 作为对巴西罗马教会的补充，请参考 P. Ribero de Oliviera, *Religao e dominacao de classe: genese, estructurae funcao do catolicisim romanizado na Brasil* (Petropolis: Vozes, 1985).

5. Emilio Willems, *Followers of the New Faith* (Nashville Tenn.: Vanderbilt University Press, 1967), pp. 93 – 98.

6. Frase, "Brazilian Protestantism", p. 504.

7. Francisco Cartaxo Rolim, *Pentecostais no Brasil* (Petropolis: Vozes, 1985), pp. 52 – 54.

8. Ibid., p. 250.

9. Madeleine Villeroy, "Enquete sur les eglises protestantes, dans le Bresil en crise des annees 1963 – 1973" *Cahiers de Sociologie Economique*, 12 (May 1975), pp. 18 – 80.

10. Bastide, *African Religions of Brazil*, p. 372.

11. Ibid..

12. Gary Nigel Howe, "Capitalism and religion at the periphery: Pentecostalism and Umbanda in Brazil", in Stephen Glazier, *Perspectives on Pentecostalism: Case studies from the Caribbean and Latin America*, Washington, DC: University Press of America, 1980, pp. 125 – 141 (135).

13. Peter Fry and Gary N. Howe, "Duas respostas a aflicao: Umbandae Pentecostaliamo", *Debatee Debatee Critica* 6 (1975), pp. 75 – 94; Diana de G. Brown, with Mario Bick, "Religion, class, and context: continuities and discontinuities in Brazilian Umbanda", *American Ethnologist*, 14: 1 (1987), pp. 73 – 90.

14. Ibid., p. 87.

15. Howe, "Capitalism and religion".

16. Rolim, *Pentecostais no Brasil*, pp. 177 – 179. 佩德罗·德·奥利韦拉博士（Dr Pedro de Oliveira）在热内卢宗教研究所（ISER）针对社会选区

的问题也提出相似的建议。

17. Sandra J. Stoll "Pulpitoe palanque: religiao e politica nae eleicoes da Grande sao Paulo", Master's diss, Unicamp, Campinas, Sao Paulo, 1986.

18. W. E. Hewitt, "Basic Christian communities of the middle classes in the Archdiocese of sao paulo", *Sociological Analysis*, 48: 2 (1987), pp. 158 – 166 (165).

19. Scott William Hoefle, "Continuity and change in the northeastern Sertao of Brazil", D. Phil. Diss, University of Oxford, 1983. 这里大多数使用的关于塞陶宗教情况的资料来自于赫夫（Hoefle）。

20. Ibid., 以及 Regina R. Novaes, Os escolhidos de Deus, Cadernos do ISER, 19 [Rio de Janeiro: (booklet) ISER, 1958].

21. Carlos Rodrigues Brandao, "Creenciay identidad: campo religiosoy cambio cultural", *Christianismo y Sociedad*, 93 (1987). pp. 65 – 106 (78).

第五章

1. Lalive D'Epinay, *Religion*, *dynamique*.

2. Arno, W. Enns, *Man*, *Milieu and Mission in Argentina* (Grand Rapids, Mich.: Eerdmans, 1971), p. 129.

3. Ibid., p. 76ff.

4. Ibid., p. 143.

5. Lalive D'Epinay, *Religion*, *dynamique*, p. 60.

6. Ibid., p. 86.

7. Ibid., p. 81.

8. Ibid., pp. 81 – 89. 下面紧跟的段落依赖的是 Lalive D'Epinay。

9. 这里提到的哥伦比亚天主教的特征大多数来源于 Daniel lcvine, *Religion and Politics in Latin America* (Princeton, NJ: Princeton University Press, 1981).

10. Jose Sanchez, *Anticlericalism*, *A Brirf History* (Notre Dame, London: University of Notre Dame Press, 1972), p. 182.

11. Levine, *Religion and Politics*, p. 87.

12. Cornelia Butler Flora, *Pentecostalism in Colombia: Baptism by Fire and*

Spirit (Cranbury NJ: Fairleigh Dickinson University Press, 1976).

13. Karl Wilhelm Westmeier, *Reconciling heaven and Earth*, (New York: Peter Lang, 1986). 我从韦斯特迈尔（Westmeier）各样的资料中获得这个考量。

14. Donald Palmer, *Explosion of People Evangelism* (Chicago: Moody Press, 1974), ch. 5.

15. Cornelia Butler Flora, "Pentecostalism and Development: the Colombian Case", in Glazie, *Perspectives*, p. 85.

16. Levinc, *Religion and Politics*, pp. 75 – 82.

17. Barrett, *World Christian Encyclopedia*, section on venezuela.

18. Rosa del Carmen Bruno-Jofre, "La mision metodistay la educacion en Peru: 1889 – 1930", *America Indigena*, 41: 3 (July-Sept. 1981), pp. 501 – 555; 以及 *Methodist Education in Peru: Social Gospel, politics and American Ideological and Ecomomic Penetration 1888 – 1930* (Waterloo, Ont. Wilfrid Laurier University Press, 1988).

19. Manuel Marzal, *La Transformation religivsa peruana* (Lima: Pontifical University, 1983); 以及 "Iglesia Culturaly nuevas iglesias" *America Indigena*, 48: 1 (Jan. -Mat. 1988), pp. 139 – 164; Directorio Evangelico, 1986 Lima: Concilio Naeional Evangelico dcl Peru, 1986.

20. Jean Baptiste August Kessler, *A Study of the Older Protestant Missions and Churches in Peru and Chile* [plus 1987 update in Spanish], Goes, Netherlands: Oesterbaan and le Cointre, 1964; William Rean et al, *Latin American Church Gowth*, Grand Rapids, Mich, Eerdmans, 1969, pp. 109 – 117 and 218 – 220.

第六章

1. Kent Maynard, "Christianity and Religion identity and sociocultural organization in urban Ecuador", Ph. D. Diss. Indiana University 1977 (Ann Arbor microfilms, 1981), p. 77.

2. 关于从 20 世纪 50 年代中期钦博拉索山印第安裔中的新教嵌入可以在下面的文章中找到：David Preston "Pressure on Chimborazo Indians", *Geogrpahical magazine*, 50 (July 1987), pp. 613 – 618 (616).

3. Maynard, "Christianity and religion", p. 91. 虽然我也咨询过韦恩·韦尔德（Wayne Weld），这一部分大部分信息来自于梅纳德（Maynard），*An Ecuadorian Impasse*（Chicago：Evangelical Covenant Church of America, 1968）；是富勒神学院世界使命学校的一篇论文。

4. Everett A. Wilson, "Sanguine saints: Pentecostalism in El Salvador", *Church History*, 52（Jan, 1983）, pp. 186 – 198（189）. 威尔森（Wilson）的文章一部分基于其博士论文" Crisis of national integration in El Salvador", Ph. D. Diss., Stanford University, 1970. 整个部分我都选用威尔森的研究，还使用了沃尔特·拉费伯尔一些有价值的评论 Walter LaFeber, *Inevitable Revolutions*（New York and London：Norton, 1983）.

5. Wilson, "Sanguine saints", p. 192.

6. Ibid., p. 198.

7. 此部分来自于 Virginia Garrard Burnett, "A history of Protestantism in Guatemala", Ph. D. Diss., Tulane University, 1986；和 Calder, *Crecimiento y cambio*.

8. 我几乎全部选用了巴斯琴的资料，特别是以下这些：" Las sociedades protestantes en Mexico 1872 – 1911：un liberalismo radical de oposicion al Porfirismo y de participacion en la recolucion maderista", Hist. Doct. Diss., Colegio de Mexico, 1987；*Los dissidenles, sociedades protestantes y revolucion en Mexico 1872 – 1911*：（Mexico：Fonda de Cultura Economica and Colegio de Mexico, 1988）. 还有相关的 Mariane E. McKechnie, "The Mexican Revolution and the National Presbyterian Church of Mexico, 1910 – 1940", Ph D. Diss, The American University, Washing, DC：1970 and Deborah Baldwin, "Broken Traditions：Mexico revolutionaries and Protestant allegiances", *The Americas* 40：2（Oct. 1981）, pp. 229 – 258；"Variation within the vanguard：Protestants and the Mexican Revolution", Ph. D. Diss, University of Chicago, 1979.

9. Jean-Pierre Bastioan, *Protestantismu t sociedad en Mexico*（Mexico City：CUPSA, 1983）.

10. 关于城市地区的研究，还在进行中，并且以个人交流的方式描述。乡村地区的研究描述在 Caelos Garma Navarro, *Protestantismo en una communidad totonaea de Puebla*（Mexico：INI, 1987）；"Liderazgo protestante

en una lucha campesion en Mexico", *America Indigena*, 44: 1（1984）, pp. 127 – 142.

11. Gabriela Patrieia Robledo Hernandez, "Disidencia y religion: los expulsados de San Juan Chamula", lieentiate diss., ENAH, 1987 引用在 Carlos Garma Navareo, "Los estudios antropologicos sobre el protstantismo en Mexico", *Recista Iztapalapa*, 15（1988）, pp. 53 – 66（p. 63）. 这篇文章提供了墨西哥关于新教辩论的综合调查。

12. Bastian, *Protestantismey sociedad*, p. 152.

13. Barrett, *World Christian Encyclopedia*, section on Mexico, p. 492.

14. David Stoll, *Fishers of Mer or Builders of Empire? The Wycliffe Bible Translators in Lation Amerca*, Cambridge, Mass.: Cultural Survival, 1982: America Indigena, 44: 1（Jan. -mar. 1984）.

15. James Hefley and Marti Hefley, *Uncle Cam*（Waco, Tex.: World Books, 1974）; Lawrence Dame, *Maya Mission*（Garden City, NY: Doubleday, 1968）; *The Other Side*, Feb. 1983, pp. 25 – 27: FranKlin, *Current Concerns*.

16. Elmer Miller, *Harmony and Dissonance in Argentine Toba Society*（New Haven, Conn.: Human Relating Area Files, 1980）.

17. Ted Lewellen, "Deviant religion and cultural evolution", *Journal for the Scientific Study of Religion*, 18: 3（Sept. 1979）. pp. 243 – 251（245）.

18. Bryan R. Wilson, *Magic and the Millennium*（London: Heinemann, 1973）.

19. Stoll, *Fishes of Men*.

20. Ibid., p. 99.

21. Joanne Rappaport, "Las misiones Protestantes y la resistencia indigena en el surde Colombia", *Ameriea Indigena*, 44: 1（Jan. -Mar. 1984, pp. 11 – 26）.

22. Jean Pierre Bastian, "Protestantismes minoritaires et protestaire au Mexique", *Itineris*, Apr 1982, pp. 45 – 52. 请比较参照 Garma Navarro, "Liderazgo protcestante".

23. Blanca Muratorio, *Journal of Peasant Studies*, 8: 1（Oct. 1980）, pp. 37 – 60.

24. Read et al. *Latin American Church Growth*, p. 84.

25. 比较 Brtyan R. Wilson, *Magic and the Millennium* 和 *Contemporary Transformations of Religion*（New York：Oxford University Press, 1976）. 指出这里给出的考量和由布莱恩·威尔森（Bryan Wilson）所做出的标准分析之间有相似性是很有意思的。

第七章

1. 要获得关于拉斯特法里主义（Rastafarianism）有价值的考量，请比较 E. Ellis Cashmore, *Rastaman*（London：Vision Paperbacks, 1983）；Barry Chevannes, "The Rastafari and the urban youth", in Carol Stone, and Aggrey Brown, *Perspetives on Jamaica in the Seventies*（Kingston, Jamaica：1981）, pp. 392-422, 和 Stuart Hall. "Religious ideologies and Social Movements in Jamaica", in Robert Bocoek, and Kenneth Thompson（eds）, *Religion and Ideology*（Manchester：Manchester University press and the Open University, 1985）, pp. 269-296.

2. 请比较 Ivor Morrish, *Obeah, Christ and Rastaman：Jamaice and its Religion*（Cambridge：James Clarke, 1982）.

3. 这一部分我主要参考默文·阿莱恩（Mervyn Alleyne）, "The history of African religion in Jamaica", unpublished paper presented at the 15th Conference of Caribbean I iistorians, University of the West Indies, Mona, Jamaica, April 1983. 4. 宣教士和本地浸信会信徒在这里没有和美国宣教机构对政治漠然的态度一起被证明。这些都是与拉美印第安裔福音派基督徒的本地抗拒相对比。

5. Alleyne, "African religion in Jamaica", p. 17.

6. Barry Chevannes, "Revival and black struggle", *Svacou*, 5（June 1971）, pp. 27-37. 这些部分，我也将各样的资料编织在一起。现将资料出处列举如下：Diane J. Austin, "Born again...And again and again：communitas and social change among Jamaican Penteeostalists", *Journal of Anthropological Research*, 37：3（Fall 1981）, pp. 226-246；Noel Leo Erskine, "Black religion and identity：a Jamaican perspective", Ph. D. Diss., Union Theological Seminary, New York, 1978；Anita Waters, *Race, Class and Political symbols：Rastafari and Reggae in Jamaican Politics*（New Brunswick,

Nj: Transaction Books. 1985); Clive Stilson Cato, "Pentecostalism: its social and religious implication for Jamaican society", BA diss, University of West Indies. Mona, Jamaica, 1984; Brian Gates, (ed.), *Afro-Caribbean Religion* (London: Ward Lock, 1980); Vittorio Lantcrnari, "Religious movements in Jamaica", in Richard Frucht (ed.), *Black Society in the New World* (New York: Random House, 1971); George Eaton Simpson, *Black Religions in the New World* (New York: Columbia University Press, 1978); Rex Nettleford, *Caribbean Cultural Identity*; *The Case of Jamaica* (Kingston: ACIJ 1978); Horace Russell. "The emergence of the Christian black: the making of a stereotype", *Jamaican Journal*, 16: 1 (Feb. 1983).

7. Chevannes, "Revival", p. 37.

8. Wedenoja, William, "Religion and adaptation in rural Jamaica", Ph. D. Diss., University of California at San Diego, 1978. 我从 Wedenoja 获益良多。

9. Ibid., p. 73.

10. Ibid., p. 70。

11. Ashley Smith, *Real Roost and Potted Plants: Reftections on the Caribbean Church* (Williamsfield, Jamaica: Mandeville Publishers, 1984) 和 *Pentecostalism in Jamaica*, the William Hamnett Lecture, 1975 (Kingston, Jamaica: Mark Lane, Methodist Book Centre, n. d.).

12. Francisco C. Rolim, *Pentecostais no Brasil* (Petropolis: Vozes, 1985).

13. Cato, "Pentecostalism".

14. Wedenoja, "Religin and adaptation".

15. Ashley Smith, *Real Roots*.

16. 个人谈话。

17. Wedenoja, "Religion and adaptation" 和 Ashley, *Real Roots*.

18. Stephen Glazier (ed.), *Perspectiues on Pentecosstalism: Case Studies from the Caribbean and Latin America* (Washington DC: University Press of America, 1980).

19. Stephen Glazier, "Pentecostal exorcism and modernizatin in Trinidad, West Indies", in Glazier, *Perspectives*, pp. 67–80.

20. Eila Helander, *To Change and to preserve* (Helsink: The Finnish

Society for Missiology and Ecumenics, 1986）.

21. Anthony L. La Ruffa, "Pentecostakusm in Puerto Rican society", in Glazier, *Perspectives*, pp. 49 – 66.

22. Ibid. .

23. David Nicholls, *Haiti in Caribbean Context*, London: Macmillan, 1985.

24. Gordon K. Lewis, *Main Gurrents in Caribbean Thought* (Baltimore: Johns HopKins University Press, 1985) .

25. Nicholls, Haiti, p. 113.

26. Edward p. Thompson, *The Making of the English Working Class* (Harmondsworth: Penguin, 1968) .

27. Frederick Conway, "Pcntecostalism in Haiti: healing and hierarchy", in Glazier, *Perspectives*, pp. 7 – 26.

28. William L. Wipfler, *The Churches of the Dominican Republic in the Light of History Sondeos*, 11 (Cuernavaca: CIDOC, 1967) .

29. George M. Mulrain, *Theology in Folk Culture: The Theological Significance of Haitian Folk Religion* (New York: Peter Lang, 1984) .

30. 有关英属西印度群岛人及参考目录请参见 David G. Pearson, "Race, religiosity and political activism", *British Journal of Sociology*, 29: 3 (Sept, 1978), pp. 340 – 357.

第八章

1. John Sydenham Furnivall, *Netherlands India of a Plural Economy* (New York: Macmillan, 1944) .

2. Joseph B. Tamney and Riaz Hassan, *Religious Switching in Singapore: A Study of Religious Mobility* (Adelaide: Select Books [Flinders University], 1987) .

3. Everett E. Hagen, *On the Theory of Social Change* (Homewood, Ill. : Dorsey press, 1962) .

4. Kim Illsoo, "Organizational patterns of Korean-American Methodist Churches; denominationalism and personal community", in Russell Richey and kenneth Rowe (eds), *Rethinking Methodist History* (Nashvillc: Kingswood

Books, 1985), pp. 228 – 237 (229).

5. Song Kon-Ho, "A history of the Christian movement in Korer", *International Review of Mission*, 74 (Jan. 1985), pp. 19 – 35 (20).

6. 在这一部分我使用了很多 Suh David Kwang-Sun, "Amcrican missionaries" 和 "Hundred years of Korean Protestantism", *International Review of Mission*, 74 (Jan. 1985), pp. 5 – 18.

7. Irving Hexham, "Modernity or reaction in South Africa", in William Nicholls (ed.), *Seiences Religieuses*, Suppl. Col. 19 (Waterloo, Ont: Willfrid Laurier Press, 1987).

8. Kim Illsoo, "Organizational patterns", p. 229.

9. Ibid..

10. John N. Vaughan, *The World's Twenty Largest Churches* (Geand Rapids, Mich: baker Book House, 1984).

11. 有很多关于"民众神学"的可用资料，但是背景资料由以下提供：Chi myong-Kwan, "Theological development in Korea", *International Review of Mission*, 74 (Jan. 1985), pp. 73 – 79.

12. Kim, Illsoo, "Organizational patterns", p. 229.

13. Ibid., p. 230.

14. 请比较 Kin Byong-Suh, "The explosive growth of the korean Church today: a sociological analysis", *International Review of Mission*, 74 (Jan, 1985), pp. 59 – 72.

15. 请比较参照 Kim Illsoo, "Organizational patterns".

16. Yoo Boo Woong, "Response to Korean shamanism by the Pentecostal Church", *International Review of Mission*, 74 (jan. 1985), p. 73.

17. Lee Jae Bum, "Pentecostal type distinctives and Korean Protestant Church growth", Ph. D. Diss, Fuller Theological Seminary, Pasadena, Calif. 1986, p. 1. 这篇论文包括一个很广泛的参考书目。

18. Ibid., p. 251.

19. Ibid., p. 252.

20. Yi Hyo-Jae, "Christian mission and the liberation of korean women", *International Review of Mission*, 74 (Jan. 1985), pp. 93 – 102. 我很感谢郑辰韩在他的书中所提供的关于这一问题（和其他问题）的背景。Chun Chin-

Hong, "A bibliographical essay on the growth of Korean Protestantism", 未发表论文, 1987, for ISEC, Boston, pp. 36 – 37.

21. Yi Hyo-Jae, "Christian mission", p. 100.

22. Parig Digan, "South Korea: Cry of the people", ch. 8 in his *Churches in Contestation: Asian Christian Social Protest* (MaryKnoll, NY: Orbis Books, 1984).

23. Shim Il-Sup, "The new religious movements in the korean Church", *International Review of Mission*, 74 (Jan, 1985), pp. 103 – 108.

24. Kin Kyong-Dong, "The distinctive features of South Korea's development", in Peter Berger and Hsiao Hisn-Huang Michael (eds), *In Search of an East Asian Development model* (New Brunswick, NJ and Oxford: Transaction Books, 1988), pp. 197 – 219.

25. Gill Hyun Mo, 访谈 Kim Hwan (1987)。我很感激 Kim Hwan 能获得这一资料。

26. Kim Kyong-Dong "Explosive growth", p. 216.

27. Peter Berger, "An East Asian development model?" in Berger and Hsiao East Asian Development Model, p. 9.

28. Kim Kyong-Dong, "Distinctive features", p. 216.

29. Jan Swyngedouw, "The role of Christianity", in Berger and Hsiao, *East Asian Development Model*, pp. 115 – 133.

30. Ronald Dore, 在个人谈话中提供的信息。

31. Swyngedouw, "Role of Christianity", 请比较参照 Dacid Reid, "Secularization theory and Japanese Christianity", *Japanese Journal of Religious Studies*, 6: 1 – 2 (Mar. -June 1979), pp. 347 – 378.

32. Steve Bruce and Roy Wallis, "Sketch for a theory of conservative Protestant politics", *Social Compass* 2/3 (1985), pp. 145 – 161.

33. Karla Poewe, "In the eye of the storm: charismatics and independent churches in South Africa", University of Calgary: 未发表论文, 1987, p. 3. 请比较参照 Karla Powew, "Links and parallels between Black and White charismatic churches in South Africa and the States", 未发表论文, 1988.

34. Karla Poewe and Irving Hexham, "The new charismatic churcher in Durban, Johannesburg and Pretoria", *Navors Balletin*, 17: 9 (1987), pp.

32 – 36.

35. Elda Susan Morran and Lawrence Schlemmer, *Faith for the Fearful?* (Durban: Centre for Applied Sciences, Univrsity of Natal, 1984).

36. Ibid. , p. 175.

37. Ibid. , p. 177.

第九章

1. Walter Hollenweger, "After twenty years'research on Pentecomstalism", *International Review of Mission*, 75 (1986), pp. 1 – 12.

2. Friedrich Heer, *The Medieval World* (London: Weidenfeld and Nicolson, 1961), ch. 3.

3. Ioan Lewis, *Eestatic Religion* (Harmondsworth: Penguin, 1971); Keith Thomas, *Religiion and the Decline of Magic* (Harmondsworth: Penguin, 1973; James Obelkevich, *Religion and Rural Society: Sonth Lindsey 1825 – 1875* (Oxford: Clarendon Press, 1976).

4. Muel O. Dirksen, "Pentecostal healing: a facet of the personalistic health system of Pakal-Na, a village in southern Mexico", Ph. D. Diss. , Knoxville: University of Tennessee, 1984.

5. I Iollenweger, "Research on Petecostalism", p. 6.

6. Ibid. , p. 10.

7. Dirksen, "Pentecostal healing", p. Iv.

8. Ibid. , p. 30.

9. Ibid. , pp. 20 – 21.

10. Ibid. , p. 46.

11. Ibid. , p. 43.

12. Ibid. , p. 80.

13. Ibid. , pp. 33 – 34.

14. William Tgornton, "Protestantism: profile and process. A case study in religious change from Colombia, South Ameridca", Ph. D. Diss. , Southern Methodist University, Dallas, Tex. 1981.

15. Kaja Finkler, "Dissident sectarian movements, the Catholic Church and social class in Mexico", *Comparative Studies in Society and History*, 25: 2

(1983), pp. 277 - 305 (277).

16. Ibid., p. 278.

17. Ibid., p. 285.

18. Ibid., p. 301.

19. Felicitas D. Goodman, "A trance-basedupheaval in Yucatan", in Goodman, Felicitas, Henney, Jeanett, and Presesel, Esther (eds.) *Trance, Healing and I Iallucination, Three Field Studies in Religious Experience* (New York and Londom: wiley, 1974).

20. Ibid., p. 250, 同时参考 Felicitas Goodman, "Apostolies of Yucatan", in Erika Bourguignon, (ed.), *Religion, Altered States of Consciousness and Social* (Columbus: Ohio State university Press, 1973), pp. 198 - 218.

21. Jean-Pierre Bastian, *protesdtantismoy soeiedaden mexico* (Mexieo City: CUPSA, 1983), ch. 6.

22. Karl Wilhelm Westmeier, "The enthusiastic Protestants of bogota, Colombia: reflections on the growth of a movement", *International Review of Mission*, 75 (Jan. 1986), pp. 13 - 24.

23. Henry Raynor, *The Social History of Music* (New York: Scjoken Books, 1972).

24. Henry W. Aulie, "The Christian movement among the Chols of Mexico with special reference to problems of sccond generation Christianity", ph. D. Diss., Fuller Theological Seminary. 1979.

25. Elmer Miller, *Harmony and Dissonance in Argentine Tobe Society* (New haven, Conn.: Human Relations Area Files, 1980), pp. 105 - 109.

26. P. Solomon Raj, "The influence of Pentecostal teaching on some folk Christian religion in India", *International Review of Mission*, 75 1986, pp. 39 - 46.

27. George MacDonald Mulrain, *Theology in a Folk Culture; the Theological Significance of Haitian Folk Religion* (New York: Peter lang, 1984).

28. Karla Poewe, "Links and parallels between black and white charismatic churches in South Africa", 未发表论文, 1988, p. 4.

29. Lamin Sannch, "Chrisrtian missions and the Western guilt complex", *Christian Century*, 8 April 1987, pp. 330 – 334.

30. Ibid., p. 331.

31. Ibid., p. 332.

32. James Hefley and Marti Heflry, Uncle Cam (Milford, Mich.: Mott Media, 1981), p. 74.

33. Olive Banks, *Faces of Feminism: Ferninism as a Social Movement* (Oxford: Martin Robertson, 1981).

34. Elizabeth Brusco, "The household basis of evangelical religion and the reformation of machismo in Colombia", Ph. D. Diss., City University of New York, 1986.

35. Dirksen, "Pentecostal healing", p. 28.

36. 尼日利亚背景下女性角色的相似发展，请比较参照 Rosalind I. J. Hackett, "Women as leaders and participants in the Spiritual Churches" in Rosalind I. J. Hackett (ed.), *New Religious Movements in Nigeria* (New York: Edison Mellen Press), 1987, pp. 191 – 208.

第十章

1. Sidney Mintz, *Worker in the Cane* (New York: Norton, 1974); Alex Huxley Westfried, *Ethnic Leadership in a New England Community: Three Puerto Rican Families*, Salem Wis: Sheffield Publishing, 1981.

2. Ruben E. Reina, and Norman B. Schwartz, "The stuctural context of religious conversion in El Peten, Guatemala: status, community and multicommunity", *American Ethnolgist*, 9: 1 (1974), pp. 157 – 191.

3. Ibid., p. 182.

4. James Sexton, "Protestantism and modernization in two Guatemalan towns", *American Ethnologist*, 5: 2 (1978) pp. 280 – 302.

5. mintz, *Worker in the Cane*.

6. Emilio Pantojas Garcia, *La iglesia protestante y La americanizaion de Puerto Rico 1898 – 1917*, Bayamon, PR: Prisa, 1976); Daniel R. Rodriguez Dias, *Ideologias protestantesy misiones*; *El caso de Puerto Rico 1898 – 1930* (Mexico: 1979).

7. Mintz, *Worker in the Cane*, p. 247.
8. Ibid., p. 242.
9. Ibid., p. 249.
10. Ibid., p. 218.
11. Ibid., p. 220.
12. Ibid., p. 221.
13. Ibid., pp. 222 - 223.
14. Ibid., p. 229.
15. Ibid., p. 231.
16. Ibid., p. 240.
17. Ibid., pp. 240 - 242.
18. Westfied, *Ethnic Leadership*.
19. Ibid., pp. 89 - 90.
20. Ibid., p. 75.
21. Rodney Statk, "Jewish conversion and the rise of Christianity: rethinking received wisdom", in Kent Harold Richarda (ed.), *Soeity of Biblical literture Seminar Papers* (Atlanta: Scholars press, 1986), pp. 314 - 329.

第十一章

1. Elie Halevy, *A History of the English People in 1815* (London: T. Fisher Unwin, 1924): *A History of the English People 1830 - 1841* (London: T. Fisher Unwin, 1927).

2. Max Weber, "The Protestant sects and the spirit of capitalism". In Hans Gerth and C. Wright Mills, *From Max Weber* (London: Routledge, 1948).

3. James Beckford, *The Trumpet of Prophecy* (New York: Wiley, 1975).

4. Norman Long, *Social Change and the Individual*, Manchester: Manchester University Press, 1968.

5. Ted Lewellen, "Deviant religion and cultural evolution", *Journal for the Scientific Study of Religion*, 18: 3 (Sept. 1979), pp. 243 - 251.

6. Rodney Stark, "Modernization and Mormon success", in Thomas Robbins, and Dick Anthony (eds), *In Gods We Trust*. New Brunswick, NJ: Transaetion Books, 1989.

7. Mark Grover, Mormonism in Brazil: religion and dependency in Latin America, Ph. D. Diss. , Indiana State University, 1985, p. 10.

8. David I Clawson, "Religious allegiance and development in rural Latin America", *Journal of Interamerican Studies and World Affairs*, 16 (1984), pp. 499 – 524.

9. Mary O' Connor, "Two kinds of religious movement among the Mayo Indians of Sonora, Mexico", *Journal for the Scientific Study of Religion*, 18: 3 (1979), pp. 260 – 265.

10. Ibid. , p. 262.

11. Paul Turner, "Religious conversion and community development", *Journal for the Scientific Study of Religion*, 18: 3 (1979), pp. 252 – 260.

12. Ibid. , p. 285.

13. Henry Wilbur Aulie "The Christian movement among the Chols of Mexico with special referencc to probleme of second generation Christianity", Ph. D. Diss. , Fuller Theological, 1979.

14. Ibid. , p. 159.

15. Jean-Pierre Bastian, "Protestantismo y sociedad en Mexico" Mexico City: CUPSA, 1983.

16. Patricia Fortuny, "Movimientos religiosos minoritarios en el Yucatan rural de hoy", in *Capitalismoy uida en Yucatan* (Merida, Yucatan: Department of Economic and Social Studies, 1984), pp. 357 – 367.

17. Ruben E. Reina and Norman Schwartz, "The structural context of religious conversion in El Peten, Guatemala and multicommunity", *American Ethnologist*, 9: 1 (1974), pp. 157 – 191.

18. Ibid. , p. 188.

19. James Sexton, "Protestantism and modernization in two Guatemalan towns", *American Ethnologist*, 5: 2 (1978), pp. 280 – 302.

20. Donna Birdwell-Phesant, "The power of Pentecostaliam in a Belizean village", in Steohen D. Glaze (ed.), *Perspectiues on Pentecostadism: Case Studies from the Caribbean and Latin America*, Washington, DC: University Press of America, 1980, pp. 95 – 110.

21. Bryan R. Roberts, "Protestant groups and coping with urban life in

Guatemala", *American Journal of Sociology*, 6 (May 1968), pp. 753-767.

22. Ibid., p. 765.

23. Ibid., p. 766.

24. Virginia Garrard Burnett, A history of Protestantism in Guatemala, Ph. D. Diss., Tulane University, New Orleans, 1986.

25. Ibid., p. 193.

26. "Front Line Report", International Love Lift, 10: 6 (1986), p. 4.

27. Kent Maynard, Christianity and religion: evangelical identity and sociocultural organization in urban Ecuador, Ph. D. Diss., Indiana University, 1977 (Ann Arbor microfima, 1981) p. 122.

28. Elizabeth Brusco, The household basis of evangelical religion and the refomation of machismo in Colombia, Ph. D. Diss., City University of New York, 1986.

29. Ibid., p. 115.

30. Ibid., p. 117.

31. William Thornton, "Protestantism; profile and process. A case study in religious change from Colombia, South America", Ph. D. Diss., Southern Methodist University, Dallas, Tex., 1981.

32. Ibid., pp. 71-73.

33. Ibid., p. 152.

34. Karl Wilhem Westmeier, *Reconciling Heaven and Earth: The Transcendental Enthusiasm and Growth of an Urban Protestant Community, Bogota, Colombia* (New York: Peter Lang, 1986).

35. Ibid., pp. 231-232.

36. Cornelia Butler Flora, *Pentecostalism in Colombia: Baptism by Fire and Spirit* (Cranbury, NJ: Fairleigh Dickinson University Press, 1976).

37. Elmer Miller, *Harmony and Dissonance in Argenline Toba Society* (New Haven, Conn.: Human Relations Area Files, 1980).

38. Lewellen, "Deviant religion".

39. Ibid., p. 245.

40. Giles Riviere, "Social change and Pentecostalism in an Aymaran community", *Fe y Puebli*, 3: 14 (New. 1986), pp. 24-30.

41. Ronald Frase, A sociological analysis of the development of Brazilian Protestantism: a study in social change, Ph. D. Diss. , Princeton Theological Seminary 1975, p. 185.

42. Ceciliab Mariz, "Religion and coping with poverty in Brazil: a comparison of the basc communities and Pentecostal Churches", Institute of Economic Culture, Boston University, 1987.

43. Ibid. , p. 10.

44. Franeisco Cartaxo Rolim, *Pentecostais no Brasil* (Petroplis: Vozes, 1985) .

45. Pablo A. Deiros, "Argentinc Baptists and politics: an analysis of relations", Southwestern Baptist Theological Seminary: Ph. D. Diss. , 1985.

46. William Read et al. , *Latin American Church Growth*, Grand Rapids, Mich. : Eerdmans, 1969; Emilio Willems, *Followers of the New Faith: Culture, Change and the Rise of Protestantism in Brazil and Chile* (Nashvillc: Vanderbilt University Press, 1967) .

47. Read et al. , *Latin American Church Growth*, p. 246.

48. Christian, Lalive D'Epinay, *Haven to the Masses: A Study of the Pentecostal Movement in Chile* (London: Lutterworth press, 1969) .

49. Mortimer Arias, "Contextual evangelism in Latin America: between accommodation and confrontation", *Occasional bulletin of Missionay Research Library*, 2 (Jan. 1978), pp. 19 – 28 (22) .

第十二章

1. Frederick Turner, "Protestantism and polities in Chile and Brazil", *Comparative Studies in Society and History*, 12: 2 (1970), pp. 213 – 29 (216) .

2. Ibid. , p. 225.

3. Juan Tennekes, "El mocimiento Pentecostal en la sociedad Chilcna" (mimco) (Santiago: La Vida Nueva, 1973); Johannes Tennekes, "Le mouvenment pentecotiste chilien et la politique", *Social Compass*, 25: 1 (1978), pp. 55 – 79.

4. William Cook, "Interview with Chilean Pentecostals" (WCC, Cancouver, 1983), *Intrenational review of Mission*, 71 (Oct. 1983), pp.

591－595.

5. Vietor Alfredo Quezada, "The challenge of growth for the Baptist Church in Chile", Th. M. Diss. Fuller Theologieal Seminary, Pasadena, Calif., 1985.

6. Humberto Lagos Schffeneger and Arturo Chacon, "La relifionen fuerzas armadasy deorden", Santiago, Chile, 1986.

7. Kenneth Aman, "Fighting for God: the military and religion in Chile", *Cross Currents*, 36 (New. 1987), pp. 459－466 (460).

8. Christian, Lalive D'Epinay, "Regimes politiques et millenarisme dans une societe dependante", *Actes* of the 15th Conference of the CISR, Venice, 179 (Paris: CISR, 1979).

9. Jose Miguez Bonino, "Presencia y ausencia protestante enla Argentina del proceso militar 1976－1983", *Cheistianismoy Sociedad*, 83 (1985), pp. 81－85.

10. Pablo A. Deiros, "Argentine Baptists and politics: an analysis of relations", Ph. D. Diss., Southwestern Baptist Theological Seminary, Fort Worth, Texas, 1985.

11. Walter Lafeber, *Inevitable Revolutions* (New York and London: Norton, 1983); Shirley Christian, "Nicaragua. Revolution in the Family" (New York: Random House, 1986), ch. 12; Issue on Nicaragua, *This World*, 6 (Fall 1983).

12. Beth Spring, "Nicaragua: the Government's heavy hand falls on believers", *Christianity Today*, 29: 18 (Dec. 1985), p. 51.

13. Ibid..

14. 我最近看到了玛格丽特·柏罗马在一篇文章中关于尼加拉瓜的一些评价。Margaret Poloma, "Pentecostals and politics in North and politics in North and Central America", in Jeffrey K. Hadden and Anson Shupe, *Prophetic Religions and Politics*, vol. 1 (New York: Paragon House, 1986), pp. 319－352. 玛格丽特·柏罗马认为尼加拉瓜的情形并不明朗（第343页），但是她肯定了新教急速的发展。

15. LaFeber, *Inevitable Revolutions*, p. 257.

16. Virginia Garrard Burnett, "A history of Protestantism in Guatemala", Ph. D. Diss., Thlane University, New Orleans: 1986.

17. Ibid. , p. 209.

18. Ibid. , p. 217.

19. Ronald Frasse, "A sociological analysis of the develoment of Brazilian Protestantism: a study in social change", Ph. D. Diss. , Princeton Theological Seminary, 1975, p. 347.

20. Ibid. , p. 376.

21. Ruben A. Alver, *Protestantism and Repression: A Brazilian Case Study* (New York: Orbis Boks, 1979) .

22. 引用于 Frase, "Brazilian Protestantism", p. 463.

23. Judith Chambliss Hoffnagel, "Pentecostalism: a revolutionary or comsevative movement?", in Stepen D. Glazier Perspectiues on Pemtecostalism (Washington, DC: University Press of America, 1980), 111 – 124 (116 – 117) .

24. Cornelia Butler Flora, *Pentecostalism in Clolmbia: Baptism by Fire and Spirit* (Cranbury NJ: Fairleigh Dickinson University Press, 1976) . p. 227.

25. Ibid. , p. 87.

26. Karl Wilhelm Westmeier, *Reconciling Heaven and Earth, the Iranscendental enthusiasm and growth of an urban Protestant community, Bogota, Colombia* (New York: Peter Lang, 1986) .

27. Ibid. , p. 260.

28. Jean-Pierre Bastian, "Dissidence religieuse dans Ie milieu rural mexicain", *Social Compass*, 32: 2/3 (1985), pp. 245 – 260.

29. Erwin Rodriguez, *Un euangelio segun la classe dominante* (Mexico City: UNAM, 1982) .

30. Jean-Pierrc Bastian, "Protestantismos Latinamericanos entre la resistencia y la sumision, 1961 – 1983", *Christianismo y Sociedad*, 82 (1984), pp. 49 – 68.

31. Hugo Assman, *A Igreja Electronica e seu impacto na America Latina* (Petropolis: Vozes, 1986) .

32. Jane Cary Peck, "Reflections from Costa Rica on Protestantism's dependence and nonliberative social function", *Journal of Ecumenical Studies*, 21 (Spring 1984), pp. 181 – 198.

33. Bobby C. Alexander, "Pentecostal ritual reconsidered: ' anti-stuctural '

dimensions of possession", *Journal of Ritual Studies*, 3: 1 (Winter 1989).

第十三章

1. Seymour Martin Lipset, *Revolution and Counterrevolution* (London: Heinenmann, 1969), ch. 1.

2. Claudio Veliz, Personal Communication. Cf Claudio Veliz, "A world made in England", *Quadrant* 187, Vol. XXVII, No. 3, March 1983, pp. 8 – 19.

3. Martin J. Wiener, *English Culture and the Decline of the Industrial Spirit, 1850 – 1980* (Cambridge: Cambridge University Press, 1981).

4. Richard W. Pointer, "Freedom, truth and American though 1760 – 1810", in Ronald A. Wells, and Thomas A. Askew, *Liberty and Law*, Grand Rapids, Mich.: Eerdmans, 1987). pp. 25 – 42.

5. Rodney Stark and Roger Finke, "Religious economies and sacred canopies: religious mobilization in American cities, 1906", *American Sociological Review*, 53 (March 1988), pp. 41 – 49.

6. Mark Girouard, *The Victorian Country House* (London and New Haven: Yale University Press, 1979).

7. Marilyn J. Westerkamp, *Triumph of the Laity, Scots-Irish Piety and the Great Awakening 1625 – 1760* (New York, Oxford University Press, 1988).

8. 请比较参照 Michael Billing, *Fascists* (London and New York: Harcourt Brzee Jovanovich, 1978); David J. O' Brien *American Catholic and Social Reform* [chapter 7 on Father Coughlin] (New York: Oxford University Press, 1968).

9. Rosa del Carmen Bruno-Jofere, *Methodist Education in Peru: Social Gospel, Polities and American Ideological and Economic Penetration 1888 – 1930*, (Waterloo. Ont.: Wilfred Laurier University Press, 1988).

10. Ivan Vaiiier, "Religious elites" in Seymour Martin Lipset and Aldo Solari (eds), *Elites in Latin America* (London, Oxford, New York: Oxford University Press, 1967), pp. 196 – 197.

11. Everett C. Hughes, "Action catholique and nationalism" in Stewart. Grysdele and Les Wheateroft (eds), *Religion in Canadian Society* (Toronto, Canada: Macmillan, 1976).

12. Richard J. Bord and Joseph E. Faulkner, *The Catholic Charismatic*

(London: Pennsylvania State University Press, 1983).

13. Thomas Chordaa, "Catholic Pentecostals" in Stephen D. Glazier (ed.), *Perspectives on Pentecostalism* (Washington D. C.: University Press of America, 1980), pp. 143 – 175.

14. Ralph Della Cava, personal communication.

15. 请比较参照 Ana Maria Ezcurra, "Neo-Conservatism in the USA. and Ideological Struggle towards Central America", *Social Compass*, Vol. XXX, 1983, 2 – 3, pp. 349 – 362, 请比较参照 Graham Howes, "God damn Yanquis", 发表于 "世界秩序与美国宗教" 的会议未刊论文, University of Massachusetts, Amherst, Jan. 1989.

16. 我在安德鲁·沃克执掌的马萨诸塞州的波士顿大学经济文化研究机构做了一些研究（未刊稿）。

17. David Barrett, "The Twentieth-Century Pentecostal/ Charismatic Renewal in the Holy Spirit, With its Goal of World Evangelization", AD2000 II, No. 5. Fall 1988, pp. 1 – 10; C. Peter Wagner, "Church Growth" in Stanley M. Burgess and Gary B. McGee, (eds), *Dictionary of Pentecostal and Charismatic Movements* (Grand Rapids: Zondervan 1988). 细致研究的一个例子可见 David Royal Brougham, *The Work of the Holy Spirit in Church Growth as seen in selected Indonesian Case Studies* (Pasadena, California: D. Miss. Fuller Theological Seminary, 1987).

18. Bryan R. Wilson, "Secularization: the inherited model" in Phillip E. Hammond (ed.), *The Sacred in a Secular Age* (Berkeley and Los Angeles: University of California Press, 1985), pp. 9 – 20, and "The Functions of Religion: a Reappraisal", *Religion* 18, June 1988, pp. 199 – 216.

19. 请比较参照 David Alfred Martin, *A General Theory of Secularization* (Oxford: Blackwell, 1978)。这本书最后一章填补了我前一本书在关于拉美的世俗化拉丁模式的改变方面的论述, 关于罗马天主教的大致情况请参考 David Alfed Martin, "Introductory essay" in Thomas Gannon (es.), *Catholicism in Transition* (London: Macmillan, 1988), pp. 3 – 35.

20. 也可以参考一些有用资料 Reginald Bibby and Merlin Brinkerhoff, "Circulation of the Saints in South America", *Journal for the Scientific Study of Religion*, 24 (1985), pp. 39 – 55.

术语汇编

abertura　序曲
bhakti　宗教虔诚
caciques　酋长
campesinos　农夫
cancionistas　歌曲作者，歌唱家
caidillismo　专制主义，专制制度
cofradias　教友会
compadres　朋友
creyentes　信徒们
criollo　克里奥尔人（欧裔，尤指西班牙裔拉美人，混血儿）
dirigentes　领袖
favela　（巴西的）贫民区
fiesteros　节日庆典
hermanos, hermanas　兄弟姐妹
Hispanidad　西班牙主义
indigenista　印第安人
integrista　传统主义者
irmandades　兄弟会
Nova Vida　新生命
Peninsulares　居住在半岛上的人
porfiriato　波菲力奥

promesa　预兆，迹象

Reglamento　规章制度
Resguardos　护身符
Sanidad Divina　神圣健康
LaViolencia　内战
wa　"和"

politicalopening　政治序幕
fervent devotion　热烈的灵修
agricultural workers　农业产业工人
singers　献唱者
authoritarian leadership　权威领袖
contraternities　协会、团体
godfathers　教父
believers　信徒
of mixed blood　具有混血血统
leaders　领袖
impoverished, ramshackle suburb　穷困潦倒的郊区
revellers　饮酒狂欢者
brothers, sisters　弟兄姊妹（基督教教内信徒之间的称呼）
the realm of Hispanic culture　西班牙文化的范围
pro-native　前本土的

organist 风琴演奏者
brotherhoods 兄弟关系，手足情谊
"New Life" "新生命"
people with spanish roots 有西班牙血缘的人
intermittently repressive regime of Porfirio Diaz 波尔菲力奥·迪亚兹间歇压制的统治
lasting from 1876 to 1910 从1876年持续到1910年

promise（of spiritual gifts）（属灵恩赐的）应许
Rule or Discipline 规则或纪律
reserves 储备
divine healing 神圣医治
Colombian Civil War 哥伦比亚内战
System of harmonization（Japan）（日本）大和系统

关于神召会的统计数据

	1973	1982	1989
阿根廷	5.034/5.000	15,000/30,000	329,100
玻利维亚	6,400/4,000	12,387/10,007	8,649,000
智利	2,961/1,240	6,600/4,000	33,310
哥伦比亚	2,895/5,861	6,636/9,282	35,727
多米尼加共和国	6,665/12,359	13,276/10,213	77,290
厄瓜多尔	780/1,489	1,559/2,704	21,550
萨尔瓦多	12,100/69,500	43,000/95,000	210,000
危地马拉	13,431/19,300	35,909/78,015	148,514
海地	2,747/5,966	6,315/30,527	41,828
洪都拉斯	1,762/3,238	8,311/18,495	45,313
墨西哥	12,500/32,677	45,000/50,000	570,334
尼加拉瓜	2,897/7,583	10,200/6,450	64,000
巴拉圭	295/250	540/860	13,250
秘鲁	35,500/15,250	72,000/30,000	204,750
乌拉圭	2,179/3,034	10,000/13,000	23,000
委内瑞拉	4,386/8,113	10,000/13,000	62,965
总计：拉美			10,705,486

注：虽然神召会是拉美人数最多的福音派宗派。但它们在特定的国家，例如智利，并非总是最大的五旬节信仰宗派。在1989年的数据中，前面数据是积极参与教会的人的数据。其他不积极的单独列出。非常感谢密苏里州斯普林菲尔德的罗萨莱斯·麦克梅恩外国宣教机构分类所提供的数据。

参考书目

著　作

Aleantara Matos, Doming, *Cien anod de Preseeneia en Centroameriea*. Iglesiay Sociesas, Santigo, Chile. (Presbyterian Church), 1973.

Alves, Rubem. *Protestantism and Repression*; A Brazilian Case study. New York: Orbis Books, 1979.

Aman, Kenneth. *Border Regions of Faith*. New York: Orbis Books, 1986. Anderson, Robert Mapes. *Vision of the Disinherited*: The Makng of Modern Pentecostalism. New York: Oxford University Press, 1979

Anfuso, Josesph and Sezepanski Dacid. *Efrain Rios Montt*: sieruo o dietador; la uerdadero historiadel controuersial President de Cuatemala. Guatemala: Gospel Outreach, 1984.

Annis, Sheldon. *God and Production in a Guatemalan Tomn*. Austin: University of Texas, 1988.

Arias, Moetimer (ed.) *Euangelizacion y reuolucion en America latina*. Montevideo: 1969.

Assemblies of God, General Council. *Growth Analysis of Assemblies of God Foeritgn Mission Dields*, 1965 - 1975. Springfield, Mo: Asscmbly of God Publishing House, 1976.

Assman, Hufo. *Aigreja electronico e sen impaeto na America Latina*. Petropolis: Vozes, 1986.

Barrett, Leonard. *The Rastafarians*: Sounds of Cultural Dissonance. Boston Beacon Press, 1977.

Bastian, Jean-Pierre. *Breue historia del Protestantismo en Americe Latina*.

Mexico City: CUPSA, 1986.

—*Los dissidentes, sociedades Protestantes y reuolucion en Mexico 1872 – 1911.* Mexico City: Fondo de Cultura Economica and El Colegiio de Mexixo, 1988.

—*Protestantismo y sociedad en Mexico.* Mexico City: CUPSA, 1983.

Bastide, Roger. *The African Religions of Brazli.* Baltimore: Johns Hopkins University Press, 1978.

Belli Umberto. *Braking Haith Faith: The Sandinista Reulution and Its Impact on Freedom and Christian Faith in Nicaragua.* Westchester, Ill.: Crossway Books, 1985, (Reviewed by Peter Calvert, *JournaL of Latin American Studies*, Nov. 1986, p. 465.)

Berberian, Maetha. *La communicaeion masiua y el euangelico.* Guatemala City: Ediciones Sa-Ber, 1983.

— "An East Asian development model?" in Berger, Peter and Hsiao Hsin-Huang Michael (eds). *In Search of an East Asian Deuelopment Model.* New Brunswick, NJ and Oxford: Transaetion Books, 1988, pp. 197 – 219.

Bermudez, Fernando. *Death and Resurrection in Guatemalaa.* (Teans. Robert Barr) Maryknoll, NY: Orbis Books, 1986.

Berryman, Philip. *The Religious Roots of Rebellion: Christianity in Central American Reuolution.* New York: Orbis Books, 1984.

Birdwell-Pheasant, Donna. "The power of Pentecostalism in a Belizean Village" in Glazier, Stephen D. (ed.). *Perspectiues on Pentecostalism: Case Studies from the Caribbean and Latin America.* Washington, DC: University Press of America, 1980, pp. 95 – 110.

Boehm, Richard G. And Visser, Sent (eds). *Latin American Studies.* Dubuque, Iowa: Kendall/Hunt, 1984.

Brintnall, Douglas E. *Revolt Against the Dead: The modernization of a Mayan Community in the High lands of Guatemala.* New York: Gordeon and Breach, 1979.

Bruce, Steve. *Firm in the Faith.* Aldershot, England; Gower, 1984.

Bruno-Jofre, Rosa del Varmen. *Methodist Educatin in Peru: Social Gospel, Politics and American Ideological and Ecomomic Penetration: 1888 – 1930.* Waterloo, Ont: Wilfrid Laurer University Press, 1988.

Calder, Bruce Johnson. *Creimiento y canbio dela Iglesia Catolica en Guatemalteca 1944 – 1966.* Guatemala City: Editorial Jose de Pineda Ibarra, 1970.

Cava, Ralph Della. *Miracle at Joaseiro.* New York: Columbia University Press, 1970.

Cesar, Waldo A. *Para Uma Socilogia do Protestantismo brasileiro.* Petropolis: Vozes, 1973.

—*Protestantismo o imperialismo na America Latina.* Petropplis, Brazil: Vozes, 1968.

Chant, Barry, *Heart of Fire*, Sydnet: House of Tabor, 1984.

Christian, Shirley. *Nicaragua. Revolution in the Family.* New York: Random House, 1986.

Clark, Dacid. *Betwen Pulpit and Pew: Folk Religion in A North Yokshire Fishing Village.* New York: Cambridge University Press, 1982.

Collinson, Patrick. *The Elizabethan Puritan Movement.* London: Cape, 1967.

Cook, Guillermo. *The Expectation of the Poor. Latin American Basic Ecclesial Communities in Protestant Perspective.* Maryjnoll, NY: orbis Books, 1985.

Costas, Orlando E. *Christ Outside the Gate.* Martknoll, NY : Orbis Books, 1982.

—*El Protestantismo en America Latina hoy: ensayos del camino*, San Jose, Costa Rica: Indef, 1975.

—*Theology of the Crossroads in Contemporary Latin America: Missiology in Mainline Protestantism 1969 – 1974.* Amsterdam: Rodopi, 1976.

Costello, Gerald M. *Mission to Latin America: The Successes and Failures of a Twentieth Century.* Maryknoll, NY: Orbis Books, 1979.

Damboriena, Prodencio. *El Protestantismo en America Latina.* (2 vols.) Friburgo: FERES, 1962.

Damc. Lawrence, *Maya Mission.* Garden City, NY: Doubleday, 1968.

Dayton, Donald W. *Theological Roots of Pentecostalism.* Metuchen. NJ: The Scarcrow Press, 1987.

Deiros, Pablo A. (ed.) . *Los euangelicos y el poder en America Latina.* Grand Rapids, Mich. : Eerdmans, 1986.

De Kadt, Emmanuel, "Religion, the Church and Church and social change in Brazil", in veliz Claudio (ed.), *The Politics of Conformty in Latin America*. New York: Oxfor University Press, 1965, pp. 192-220.

de la Rosa, Martin and Reilly, Charles A. *Religion y politica en Mexico*. Mexico City: Siglo Ceintiuno, 1985.

Denton, Charles F. "La mentalidad protestante: un enfoque sociologico" Ediciones Certeza, 1974.

Directorio Euangelico 1986. Lima: Concilio Nacional Evangelieo del Peru, 1986.

Dirksen, Carolyn. "Let your women keep silence" in Bowdle, Donald (ed.). *The Promise and the Power*. Cleveland: Pathway Press, 1980, pp. 165-196.

Dussel, Enrique. *Hipotesis para una historia de la teologia en Ameriea Latina*. Bogota. Colombia: lndo-American Press Service, 1986.

Emery, Gennet M. *Protestantism in Guatemala: Its Influence on the Bicultural Situation with Reference to the Reference to the Roman Catholic Background*. Sondeos, 65.

Cuernavaca, Mexico: CIDOC, 1970.

Enns, Arno W. *Man, Milieu and Mission in Argentina*. Grand Rapids, Mich.: Eerdmans, 1971.

Erskine, Noel Leo. *Decolonizing Theology: A Caribbean Perspectiue*. Maryknoll, Nj: Orbis Books, 1981.

Ezcurra, Ana Maria. *La ofensiua neoconseruadora: la iglesis de USA y la lucha ideologica bacia America Latina*. Madrid: IEPALA, 1982.

Finkler, Kaja. *Spiritualist Healers in Mexico: Successes and Failures of Alternative Therapeutics*. New York: Berger and Garvey, 1985.

Flora, Cornelia B. *Pentecostalism in Colombia: Baptism by Fire and Spirit*. Cranbury, NJ: Fairleigh Dickinson University Press, 1976.

— in Glazier, Stephen D. (ed.). *Perspectives on Pentecotalism: Case Studies from the Caribbean and Latin America*. Washington, DC: University Press of America, 1980.

Fortuny, Patricia. "Movimientos religiosos minoritarios en el Yucatan rural de hop" in *Copitalismo y vida eural en Yucatan*. Merida, Yucatan: Department of Economic and Social Studies, 1984, pp. 357 – 367.

Franklin, Karl. *Current Concerns of Anthropologists and Missionaries*. Dallas, Tex. : International Museum of Cuktures, 1987.

Fulbrook, Mary. *Piety and Politics: Religion and the Rise of Absolutiam in England, Württemberg and Prussia*. New York: Cambridge University Press, 1983.

Garma Navarro. Carlos. *Protestantismo en una communidad totonaca de Puebla*. Mexico City: INI, 1987.

Garrison Vivian "Sectarianism and psychosocial adjustment: a controlled comparison of Puerto Rican Pentecostals and Catholics" in Zaretskt, Irving I. And Leonc, Mark p. (eds.) . *Movements in Contemporary America*. Princeton, NJ: Princeton University Press, 1974.

Gates, Brian (ed.) . *Afro-Caribbean Religions*. Ward Lock, 1980.

Gaxiola, Manuel J. *La serpiente y la paloma: analisis del erecimiento dela Iglesia Apostolica de la fe en Cristo Jesus en Mexico*, South Pasadena, Calif: William Carey Library, 1970.

Glazier, Stephen D. *Marching the Pilgrims Home: Leadership and Decision Making in an Afro-Canribbean Faith*. Westport, Conn. And London: Greenwood Press, 1983.

—*Perspectiues on Pentcostalism: Case studies from the Caribbean ande Latin America*. Washington, DC: University Press of Ameridca, 1980.

Goff, James. *Protestant perscution in Colombia 1948 – 1958*. Cuernavaca, Mexico: CIDOC, 1965.

— "Apostolice of Yucatan" in Erika Bourgnon, (ed.) . *Religion, Altered States of Consciousness and Social Change*. Colunbus: Ohio State University Press, 1973, pp. 198 – 218.

Goodman, Felicitas D. "A trance-based upheaval in Yucatan" in Felicitas Goodman, Jennett Jenney and Esther Pressel (eds), *Trance, Healintg and Hallucination: Three Field Studies in Religious Experience* (New York and London: Wiley, 1974.

Graveley, Will B. " Afrcan methodisms and the rise of black

denominationalism" in Richey, Russell and Rowe, Kenneth (eds.). *Rethinking methodist History*. Nashville: Kingswood Books, 1985, pp. 111 – 124.

Halevy, Elie. *A History of the English Prople in 1815*. London: T. Fiser Unwin, 1924.

Hamid, Idib. *A History of the Presbyterian Church in Trinidod 1868 – 1968*. Trinidad: St Andrews Theological College, 1980.

Hamid, Idris. *Out of Depths*. Trinidad: St Andrews Theological College, 1977.

Harrell, David Edwin, Jr. *Oral Roberts: An American Life*. Bloomington: Indiana University Press, 1985.

Haselden, Kyle. *Death of a Myth: New Locus for Spanish American Faith*. New York: Friendship press, 1964.

Haslam, David. *Faith in Strugggle: The protestant Churches in Nicaragua and their Response to the Revolution*, London: Epworth press, 1987. Hefley, james and Heflry, marti. *Uncle Cam*. Waco, Tec.: Word books, 1974.

Hempton, David. *Methodism and Politics in British Society 1750 – 1850*. Stanford, Calif.: Stanford University press, 1984.

Hill, Michacl. *A Sociology of Religion*. London: Heineman Educational, 1973.

Hinshaw, R. E. *Panajachel: A Guatemala Town in Thirty-Tear Perspective*. Pittsbugh: University of Pittsburgh Press, 1975.

Hoffnagel, Judith Chambiss. "Pentecostalism: a revolutionary or a conservative movement?" in Dlazier, Stephen D. (ed.). *Perspectives on Pentecostalism: Case Studies from the Caribbean and Latin America*. Wasthington, DC: University Press of America, 1980, pp. 111 – 124.

Hollenweger, Walter James. *The Pentecostals : The Charismatic Movement in the Churches*. Minneapilis: Augsburg Publishing House, 1972.

—*Pentecost between Black and White: Five Case Studies on Pentecost and Politics*. Belfast: Christian Journals, 1974.

Howe, Gary Nigel. "Capitalism and religion at the periphery: Pentecostalism and Umbanda in Brazil", in Clazier, Stephen D. (ed.). *Perspectives on Pentecostalism: Case Studies from the Caribbean and Latin America*. Washington, DC: University Press of America, 1980.

Huck, Eugene and Mosely, Edward. *Militants, Merchants and Missionaries: US Expansion in Middle America.* University of Alabama Press, 1970.

Hunka, Jack W. *The History/Philosophty of Assemblies of God in Latin America.* Wesrern Evangelical Seminary, 1967.

Hunter, James Davisn. *American Evangelicalism.* New Brunswick, NJ: Rutgers University Press, 1983.

Hvalkof, Soren and Aaby, Peter (eds). *Is God an American? An Anthropological Perspective on the Missionary Work of the Summer Institute of Linguistics.*

Copenhagen: International Work Group for Indigenous Affairs and London: Survival International, 1981.

Johnson, Norbert E. *The History, Dynamic, and Problems of the Pentecostal Movement in Chile.* Richmond, Va: Union Theological Seminary, 1970.

Jones, Charles Edwin. *A Guide to the Study of the Holiness Movement.* Metuchen, NJ: The Scareerow Press and The American Theological Library Association, 1974.

—*A Guide to the Study of the Pentecostal Movement* (2 Vols.). Metuchen, NJ: The Scarecrow Press, 1983.

Jurgen-Prien, Hans. *La Historica del Christianismo en America latina.* Salamanca: Ediciones Sigueme, 1985.

Kessler, Jean Baptiste August. *A Study of the Older Protestan Missions and Churches in Peru and Chile.* Goes, Netherlands: Oesterbaan and le Cointre, 1964.

Kilson, Martin and Rotberg, Robert I. *The African Diaspora: Interpretive Esssays.* Cambridge, Mass. : Haevard University Press, 1976.

Kim, Illsoo. "Organizational patterns of Korean-American Methodist Churches: denominationalism and personal community" in Richey, Russell and Rowe, Kenneth (eds). *Rethinking Methodist History.* Nashville: Kingswood Books, 1985, pp. 228 – 237.

Kim Kyong-Dong. "The distinctive features of South Kora's developmert" in Berger, Peter and Hsiao, Hsin-Huang, Michel (eds.). *In Search of an East Asiam Development Model.* New Brunswick, NJ and Oxford: Transaction

Books, 1987, pp. 197-219.

Kliewer, Gerd Uwe. *Das neue volb der pfingstler: religion, unterentwicklung und sozialer wandel in Lateinamerka.* Bern: Peter Lang, 1975.

Lafeber, Walter, *Inevitable Revolutions*, New York and London: Norton, 1983.

Lalive, Gerhard. *The Religious Factor.* Garden City, NY: Doubleday, 1961.

Lalive D' Epinay, Christian. *Haven to the Masses: A Study of the Pentecostal Movement in Chile.* London: Lutterworth Press, 1969.

—*Penetratin culturalle et presse religieuse: le casd, unerevue protestante argentine.* Sondeos, 80. Cuernavaca, Mexico: Centro Intercultural deDocumentacion, 1971.

—*Religion, dynamique sociale et dependance: les mouvements protestantsen Argentine et an Chile.* Paris, The Hague: Mouton, 1975.

Lanternari, Vittorio. "Religious Movements in Jamaica" in Fruche, Richard (ed.). *Black Society in the New World.* New York: Random House, 1971.

Laqueur, Thomas Walter. *Religion and Respectability: Sunday Schools and Working Class Culture 1780-1850.* New Haven and London: Yale University Press, 1976.

Lara-Brand, Jorgo. "Protestants and the process of integration" in Shapiro, Samuel (ed.). *Integration of Man and in Latin America.* Notre Dame and london: University of Notre Dame Press, 1967.

LaRuffa, Anthony L. "Pentecostalism in Puerto Rican society" in Glazier, Stephen D. (ed.), *Perspectives on Pentescostalism: Cae Studies from the Caribbean and Latin America.* Washington, DC: University Press of America, 1980.

Leonard, Emile. *O Protestantismo Brasileiro: estudo de eclesiologia e historia social*, Sao Pauli: Aste, 1963.

Lernoux, Penny. *Cry of the People.* Harmondsworth: Penguin, 1980.

Levine, Daniel H. (ed.). *Religion and Political Conflict in Latin America.* Chapel Hill and London: University of North Carolina Press, 1986.

— *Religion and politices in latin America: The Catholic Church in Venezuela and Colombia.* Princeton, NJ: Princeton University Press, 1981.

Lewis, Gordon K. *Main Currents in Caribbean Thought.* Baltimore: Johns

Hopkins University Press, 1985.

Lewis, Ioan. *Ecstatic Religion.* Harmondsworth: Penguin, 1971.

Lipset, Seymour Martin. *Revolution and Counterrevolution.* New York: Basic Books, 1968; London: Heinemann, 1969.

— Religion in American Politics in Novak, Michael (ed.), *Capitalism and Socialism: A Theological Inquiry.* Washington, DC: American Enteprise Institute, 1979.

Long, Norman. *Social Change and the Individual.* Manchester: Manchester University Press, 1968.

Locejoy, David S. *Religious Enthusiasm in the New World: Heresy to Revolution,* London and Cambridge, Mass. : Harvrd University Press.

McDonald, Forrest. *Noveus Ordo Seclorun: The Intellectual origins of the Constitution,* Kansas City: University of Kansas Press, 1987.

MeGavran, Donald. *Church Growth in Mexico.* Grand Rapids, Mich. Eerdmans, 1963.

MacLeod, Hugh. *Religion and the People of Western Europe 1789 – 1970.* London: Oxford University Press, 1981.

Madsen, William. *Christo-Paganism: A Study of Mexican Religious Syncretism.* New Orleans: Middle American Research University (Tulane), 1957.

Maduro, Otto. *Religion y comflielo social.* Mexico City: City, 1980. Maestre, Julio R. *Las buenas obras: un imperatieo de Jesus.* Buenos Aires: Certeza, 1981.

Marti, Casimiro et al, *Iglesia y soeisdad en Expana 1939 – 1975.* Madrid: Editorial Popular, 1977.

Martin, Davis. *A General Thoery of Secultartization.* Oxford: Blackwell, 1978.

Maraden, Georgo. *Fundamentalism and American Culture.* New York: Oxford University Press, 1980.

Marzal, Manuel. *La transformation religiosa peruana.* Lima: Pontifical University, 1983.

Medhurst, Kenneth. *The Church and Labour in Colombia.* Manchester: Manchester University Pres, 1984.

Miller, Elmer. *Harmony and Dissonance in Argentine Toba Society.* New

Haven, Conn,: Human Relations Area Files, 1980.

Miller, William Lee. *The First Liberty: Religion and the American Republic.* New York: Paragon House, 1985.

Millett, Richard. "The perils of suceess: post-World War II Latin American Protestantism" in Brown, Lyle C. And Cooper, William F. (eds). *Religion in latin American Life and Literature.* Waco, Tex. : Baylor University Press, 1980.

Mintz, Sidney. *Worker in the Cane.* New York: Norton, 1974.

Moore, Robert. *Pitmen, Prechers, and Politics: The Effects of Methodism in a Durham Mining Commnnity.* Cambridge: Cambridge University Press, 1980.

Mintx, Sidney. *Worker in the Cane.* New York: Noroton, 1974.

Moore, Robert. *Pitmten, Preachers, and Politics: The Effects of Methodiam in a Durham Mining Community.* Cambridge: Cambridge University Press, 1974.

Morran, Elda Susan and Schlemmer, Lawrence. *Faith for the Fearful?* Durban: Centre for Applird Social Sciences, University of Natal, 1984.

Morrish, Ivor. Obeah, *Christ and Rastaman: Jamaica and its Religion.* Cambridge: James Clarke, 1982.

Mouzelis, Nieos P. *Politics in the Semi-Periphery.* London: Macmillan, 1986. Mulrain, George MacDonald. *Theology in Folk Culture: The Theological Signifcancs of Haitian Folk Religion.* New York: Peter Lang, 1984.

Muratorio, Blanca. "Protestantiam, ethnicity and class in Chimborazo" in Whitten, Norman E. Jr. (ed.). *Cultural Transformations and Ethnicity in Modern Ecuador.* Urbana: University of Illinois press, 1981, pp. 506 – 534.

Nelson, Wilton M. *Protestantism in Central America.* Grand Rapids Mich. : Eerdmans, 1984.

— *El Protestantismo en Centroamerica.* San Jose: Editorial Caribe, 1982. Nettleford, Rex. *Caribbean Cultural Identity: The Case of Jamaica.* Kingston, Jamaica: ACIJ, 1978.

Nicholls, David. *Haiti in Caribbean Context.* London: Macmillan, 1985.

Nida, Eugene A. *Undersrstanding Latin Americans: With Special Reference to Religious Values.* South Pasadena, Calif. : William Carey Library, 1974.

Norman, Fdward. *Christianity in the Southern Hemisphere.* Oxford: Clarendon

Press, 1981.

Novaes, Regina R. *Os escolhidos de Deus* (booklet), Cadernos do ISER, 19. Rio de Janreiro: ISER, 1985.

Obelkevich, James. *Religion and Rural Society: South Lindsey 1825 – 1875.* Oxford: Clarendon Oress, 1976.

Oliviera, P. Ribero de. *Religaoe dominacao de classe: genese, estructurae funcao do Catolicismo romanizaso na Rrasil.* Petropolis: Vozes, 1985.

Orr, J. E. *Evangelical Awakenings in latin America.* Medsllin: Tipografia Union, 1978.

Ospina, A. *The Protestant Denomination in Colombia.* Bogota: National Press, 1954.

Owens, Joseph. *Dread: The Rastafarians of Jamaica.* Kingston, Jamaica: Sangster, 1976.

Palmer, Donald. *Explosin of People Evangelism.* Chicago: Moody Press, 1974.

Pantojas Carcia, Emilip. *La iglesia protestante y la americanizcion de Puerto Rico 1898 – 1917.* Baymon, PR: Prisa, 1976.

Pointer, Richard W. *Protestant Pluralism and the New York Experience*, Bloomington and Indianapolis: Indiana University Press, 1988.

Poloma, Margaret. *The Charismatic Movement: Is There A New Penteost?* Boston, Twayne, 1982.

"Penteeostals and politics in North and Central America" in Hadden, Jeffrey and Shupe Anson (eds), *Prophetic Religion and Politics.* New York: Paragon House, 1986.

Peieto, Luis C. *Las Iglesias Evangelicas da Guatemala.* Universidade Francisco Marroquim, Depto de Teologia, 1980.

Prien, Hans-Jurgen. *La historia de la Iglesia en Lotin America.* Salamanea, Spain: Ediciones Sigueeme, 1985. (Originally published in German, 1978 Gottingen: Vandenwoek andRuprecht.) Extensive bibliography.

PROCADS. *Directorio de Iglesias, Organizaciones y Ministerios del Movimiento Prolestante: Guatemala.* UINDEF and SEPAL. Guatemala City, 1981.

Read, William. *Brazil 1980: The Protestant Handbook*, 1973.

—— *New Patterns of Church Growth in Brazil.* Grand Rapids, Mich.: Eerdmans,

1965.

—Monterroso, Victor M. And Johnson, Harmon A. *Latin American Church Growth*. Grand Rapids, Mivh. : Ertdmans, 1969.

Redkop, Calvin. *Strangers become Neighbours: Mennonite and Indigenous Relations in the Paraguayan Chaco*. Studies in Anabaptist and Mennonite Relations in the Paraguayan Chaco. Studies in Anabaptist and Mennonite History, 22. Scottsdale, Ariz. : Herald Press, 1980.

Ringenberg, Roger. *Rastafarianism: An Expanding Janaican Cult*. Kingsto: Jamaica Theologcal Seminary, 1978.

Roberts, Griffth T. "Methodism in Wales" in Dacis, Rupert, George, A. Raymond and Rupp, Gordon (eds). *A Hisrory of the Methodist Church in Great Britain*. London: Epworth, 1983.

Rodringues Brandao, Carlos. *Os Deuse do pouo: um estudo sobre religao popular*. Sao Paulo: Brasiliense, 1980.

Rodriguez Diaz, Daniel R. *ldeolongias protestantesy misiones: el caso de puerto Rolim, 1989-1930*. Mexico. City: UNAM, 1979.

Rolim, Francisco Cartaxo. *Pentecostais no Brasil: uma interpretacao socio-religiosa Petropolis*. Vozes, 1985.

—*Religiao e classes populares*. Petropolis: Vozes, 1980.

Roof, Wade Clark and Mckinney, William. *American Mainline Religion*. New Brunswick, NJ: Rutgers University Press, 1987.

Runyon, Theodore (ed.). *Sanctification and Liberation*. Nashville, Tenn. : Abingdon press, 1981.

Russell, Horace Orlando. *The Baptist Witness* [West Indies and Latin America]. Elpaso. Paso: Baptist Spanish Publishing, 1983.

Salesman, P. Eliecer. *Ciudado: Llegaron los protestantes*. Bogota: Libreria Salesiana, 1982.

Sanchez, Jose. *Anticlericalism: A Brief History*. Notre Dame, London: University of Notre Dame Press, 1972.

Sandberg, Neil C. *Identity and Assimilation*. Washington DC: University Press of America, 1981.

Savage, Peter et al. *Protestant Belief Systems in Three Latin American Countries:*

A Preliminary Report of an Empirical Analysis. Cochabamba, Bolivia: Board of Communication Rex Mundi', 1973/74.

Sawatsky, H. L. *They Sought a Country: Mennonite Colonization in Mexico.* Berkeley: University of California Press, 1971.

Segundo, Juan L. *The Hidden Motives of Pastoral Action: Latin American Reflections.* Maryknoll, NY, Orbis, 1978.

Sellers, Ian. *Nineteenth Century Nonconformity.* London: Edward Arnold, 1977.

Semmel, Bernard. *The Methodist Revolution.* New York: Basic Books, 1973.

Siepierski, Paulo. *Evangelizacao no Brasil: Un perfil do protestantisamo bradileiro; o caso pernambuco.* Sao Paulo SP: Ed Sepal, 1987.

Simpson, George Eaton. *Black Religions in the New World.* New York: Columbia University Press, 1978.

—*Religious Cults in the Caribbean.* Rio piedrad, PR: Institute for Caribbean Studies, 1970.

Sinclair, J. *Protestantism in Latin America: A Bibliographical Guide.* Austin, Tex: Hispanic American Institute, 1976.

Smith, Ashley. *Pentecostalism in Jamaica.* The William Hammett Lecture 1975. Methodist Book Centre. Kingston, Jamaica: Mark Lane, (n. d).

—*Real Roots and Potted Plants: Relections on the Caribbean Church.* Kingston, Jamaica: Mandeville Publishers, 1984.

Smith, Brian. *The Church and Politics in Chile.* Princeton, NJ: Princeton University Press, 1982.

Smith, Michael G., Angier, Roy and Nettleford, Rex. *The Rastafarian Movement in Jamaica.* West Indies Institute of Social and Economic Research. University if the west indies, 1960.

Souza, Beatriz M. *A experiencia da salvacao: pentecostaisem Sao Paulo.* Sao Paulo: Duas Cidades, 1969.

Stark, Rodney. "Jewish conversion and the rise of Christianity: rethinking received wisdom" in Richards, Kent Harold (ed.). *Society of Biblical Literature Seminar Papers.* Atlanta: Scholars Press, 1986, pp. 314 – 329.

— "Modernization and Mormon success" in Robbins, Thomas and Anthony,

Dick (eds), *In Gods We Trust*. New Brunswick, NJ: Transaction Books, 1989.

Stoeffler, F. Ernest. *Continental Pietism and Early American Christianity*. Grand Rapids, Mich.: Eerdmans, 1976.

Stoll, David. *Fishers of men or builders of Empire? The wycliffe Bible Translators in Latin America*. Cambridge, Mass: Cultural Survival, 1982.

Sweeney, Erncst S. *Foreign Missionaries in Argentina, 1938–1962: A Study of Dependence*. Sondeos, 68. Cuernacaca, Mexico Intercultural de Documentacion, 1970.

Synan, Vincent. *The Holiness Pentecostal Movement in the United States*. Grand Rapids. Mich: Eerdmans, 19721.

Tamney, Joseph B. and Hassan, Riaz. *Religious Switching in singapore: A Study if Religious Mobility*. Adelaide: select Books [Flinders University], 1987.

Tax, So and Hinshaw, Robert. "panajachel a generation later", in Goldschmidt, w. And Hoijer, H. (eds). *The Social Anthroplolgy of Latin America*. Los Angeles: Latin American Studies Series. 1970, pp. 175–195.

Thomas, Keith, *Religion and the Decline of magic*, Harmondsworth: Penguin, 1973.

Thompson, David M. (ed). *Noncomformity in the Nineteenth Century*. London and Boston: Routledge, 1972.

Thompson, Edward P. *The Making of the English Working Class*. Harmondsworth: Penguin 1968.

Thompson, Kenneth and Bocock, Robert (eds). *Religion and Ideology*. Manchester; Manchester University Press and the Open University, 1985, pp. 126–204.

Valderrey, Jose. *La cuestion de las sectas religiosas en la prensa mexicana*. Ponencia apresentada en el "Encuentro sobre las sectas religiosas en ei campo Mexicano". Oaxaca, 1986.

Vallicr, Ivan. *Catholicism, Social Control and Modernization in Latin America*. Englewood, NJ: pretice-Hall, 1970.

El vaticanoy la Administracion Reagan: convergencias en Centroamerica. Mexixo City: Ediciones Nuevomar y Claves Latinoamericanas, 1984.

Vaughan, John N. *The World's Twenty Largest Churches*. Grand Eapids, Mich.: Baker Book House, 1984, ch, 20.

Velasco Perez, Carlos. *La conquesta armaaa y espiritual de la nueva anteguerra*. Oaxaca, Mexico: Progreo Bellini, 1982.

Vergara, Ignacio. *EI Protestantismoen Chile*. Santiago; Ed. de Pacifico, 1962.

Wagner, C. Peter. *Latin American Theology: Radical or Ecangelical?* Grand Rapids, Mich.: Eerdmans, 1970.

—*Look out! The Pentecostals are Coming*. Carol Stream, Iii.: Creation House, 1973.

—*The Protestant Movement in Bolivia*. South Pasadena, Calif.: William Carey Library, 1970.

Wald Keith. *Crosses on the Ballot*. Princeton, NJ: Princeton: University Press, 1985.

Warren, Kay. *The Symbolism of Symbolism: Indian Identity in a Guatemalan Town*. Austin: University of Texas Press, 1978.

Waters, Anita. *Race, Class and Political Symbols: Rastafari and Reggae in Jamaican Politics*. New Brunswick, NJ: Transaction Books, 1985.

Weld, Wayne C. *An Ecuadorian Impasse*. [Originally a dissertation at Fuller Thcological Semingary.] Chicago: Evangelial Covenant Church of America, 1968.

Westmeier, Karl Wilhclm. *Reconciling Heaven and Earth: The Transcendental Enthusiasm and Growth of an Urban Protestant Communtiy*, Bogota, Colombia. New York: Peter Lang, 1986.

Whitten, Jr., Norman E. *Cultural Transformations and Ethnicity in Modern Ecuador*, Urbana: University of lllinois Press, 1981.

Wilkie, Jamcs and Perkal, Adam (eds.) *Statistical Abstract of Latin America* Vol. 3, 1984.

Williams, William. "The attraction of Methodism: the Delnarva Peninsula 1769 – 1820" in Russell, Richey and Rowe, Kennth (eds). *Rethinking Methodist History*. Nashvlle, Tenn.: Kingswood Books, 1985.

Williams, Emilio. *Followers of the New Faith: Culture, Change and the Rise of protestantism in Brazil and Chile*. Nashville, Tenn.: Vanderilt University

Press, 1967.

Wilson, Bryan R. *Magic the Millennium*. London: Heinemann, 1973.

Winter, Ralph D. *The 25 Unbelievable Years, 1945 – 1969*. South Pasadena, Calif: William Carey Library, 1970.

Wipfler, William Louis. *The Churches of the Dominican Republic in the Light of History*. Sondeos, 11. Cuernavaca: Centre for Intercultural Documentation, 1967.

Wong, James (eds). *Missions from the Third World*. Singapore: Church Growth Study Center, 1973.

Zapata Arceyuz, Virgilio. *Historia dela lgtesia Evangelica en Guatemala*. Guatemala City: Genesis Publicidad, 1982.

期刊文章

Alexander, Bobby C. "Pentecostal ritual reconsidcred: 'anti-structural' dimensions of possession". *Journal of Ritual Studies*, 3: I (Winter 1989).

— "Function ideologicay posibilidades utopicas del protestantismo latinamericano". *Dela Iglesisy la Sociedad*, (1971), pp. 1 – 15.

Alves, Rubem. "Protestantism in Latin America: its ideological function and utopian possibilities". *Ecumenical Reciew*, 23: 1 (1970), pp. 1 – 15.

— "Protestantismoe repressao". *Encentros Civilizcao Brasileira*, 3 (1978), pp. 199 – 204.

Aman, Kenneth. "Fighting for God: the military and religion in Chile", *Cross Currents*, 36 (Nov. 1987), pp. 458 – 466.

America Indigena, 44: 3 (Jan-Mar. 1984). (Complete issue on Protestantism.) Araujo, Joao Dias de. "Igrejas Protestantes e estado no Brasil". *Cadernos do ISER*, 7 (Nov. 1977), pp. 23 – 32.

Arias, Mortimer. "Contextual evangelism in Latin America: between accormmodation and confrontation". *Occasional Bulletin of Missionary Research Library*, 2 (Jan. 1978), pp. 19 – 28.

Austin, Diane J. "Born again... And again and again: communitas and social change among Jamaican Pentecostalists", *Journal of Anthropoiogical Research*, 37: 3 (Fall 1981), pp. 226 – 246.

Baldwin, Deborah. "Broken traditions: Mexican revolutionaries and Protestant allegiances". *The Americas*, 40: 2 (Oct. 1981), pp. 229 –258.

Barbieri, Sante. "Methodism in Latin America". Trans. B. F. Stockwell; ed. P. S. Watson. *London Qarterly and Holborn Review*, 176 (Apr. 1951), pp. 149 –155.

Bastian, Jean-Pierre. "Guerra Fria, crisis del Projecto liberal y atomizacion de los Protestantismos Latino-Americanos 1949 – 1959". *Christianismoy Sociedad*, 68: 2 (1981), pp. 7 –12.

—— "Itinerario de un intelectual popular protestante, liberal y francmasoncn Mexico: Jose Rumbia Guzman 1865 –1913". *Christianismo y Socicdad*, 92: 2 (1987), pp. 91 –108.

—— "Para una aproximacion teorica del fenlmeno religioso protestante en America Ceneral". *Chrisianismo y Sociedad*, 85 (1985), pp. 49 –68.

—— "Protestantismo popular y politica en Guatemala y Nicaragua". *Revista Mexicana de Sociologia*, 48: 3 (1986), pp. 181 –200.

Beaver, R. Pierce. "History of mission strategy". *Southwestern Journal of Theology*, 12 (Spring 2970), pp. 7 –28.

Belli, Humberto. "The Church in Nicaragua: under attack from within and without". *Religion in Communist Lands*, 12: 1 (1984), pp. 42 –54.

Bertozzi, Yolanda. "The Church's mission in countries under foreign Domination: a Central American perspective". *International Review of Missions*, 73 (1984), pp. 491 –501.

"Behind the headlines, Colombia is witnessing a major religious revival" (News). *Christianity Today*, 29: 13 (1985), p. 40.

Bibby, Reginald W. "Why conservative churches really are growing". *Journal for the Scientific Study of Religion*, 2 (1978), pp. 129 –137.

Bombart, Jean-pierre. "Les cultes protestantes ands une favela de Rio de Janeiro". *America Latina*, 12: 3 (1969), pp. 137 –159.

Brown, Diana de G. With Bick, Mario. "Religion, class, and context: continuities and discontinuities in Brazilian Umbanda". *American Ethnologist*, 14; 1 (1987), pp. 73 –90.

Bruce, Steve. "The persistence of religion: conservative Protestantism in the

United Kingdom" . *Sociological Review*, 31: 3 (August 1983) , pp. 145 – 161.

Bruno-Jofre, Rosa del Carmen. "La introducion del sistema Lancasteriano en peru: liberalismo, masoneria y libertad religiosa" . *Christianismo y Sociedad*, 92: 2 (1987), pp. 49 – 59.

— "La mision metodista y la educacion en Peru: 1889 – 1930" . *America Indigena*, 41: 3 (July-Sept. 1981), pp. 501 – 515.

Callan, Nevillw G. "Invitation to docility: defusing the Rastafarian challenge" . *Caribbean Journal of Religious*, 3: 2 (Sept. 1980), pp. 28 – 48.

Campiche, Roland J. "Sectas y nuevos movimientos religiosos: divergencias y convergencias" . *Christianismo y Sociedad*, 93: 3 (1987), pp. 9 – 20.

Carrasco, Pedro E. " Convertir para no transformar?", *Christianismo y Sociedad*, 95: 1 (1988), pp. 7 – 50.

Casanova, Jose. "The politics of the religious revival" . *Telos* (Spring 1984), pp. 3 – 33.

Castro, Emilio. "Pentecostalism and Ecumenism in Latin America" . *Christian Century* (Sept. 1972), pp. 955 – 957.

CELEP, "El Evangelio yLa Religion Electronica", *Pastorialia*, San Jose, Costa Rica, 9, 10, July 1987.

CERI-GUA. " Las sectas fundamentalistas y la contrainsurgencia en Guatemala" . *Servicio Eepecial*, Mar. 1987.

Cesar, Waldo. "Urbanizacao e religiosidade popular: um estudo da funcao da doutrina pentecostal na sociedade urbana" . *Revista de Cultura Vozes*, 8: 7 (1974), pp. 523 – 532.

Chaunu, Pierre. " pour une sociologie du protestantisme latine-americain: problemes de methode" . *Cahiers de sociologie Econimque*, 12 (May 1969), pp. 5 – 18.

Chevannes, Barry. "Revival and black struggle" . *Savacou*, 5 (June 1971), pp. 27 – 37.

Clawson, David L. " Religilus allegiance and development in rural Latin America" . *Journal of Interamerican Srudies and World Affairs*, 26 (1984), pp. 499 – 524.

Cook, William, "Interview with Chilen Pentecostals" (WCC, Vancouver, 1983). *International Review of Mission*, 72 (Oct. 1983), pp. 591 – 595.

— "The Protestant predicament: from base ecclesial community to established Church: a Brazilian case study." *International Bulletin Missionary Research Library*, 8 (July 1984), pp. 98 – 102.

Costas, Esdras. "Missiology in contemporary Latin America: a survey". *Missiology*, 5: 3 (19723), p. 89.

— "Protestantisme ct developement au nordest du Bresil". *Social Compass*, 16 (1969). pp. 51 – 61.

Costas, Orlando. "Church growth as a multidimensional phenomcnon: some lessons from Chile". *International Bulletin of Missionary Research Library*, 5 (Jan. 1981), pp. 2 – 8.

Curry, D. E. "Mcssianism and Protestanism in Brazil's Sertao". *Joumal of Interamerican Studies and World Affairs*, 12 (July 1980), pp. 208 – 225.

Dekker, James. "North American Protestant theology: impact on Central America". *Mennonite Quarterly Review*, 58: Supp. (August 1984), pp. 378 – 393.

Denton, Charles. "Protestantism and Latin American middle class". *Practical Anthropology*, 18 (Jan-Feb. 1971), pp. 24 – 28.

Dias, Zwinglio. "Resistance and submission: the kingdom of the powerless (Latin America)". *International Reivew of Mission*, 73 (Oct. 1984), pp. 408 – 416.

Dodson, Michael. "The politics of religion in revolutionary Nicaragua". *Annals of the American Society of political and Social Scientists*, 483 (Jan. 1986), pp. 36 – 49.

Dominguez, Enrique and Huntington, Deborah. "The salvation brokers: conservative Rvangclicals in Central America". *NACLA Report on the Americas* 18: 1 (Jan. -Feb. 1984), pp. 2 – 36.

Escobar, Samuel. "Los evangelicos y la politica". *Certeza*, 8 (Oct. - Dec. 1967), pp. 130 – 132.

"Evangelicos de Nicaragua reaffirnan su apoyo a la revolucion Sandinista enocasion de su primer aniversaeio". *Christianismo y Sociedad*, 18: 3 – 4

(1980), pp. 95 – 96.

Falla, Ricardo. "Evolucion Politico-religiosa del indigena rural en Guatemala 1945 – 1965". *Estudios Soiales Centroamericanos* (San Jose), 1: 1 (Jan. - Apr.), pp. 27 – 41.

Fernandes, Rubem C. "Aparacida, our Queen Lady and Mother, Sarava!". *Social Science Information*, 24: 4 (1985), pp. 799 – 819.

— "Fundamentalismo a la derecha y a la izquierda: misiones evangelicas y tensions ideologicas". *Chistianismo y Sociedad*, 69, 70: 3, 4 (1980), pp. 21 – 50.

— "O debate entre os sociologos a proposito dos Pentecostais". *Cadernos do ISER*, 6 (1977), pp. 49 – 60.

— "O debate do povo". *Religiao e Sociedade*, 6 (1980), pp. 226 – 231.

Field, Clive D. "The social structure of English Methodism". *British Journal of Sociology*, 28 2 (June 1977), pp. 199 – 225.

Finkler, Kaja. "Dissident religious movements in the service of women's power". *Sex Roles*, 1: 5 (May 1981), pp. 481 – 495.

— "Dissident sectarian movements: the Catholic Church and social class in Mexico". *Comparative Studies in Society and Histoty*, 25: 2 (1983), pp. 277 – 305.

Floriano, Maria das Gracas and Novaes, Regina. "O negro evangelico". *Comunicacoes* do ISER, 4 (1985).

Fortuny, Patricia, "Insereion y diffusion sectarismo en el campo Yucateca". *Yucatan: Historic y Ecouonica*, 60: 33 (1982).

Frase, Ronald, "The subversion of missionary intentions by cultural values: the Brazilian case". *Rveiew of Religious Research*, 23: 2 (Dec, 1981), pp. 180 – 194.

Fry, Peter and Howe, Gary Nigel. "Duas respostas a aflicao: Umbanda e Pentecostalismo". *Debate e Critica*, 6 (1975), pp. 75 – 94.

Garma Navarro, Carlos. "Liderazgo, mensaja religioso y contexto social". *Christianiso y Sociedad*, 95: 1 (1988), pp. 89 – 99.

— "Liderazgo protestante en una lucha campesina en Mexico". *America Indigena*, 44: 1 (1984), pp. 127 – 142.

—— "Los estudios antropolgicos sobre el protestantimo en Mexico". *Revista lztapalapa*, 15 (1988), pp. 53 – 66.

—— "Protesantismo en una comunidad Totonacam un estudio politico". *Religion popular hegemonia y resistencia* (1982), pp. 113 – 129.

Glazier, Stephen. "African cults Christian Churches in Ttinidad: the spiritual Baptist case". *Journal of Religious Thought*, 39 (Fall-Winter 1982 – 1983), pp. 17 – 25.

—— "Cariddean pilgrimages: a typology". *Journal for the scientific study of Religion*, 22 (Dec. 1983), pp. 316 – 325.

—— "Religion and contemporary religious movements in the Caribbean: a report". *Sociological Analysis*, 41:2 (1980), pp. 181 – 183.

Gonzalez, Nancie L. "Una mayor recompenso en el cielo: actividades de misioneros metodistas entre los amerindios de Belice". *America Indigena*, 47:1 (1987), pp. 139 – 168.

Greenway, Roger S. "The Luz del Mundo movenent in Mexico", *Missiology*, 1:2 (1973), p. 113.

"Guatemalan pastors: between a rock and a hard place". *Christianity Today*, 8 (May 1981), p. 43.

Gueiros Vieira, David. "Liberalismo, masoneria y protestanusmo en Brasil en el siglo XIX". *Christianismo y Sociedad*, 92:2 (1987), pp. 9 – 31.

Handy, Jim. "Rcsurgent democracy and the Guatemalan military". *Journal of Lain American Studies*, 18:2 (1986).

Hill, Michacl and Bowman, R, "Religious practice and religious adhcrence in contemporary New Zealand". *Archive des Sciences Sociales des Religions*, 59:1 (1985), pp. 91 – 115.

Hollenweger, walter. "After twenty years' research on Pentecostalism", *International Review of Mission*, 75 (1986), pp. 1 – 12.

Hollenweger, Walter. "Methodism's present: a Case Study of a cultural clash in chile", *Methodist History*, 20 (July 1982), pp. 169 – 182.

Hopkin, John Barton, "Music in Jamaican pentecostal churches". *Jamaica Journal* (Kingston: The Institute of Jamaica), 1984.

Howe, Gary Nigel. "Representacoes religiosas e capitalismo: uma 'leitura' estructuralista". *Cadernos do ISER*, 6 (1977): 39 -48.

Hurbon, Laennec. "Los nuevos movimientos religiosos en el Caribe". *Christianismoy Sociedad*, 93: 3 (1987), pp. 37 -64.

Kemper, Vicki. "In the name of relief: a look at private US aid in Contra territory". *Sojourmers*, 14: 9 (Oct. 1985), pp. 12 -20.

Kim Byong-Suh. "The explosive growth of the Korean Church today: a sociolgical analysis". *International Review of Mission*, 74 (Jan. 1988), pp. 59 -72.

Kliewer, G. U. "Asscmbleia de Deus e Eieicoes unm Municipio do Interior de Mato Grosso". *Communicacoes do ISER*, 3 (Dec. 1982), pp. 21 -27.

Lalive D' Epinay, Christian. "Regimes politiques ct millenarisme dans une societe dependante". *Actes* of the 15th Conferenceof the CISR, Venice, 1979. Paris: CISR, 1979.

Lawrence, Robert, "Evangelicals support Guatemalan dictator". *Cocert Action Information Bulletin*, 18 (1983), pp. 34 -40.

Lee, Elizabeth M, "School evangelism grows in Latin America". *International Review of Mission*, 41 (1952), pp. 185 -192.

Lewellen, The. "Deviant religion and cultural evolution". *Journal for the Scientific Study of Religion*, 18: 3 (Sept. 1979), pp. 243 -251.

Lewis, kingsley, "United in service". *Caribbean Journal of Religious Studies*, 7: 1 (Apr. 1986), pp. 6 -17.

McDonnell, Kilian. "The ideology if Pentecostal conversion". *Journal of Ecumenical Studies*, 5 (1968), pp. 108 -126.

Macicl, Elter D. "Conversao ao Protcstantismo". *Cadernos do ISER*, 1 (1974), pp. 21 -27.

Maduro, Otto. "Catholic Church, national security states and popular movements in Latin Amcrica", in *Actes* of the 17th Conference of the CISR. Paris: CISR, 1983, pp. 8 -19.

Marzal, Manuel. "Iglesia Cultural y nuevas iglesias". *America Indigena*, 48: 1 (Jan-Mar. 1988), pp. 139 -164.

Mayer, Jean-Francois. "El mundo de los nucvos movimientos religiosos". *Christianismo y Sociedad*, 93: 3 (1987), pp. 37 -64.

Mendonca, Antonio Gouvea. "Incorporacion de protestantismo y la 'cuestion religiosa' en Brasli en el siglo XIX, reflexiones e hipotesis". *Christianismo y Sociedad*, 92: 2 (1987), pp. 33 – 48.

Menezes, Eduardo D. "A igreja Catolica e a proliferacao das 'Seitas'", *Comunicucoes do ISER*, 5: 20 (July 1986), pp. 30 – 35.

Migucz Bonino, Jose. "La actitud politica de los protestantes en America Laitna", *Noticiero dela Fe*, 37 (July 1972), pp. 4 – 9.

—— "Presencia y auscencia protestant enla Argentina del processo militar 1976 – 1983". *Christiunismo y Sociedad*, 83 (1985), pp. 81 – 85.

Millett, Richard L, "Protestant-Catholic relations in Costa Rica", *Journal of Church and State*, 12 (winter 1970).

Minnery, Tom. "Why the Gospcl grows in socialist Nicargua: the revolution turned against capitalism but not Christianity", Christianity *Today*, 27 (Apr. 1983), pp. 34 – 42.

Moura, Abdalaziz de. "Pentencostalism and Brazilian religion". *Theology Digest* (Spring 1972), pp. 44 – 49.

Mulholland, Kenneth. "A Guatemalan expriment becomes a model for change" (Evangelical Presbyterian Seminary). *International Review of Mission.* 71 (Apr 1982), pp. 153 – 160.

Muratorio, Blanca. "Protestantism and capitalism revisited in the rural highlands of Ecuador". *Journal of Peasant Studies*, 8: 1 (Oct. 1980), pp. 37 – 60.

Nash, June. "Protestantism in an Indian village in the western highlands of Guatemala". *Alpha Kappa Delta* (Winter 1960), pp. 49 – 53.

Nelson, Reed. "Funcoes orpganizcionais do culto numa igreja anarquista". *Religiao e Sociedade*, 12: 1 (Aug. 1985), pp. 112 – 125.

"Nicrargua-hearts and bellies: a discussion of Salvation" (Dialogue in Managua bctween North Americans and Evangelical Pastors). *Sojourners*, 12: 3 (Mar 1983), pp. 20 – 21.

Niklaus, Robert. "Latin America: counter-evangelism". *Evangelical Mission Quarterly*, 19: 3 (July 1983), pp. 259 – 260.

Novaes, Regina R, "Os Pentecostais e a organizacao dos trabalhadores".

Religiao e Sociedade, 5 (June 1980), pp. 65 -98.

O' Connor, Mary, "Two kinds of religious movements among the Mayo Indians of Sonora, Mexico", *Journal for the Scientifc Study of Religion*, 18; 3 (1979) . pp. 260 -265.

Ojo, Matthews, "Charismatic cults in Nigeria" . *Africa*, 58: 2 (1988), pp. 175 -192.

Padilla, C. Rene. "A new ecclesiology in Latin America" . *International Bulletin of Missionary Research*, 11: 4 (Oct. 1987), pp. 156 -164.

Padilla J. , Washington, "La actividad de las sociedades biblics en el Ecuador durante el primer liberalismo" . *Christanismo y Sociedad*, 92: 2 (1987), pp. 61 -89.

Parajon, Gustavo. "Nicaragua: Evangelicals, Sandinistas and the Elections" (an interview) . *Transformation*, 2: 1 (Jan. -Mar. 1985), pp. 2 -4.

'parcial, El' . "La santa contrainsurgencia: sectas Protestantesen Centroanerica" . *Dialogo Social*, 17: 169 (July 1984) . pp. 47 -49.

Pearson, David G. "Race, religiosity and political activism" . *British Journal of Sociology*, 29: 3 (Sept. 1978), pp. 340 -357.

Peck, Gary R. "Black radical consciousness and the black Christian experience" . *Sociogical Analysis*, 43: 2 (1982), pp. 155 -169.

Peck, Jane C. "Reflections from Costa Rica on protestantism's dependence and nonliberative social function", *Journal of Ecumenical Studies*, 21 (Spring 1984), pp. 181 -198.

Petrella, Vaccaro de and Susana, Lidia. "The tension between evangelism and social Action in the Pentecostal Movement (Argentina)" . *International Review of Mission*, 75 (Jan. 1986), pp. 34 -38.

Poewe, Karla and Iexham, Irving. "The new charismatic churches in Durdan, Johannesburg and Pretoria" . *Navors Bulletin*, 17: 9 (1987), pp. 32 -36.

Preston, David. "Pressures on Chimborazo Indians" . *Geographical Magazine*, 50 (July 1978), pp. 613 -618.

Raj. P. Solomon. "The influence of Pentecostal teaching on some folk Christian religion in India" . *International Review if Mission*, 75 (1986) pp. 39 -46.

Rappaport, Joanne. "Las misiones Protestantes y la resistencia indigena en el sur de Colombia". Trans P. Bonfil. *America Indigena*, 44: 1 (Jan - Mar. 1984), pp. 111 – 126.

Reina, Ruben E, and Norman B. Schwartz. "The structural context of religious conversion in El Peten, Guatemala: status, community and multicommunity". *American Ethnologist*, 9: 1 (1974), pp. 157 – 191.

Riviere, Gilles. "Social change and Pentecostalism in an Aymaran community". *Fe y Pueblo*, 3: 14 (Nov 1986), pp. 24 – 30.

Roberts, Bryan R. "Protestant groups and coping with urban life in Guatemala". *American Journal of Siciology*, 6 (May 1968), pp. 753 – 767.

Rodrigues Brandao, Carlos. "Creencia e identidad: canpo religioso y cambio cultural". *Chtistianismo y Sociedad*, 93: 3 (1987), pp. 350 – 354.

Rolim, Francisco Cartaxo. "El pentecostalimo a partir del pobre". *Chrustianismo y Sociedad* 95: 1 (1988), pp. 51 – 69.

—— "Pentecotisme ct societe au Bresil". *Social Compass*, 26: 2 – 3 (1979), pp. 345 – 372.

Rubenstein, Richard L, "The political significance of Central American liberation theology". *International Journal on World Peace*, Jan. -Mar. 1986.

Russell, Horace. "The emergence of the christian Black: the making of a stereotypc". *Jamaican Journal*, 16: 1 (Feb. 1983).

Saler, Benson. "Religious conversion and self-aggrandizement: a Gutaemalan casc study". *Practical Anthropology*, 13 (1965), pp. 107 – 114.

Sanneh, Lamin. "Christian missions and the Western guilt complex". *Christian Century*, 8 April, 1987, pp. 330 – 334.

Schuffeneger, Hunberto Lagos. "La funcion de la religion en el gobierno miltar, en el modelo politco autoritario y en las fuerzas armads y de orden de Chilc". *Revista Andes* (1985), 34 – 42.

——and Chacon, Arturo. "La religion cn fuerzas armadas y de orden". Santiago, Chile, 1986.

Seaga, Edward. "Revival Cults in Jamaica". *Jamaica Journal*, 3: 2 (June 1969), pp. 16 – 21.

Sexton, James. "Protestantism and modernization in two Guatemalan towns". *American Ethnologist*, 5: 2 (1978), pp. 280 – 302.

Shim Il-Supp. "The new religious movements in the Korean Church". *International Review of Mission*, 74 (Jan. 1985), pp. 103 – 108.

Sider, Ronald. "Who is my neighbor: Nicaraguan Evangelicals host US Evangelicals (Dec. 12 – 19 1982)". *TSF Bulletin*, 6: 4 (Mar. Apr. 1983), pp. 11 – 13.

Song Kon-Ho. "A history of the Christian movement in Korea". *International Review of Mission*, 74, (Jan 1985). pp. 19 – 36.

Spring, Beth. "Nicaragua-the Government's heavy hand falls on believers: Sandinistas crack down on Protestant activity (Photo; News)". *Christianity Today*, 29: 18 (Dec. 1985), pp. 51 – 52.

Stam, John. "Christian witness in Central America: a radical Evangelical perspective". *Transformation*, 2: 1 (Jan-Mar. 1985), pp. 14 – 17.

Stark, Rodney and Finke, Roger. "American religion in 1776: a statistical portrait". *Sociological Analysis*, 49: 1 (1988), pp. 39 – 51.

—— "How the upstart sects won America 1776 – 1850". *Joutnal for the Scientific Study of Religion*, Mar. 1989.

—— "Religious economies and sacred canopies: religious mobilization in American cities, 1906". *American Sociological Review*, 53 Fed. 1982'. pp. 41 – 49.

Stoll, David. "La iglesia del verbo en el triangolu Ixil de Guatemala, 1982". *Civilizacion*, 3 (1985), pp. 83 – 109.

Swanson, Daniel. "The challenge of Mexico City". *Latin American Evangelist* (Oct. -Dec. 1987), pp. 12 – 13.

Tennekes, Johannes. "Le mouverment pentecotiste chilien et la politiquc". *Social Compass*, 25: 1 (1978), pp. 55 – 84.

Teixcira, Marli Geralda. "A familia protestante na socicdad baiana" Thornton, W. Philip. "Resocialization: Roman Cathoilcs becoming Protestant in Colombia". *Anthropology Quarterly*, 57: 1 (Jan. 1984), pp. 28 – 37.

Tinney, James S. "Black origins of the Pentecostal movement". Christianity Today, 8 Oct. 1971, pp. 4 – 9.

Troutman, Charles H, "Evangelicals and the middle classes in Latin America". (parts I and II). *Evangelical Missions Quarterly*, 7: 2, pp.

31 – 79. 7. 3, pp. 154 – 163.

Turner, Frederick, "protestantism and politics in Chile and Brazil". *Comparative Studies in Society and History*, 12: 2 (1970), pp. 231 – 229.

Turner, Paul R. "Religious conversion and community development". *Journal for the Scientific Study of Religion*, 18: 3 (1979), pp. 252 – 260.

Urban, Creg. "Development in the situation of Brazilian tribal population from 1976 to 1982". *Latin American Research Review*, 20: 1 (1985), pp. 7 – 25.

Valderrey, Jose. "Sects in Central America: a pastoral problem". *Pro Mundi vita*, 100 (1985), pp. 1 – 39.

Villeroy, Madeleine, "Enquete sur les eglises protestantes dand le Bresil en crise des annees 1963 – 1973". *Cahiers de Sociologie Economique*, 12 (May 1975), pp. 18 – 80.

Wagner, C. Peter. "The greatest church growth is beyond our shores". *Christianity Today*, 28: 8 (May 1984), pp. 25 – 29.

Wallis, Jim and Hollyday, Joyce. "A plea from the heart". *Sojourners*, 12: 3 (Mar. 1983), pp. 3 – 5.

Warner, R. Stephen, "Theoretical barriers to the understanding of Evangelical Christianity". *Sociological Analysis*, 40: 1 (Spring 1979), pp. 1 – 9.

Westmeier, Karl W. "The enthusiastic Protestants of Bogota, Colombia: reflections on the growth of a movement". *International Review of Mission*, 75 (Jan. 1986), pp. 12 – 24.

Willems, Emilio. "Validation of authority in Pentecostal sects of Chile and Brazil". *Journal for the Scienetific Study of Religion*, 6 (Fall 1967), pp. 253 – 255.

Wilson, Everett A. "Sanguine saints: Pentecostalism in El Salcador". *Church History*, 52 (Jan. 1983), pp. 186 – 198.

Yi Hyo-Jac. "Christian mission and the liberation of Korean women". *International Review of Mission*, 74 (Jan), pp. 93 – 102.

Yoo Boo Woong. "Response to Korean shamanism by the pentecostal Church". *International Review of Mission*, 74. (Jan 1985), pp. 000.

未出版发行的资料

Albuauerque, Klause de. Millenarian movements and the politics of liberation: the Rastafarians of Jamaica. Ph. D. Diss. , Virginia Polytechnic Institute and State University, Microfilm, 1978.

Amorim, N, F. M. Os mormons en Alafoas; religiao e relacoes rsciais. Master's diss, Sao Paulo. USP, (n. d.) .

Annis, Sheldon, God and production in a Guatemalan town. Draft for Ph. D. Diss. , University of Christian movement among the Chols of Mexico with apecial reference to Problems of second generation Christianity. Ph. D. Diss. , fuller Theological Semincal Seminary, 1979.

Baldwin, Deborah, Variation within the vanguard: Protestants and the Mexican Revolution. Ph. D. diss. , University of Chicago, 1979.

Balouarte, Carlos II. De viciade a convertido: a experiencia da dalvcao evangelica no "desafio Joven do BRrasil" . Master's diss. , University de Brasilia, 1979.

Bastian, Jean-Picrre. Las socideades proterstantes en Mexico 1872 – 1911: un liberalismo radical de oposicion a Porfirismo u de participacion en la revolucion madcrista. Hist. Doct. Diss. , Colegio de Mexico, 1987.

Bechtel, Alpha Gillet. The Mexican Episcopal Church: a century of reform and revolution. MA thesis in Hist. , San Diego State College, 1961. Berberian, Samucl, "Movimiento carismatico en Latinoamerica 1960 – 1980" . Licenciate diss. , Mariano Galvez University, 1980.

Black, Alan W. "Pentecostalism in Australia: some preliminary findings" . Paper prepared for the Australian Association for the Study of Religion. Brlsbane, 1988; available from the University of New Engiand, Armidale, NSW, Australia.

Bibsin, Oneide. Producao religiosa e significacao social do Pentecostalismo a partir de sua pratica e significacao social do Pentecostalismo a Patir de sua pratica e representao. Master's diss. , Pontificia Universadade Catolica de Sao Paulo, 1984.

Brusco, Elizabeth. The household basis of evangelical religion and the reformation of machismo in Colonbia. Ph. D. Diss. , City University of New York, 1986.

Carrasco Mulhue. Protestantismo y campo religioso en un pusblo del estado de Oaxaca. Licenciate diss, in Sociology of Religion, Instituto Internacional de Estudios Superioes, 1983.

Cato, Clive Stilson. Penteccostalism: its social and religious implications for Jamaican socicty. BA diss. , University of west Indies, Mona, Jamaica, 1984.

Coke, Hugh M. An cthnohistory of Bible translation among the Maya. Ph. D. Diss. , Fuller Theological Seminary, 1978.

Cook, Athyl W. , Jr. The expectation of the poor: a Protestant missiological study of the Catholic Comunidades de Brazil. Ph. D. Diss. , Fuller Thological Seninary, 1982.

Corral Prieto, "Las iglesias evangelicas de Guatemala". Licenciate Diss. , Francisco Marroquin University, 1984.

Curry, Donald E. Lusiada: an anthropological study of the growth of protestantism in Brazil. Ph. D. Diss. , Columbia University, 1968.

Deiros, Pablo A. Argentine Baptists and politics: an analysis of relations. Ph, D. Diss. , Southwestern Baptist Theological Seminary, 1985.

Diaz, Jorge Enrique. "Los Bautistas de ayer: un estudio sencillo sober la historia de los Bautistas". Licenciate diss. , Instituto Superior Teologico Bautista de Guatemala, 1975.

Dirksen, Murl O. Pentecoxtal heailng: a facet of the personalistic health system in Pakal-Na, a village in southern Mexico. Ph, D. Diss. , University of Tennessee, Knoxville, 1984.

Elliott, William W. "Sociocultural change in a Pentecostal group: a case study in education and culture of the Church in Sonora, Mexico". Ed. D. Diss. , University of Tennessee, Knoxville, n. d.

Endruvcit, Wilsom H. Pentecostailsm in Brazil: a historical and theological study of its characteristics. Ph, D. Diss. , North Western University, 1975.

Erskine, Noel Leo. Black religion and identity: a Jamaican perspective. Ph, . D. Diss. , Union Theological Seminary, New York, 1978.

Ferris, Grorge, Jr. Protestantism in Nicaragua: its historical roots and influences affecting its growth. Ph. D. Diss. , Tenple University, 1981.

Frase, Ronald. A sociological analysis of the development of Brazilian protestantism: a study in social change. Ph. D. Diss. , Princeton Theological seminary, 1975.

Garma Nacarro, Carlos. " Plder, conflico y reelaboracion simbolica: protestantismo en una comunidad Totonaca" . Diss. , Escuela Nacional de Antrpologia e Historia, 1983.

Gibson, Delbert. Protestanism in Latin Amercan Acculturation. Ph. D. Diss. , University of Texas at Austin. 1959.

Gomes, Fliab B. lgreja, socicdsde e Politica-os Batistas em Pernanbuco (1955 - 1964) . Master's diss. , Federal University of Pernambuco, 1984.

Gomes, Jose Francisco, Religiao e politica : so penecostais no Recife, Master's diss. , Sociology, Federal University of Pernambuco. 1985.

Grouceia, Eliane H. O selensio que deve der ouvido: mulhcres Pentecostaisem Sao Paulo. Master's diss. , Pontificia Universidade Catolica, 1987.

Grover, Mark. Mormonism in Brazil: religion and dependency in Latin America. Ph. D. Diss. , Indiana Statc University. 1985.

Hamid, Idris. The social witness of the Presbyterian Church in Trinidad. 1868 - 1968. Ph. D. Diss. , Union Theological Serninary, New York, 1976.

Hoefle, Scott William. Continuity and change in the northeastern Scrtao of Brazil. D. Phil. Diss. , University of Oxford, 1983.

Hoffnagel, Judith. The believers: Penercostalism in a Brazilian city. Ph. D. diss. , Indiana University, 1978.

Hogg, Donald W. Jamaican religions. Ph. D. Diss. , Yale University, 1964.

Hurd. James, The socio-structural implications of Proestanism in northwestern Colombia. Ph. D. Diss. , Pennsylyania State University, 1974.

Ibarra Bellon, Araceli y Lanczyner Reisel, Alisa. La hermosa provincia, Nacimiento y cida de una decta Cristiana en Guadalajara. M. Phil. DISS. , University of Guadalajara, nimeo, 1972.

Kahn, Carl. Evangelical worship in Brazil: its origin and development. Ph, D. Diss. , University of Edinburgh. 1970.

Keycs, Lawrence. The new age of missions: a study of Third World missionary societies. Ph, D. diss. , Fuller Theological Seminary, 1981.

Kuhl. Paul. Protestant missionary activity and freedom of religion in Ecuador, Peru, and Bolivia. Ph, D. diss. , Southern Illinois university at Carbondalc, 1982.

Lloret, Albert. "The Maya Evangdlical Church in Guatemala". D. Theol. Diss. , Dallas Theological Seminary, 1976.

Lockwood, George. "Recent developments in US Hispanic and Latin American Protestant church music". D. Min. Diss. , Claremont School of Theology, 1981.

McKechnie, Marianc E. The Mexican Revolution and the National Presbyterian Church of Mexico, 1910 – 1940. Ph, D. Diss, Anerican University, Washington, DC, 1970.

Malhue, Pedro Carrasco. Protestantismo y canpo religioso en un pueblo del estado do Oaxaca. Mexico. Licenciate diss in Soeiolgy of Religion. Instituto Internacional de Estudios Superiores, 1983.

Maynard, Kent. Christianity and religion: evanglical identity and sociocultural organization in urban Ecuador. Ph. D. diss. , Indiana University. 1977.

(Ann Arbor microfilms, 1981).

Melvin, Harold Jr. Religion in Brazil: a sociological approach to religion and its integrative function in rural urban adjustment. Ph. D. Diss. , 1970.

Mendinca, Antonin G. O Celeste porvir. Um estudo da insercao de Protestantismo na sociedade Brasileira. Doctoral diss. , University of Sao Paulo. 1982.

Miller, Elmer. Pentecostalism among the Argentinc Toba. Ph. D. Diss. , University of Pittsburg. 1967.

Mizuke. John, The growth of the Japanese Churches in Brazil. Ph. D. Diss. , Fuller Theological Seminary, 1976.

Page, John. Brasil para Cristo: the cultural construction of Pentecostal networks in Brazil. Ph. D. Diss. , New York Universit, 1984.

Perez Toorres, Ruben. The pastor's role in educational ministry in the pentecostal Church of God in Puerto Rico. Ph. D. Diss. , Calremont School of

Theology, 1979.

Poewe, Karla, "In the eye of the storm: charismatics and independent churches in South Africa". Unpublished paper, University of Calgary, 1987, p. 3.

Pottinger, George Fitz-Albert. The contribution of the Methodist Missionary Society to Jamaica 1938 – 1967. Ph. D. Diss. , Boston University, 1977.

Quezada, Victor. "The challenge of growth for the Baptist Church in Chile". Th. M. Diss. , Fuller Theological Seminary, Pasadena, Calif. , 1985.

Randall, Donna M. "The beliefs and practices of the Pentecostal (Oneness) Apostolic People of Jamaica". BA diss. , University of the West Indies, 1983.

Robledo Hernandez, Gabriela Patricia. "Disidencia y religion: los expulsados de San Juan Chamula". Licentiate diss. , ENAH, 1987.

Rodriguez-Bravo, E. Origen y desarollo del movimiento Protestante en Puerto Rico. Ph. D. Diss. , 1972.

Santiago, Ricardo L, "Religiao, classes sociais e familia: o caso do Pentecostalismo". Relatorio prelininer de pesquisa de Iniciacao Cientifica apresentado no Semomario sobre Familia do Depto de Sociologia UF PE Recife, 1986.

Santos, Almir A. Os testemunhas de Jeovah. Master's diss. , Museu Nacional do Rio de Janeiro, n, d.

Stoll, Sandra J. "Pulpito e palanque: religiao et politica nas eleicoes da Grande", Sao Paulo, 1986.

Teague, Dennis. A histoty of the Church of God in Guatemala. Master's thesis, Trinity Evangelical Divingity School, 1975.

Thornton, William. Protestantism: profile and Process. A case study in religious change from Colombia, South America. Ph. D. Diss. , Southern Methodist University, Dallas, Tex. 1981.

Valderrey, Jose. (s/d). El Protestantismo Fundamentalista y Sectario en Centro America-un reto a tas iglesias y al movimiento popular. Mexico (mimeo).

Wedenoja, William A. Religion and adaptation in rural Jamaica. Ph. D. Diss. , University of California at San Diego. 1978.

Weerstra, Hans. Maya pcasant evangelization. Ph. D. Diss. , Fuller Theologial

Seminary, 1972.

Williama, Phillip J. The Catholic Church and politics in Nicatagua and Costa Rica. D. Phil. Diss. , in Latin American Studies, University of Oxford. 1986.

其他论文

Alleyne, Mervyn. "The history of African religion in Jamaica". Paper prescnted at the 15th. Conference of Caribbean, University of the West Indies. Mona, Jamaica. April. 1983.

Cajas, Marco Tuli. "Habra guerra religiosa en Cuatemala?" Rio Amazonas, 82 – 81, Colonia Cuaethemoe, 16500, Mexico, DF, Mar, 1987.

Chung, Chin-Hong. "A bibliographical essay on the growth of Korean Protestantism". Unpubilshed paper for Institute for the Study of Economic Culture, Boston, pp. 36 – 37.

Coleman, Simon. "A study of the dynamics of the New Life, Pentecostal group in Uppsala, Sweden". D. Phil. In progress at St John's College, Cambridge.

Lagos, Schuffeneger Humberto. "Los Evangelicos en Chile". Unpublished paper. Vicaria Solidaridad, Samtiago, Chile, 1984.

Mariz, Cecilia. "Religion and coping with poverty in Brazil: a comparison of the basc eommunities and Pentecostal Churches". Unpublished paper, 1987, privately available from the Institute for the Study of Economic Culture, Boston University, 118 Bay State Rd. , Boston, Mass.

Orellana, Oscar. "Evangelizacion-colonizacion". Folleto de Confederacion, Sacerdotes, Diosesanos de Guatenala.

Poewe, Karla. "In the eye of the storm: charismatics and independent churches in South Africa". Unpublished paper, University if Calgary. 1989, p. 3.

—— "Links and parallels between Black and White charismatic churches in South Africa and the States". Unpublished paper, 1988.

Richardson, James E. "A study of the leadership training programes ot the Assemblies of God in South America". 1974. (Typewritten-Springfield, Missouri.)

Smit, Dennis. "For Evangelicals in Central America, religion is as polarized as polities", Religious News Service Special Report, 16 Jan. 1985.

Tennekes, Juan. "El movimiento pentecoatal en la sociedad Chilena". (mimeo). Santiago: La Vida Nueva, 1973.

人名索引

A

Abraham, William 威廉·亚伯拉罕博士,3(序)
Alexander, Bobby 鲍比·亚历山大,232
Allen, Horace 霍勒斯·艾伦,123
Alleyne, Mervyn 默文·阿莱恩,103
Alves, Rubem 鲁本·阿尔维斯,231
Aman. Kenneth 肯尼思·阿曼,213
Appenzeller, Henry G. 亨利·G.阿彭策尔,124
Arbenz, President 阿本兹总统,223
Arias, Mortimer 莫蒂默·阿里亚斯,203,231
Assmann, Hugo 雨果·阿斯曼,231
Aulie, Henry 亨利·威尔伯·奥利,188

B

Banks, Olive 奥利夫·班克斯,160
Barker, Joseph 约瑟夫·巴克,25
Barrett, David 大卫·巴雷特,2,76,87,257
Bastian, Jean-Pierre 杰·皮埃尔·巴斯琴,3,38,153,190,229
Bastide 巴斯提德,61,62
Beckford, James 詹姆斯·贝克福德,184
Bedward, Alexander 亚历山大·贝德沃兹,105
Birdwell-pheasant, Donna 唐娜·柏德维尔斐桑,192,200
Blair 布莱尔,109
Bocock, Robert 罗伯特·鲍柯克,38
Bowen, Kurk 库尔特·鲍文,47
Brandão 布兰道,64
Brown, Diana de G. 戴安娜·德·G.布朗,62
Bruce, Steve 史蒂夫·布鲁斯,20
Bruno-Jofre, Roas del Carmen 罗斯·德尔·卡门·布鲁诺—乔菲瑞,77
Brusco, Elizabeth 伊丽莎白·布鲁斯科,35,130,160,162,195,198
Burnett, Virginia Garrard 维吉尼亚·杰拉德·伯内特,223

C

Castro, Emilio 埃米利奥·卡斯特

罗,231

Cato, Cilve Stillson　克莱夫·斯蒂尔森·卡托,109

Cave, Ralph Della　鲁道夫·德拉·卡瓦,256

Chacón, Arturo　阿图罗·查康,213

Chevannes, Barry　巴里·沙瓦纳斯,105

Cho, Yonggi　赵镛基,127

Chordas, Thomas　托马斯·柯达斯,256

Christian, Shirley　雪莉·克里斯琴,221

Clawson, David　大卫·克劳森,185

Cook, William　威廉姆·库克,212

Conway, Frederick　弗雷德里克·康威,117

D

Dame. Lawrence　劳伦斯·戴姆,88

Dayton, Donald　唐纳德·代顿,26

de Mello, Manŏel　马诺埃尔·德·梅勒,227

Deiros, Pablo　巴勃罗·狄若斯,48,49,202,217

Devadas, Father　德瓦达斯神父,157

Diaz, Porfirio　波尔菲力奥·迪亚兹,83

Dore, Ronald　罗纳德·道尔,137

Duvalier, François　弗朗索瓦·杜瓦利埃,115,116

Duvalier, Jean-Claude　让—克洛德·杜瓦利埃,116

E

Elbouene, Roger　罗杰·艾尔伯尼,40

Enns, Arno W.　阿诺·W. 恩斯,68

F

Finke, Roger　罗杰尔·芬奇,33

Finkler. Kaja　卡亚·芬克勒,149,150

Flora, Cornelia Butler　科妮莉亚·巴特勒·弗洛拉,74,75,197,229

Fortuny, Patricia　帕特丽夏·弗坦尼,190

Franklin, Karl　卡尔·富兰克林,88

Frase, Ronald　罗纳尔德·弗雷泽,58,200,225

Freire, Paulo　保罗·弗莱雷,226

Freston, Paul　保罗·弗雷斯顿,228

Froude, James Anthony　J. A. 弗劳德,9

Fry, Peter　彼得·弗莱,62

Fulbrook, Mary　玛丽·富布卢克,14,15

Furnivall, John S.　J. S. 富尼瓦尔,121

G

Garma Navarro, Carlos　卡洛斯·伽马·纳瓦罗,86

Garvey, Marcus　马库斯·加维,106

Gill, Hyun Mo　吉铉茂,135

Glazier, Stephen　史蒂芬·格莱奇

尔,111

Goodman, Felicitas 费里希塔丝·古德曼,152—155

Graham, Billy 葛培理,129,158,218

Grover, Mark 马克·格罗弗,184,185

Gueiros Vieira, David 大卫·盖罗斯·比埃拉,56

Guttierez, Guastavo 古斯塔沃·古铁雷斯,76

H

Hagen, E. Everet E. 埃弗雷特·哈根,123

Halévy 哈勒维,3,25,38,40,136,155,182,258

Hardy, Thomas 托马斯·哈迪,9

Hassan, Riaz 里亚兹·哈山,121

Heer, Friedrich 弗里德里克·希尔,146

Hefley, James 詹姆斯·赫夫利,88

Heilander, Eila 艾拉·赫兰德,113

Hempton, David 大卫·汉普顿,38

Hewitt, W. E. W. E. 休伊特,64

Hexham. Irving 艾文·赫克瑟汉姆,138

Hill, Michael 迈克尔·希尔,38

Hobsbawm, Eric 艾瑞克·霍布斯鲍姆,38,40

Hoefle, Scott William 斯科特·威廉·赫夫,64

Hollenweger, Walter 沃尔特·霍伦韦格,2,27,157

Hong Hur 洪许,129

Hoover, Willis 威利斯·胡佛,27

Howe, Gary 盖瑞·豪,62,63

Howell, Leonard 伦纳德·豪厄尔,106

Hunter, James Davison 詹姆斯·D.亨特,20

I

Irving, Edward 爱德华·艾文,129

J

Juarez, Benito 贝尼托华雷斯,84

K

Kapo 卡泊,110

Kent, John 约翰·肯特,38,40

Kessler 喀斯乐,27

Kim, Billy 金俊坤,133

Kim, Dae-Jung 金大中,133

Kim, Hwan 金焕,135

Kim, Illsoo 金尹宋,124—126

Kim, Kyong-Dong 金敬东,135,137

King, Coretta Scott 科雷塔·斯科特·金,106

King, Martin Luther 马丁·路德·金,207,253

Kinnock, Neil 尼尔·基诺克,32

L

La Feber, Walter 沃尔特·拉费伯尔,221

Lagos Shuffeneger, Humberto 温贝

托·拉各斯·斯古芬内格尔,213
Lalive D'Epinay, Christian 克里斯蒂安·拉利韦·迪埃皮奈,2,38,66,69,212,214
LaRuffa, Anthony L. 安东尼·L.拉鲁法,113
Lee, Jae Bum 李在邦,128—130
Lewellen, Ted 特德·卢埃林,89,198
Lewis, Gordon K. 戈登·K.路易斯,116
Lewis, Ioan 约安·路易斯,146
Lindgren, Charlotte 夏洛特·林格伦,194
Lipset, Seymour Martin 西摩·马丁·利普塞特,33
Lisle, George 乔治·莱尔,104
Locke, John 约翰·洛克,19
Long, Norman 诺曼·隆,184
Lovejoy, David 大卫·拉乌卓,33

M

McAlister, Robert 罗伯特·麦克艾力斯特,60
Mariz, Cecilia 塞西莉亚·玛里斯,200,201
Marsden, George 乔治·马斯登,20
Marzal, Manuel 曼纽尔·马萨尔,78
Maynard, Kent 肯特·梅纳德,195
Miller, Elmer 埃尔默·米勒,89,156,198
Milton, John 约翰·弥尔顿,240
Minnery, Tom 汤姆·密内理,219

Mintz, Sidney 西德尼·明茨,164,170
Morran Elda S. 埃尔达·S.莫伦,138,140
Muratorio, Blanca 布兰卡·穆拉托利奥,90,92

N

Novaes 诺瓦埃斯,64
Novak, Michael 麦克·诺瓦克,33

O

Obelkevich, James 詹姆斯·欧贝克维奇,146
O'Connor, Mary 玛丽·奥康纳,186,187
Octavio 奥克塔维奥,175—177

P

Palmer, Donald 唐纳德·帕尔默,75
Park, Chung-Hee 朴正熙,132,133,136
Peale, Vincent 文森特·皮尔,128
Pinoche, General 皮诺切特将军,212,214
Powe, Karla 卡拉·鲍维,138,139,157,158
Pointer, Richard 理查德·伯恩特,33
Pollak-Eltz, Angelina 安吉丽娜·波拉克—爱尔兹,112
Preston, David 大卫·普勒斯顿,80

Q

Quezada, Victor Alfredo 维克多·阿尔弗雷多·克萨达,213

R

Rappaport, Joanne 乔安妮·拉帕波特,90,91
Raj, P. Solomon 所罗门·拉吉,157
Reid, David 大卫·瑞德,137
Reina, Ruben 鲁本·雷纳,165
Rivère, Gilles 吉勒斯·莱威尔,199
Roberts, Oral 欧洛·罗伯茨,40,108,162,231
Roberton, Pat 帕特·罗伯森,218,222,231
Rodriguez, Erwin 欧文·罗德里格斯,229
Roof, Wade Clark 韦德·克拉克·鲁夫,38
Rumsey, Mary C. 玛丽·C.拉姆齐,129

S

Sanchez, Jose 何塞·桑切斯,73
Sandinistas 桑迪诺主义者(桑迪尼斯塔斯),220,235
Sandberg, Neil 尼尔·桑德伯格,32
Sanneh, Lamin 拉明·桑纳,159
Sargent, Caroline 卡洛琳·萨金特,110
Schlemmer, Lawrence 劳伦斯·史莱默,138,140

Schwartz, Norman 诺曼·施瓦茨,165
Semmel, Bernard 伯纳德·塞梅尔,38
Sexton, James 詹姆斯·赛克斯顿,191
Smith, Ashley 阿什利·史密斯,109,110
Song, Kon-Ho 宋康厚,123
Spencer, Herbert 赫伯特·斯宾塞,11
Spring, Beth 贝丝·斯普林,221
罗德尼·斯塔克,33,180,184
Stoll, David 大卫·斯托尔,88,90
Strachan, Kenneth 肯尼斯·斯特罗恩,231
Suh, Kwang-Sun 苏光山,123
Swaggart, Jimmy 吉米·斯瓦加特,108,154,158,218,231
Swngedouw, Jan 简·史温吉杜,137
Synan, Vincent 文森特·赛南,26
Syngman, Rhee 李承晚,132,136

T

Tamney, Joseph 约瑟夫·谭慕尼,121
Tennekes, Johannes 约翰尼斯·特纳克斯,210
Thomas, Keith 凯斯·托马斯,146
Thompson, Kenneth 肯尼思·汤普森,38
Torre, Haya de La 阿亚·德·拉·托雷,77

Towmsend, William Cameron 金纶汤逊(威廉姆·卡梅隆·汤逊),88
Turner, Frederik 弗雷德里克·特纳,209
Turner, Paul 保罗·特纳,187

V
Vallier, Ivan 伊凡·瓦利尔,253
Veliz, Claudio 克劳迪欧·威利兹,239
Villeroy 维勒鲁瓦,61

W
Wagner, Peter 彼得·魏格纳,257
Walsh, John 约翰·沃尔什,29,40
Webb, Thomas 多马·威伯,26
Wedenoja, Peter 彼得·韦德诺哈,105
Wesley, John 约翰·卫斯理,15,51,81,128,145,158,189
Westerkamp, Marilyn 玛丽莲·韦斯特凯普,18
Westfried, Alex Huxley 艾利克斯·哈克斯里·韦斯特菲尔德,164,175
Westmeier, Karl 卡尔·韦斯密尔,155,229
Willems, Emilio 埃米利奥·威廉姆斯,2,38,58,190
Williams, Ralph 拉尔夫·威廉姆斯,80
Williams, William 威廉·威廉姆斯,33
Wilson, Bryan 布莱恩·威尔逊,2,90
Wilson, Everett 埃弗雷特·威尔逊,80
Wimber, John 温约翰,47
Wipfler 惠夫乐,118

Y
Yi, Hyo,-Jae 李孝宰,130,131
Yoo, Boo Wong 于博雄,127,128

主题索引

A

Adventism 基督复临派,89

Antioquia 安蒂奥基亚,52,72

Apostplic Church 使徒教会,128,152—155,216

Araucan Indians 阿劳士—印第安人,69

Arauco(Chile) (智利)阿劳科,69

Argentinc 阿根廷,2,11,45,47,48,51—53,66—69,89,95,156—158,198,200,202,209,215—218

Arminianism 阿米念主义,18,33

Assemblies of God 神召会,37,47,48,59,60,78,80—82,129,219—221,228

Aymara 艾马拉人,51,78,89,198—200

Azusa St(Los Angeles) (洛杉矶)亚苏撒街,129

B

Bahais 巴哈伊教,78

Bahia(Brazil) (巴西)巴伊亚,61

Baptists 浸信会/浸信会信徒,13,18,19,26,29,31,33,34,36,37,45,48,50,57,68,69,79,85,103—105,107,110,111,113,128,130,176,193,202,213,215—220,222,228

Barbados 巴巴多斯,50

Basc Communities 基层社团,23,55,62—64,86,201,215

Bclize 伯利兹,11,50,94,192

Bogota 波哥大,74,155,196,197,229

Bolivia 玻利维亚,47,51,76,78,198,199

Brasil Para Cristo 巴西基督教会,227,233

Brazil 巴西,2,3,5,10,22,45—65,67,70,71,82,83,95,102,109,123,124,126,127,149—151,156,162,183—185,200—203,225—228,246

Brethren(plymouth) (普利茅茨)兄弟会,62,68,95,224,254

C

Calvinism 加尔文主义,18,33,124,

146,182,183,240,241,243

Campus Crusade for Christ 学园传道会,91,133,221

Canada 加拿大,17,32,38,101,102,112,125,139,243

Caste War 种族战争,153,192

Catholic Action 公教进行会,22,62,72,254

Catholics 天主教,2,3,10,12,13,18,21—23,25,29,34,39,45—47,49—53,56,60,62—68,70—74,76,77,79,82,83,85—87,89,91,93,95,101,107,111,113—118,120,122,125,128,133,146,147,150,151,153—155,166—170,179,180,185—196,199,208—210,212,214—219,221—227,230,231,233,234,239,240,243,245—251,253—257,259

Cathoilc Charismatics 天主教神恩运动,86,255

Chile 智利,2,5,22,23,27,28,38,45,46,48,49,51,53,57,66—72,77,82,95,126,156,199,200,202,209—216,218,227,228,233,243,248

Chimborazo 钦博拉索山,80

Chinese 中国人/华裔,115,134,183

Chols 丘尔人,156,188,189

Christian and Missionary Alliance 宣道会,28,73,78,91

Christian Congregation 基督会堂,59,227

Christian Democrats 基督教民主党,210,211,215

Church of God, Pentecostal (Cleveland, Tennessee) 田纳西州克利夫兰上帝五旬节教会,156

Church of the Nazarene 拿撒勒教会,26,27

Chruch of the New Life 新生命教会,60

CIA 美国中情局,49,220

Colombia 哥伦比亚,22,35,36,47,52,53,72—76,81,83,90,91,149,155,160,176,194—197,228,229

Concepción,(Chile) (智利)康塞普西翁,69

Cornwall 康沃尔,16,243

CostaRica 哥斯达黎加,46,50,82,101,222,224,232

Cricket 板球,102

Cuba 古巴,10,49,50,77,218,232,233

Cubans 古巴人,175

Cursillos de Christianidad 基督化讲习班,62

Delmarva Penisula 德玛瓦半岛,33,34,36

Disciples of Christ 基督徒,1,23,29,39,47,71,90,108,109,115,123—126,129,131—133,136,138,139,158,172,189,193,211,216,248

Dominiean Republic 多米尼加共和国,115,118

Dominicans 多米尼加人,118,175

E

East Indians 东印第安人,115

Ecuador 厄瓜多尔,52,53,73,79,90—92,194,195

Electronic Church 电子教会,231,256

EI peten 佩滕,165—167,169,170,180,190

EI Salvador 萨尔瓦多,53,79—81,222

Episcopal Church/Anglican Church 英国国教/圣公会,19,30,33,34,36,37,69,101—103,105,107,108,111,113,243

Ethiopia 埃塞俄比亚,106

Evangelical Church of Chile 智利福音派教会,214

Evangelical Committee for Aid and Development (CEPAD) 福音派援助发展委员会,219,220

F

Francisco 弗朗西斯科,176—178

Freemasory 共济会,57,83,84,182,204,246

Full Gospel Central Chruch (Seoul) 首尔全福音中心教会,126

Fuller Theologieal Semionary 富勒神学院,128,188

G

Ghana 加纳,138

Glorious Revolution 光荣革命,18,32,239

Gospel Missionary Union 福音差传联盟,52

Guatemala 危地马拉(国名)3,5,11,14,22,32,46,51—53,73,79,81,83,88,95,101,109,112,146,148,163,165,168,190—195,218,222—225,231,256

Guatemala City 危地马拉市,74,83,101,158,162,193,194,197,200,219,223

Guiana 圭亚那,50

Guambiano 关比亚诺,91

H

Hall for Rearing Useful Men 有用之才教育院,124

Haiti 海地,5,46,47,50,51,101,111,114—119,149,157,239

Han 汉族,134

Hankul 韩语,123,124,159

Hangeanism 基要主义,13—17,79,89,129,136,223,224

Honduras 洪都拉斯,11,50,94,192

Hong Kong 香港,120,193

I

Indonesia 印度尼西亚,5,120,121

Inner Mission 内在使命,16

Islam 伊斯兰,10,45,120,121,146,159,160,257

Israelites 以色列人,78,106

Italians 意大利人,67

J

Jamaica 牙买加,5,32,34,41,46,47,50,51,81,94,95,101—111,113—115,119,139,207

Japan 日本,51,120,122,123,125,126,129,131—138,203

Jehovah's Witnesses 耶和华见证人,48,78,86,89,184,186,220,221

Jotabeche Cathedral (Santiago) 圣地亚哥的佐大培大教堂,48

K

Kardecism 通灵术,62,64,102,124,134,151,248

Kentucky 肯塔基州,26

Kenya (Asians) 肯尼亚(亚洲人),183

Korean CIA 韩国国家情报院,133,134

Korean National Council of Churches 韩国基督教协进会,133

Kye "桂"(是包括友谊、相互支持和共同信念的传统合作社),126

L

Laos 老挝,120

Latin American Mission 拉美事工,231

Liberation Theology 解放神学,53,73,76,113,116,157,233,254—256

Lima 利马(秘鲁首都),48,74,78

Lithuania 立陶宛,50

Lutherans 路德宗/路德派,15,49,59,69,157,195,196,213,214,223,243

M

Malaya 马来亚半岛,120

Maria 玛利亚,23,177,178

Maroons 玛隆斯,103

Maya 玛雅,5,32,41,51,81—83,88,153—155,159,166,189—192,198,203

Mayos 梅奥人,186,187

Mennoeites 门诺会,50,51,252

Methodism 循道会,3,5,14,16—21,24—31,33—41,46,51,57,58,69,70,76,77,84—86,104,105,108,111,115,117,123,125—129,131,136,159,182,212,220,224,227,232,241,243,248,252,254,258

Mexico 墨西哥,3,10,20,22,45—47,49,51—56,65,72,77,79,83—88,92,146,149—153,155,157,165,177,185—187,189,190,194,224,228—230

Mexico City 墨西哥城,48,74,83,84,86,101,150,220,222

Minjung Theology 民众神学,125,129,133

Miskito Indians 米斯基托印第安人,220

Moravians 摩拉维亚兄弟会,220,241

主题索引　337

Mormonism　摩门教,48,78,86,180,183—186,247
Music　音乐,40,85,107,145,149,152,155—157,159,164,189,196,256

N

Neuquen（Argentine）（阿根廷）内乌肯省,68
New Guinea　新几内亚,5,121
New Tribes Mission　新部落使团,51
Nicaragua　尼加拉瓜,10,46,49—51,53,101,216,218—222,224,231,233,235
Nigeria　尼日利亚,45,138
North Korea　北韩/朝鲜,122,123,125,126,131—133,135,136

O

Obeahmen　奥比门（非洲巫术的符咒）,103
Opus Dei　天主事工会,77,256

P

Paez　帕兹人,91
Pakal-Na　帕卡纳,146—149,162
Panajachel　帕纳哈切尔,168,191
Panama　巴拿马,10,50,70,221,231
Paraguay　巴拉圭,51,56,158
Peasant Leagues　农民联盟,60,91
Pedro　佩德罗,175,177—179
Pentecostlism　五旬节,2,4,5,14,15,18—21,23—29,31,34,35,37—42,45—49,51,53,55,57—64,66,68—72,74,75,78—83,86,87,89,91,92,95—97,101,102,104,106—114,116—120,122,124—130,132,135,138,139,145—160,162—165,167,168,171,172,175,177—183,185,187—189,192,193,195,197—216,218,221—224,226—230,232—235,241,242,248,250—255,257,258
Penambuco　伯南布哥,61,64
Peru　秘鲁,47,53,72,73,76—78,83,85,89—91,198,199,249
Philippines　菲律宾,5,10,12,90,120—122,134,158,159
Pietism　敬虔主义,13—17,23,41,241
Poles　波兰人,67
Positivism　实证主义,55,56,150,152,246
Prsebyteriansm　长老会,5,12,18,27,29,36,37,45,51,57,58,74,77,82,85,105,107,113,122,124—129,131,134,153,155,156,159,189,194,195,215,223,226,231
Prince of Peace　和平之君,81,82
Puerto Rico　波多黎各,5,10,46,50,94,101,111,113,114,164,169,170,175—178,181,222
Pukumina　波克马尼亚（波克米纳）,104
Puritanism　清教主义,18,19,39,41,243

Q

Quakerism 贵格会/贵格会教义,36,41,78,103,160,207,252

R

Rastafarianism 拉斯特法里主义,102,104—107,110

Revivalism (Jamaican) （牙买加）复兴主义,27,102,106,107,110,136

Rio 里约,48,60,62,74,247

Rio Negro (Argentine) 里奥内格罗省,68

S

Sacred Harmonic Society 圣音协会,30

Santiago 圣地亚哥,71,126,210,215

Sao Paulo 圣保罗,58,59,64,74,93,138,177,227,228,242

Seoul 首尔,124,130,133,138,158,242

Sertão (Brazil) （巴西）塞陶,64,65,124,162

Shamanism 萨满教,124,136

Singapore 新加坡,120,121,123

Societies of Ideas 思想社团,84

Sojourners 旅居者,49,219

South Africa 南非,36,45,69,120,124,134,138—140,146,155,157,162,184

South Korea 韩国/南韩,5,39,41,45,69,120—140,146,149,158,159,162,181,182,203

Spain 西班牙,2—5,9—12,21—24,47,50—53,66,67,72—74,76,79,87,93,94,101,102,113,122,146,150,153,154,156,159,160,164,167,170,175—178,181,187—189,215,220,239,241,246,259

Spiritual Healing 属灵医治,146,151

Stockport Sunday School 斯多克博特主日学校,30

Summer Institute of Linguistics see Wycliffe Baptist Chruch 夏季语言训练学校(参照威克里夫浸信会教会),86,88,89,231

Surinam 苏里南,50

Syrians (Lebanese) 叙利亚人（黎巴嫩裔),107,115,183

T

Taoism 道教,120,121

Taso 塔索,170—172,174,179

Texas 得克萨斯州,10,20,26,244

Toba 多巴,89

Tontons 通顿马库特（黑人武装),116

Totonac Indians 托托纳克印第安人,86

Trinidad 特立尼达岛,5,50,101,111—113,115,163

Tzeltal Indians 泽套印第安人 泽套(Tzeltal)印第安人,187

U

Ukrainians 乌克兰人,67

Umbanda 巫班达,51,55,62,63,102
Unitarianism 神格唯一论,12,41
Uruguay 乌拉圭,3,22,47,51,53,72,76,95,184,246

V

Venezuela 委内瑞拉,22,47,53,72,76,82,83,95,112
Vineyard Christian Fellowship 葡萄园基督徒团契,47
Virginia（USA）（美国）弗吉尼亚州,26
Voodoo 巫毒,114,115,117

W

Waldensians 新教韦尔多派,51
Wales 威尔士,3,16,17,20,25,28,31,32,41,51,67,69,70,80,129,146,159,230,243
Widespread Relief House 施恩救济屋,123
Württemberg 符腾堡,14,15
Wycliffe Bible Translators 威克里夫圣经翻译会,51,86—89,187,188,224,229

Y

YMCA 基督教青年会,127,132,241
Yonsei University 延世大学,123
Young Nak Presbyterian Church 永乐长老会教会,126
Yucatan 尤卡坦,32,124,152—154,158,159,162,165,166,190,192

Z

Zambia 赞比亚,184